经济学理论的批判与重建

（第二卷）

袁葵荪　著

中国财经出版传媒集团

经济科学出版社
Economic Science Press

图书在版编目（CIP）数据

经济学理论的批判与重建．第二卷/袁葵荪著．－－
北京：经济科学出版社，2022.12
ISBN 978 - 7 - 5218 - 4375 - 0

Ⅰ．①经…　Ⅱ．①袁…　Ⅲ．①经济学 - 研究　Ⅳ.
①F0

中国版本图书馆 CIP 数据核字（2022）第 223971 号

责任编辑：周国强
责任校对：隗立娜
责任印制：张佳裕

经济学理论的批判与重建（第二卷）

袁葵荪　著

经济科学出版社出版、发行　新华书店经销

社址：北京市海淀区阜成路甲 28 号　邮编：100142

总编部电话：010 - 88191217　发行部电话：010 - 88191522

网址：www. esp. com. cn

电子邮箱：esp@ esp. com. cn

天猫网店：经济科学出版社旗舰店

网址：http://jjkxcbs. tmall. com

固安华明印业有限公司印装

710 × 1000　16 开　26 印张　410000 字

2022 年 12 月第 1 版　2022 年 12 月第 1 次印刷

ISBN 978 - 7 - 5218 - 4375 - 0　定价：128. 00 元

（图书出现印装问题，本社负责调换。电话：010 - 88191510）

（版权所有　侵权必究　打击盗版　举报热线：010 - 88191661

QQ：2242791300　营销中心电话：010 - 88191537

电子邮箱：dbts@ esp. com. cn）

前　言

　　信息社会经济学，或者狭义信息社会经济学，是以具有特定含义的"知识涌现速度迅速"为基本前提，经过演绎推理，由该前提及其全部推论构成的一种新的经济学理论体系。

　　这一经济学最初在《科学技术的发展与经济学》（《四川大学学报（哲学社会科学版）》1993年第2期）一文中提出，继而通过《经济发展的基本模式——经济学的现代基础》（中国人民大学出版社2009年出版）和《经济学理论的批判与重建》（经济科学出版社2009年出版）两部著作，成为比较成熟的理论体系。

　　本书概括了自上述著作出版以来，信息社会经济学取得的主要研究成果。这些成果大致涉及两个层次：

　　第一个层次，属于信息社会经济学内容的常规性扩展，主要是针对此前尚未从信息社会经济学角度进行专门处理的一些重要经济问题——如价格、汇率、货币政策的有效性、GDP及其增长的性质与决定因素，以及通货膨胀率与产业政策的性质等——的专题考察。这进一步拓展了信息社会经济学的覆盖面，并使现代西方经济学的理论，相应得到更广泛的清理，算是对前两部著作的重要补充。

　　第二个层次，主要体现了对信息社会经济学及其分析方法的性质与意义的专门考察。通过这些考察，本书表明，信息社会经济学具有独特意义的性质，在于其成功迈出了决定性的一步，跨越与自然科学之间积存数千年的鸿沟，成为基本具有自然科学化特征的经济学。这一性质，意味着在逻辑严格性、知识确定性与合理性等方面，信息社会经济学基本上能够与数学和自然科学媲美，并彻底拉开了与仍然止步不前的现代西方经济学的差距。

本书的研究表明，人文社会学科与数学和自然科学的差别，主要在于二者的研究对象具有不同性质。数学和自然科学的研究对象，通常是固定的，或者是容易固定的，因此能以其某一特征为前提，通过演绎推理揭示其蕴含的内容。还能够保证在一定前提条件之下，总是会得到预期的确切结果。与此不同的是，人文社会学科的研究对象往往处于变化之中，其性质与蕴含的内容，通常不稳定。在此情况下，不仅研究对象难以保持稳定，作为研究基础的基本概念也难以具有确切的内涵与外延，导致缺乏充分利用演绎推理的必要空间，无法保证在一定前提条件之下，总是能够得到预期的结果。

同时，由于数学和自然科学的理论能够保证，在一定前提条件之下，总是能够得到预期结果，使其体现出强大的有效解决现实问题的能力。其知识积累越多，人类社会处理解决相关问题的能力也就越强，使之成为人类社会进步发展的中坚力量。与之相比，人文社会学科就显得极为逊色，其效能看起来不在一个层次。因此，即使在西方学术界，由于数学和自然科学具有显著的优势，使得如何使人文社会学科自然科学化，也成为长期以来人们孜孜以求的一种期盼。

本书的研究表明，信息社会经济学正是在自然科学化方面，率先取得了实质性突破，使得其经济学分析与数学和自然科学类似，可以通过给定的限定条件，保证得到预期的后果。

信息社会经济学的这种突破，是以历史唯物主义在历史分期标准方面的新突破为基础，将深层次的生产力特征作为历史分期标准，通过适当缩小研究范围来固化研究对象，换取了演绎推理适用空间的有效扩展。进而，利用演绎推理揭示该生产力特征蕴含的丰富内涵，使信息社会经济学能够如数学和自然科学那样，构建起自然科学化的经济学理论体系。

这一突破性的进展，使信息社会经济学成为全新性质的经济学。这种"新"，超越了通常对新经济学的"新"的理解，不仅仅体现为内容观点的截然不同，更体现为性质的"新"，即，信息社会经济学已经基本属于自然科学化的经济学，而现代西方经济学依然滞留在前科学时代。

信息社会经济学的自然科学化，使其在理论研究与现实应用中，具有独特的重要意义。从以下三个方面，容易感受到这样的意义：

首先，信息社会经济学的自然科学化，使其研究结果是由前提决定的确定性结果。只要其前提无可否认，就能保证结论确切无误。据此，也就能够如数学和自然科学那样，以确定性知识，保证有效解决相关经济问题。非自然科学化的经济学，其研究结果缺乏可靠性，不能保证据其可以有效解决相关问题。

容易看到，作为自然科学化的信息社会经济学，与非自然科学化的现代西方经济学之间的性质差异，较欧式几何学与在此之前的几何学经验知识之间的差异，极其类似。

比如，在作为自然科学标杆的欧式几何学中，对三角形及其相关的边、角及其长短、角度大小的衡量标准等，均有严格界定；在此基础上，通过严格的演绎推理，可以不容置疑地推断出，只要两个三角形分别有两条边及其夹角相等，即可保证这两个三角形是全等三角形。

但在欧式几何学产生之前的相关经验知识中，由于缺乏对三角形等概念的严格界定，在判定两个三角形是否相等时，无法借助演绎推理来保证判断的严谨性或可靠性，只能依据视觉经验等方式进行大致的估计。因此，不仅判定结果可能因人而异；各种结果是否准确可靠，也无法保证。

与此类似，在信息社会经济学中，通过对现代经济发展及发展中国家等概念进行严格界定，再以严格的演绎推理，确定发展中国家与发达国家之间的差距，取决于二者在人的能力、国际经济联系及社会规范三个方面的差距，信息社会经济学就得以确定：只要发展中国家能够专门致力于缩小上述三个方面与发达国家的差距，就能够保证在两、三代人的时间内，消除与发达国家的发展差距，与发达国家并驾齐驱。作为经过严格推理得到的确定性结果，这一结论的合理性与相关前提概念的合理性一致。只要能够认同"知识涌现速度迅速"前提及在此基础上确定的经济发展等概念，就很难有什么理由认为，当发展中国家据此采取行动时，经过两、三代人的时间后，世界还会存在目前这种明显的发达国家与发展中国家之分。

而在具有前科学时代特征的西方现代经济学中，虽然拥有一门被认为取得许多重要理论成果的发展经济学，却因为无法有效界定经济发展及发展中国家等概念，不能通过演绎推理确定发展中国家经济发展的决定因素，更不可能据此断定，发展中国家能否、在什么时限内、以什么方式保证消除与发达国家的发展差距，使发展中国家经济发展的这三大核心问题，根本得不到确切的答案。即使其可以提供一些似乎有助于经济发展的影响因素，也因为缺乏可靠依据，无法据此保证发展中国家的经济发展在什么时候能够成功。因此，根据其研究成果，无法保证据此作出的经济决策，能够得到预期的结果。这使我们实在无法确认，这样的发展经济学，对发展中国家的经济发展会有什么确定性的贡献。

由此可见，信息社会经济学的自然科学化，不仅仅能够得到与西方经济学截然不同却更为合理的认识，更为关键的还在于，其提供的知识不再只是看起来很有价值，而是可以如自然科学提供的知识那样，能够确定性地解决问题，使得依据其知识作出的行为选择，保证得到预期的结果。这对于根本改变经济学往日黑板经济学的形象，意义重大。

其次，信息社会经济学的自然科学化，其意义还可望超越经济学领域，不仅有助于推动其他人文社会学科的自然科学化，甚至还可能提供有益于数学与自然科学领域发展的启示。

不难看到，尽管各类人文社会学科提供了一大堆知识，却与此前的经济学领域类似，始终无法像数学和自然科学那样，以确定性的方式解决社会面临的各种相关问题，确定性地推动人类社会的发展。

信息社会经济学的自然科学化，可以作为一种示范，使其他人文社会学科的自然科学化得到积极启示。甚至，作为一种"固化"研究对象的具体有效方式，信息社会经济学的历史分期方法本身，可以直接应用于相关人文社会学科，使其也能够在自然科学化方面取得突破。

不难看到，在众多人文社会学科中，其研究对象多与社会经济状况密切相关，难免会受到知识涌现速度由"缓慢"到"迅速"变化的影响。通过知识涌现速度"缓慢"与"迅速"的分期对比，易于准确深入把握这些影响，有助于适当"固化"其研究对象，打开有效运用演绎推理的空间，促使相关社会问题能够以严格可靠的分析推理，得到确定有效的解决。

事实上，在自己有所接触的历史、社会、法律与宗教等学科，本人已经强烈感受到，通过直接采用信息社会经济学确立的历史分期标准，"固化"其研究对象，在这些学科领域里，完全可能促成类似经济学领域的大变革。甚至，在此前未曾料到的文学领域，我也惊奇地发现，有文学研究者以类似思路独立进行的研究，取得了相当接近信息社会经济学在经济学领域的突破，使得赫然如信息社会经济学的文学版，已经呼之欲出。

不仅如此，既然在信息社会经济学中，适当历史分期的作用，在于通过缩小研究范围来固化研究对象，以换取演绎推理的适用空间，那么，信息社会经济学的历史分期标准，就只代表一种突破口，不一定是其他人文社会学科自然科学化的唯一选择，不会妨碍继续发掘有很大潜力的、能够有效致力于自然科学化的其他各种方式。因此，只要能够注意到从固化研究对象的角度进行探索，就有希望推动不同人文社会学科的自然科学化取得突破性进展，使人文社会学科也能够如数学和自然科学那样，成为名副其实的推动人类社会发展的两大基本动力之一，实质性改变此前社会发展主要只能依靠自然科学单轮推动的格局。

此外，从信息社会经济学对合理选择基本前提的主动性探索看，由于在可能对其发展具有重大意义的前提与推理规则形成的方式或合理性方面，数学与自然科学似乎还未能体现出主动性探索的迹象，或者基本上还是一片空白，意味着在此方面，信息社会经济学明显体现出一些独特的优势，使人文社会学科首次隐隐有相对于数学与自然科学的局部领先之意。而且，这种领先体现出来的主观能动性，还可望反过来为数学与自然科学提供有益的启示，使其更为主动地将前提与推理规则等的形成方式或合理性，纳入专门的学术研究中。一旦这类主动性探索能够取得突破性进展，即可望摆脱数学与自然科学发展迄今的自发性与盲目性，跨入新的自觉自为的历史发展阶段。

最后，信息社会经济学的自然科学化，使彻底淘汰西方现代经济学的必要性更为凸显。

在目前，现代西方经济学虽然仍然居于经济学主流地位，但由于其属于前科学时代的产物，与自然科学化的信息社会经济学相比，其内容在严谨性、适用性等方面难免相形见绌。这样的隔代差距，无疑意味着对西方经济学一种前所未有的降维打击，使其以往深藏不露、不可克服的内在缺陷，现在无处遁形。

通过揭示现代西方经济学的基本前提，信息社会经济学相关研究表明，现代西方经济学的全部理论，可以归结为在不同严格程度上坚持"知识涌现速度缓慢"这一前提的结果，也因此可以根据坚持该前提时的严格程度不同，划分为两个部分：

一部分严格坚持"知识涌现速度缓慢"的前提，可以称之为纯理论。这一部分在现代社会完全过时，即使经过进一步完善，有希望成为适用于"工业革命以前"的、具有严格逻辑的经济学理论，也已经注定没有用。

另一部分则同时以"知识涌现速度迅速"和"知识涌现速度缓慢"为前提，可以称为修正理论。作为纯粹逻辑矛盾的产物，这一部分具有无可救药的荒谬性。

在理论逻辑上，一个理论的基本前提的性质，决定了这个理论全部内容的性质。既然西方经济学各部分理论的基本前提或者早已过时，或者存在不可克服的内在逻辑矛盾，那么，这一经济学的全部内容，也必然具有如此性质。因此，从其基本前提的性质看，现代西方经济学理论体系不为人知的根本性缺陷，已经一目了然，表明其不容置疑地应该被彻底淘汰。至少，在现代社会，由于其无法有效把握现代社会经济事物的本质特征，无法据此进行严格的推理判断，得到的结论自然不能保证可靠性，注定不可能保证有效解决相关现实经济问题，当然无法具有任何正面的现实意义。

与现代西方经济学形成鲜明对比的是，信息社会经济学由于以"知识涌现速度迅速"为前提，与现代社会状况密切吻合。这样的前提，使之得以克服西方经济学存在的根本性缺陷，既能充分保障分析推理的逻辑严格性，也能有效维持与现实经济状况的吻合性，因此能够如数学和自然科学那样，通过严谨的分析推理，有效解决相关现实经济问题，理所当然地具有全面碾压现代西方经济学的巨大优势。

在此情况下，从理论逻辑角度看，对现代西方经济学的全盘否定原本顺理成章，但从人性情感的角度看，由于现代西方经济学是数百年来无数西方经济学家持续努力的成果，长期受到社会广泛推崇，并一直在经济学领域里居于主导地位，有着根深蒂固的影响，因此，对于受其熏陶，难免对其深信不疑、满怀敬意的经济学家来说，这种断然的全盘否定，容易使其觉得突兀与不可思议，很难接受，甚至产生一定的抵触心理。

实际上，在信息社会经济学的研究达到充分成熟的阶段以前，本人也一直认为，毕竟经过几个世纪的千锤百炼，西方经济学即使存在这样那样的不足或局限性，也很可能存在值得借鉴保留的部分。因此，在致力于信息社会经济学研究的同时，本人也一直努力搜寻可能有正面价值的西方经济理论，希望能有所借鉴，却一直未能如愿。直到关于西方经济学基本前提的研究完成后，才意识到这样的搜寻是徒劳的。尽管如此，本人仍然以"万一自己的研究存在未察觉到的缺陷"的心态，继续关注是否有哪种西方经济学理论可以具有什么样的合理性，但结果仍然是一无所获。

就此而言，对西方经济学的全盘否定，尽管看起来不易为人接受，貌似比较偏激，但理性地看，这种全盘否定并非主观上刻意为之，而是根据对西方经济学基本前提性质的研究，进行严格理论分析得到的客观必然结果。既然如此，只要试图客观评价现代西方经济学，我们就实在无法基于同情心，仅仅因为其是无数西方经济学家呕心沥血取得的研究成果，就主观认定其一定有什么正面意义或价值。

相反，既然信息社会经济学能够以可供鉴别的严格依据与论证过程，确证现代西方经济学至少在现代社会毫无现实意义，应该被全盘否定，就足见这种新的经济学尤其显得难能可贵，其结论更加值得信赖与尊重。

信息社会经济学的自然科学化在上述三个方面体现出来的意义，具有重大的理论和现实影响。本书对信息社会经济学这一全新性质的揭示，使其能够与前两部著作一起，成为标志信息社会经济学重大发展进程的代表作。同时，经济学及人文社会学科展现出来的更新转变的必要性与现实可能性，还为未来的探索者，提供了广阔的作为空间。本人在为信息社会经济学已经取得的成果深感欣慰的同时，也期盼后继者们能够尽快将其发扬光大，不仅使经济学早日脱离现代西方经济学的泥潭，全面转入新的发展阶段；更使经济学乃至人文社会学科能够不负使命，成为与数学和自然科学类似的、推动社会顺利发展的有效动力。

目　录

第一章

导　论

本书收录了自《经济发展的基本模式——经济学的现代基础》与《经济学理论的批判与重建》两部著作出版以来，信息社会经济学取得的主要研究成果，标志着信息社会经济学的发展达到了一个新的高峰。本书的研究成果表明，作为一种全新的经济学，信息社会经济学有着与此前的经济学乃至整个人文社会学科的研究成果截然不同的性质和意义，体现在它不是简单致力于在众说纷纭中增添了一种一家之言，而是力图在历史唯物主义新发展的基础上，通过分析方法的根本性创新，开启经济学乃至整个人文社会学科更新换代式的大转变。

这一转变意味着，经济学已经具备可与数学和自然科学媲美的逻辑严格性，成为与之类似的科学性理论。其新的理论成果可望如数学和自然科学那样，不仅具有严格的逻辑性，以及易于得到一致认同的客观性，还能够确切保障社会相应问题的有效解决，从而直接推动人类社会的实质性发展。

众所周知，包括经济学在内的人文社会学科，与数学和自然科学之间，迄今存在着一个突出的差别。即：数学和自然科学新的理论成果，基本上意味着得到一致认同的新贡献。按照这些贡献的指引，人类社会面临的相关问题能够保证得到有效解决，使数学和自然科学成为能够直接推动人类社会实质性发展的基本动力。而人文社会学科的理论成果，即便貌似很新颖、很深刻，也仅仅只能体现为新增加的一家之言，并不意味着能使什么社会问题保证得到有效解决，更遑论人类社会的发展会由此得到什么实质性推动。

那么，为什么人文社会学科的成果，未能具有类似数学和自然科学成果的确切成效呢？更进一步，如果人文社会学科的成果，能够具有类似后者的成效，对社会又会意味着什么呢？作为一种新的经济学理论体系，信息社会经济学正是在这一问题上，取得了关键性的突破，标志着经济学乃至整个人文社会学科开始跨入一个全新的发展阶段，由经验积累或感性认识阶段，转变为理性认识阶段，从而能够与数学和自然科学并驾齐驱。

信息社会经济学之所以能够取得如此突破性进展，主要在于其分析方法的重大创新。这也是其与此前的经济学，甚至整个人文社会学科的一个关键不同之处。

值得一提的是，虽然信息社会经济学已经取得了系统全面的发展，标志着经济学新的历史发展阶段已经开启，迄今却似乎并未对面临淘汰命运的西方主流经济学有所触动，甚至未在经济学领域激起些许涟漪。

那么，为何以西方现代经济学为代表的主流经济学理论虽然陈腐不堪，在面临具有全面压倒性优势的替代性理论时，却仍然可以稳居主流经济学的地位，仍然可以使经济学家群体不为所动？

究其原因，明显并非信息社会经济学的发展过于超前。因为，在逻辑严格性、与现实的吻合性，以及处理和解决现实经济问题的能力等方面，相对于居于主流地位的现代西方经济学，这一经济学具有的巨大优势，表明其正具有恰逢其时的特征。

或许，信息社会经济学及其分析方法带来的转变过于深刻，可以成为如此状况的一种解释。由于分析方法的根本性转变，意味着此前经济学的思维方式与信息社会经济学存在巨大鸿沟，不在同一"频道"上，难以在短时间内轻易转轨或跨越。因此，人们可能既难以充分理解新的、以现有思维方式难以习惯和沟通的思维方式及其意义，也难以及时感受到充分的激励，来深入认真了解新的思维方式及其内容。

因此，如何利用信息社会经济学与现代西方主流经济学在性质、意义等方面的鲜明差别，促成思维方式或分析方法的跨越，以保障经济学界能够充分意识到信息社会经济学体现的革命性转变，就构成了一个值得研究的重要课题。

为此，本书一方面沿袭《经济学理论的批判与重建》一书的体例，继续推进信息社会经济学在更广范围与更深层次的拓展，在进一步提供信息社会经济学多方面创新性研究成果的同时，也致力于继续清算现代西方经济学的理论与认识，以更充分展示信息社会经济学相对于现代西方经济学全面优势。另一方面，针对现代西方经济学赖以支撑的思维定式壁垒，强化了对信息社会经济学及其分析方法本身性质、意义的专门考察，试图以鲜明的对比，揭示两种经济学理论体系的差别及其根源，并从逻辑严格性、与现实社会的吻合性以及在应对处理现实社会经济问题的能力等方面，以现代西方经济学的不合时宜，衬托出信息社会经济学及其分析方法具备的全面优势，搭建起便利思维方式转换的桥梁。

通过对信息社会经济学及其性质、意义等多维度的考察，本书得以表明，信息社会经济学在分析方法方面的理论创新，不仅使经济学具备了可与自然科学媲美的科学性，跨入了全新的发展阶段，还使其影响远远超出了经济学领域。比如，以其分析方法的标杆作用，可望开启整个人文社会学科更新换代式的大转变，使其也得以跨入全新的科学发展阶段，能够与自然科学并驾齐驱，成为推动人类社会发展的基本动力。甚至，通过其在前提合理性等方面主动性探索的示范，对数学和整个自然科学的发展，也可能带来意义深远的启示作用。

本书第二章有四篇文章（即四节内容——编者注），从不同的角度，对信息社会经济学及其分析方法的性质、特征与意义，进行深入的介绍。

前两篇文章是对信息社会经济学内容性质的整体介绍，主要涉及其在经济学领域的创新意义。《走向下一代经济学》一文，适合希望对经济学的发展有大致了解的读者，而《信息社会经济学的三大基本贡献》一文，对信息社会经济学的贡献有比较系统的介绍，更适合希望尽快把握信息社会经济学概貌的专业经济学家。

《人文社会学科与自然科学的差距及其弥补：来自信息社会经济学的突破与启示》一文，突出展示了信息社会经济学及其分析方法的性质与意义，是本书最大的亮点。这一亮点集中体现在，一方面，表明信息社会经济学通过在历史分期方法方面取得的历史性突破，得以有效固化研究对象，使其经济分析能够具备类似欧氏几何学那样的严格逻辑，开启了经济学的全新发展阶段，使经济学能够成为保证行为选择达到预期结果、可靠性能够与数学或自然科学媲美的科学性理论。另一方面，表明信息社会经济学分析方法的创新，源于其聚焦于合理基本前提的主动探索与专门研究，使其可望超越经济学领域，开启人文社会学科与自然科学并轨的科学发展之旅，推动整个人文社会学科跨越与自然科学之间的鸿沟，具备与之并驾齐驱的能力。尤其是，信息社会经济学分析方法的如此特点，还可能具有更上一层楼的深远意义，可望带给数学与自然科学以重大启示。即，通过对自身合理前提进行主动发掘的示范，可能有助于数学与自然科学在如何确立合理基本前提及其推理规则等问题方面，展开专门的研究。一旦此类研究能够取得突破性进展，就意味着叩开了数学和自然科学全新发展时代的大门，一改此前基本前提与推理规则形成的自发性或盲目性，得以由自在或自发的发展阶段，跨入自觉自为的全新历史发展阶段，并因此可能全面刷新人类社会对客观世界的总体认知。

《历史唯物主义研究的新突破与经济学的新发展》一文，通过介绍信息社会经济学分析方法与历史唯物主义的密切关系，突出展示了这一方法的性质，表明其可以直接归结为历史唯物主义分析方法在历史分期方面取得的一种突破性进展。据此，信息社会经济学之所以能够取得独具特色的创新，的确是事出有因，源于其获得了分析方法重大创新的强大支撑。以分析方法如此深刻的历史性突破为基础，使其不仅有能力推动经济学领域的更新换代，还可以促成整个人文社会学科的重大突破。

第三章的五篇文章主要体现信息社会经济学对若干重大理论与现实问题具有颠覆性的研究。

《论货币政策的有效性：来自信息社会经济学的研究》一文，针对传统货币政策是否有效，或者具有怎样的有效性等问题，通过澄清货币本质特征及其在现代社会经济运行模式中能够起到的作用，揭示了现代西方经济学两大派理论相关认识的缺陷及其原因，并由此表明：传统货币政策不仅在短期有效、在长期也具有有效性；但与此同时，这种有效性又存在严重的局限性和不确定性，使其本质上不具备西方经济学家想象的调控宏观经济波动的能力。为了使货币能够充分发挥其本职作用，本文重新确立了货币政策的目标、工具与调控方式。

《信息社会经济学的价格理论纲要》一文认为，由于经济运行模式的转变，现代社会的商品已经从工业革命以前的单纯物质性商品，转变为知识成分越来越多的知识商品，商品价格自然也越来越多地具有了知识价格的成分。商品性质的这种转变，使价格的决定因素与变动规律发生了根本性改变，也摧毁了现代西方经济学价格理论赖以形成的基础。在现代社会新的商品性质基础上，本文首次以严格的逻辑分析，提供了知识商品价格理论的完整框架。而且，这一新的价格理论提供的，不仅仅是经济学界期待已久的、专属知识商品的特殊价格理论，而且是能够适应现代社会的、涵盖全部商品类型的一般价格理论。

《信息社会经济学的汇率理论》一文，首次表明经济运行模式转变对货币性质的冲击，会导致现代社会的货币对内、对外价值出现分离，使汇率不再能够如迄今的西方经济学家那样，将其简单定义为两种货币的比价，而是必须将其严格界定为单位货币的对外价值之比。在此基础上，本文揭示了现代社会背景下，汇率的决定因素与变化规律发生的相应变化，构建起符合现代社会背景、逻辑严谨的汇率新理论。

《经济发展方式转变的新视角：经济学理论的根本性转变》一文，针对久论未决的经济发展方式转变问题，借助信息社会经济学对经济发展性质与决定因素的充分揭示，本文表明，现有的经济发展方式基本上可以归结为盲目的知识增长，人们目前已经深刻体会到的种种弊端，即源于这种盲目性。而在这种盲目性的背后，则深藏着现代西方经济学的影响。因此，经济发展方式的合理转变，应该体现为由现有的盲目知识增长转变为自觉的知识增长；而完成这种转变的关键，则在于彻底排除现代西方经济学的干扰，代之以信息社会经济学的理论指导。

《中国什么时候才能和美国一样发达?》一文说明，虽然由于缺乏合理的经济发展理论，西方经济学家难以对此提供有严格依据的认识，但从信息社会经济学的经济发展理论角度看，这一问题并不像人们想象的那样难以有效回答。因为，根据这一理论揭示的发展中国家经济发展的三大决定因素，可以很简单表明：对任何一个发展中国家，无论其目前的经济发展状况与发达国家有多么大的差距，只要能够有意识地致力于消除在三大决定因素方面的差距，均有可能在四五十年内，完全消除二者之间在经济发展方面的差距，与发达国家并驾齐驱。这一极具震撼力的结论，既揭示出发展中国家原本具有的辉煌前景，也鲜明地表明现代西方经济学的无知，以及这种无知对发展中国家经济发展已经和正在造成的严重危害。

第四章分别对现代西方经济学一些影响重大的理论与认识进行了深入清理。

《GDP 及其增长：是经济学的伟大发明还是理论乌龙?》一文表明，在现代西方经济学里，GDP 及其增长通常被认定是一种合理的指标，能有效衡量社会产品产出总量及经济发展状况，堪称 20 世纪经济学的一项伟大发明。然而，依据深入严格的理论分析，可以发现，这种认定只是一种主观臆想的产物，毫无严格可靠的理论依据。实际上，GDP 与社会产品的真实产出总量具有截然不同的性质含义。前者属于交换价值的总量，取决于货币的供应量；后者则体现为使用价值的总量，取决于社会的知识状况，二者不能混为一谈。类似地，经济发展应该被归结为知识增长，取决于社会知识增长的决定因素。GDP 增长率则取决于货币供应量的增长状况，可以归结为传统通货膨胀率在现代社会里的延伸，更适合用于衡量现代社会的货币价值变动状况。虽然GDP 增长与经济发展之间貌似具有相当密切的联系，却极不确切，仅仅是一种形影相随、可有可无的伴生关系。因此，GDP 及其增长实际上根本不具有西方经济学家想象的含义，与其说其是西方经济学的伟大发明，不如说是这一经济学制造出来的大骗局。由于这一骗局，人类社会迄今的经济发展进程事实上已经受到严重危害。

此外，为阐明 GDP 增长率的性质，在该文的附录中，还针对现代社会不与商品挂钩的单纯信用货币，附带提供了信息社会经济学对其价值决定及价值变动衡量标准的研究结果，填补了该领域的理论空白。

《金融危机与现代西方经济学的危机》运用信息社会经济学的经济波动理论，表明现代西方经济学由于其历史局限性，不仅无法对现代社会经济波动的原因、性质提供合理认识，其本身也因为对社会经济关系的误导扭曲作用成为现实波动之源，从而使 2008 年的金融危机成为仅仅由经济理论引起危机的典型样本。

《擦肩而过的遗憾：熊彼特创新理论新评》一文提供了对熊彼特创新理论意义的一个新解释。从经济发展角度，该文认为，熊彼特的创新理论，原本是其感受到传统西方经济学缺乏处理现代经济发展问题能力时，试图弥补其缺陷而构建出来的。虽然熊彼特相当准确地认识到了传统西方经济学的缺陷所在，非常接近于信息社会经济学的认识，却令人遗憾地止步于此，未能通过继续对其缺陷产生原因的探索，构建起具备有效处理现代经济发展问题的经济学，反而偏离了理论发展的合理轨道，与信息社会经济学擦肩而过，仅仅得到了属于经验感觉产物的创新理论。

《论西方产业结构理论的缺陷与危害》一文表明，西方产业结构理论本质上只是一种由历史局限性引起的错觉的产物，建立在不合理的产业结构分类，以及虚假的产业结构演变规律基础上，并不具有确切的经济学意义，由其衍生的产业政策更可能严重危害各国的经济发展。

《盖棺论定：信息社会经济学对产业政策利弊的评判》一文，依托信息社会经济学对经济发展的性质与决定因素的研究，根据是否有利于经济发展的标准，对产业政策的利弊进行了评判。本文认为，由于现代西方经济学无力把握经济发展的性质与决定因素，受其影响，从主观动因看，现有产业政策的制定无法以经济发展的主要决定因素为靶点，针对经济发展决定因素的改善有的放矢；客观上，已有产业政策也没有明显的、不可或缺的积极影响，反而存在诸多明显的不利影响。因此，产业政策至少无法直接致力于促进经济发展，顶多可能使其处于自发的盲目状态，弊多利少，不宜成为促进经济发展的主导性政策。

第二章

信息社会经济学的性质、特征与意义

走向下一代经济学

　　借助分析方法的重大创新，经济学理论研究近年来已经取得了历史性的突破。以《经济发展的基本模式——经济学的现代基础》及《经济学理论的批判与重建》两部著作的出版为标志①，已经形成了一种崭新的、可称为信息社会经济学的理论体系。这一新的理论体系以经济发展为核心议题，截然不同于目前居于主导地位的、以资源配置为核心议题的现代西方经济学的理论体系，体现了经济学极为深刻的革命。得益于分析方法的彻底更新，在逻辑严格性及处理现实经济问题等方面，这一新的理论体系较之现代西方经济学焕然一新，展示出无可比拟的强大优势。如果其体现的新经济学思想能够被充分了解，经济学的发展即可由此步入一个全新的时代，长期为人们信奉的现代西方经济学必将被彻底抛弃。本文拟从分析方法、理论体系的特点，以及现实与理论意义等三方面，通过与现代西方经济学的比较，简要介绍上述两部著作体现的信息社会经济学的发展现状。

一、新的分析方法

　　信息社会经济学的革命性进展根源于分析方法的创新。这是一种以历史

---

① 上述两部著作 2009 年分别由中国人民大学出版社和经济科学出版社出版。

分期方法的重大突破为基础的新历史分析方法①，可以理解为历史唯物主义分析方法的一种新发展。它与现代西方经济学的超历史分析方法截然不同，也与有关传统历史分析方法不同。一旦采用这一新的分析方法，就意味着我们将以全新的眼光重新审视世界，也意味着经济学理论的革命性改变。

这里，我们先简略介绍信息社会经济学及其分析方法的基本特点，再通过与现代西方经济学分析方法的比较，初步显示前者的优势及后者具有的深刻的历史局限性。

作为一种全新的经济学理论体系，信息社会经济学指的是以知识涌现速度为标准，首先将人类社会的发展历史区分为物质社会与信息社会，然后再分别以这两种社会的经济特征为基础，考察各自经济运行性质与规律的经济学。这样一种经济学的分析方法具有以下特点：

首先，不同于现代西方经济学的超历史分析方法，信息社会经济学采用的是一种历史分析方法。

不难看到，现代西方经济学的分析方法基本上具有超历史性，试图展示的是古往今来都适用的永恒真理，使这一经济学体现为一种与历史背景条件无关的、超历史的经济学。然而，信息社会经济学认为，无视历史性并不代表其不具有历史性。从表面上看，现代西方经济学是一种超历史的经济学，看起来无须专门区分或甄别历史背景，但更深入的分析②可以看到，目前流行的现代西方经济学不仅不能摆脱历史性，事实上还旗帜鲜明地以工业革命以前那种早已过去的历史背景为基础，从而在现代社会体现出深刻的历史局限性。

信息社会经济学认为，从经济学的性质看，经济学应该是现实经济状况的反映，经济学所揭示的经济活动特征与规律，应该以对现实经济运行模式的准确把握为基础。如果在不同历史背景下，经济事物或经济活动的性质特征有很大不同，经济学还应该具有强烈的历史性。即：只要不同历史时期社会经济活动的内容、特点与规律有足够大的变化，导致经济活动模式有足够

---

① 参见袁葵苏：《经济发展的基本模式——经学学的现代基础》，中国人民大学出版社 2009 年版，第二章；《经济学理论的批判与重建》，经济科学出版社 2009 年版，第二章。

② 参见袁葵苏：《经济学理论的批判与重建》，经济科学出版社 2009 年版，第二、三章。

大的差异，经济学就应该以相应历史背景的特点为基础，采用相应的分析工具来描述，体现为截然不同的理论模式。换言之，经济学所揭示的经济活动特征与规律，应该与一定历史条件相联系，只能是特定历史条件下的特征与规律。属于一定历史背景的经济活动特征与规律，将不同于另外一种历史背景条件下的经济活动特征与规律，从而在不同的历史条件下，应该形成不同的经济学分析方法与理论体系，不存在与历史背景无关的经济学。

正是基于这一角度，信息社会经济学首先发现，以 18 世纪工业革命为标志，人类社会的经济活动规律与模式发生了史无前例的巨变，使工业革命前后的人类社会呈现为截然不同经济世界。以独特的历史分期方法，信息社会经济学将人类社会迄今的历史划分为工业革命前后两段，分别称其为物质社会与信息社会，发掘出其截然不同的经济运行模式与规律。

在信息社会经济学看来，现代西方经济学对历史性的无视，并不是其有依据地认识到经济学不需要具有历史性，而是由于缺乏有效的历史分期方法，无法注意到甄别历史背景的重要性，也未意识到工业革命前后经济运行模式的变化已经如此之大，不再能够混为一谈。

分析方法存在的这一缺陷，使现代西方经济学无从区分不同历史背景，无法了解工业革命前后经济运行模式存在本质区别，无从把握不同社会经济运行模式的本质特征，尤其是无从把握现代社会经济运行模式的本质特征，难免将不同历史背景的事物混为一谈，并最终因为种种原因①，将对现实经济状况的分析建立在了工业革命以前那种经济运行模式基础上。

分析方法这一缺陷的后果是极为严重的。作为基本以工业革命以前那种社会为背景的经济学，现代西方经济学只能描述工业革命以前那种社会的经济运行模式与规律，无从认识工业革命以后的现实经济运行的特征与规律。在面对现代信息社会的现实问题时，只能勉为其难地以物质社会的扭曲眼光来应对处理，不可避免地使自己陷入无法自拔的困境。即使这一经济学能够合理描述物质社会的经济状况，也会因为物质社会本身并不需要经济学，使其成为在物质社会显得多余，而在信息社会完全错误的经济学。

---

① 参见袁葵苏：《经济学理论的批判与重建》，经济科学出版社 2009 年版，第三章。

其次，不同于传统的历史分析方法，信息社会经济学采用的历史分析方法，将以历史分期方法的重大突破为基础。

在揭示历史背景与经济活动及经济学的关系时，为了表明不同历史时期社会经济活动模式以及经济学的不同，需要通过明确的历史时期的划分，使不同历史时期的经济活动特征与规律充分体现出足够显著的本质差异。这集中体现在能否确立严格的、一般化的历史分期标准。有关研究表明①，传统的历史分析方法迄今虽然提出了很多历史分期标准，却都具有片面性、不可比性、盲目性，既不严格也不是一般化的，无法据此有效把握不同历史条件下带根本性的经济规律与特征，不足以体现不同历史时代的本质差异，其区分的合理性使人难以置信。这阻碍了人们对不同历史时期社会经济活动模式本质特征与差异的识别，难以将本质上截然不同的历史时期有效区分开来，也无法建立起不同历史时期与经济运行模式及其规律间的确切联系，不仅使历史分析方法难以具备可以有效贯彻的必要基础，也是迄今的经济学无法具有历史性的基本原因。

信息社会经济学在历史分期或历史阶段划分标准方面取得了突破性进展，首次得到一种划分人类社会历史发展阶段的一般化标准，使不同历史时期社会经济活动模式的本质特征或本质差异得到凸显，为建立不同历史时期与其经济运行模式及其规律之间的联系，奠定了坚实的基础，使其分析方法与传统的历史分析方法有了质的区别。

信息社会经济学得到的历史分期标准，是通过对知识涌现速度的"慢"与"快"的严格界定，将生产力的历史发展阶段从而社会经济的历史状况区分为两个阶段："知识涌现速度慢"的阶段和"知识涌现速度快"的阶段，并将其分别称为物质社会与信息社会。

在"知识涌现速度慢"这一阶段里，新知识的产生通常是偶然或意料之外的，不具有持续性，不足以引起人们预期，社会经济活动基本上体现为以既定知识为基础的、循环往复的不变模式。此时，人们通常能够获得有关充分知识或信息，知识的变化状况对经济活动的影响基本上可以忽略，知识的

---

① 参见袁葵苏：《经济学理论的批判与重建》，经济科学出版社 2009 年版，第二章第一节。

重要性也因此被隐没，甚至不再被社会认为是一种值得注重的生产决定因素。

而在"知识涌现速度快"这一阶段里，新知识的产生具有持续性，已是常态并已纳入社会的预期，经济活动将以不断变化的知识为基础，体现为日新月异、持续变化的运行模式。在这一新的模式中，人们已很难及时有效获取相关的充分信息，知识或信息的状况对经济活动的影响很大，其对经济活动状况的决定作用不再能被忽略。

这一历史分期标准虽然看起来是非常初步的，但它是目前提出的唯一一种一般化的历史分期标准，即具有可比性、整体性等性质，具有以前那些非一般化的历史分期标准不具有的本质性优势，能够直接显示不同历史时期经济运行规律与特征的本质差异，并首次使得人类社会的历史被一般性地划分为两个截然不同的阶段。

再次，依据新的分析方法，信息社会经济学得以发现，现实社会经济运行模式与规律已经发生了翻天覆地的重大变化，但由于采用的分析方法不当，现代西方经济学甚至不能察觉到这样的历史巨变。

由于新的历史分期标准能够凸显社会经济活动更为本质的特点，信息社会经济学发现，以18世纪发生的工业革命为分水岭，人类社会的经济活动状况已经发生了前所未有的质变，由此前比较典型的物质社会，转变为目前基本具有信息社会特点的社会，具有了截然不同的经济运行规律与模式。

在工业革命以前的历史长河里，长期难以有新知识出现，社会经济活动基本上是以不变的资源、按不变的生产技术或方式、生产不变的产品。此时，社会经济运行有充分时间进行充分调整，常常能够处于特定的均衡状态；经济事物及其之间的联系也大致稳定，可以赋予一定的数量特征，并构建相关事物之间的数量关系。同时，由于存在充分的经验或试错时间，各种经济资源均可以在某种既定机制下得到最佳配置，社会经济活动因此具有循环往复的固定模式，并可以用一种特定的生产函数加以相当准确的描述。在这样的社会里，社会经济活动与生活状况长期一成不变，难以看到改善的希望。即使纵观数百年甚至上千年的长期历史时，仍可捕捉到经济改善的迹象，但这样的变化是如此缓慢，很难在一代人或几代人的时间内体会到，以致对变化或改善的希望通常只能寄托在童话幻想之中。

但在工业革命以后，情况发生了根本性的变化。此时，新知识的涌现已经是常态，社会经济活动所利用的生产知识体系是不断变化的，社会生产能够利用的资源、能够采用的生产方式以及能够生产的产品等也会不断变化，产生了从前难以想象的、可在一代人的时间内识别的常规性经济发展现象。由于持续涌现的新知识的影响，工业革命以后，各种经济事物的性质及其间联系常常处于持续的变化过程中，难以有效赋予其确定的数量特征及数量关系；社会经济活动模式也已经发生了质的变化，呈现为崭新的持续变化模式，不再能够用具有确定变量与变量间关系的固定生产函数有效描述。这种新的经济活动模式虽然可以呈现为某种稳定有序的状态，却既不同于物质社会那种循环往复的均衡状态，也不同于一种特定的均衡状态向另一种特定的均衡状态转变时的、由固定力量或机制支配的、调整中的非均衡状态，而是呈现为一种类似于耗散结构或混沌等非平衡的动态有序状态，使现实社会体现出与过去迥然不同的两个世界的差异。

容易理解，假定经济运行最初会处于某种均衡状态，各种经济资源均在某种既定机制下处于最佳配置状况，一旦出现新的知识技术，将带来资源、技术或产品等的相应变化，使原有均衡状态被打破。如果新的知识技术的出现是一次性的，其引起的资源、技术或产品等变化也是一次性，假以时日，在有关调整机制下通过充分调整，由此产生的非均衡状态最终也会转向一种新的均衡状态。然而，如果新的知识技术的出现具有持续性，那么，在经济尚未调整到新的均衡状态时，又可能出现更新的知识技术，要求经济向第二种更新的均衡状态调整；类似地，在第二种新的均衡状态也尚未调整到位时，知识技术的状况可能又已经发生了改变，不断地驱使经济向第三种、第四种、第五种乃至难以历数的新的均衡状态调整。此时，经济运行模式的性质将发生嬗变，不仅经济运行处于不断转换方向的调整过程中，不再有足够时间达到均衡状态；而且，调整机制也将处于不断的变化之中，使调整过程总是处于不断变化且难以预期的支配力量作用下。总之，只要新知识的涌现速度快到一定程度，经济运行将处于调整方向与调整机制都不断变化的、持续的调整状态中，跃迁为一种由持续涌现的知识流所支撑的动态结构。而且，支撑这一状态的知识流本身是不稳定的，除了可以预期会不断有新知识产生之外，有关知识流的内容、结构、速度及其他各方面的性质都在不断地变化之中，有很大不确定性，不存在固定的支配力量或影响。这使得社会经济运行模式甚至不能被描述为耗散结构或混沌那类的、由确定的决定因素支配的、非平衡的有序状态，其经济规律与性质会有根本性变化，是一类西方经济学传统的均衡思维无法理解的全新状态。

因此，工业革命以后，人类社会已经进入了史无前例的、持续变化的年代，这是一个新的社会，一个社会经济生活的性质与规律全然不同于过去的社会。

尽管如此，由于分析方法的历史局限性，居于经济学主流地位的现代西方经济学却难以认识持续变化中的新模式，无法有效把握新社会的本质特征，无从察觉、描述和回应这样的历史巨变。面对全新世界中全新的经济活动，这一主流经济学表现出完全无视现实经济活动的巨变，冥顽不化地沉浸在过往的记忆中，盲目固守已经过时的经济运行模式。

虽然在现实生活中，人们不可避免地凭借本能感觉感受到了这样的历史巨变，如人们通常使用的"传统社会"与"现代社会"这类术语，即表明人们已经强烈感受到社会已经发生了如此之大的深刻变化，已经难以再将目前的社会等同于过去的社会，但苦于得不到主流经济学的指导，只能勉强使用这类含糊不清的术语来暂时加以应对。即使如约瑟夫·熊彼特这样敏锐的学者，已经凭借直觉感受到了这种社会巨变的彻底性，并明确表明现代社会已经与西方新古典经济学等核心理论描述的所谓"循环流转"社会截然不同，甚至直接断言这些传统经济理论已经不适用[1]，但同样因为未能在分析方法上取得有效的创新，熊彼特也只能受囿于传统的分析方法，无法准确把握不同社会的基本经济特征，未能揭示现代社会与他认为的"循环流转"社会的本质区别及其原因，也未能清晰展示现代社会经济运行的规律与模式，只能满足于凭借其敏锐本能察觉到的现代社会的个别新特征，构建一个粗糙而片面、意义有限的创新理论[2]。

最后，新的分析方法表明，由于现代社会已经基本具有信息社会的特点，

---

① 参见熊彼特：《经济发展理论》，何畏等译，商务印书馆 2000 年版，第 67、69 页。

② 参见本书第四章第三节。

在描述现代社会的经济状况时，经济学必须奠基在信息社会的经济运行模式的特点基础上，也因此必须彻底抛弃以传统分析方法为基础的现代西方经济学。

信息社会经济学认为，作为比较典型的物质社会与信息社会，工业革命前后的社会具有不同的社会经济活动内容、性质与规律，存在不同的社会经济问题，其经济运行模式有着泾渭分明的差异，已经达到如此程度，足以使反映这两类社会经济状况的经济学不同，体现为性质特征不同的理论范式，使经济学表现出鲜明的历史性。因此，在描述现实经济状况时，经济学必须首先区分或识别经济事物的历史属性，以奠基在恰当的经济运行模式基础上，保证其描述的合理性。

在社会经济运行处于工业革命以前的模式时，如果能够形成具有基本完整体系的经济学，此时的经济学就应该以物质社会经济运行模式的特点为基础，以既定资源的配置状况为主要研究议题，研究在既定条件下，如何使既定资源得到最优配置，或使其最优配置状况得到有效维持等，可以大致归结为资源配置经济学。因为此时经济活动能够利用的经济资源、能够选择的生产技术或方式，以及能够生产的产品固定不变，能够或最值得关心的问题只能是与既定资源配置效率相关的问题。

同时，此时的社会经济活动通常能够达到稳定的均衡状况，各种经济事物的类别性质及其之间的联系大致稳定，可以赋予其数量特征与关系，经济学分析基本上可以将社会经济运行过程视为均衡状态下的经济活动过程，在均衡条件下分析各种经济事物在达到或趋向均衡时的性质特征与规律，可以理解为一种均衡经济学，定量分析等工具也有相当的适用性。

但是，当社会经济运行处于工业革命以后的新模式时，经济学分析应该以信息社会的经济运行模式的特点为基础，经济学的基本使命与中心议题自然也不同于工业革命以前。此时，由于资源、技术与产品的不断变化，既定资源的配置效率不再能得到有效的衡量标准，甚至难以确认其确切含义，使既定资源配置等目标不再确切，至少不再能成为社会关心的主要问题。如何创造更多新资源，可能以怎样的方式创造怎样的新资源，新资源创造会产生怎样的后果等经济发展问题，将成为社会经济活动最重要的议题。这要求经济学转而以新资源创造或经济发展为主要研究议题，体现为以新资源创造为中心议题的发展经济学。当然，这种发展经济学无疑与目前的西方发展经济学有本质区别：从与其他经济学科的关系来看，如果将西方发展经济学理解为资源配置经济学在经济发展领域勉为其难的延伸或应用，那么，从信息社会背景得到的发展经济学则是经济学的核心与基础。此时，即使资源配置经济学仍有存在的空间，也只不过是发展经济学在特定环境条件下的延伸与应用。

在描述信息社会的经济状况时，由于经济运行已经来不及达到均衡状态，社会经济运行过程将被理解为持续发展变化的非均衡过程。此时，各种经济事物的类别性质及其间的联系不再稳定，也难以赋予其数量特征与联系，经济学基本上不再考虑均衡状态下经济事物的性质特征与规律，而是关注它们在持续变化的非均衡条件下形成的新性质与新问题，均衡分析与定量分析等工具基本上不再适用，经济学分析只能更多采用逻辑推理等定性分析工具。同时，由于既定资源的合理配置与新资源创造本身是两个互不相容的中心议题，前者要求在资源等不变的条件下研究，后者则本身是以资源等条件持续变化为前提的，适用于前者的分析工具难以适用于后者。这样的经济学也可以归结为与均衡经济学迥异的非均衡经济学。而且，由于此时的非均衡并非是向均衡状态演进中的，这样的非均衡经济学还不同于向均衡状态演进中的非均衡经济学。

基于上述认识，信息社会经济学认定，由于物质社会的经济问题通常有充分时间通过经验或试错得到相当有效的解决，专门研究这些问题的经济学本身并不重要；只有在工业革命以后，经济活动的持续变化使经济学变得很重要，因为持续的变化性，有关问题往往来不及凭借经验或试错等方式得到有效解决，专门的经济学研究首次被赋予了重要使命，要求其有效描述经济发展过程，为解决发展过程中出现的种种问题及时提供有效指引。因此，经济学的分析通常应该与信息社会的特点联系在一起，不能够以物质社会为背景。

综上所述，信息社会经济学的分析方法具有很强历史性，本身也体现了历史分析方法取得的重大突破。在进行经济分析时，信息社会经济学的分析方法将首先要求澄清是在什么社会背景下进行的分析，确认其研究的对象事物是哪种历史阶段的产物，比如是属于物质社会还是属于信息社会，或者其有多大成分属于物质社会，有多大成分属于信息社会；然后，再根据不同历史背景来考察经济事物的性质与规律。并且，由于以物质社会背景的经济学研究缺乏现实意义，实际上，信息社会经济学的分析方法总是要求首先将研究对象明确地置于信息社会背景下，以专门分析其在信息社会的性质特征，再据此得到相关结论。

二、新的理论体系

以分析方法的创新为基础，信息社会经济学提供了与现代西方经济学截然不同的经济学理论体系。

这两种理论体系最鲜明的差异，体现在它们是由两种针锋相对的理论假定推导出来的产物，使二者之间在一定程度上存在着类似于现代数学里欧氏几何与非欧几何的关系。即：信息社会经济学是由"知识涌现速度快"这一理论前提严格推导出来的理论体系，而现代西方经济则是在不同严格程度上由"知识涌现速度不快"这一前提推导出来的理论体系。

这种差异根源于二者历史背景的不同。

以新的分析方法为依据，信息社会经济学通过物质社会与信息社会的区分，揭示了这两个社会经济运行模式与规律的本质区别，并认为现代社会的一切经济问题，都深深地烙上了信息社会的烙印，只有以这一社会的经济特征为背景才能得到有效阐明。信息社会经济学正是通过坚持"知识涌现速度快"的前提，使各种经济问题的分析与信息社会的经济特征紧密联系，以严格的逻辑推理，构建了系统严谨的经济学理论体系。

在信息社会经济学看来，由于现代西方经济学无从识别现实经济运行模式的重大变化，未能足够敏感地认识到现实社会在工业革命导致的经济运行模式的根本性转换，只能无意识地以过去的物质社会为背景基础，从"知识涌现速度不快"这一前提出发来描述现代社会经济运行的模式与规律，不能有效描绘现实经济运行的图景，只能得到现实经济运行状况的扭曲映像。

这两种理论体系如此深刻的差异，使得信息社会经济学不仅得到了与现代西方经济学不同的全新认识，在逻辑严格性及对现实的吻合性等决定经济理论意义的重要方面，不可避免地拥有远胜于现代西方经济学的优势，使其对理论与现实经济问题具有更为有效的解释力和处理能力：

首先，从逻辑严格性看，信息社会经济学的理论体系具有清晰的逻辑结构，是以"知识涌现速度快"为基本前提，通过逻辑推理的方式严格推导出来的，可以理解为以"知识涌现速度快"为基本前提的全部逻辑推论的集合，其逻辑严格性不言而喻。与此相比，现代西方经济学就毫无逻辑严格性可言。

不难看到，虽然现代西方经济学至今仍然是一个占主导地位的理论体系，甚至被其信奉者认为具有现代自然科学那样的严格逻辑性，但事实上，其逻辑结构却是支离破碎的。迄今为止，由于不知道该经济学真正的基本前提，至今没有一个西方经济学家能够阐明这一经济学究竟是一个什么样的理论体系，无法明确概括其内容特征和整体结构，难以得到对这一理论体系的一个类似于定义的明确表述，使其看起来只是一堆杂乱无章的混合体。

仅仅在信息社会经济学产生后，借助这一新经济学的分析方法，我们才首次得以厘清其整体结构，阐明其内容特征，得到对现代西方经济学理论体系的一个明确的整体概括。根据《经济学理论的批判与重建》一书第三章的相关研究，现代西方经济学的理论体系可以概括为在不同严格程度上以"知识涌现速度不快"为前提而形成的一个理论体系，根据遵守该前提时的严格程度不同，这一理论体系可以划分为具有不同逻辑严格性的两大部分[①]：

一部分是严格以"知识涌现速度慢"为基本前提得到的全部逻辑推论的集合，大致可以由新古典经济学或一般均衡理论体现。作为西方现代经济学核心与基础，这一部分可以称为纯理论。由于比较严格遵守"知识涌现速度不快"的前提，这部分理论明显是以工业革命以前的经济运行模式为背景基础的。其研究主题基本属于既定资源的最优配置问题，描述的大致是工业革

---

① 参见袁葵荪：《经济学理论的批判与重建》，经济科学出版社 2009 年版，第三章第三节。

命以前的、以不变的资源、按不变的方式生产不变的产品的运行模式，分析方法及体系内容，与以物质社会为背景的经济学分析几乎如出一辙。

另一部分则是既坚持"知识涌现速度不快"的基本前提及其部分逻辑推论，又同时否定该前提另一些逻辑推论的理论的集合。这一部分是为应对现代社会的新事物而产生的，它们用种种方式力图塞入某些逻辑矛盾，希望以此弥补新古典经济学与现代社会不相容的缺陷，可以称为修正理论。修正理论包括现代西方经济学体系内不能严格纳入前一体系的一切研究，可以归结为不太严格以"知识涌现速度不快"为前提得到的众多推论的集合。这些研究产生于现实的冲击，既不知不觉地坚持以西方经济学的基本前提为基础，因而与纯理论体系同属于一个体系，又试图避免新古典经济学与现实过分背离的缺陷，并从现实角度对该前提的某个或某几个逻辑推论进行了否定，因而无意识地未严格遵守基本前提的逻辑要求，与纯理论体系有别。新旧凯恩斯主义经济理论、新制度经济学及信息经济学等现代西方经济学近几十年的新发展，即是这部分研究的典型例子。由于这些新发展在否定"知识涌现速度不快"的某个或某几个逻辑推论以试图弥补新古典经济学与现实过分背离的缺陷的同时，又保持该基本前提及其他推论，不可避免地具有内在逻辑矛盾，不仅在理论上完全丧失了新古典经济学可能具有的逻辑严格性，对现代社会经济事物的描述也完全是扭曲的，最终只能形成一大堆永无完善之日的理论怪胎。

以如此方式概括出的现代西方经济学的理论体系，明显不具有严格的逻辑性。虽然其中的纯理论部分能够比较严格地坚持"知识涌现速度不快"这一基本前提，可以具有严格的逻辑性，修正理论部分却不具有这样的严格性，以致这一理论体系从整体上无法具有严格的逻辑性，只能成为一堆逻辑散乱的"大杂烩"，将来也不可能形成严格的逻辑体系。

其次，从对现实的吻合性看，信息社会经济学基本前提与现实社会的吻合性，奠定了这一理论体系描述信息社会经济规律时的合理性基础。现代西方经济学则不仅逻辑性混乱，其基本前提与现实社会的严重对立，注定其理论体系也必然背离现实。

如前所述，由于现代西方经济学真正的基本前提只能归结为"知识涌现速度不快"，与具有不断变化特征的现实社会严重背离，这意味着其本质上无法准确描述现代社会经济运行的基本模式，不具备有效处理现代经济问题的能力。

其中的纯理论部分因为严格以"知识涌现速度不快"为前提，必然不适用于具有"知识涌现速度快"特征的现代社会。不难看到，经济发展问题与资源配置问题，本质上是两个不相干甚至互不相容的问题。致力于既定资源最优配置问题的研究，需要在没有新资源与新产品等出现的条件下进行，否则在可能不断出现新资源与新产品的条件下，既定资源的性质与作用都将发生变化，既定资源配置的效率本身不再有确切的含义与衡量标准，对其的研究自然也丧失原有的基础与意义。因此，研究既定资源最优配置问题的方法，本质上不再具备研究经济发展问题的能力，必然不适用于研究以新资源创造为本质特征的经济发展问题。在应用于现代社会时，由于现代社会已经转变为以不断变化的资源、按不断变化的方式、生产不断变化的产品的经济运行模式，持续的变化使资源配置问题丧失了研究基础，也使资源配置经济学丧失了立足的基础，使得这一经济学的纯理论部分无论在逻辑上是否严格，或者是否真的符合工业革命以前的社会的现实，均与现代社会不相容，属于早已过时的经济学，无可争辩地背离了现实。

修正理论部分虽然也试图面对现实，竭力拉近与现代社会的距离，处理经济发展问题，甚至还形成了专门的发展经济学等，以弥合纯理论与现实的差异。但是，其弥补的努力因为未针对纯理论的历史局限性这一缺陷，是以塞入逻辑矛盾的方式进行的，并未真正摆脱这样的历史局限性，实际上不能真正与现实吻合。其与现实的接近只是一种假象，不仅未真正弥合纯理论与现实的差异，更主要的作用还在于搅乱人们的思维。

作为严格遵循"知识涌现速度快"这一基本前提的理论体系，信息社会经济学对现实条件下的经济运行基本模式的描述，具有天然的优势，更有效地体现了与现实社会的吻合性。信息社会经济学的优势，已经由《经济发展的基本模式——经济学的现代基础》和《经济学理论的批判与重建》两部著作得到现实体现。在《经济发展的基本模式——经济学的现代基础》一书中，社会经济运行过程被理解为经济发展过程。通过澄清经济发展等信息社会特有的基本概念，该书重新描述了信息社会的经济发展模式，并以该经济发展模式为基础，扭转了西方经济学以既定资源配置模式为基础的歪曲认识，系统提供了对现实经济运行状况的重新描述，完整地阐明了发展中国家能否、在什么时限内、可望以什么方式取得成功经济发展的等问题，基本上揭开了发展中国家的经济发展之谜。《经济学理论的批判与重建》一书一方面运用信息社会经济学的分析方法，揭示了西方现代经济学真正的基本前提，并从经济史及经济思想史的角度，描述了西方现代经济学的来龙去脉，首次为该经济学的理论体系勾勒出一个完整的、层次分明的逻辑结构，突出展示了其鲜为人知的本质特征与逻辑缺陷；另一方面则通过与西方经济学相关理论对比的方式，对广泛的理论与现实问题提供了信息社会经济学的重新阐述，并由此更为具体地展示了西方现代经济学的无能及其缺陷的性质和原因所在。

对比上述两部著作与西方经济理论对相关重大基本经济问题的描述，可以看到，作为对现实经济状况的描述，信息社会经济学已经形成了一整套具有严格逻辑性、基本成熟的理论体系。而且，凭借其严格的逻辑性及与现实社会的吻合性，这一新的理论体系还表现出极强的优势，在处理各种现实经济问题时，都会得到比现代西方经济学更为严格与合理的认识。不仅可望使现代西方经济学已经描述或解决过的经济问题得到更为合理的描述或解决，尤其能够使西方经济学的理论体系无法解决的诸多难题迎刃而解。

当然，由于研究力量尚未充分集聚，信息社会经济学的研究目前还只能集中在比较基本的重要问题上，不仅有广泛的问题尚待信息社会经济学的研究，而且已有的研究也需要深入拓展。但是，这样的不足毕竟只是来不及充分聚集有关研究力量导致的问题，与现代西方经济学注定不能得到有价值的研究结果的问题有本质区别。既然现代社会的现实经济问题都不可避免地与现代社会的特点有关，可以预期，只要有关研究力量能够充分聚集，现代社会所有经济问题就都可以在信息社会经济学体系内得到重新研究，得到与现代西方经济学完全不同、但更为合理的认识。

三、现实与理论意义

就经济学的基本使命而言，其价值应该在于对现实经济问题的认识与处理能力。根据《经济学理论的批判与重建》中的相关研究，现代西方经济学的古典核心是与现实不吻合的，其现代新发展本质上又意味着以扭曲的眼光看待现实世界，除了留下一堆永远也争讼不清的学术垃圾外，基本上不能有效处理现代经济问题，这样的经济学自然无力担负经济学的基本使命。信息社会经济学展示了一个全新的经济学世界。这一新的经济学世界具有的优势，既表明彻底抛弃西方经济学已经刻不容缓，也表明新的分析方法与理论体系具有非常重要的现实与理论意义。下面，我们以其在三个方面带来的深刻影响为例，更具体地展示新经济学具有的重大意义：

（一）揭开发展中国家的发展之谜

对于发展中国家而言，经济发展涉及三方面的核心问题：能否赶上发达国家、能否在什么时限内，以及采用什么方式赶上发达国家。发展经济学的基本使命，也就在于明确回答这三方面的核心问题。

作为以经济发展为主要议题的经济学，信息社会经济学重新描述了经济发展模式的性质、特征，尤其对发展中国家的经济发展模式，更已经有相当系统成熟的研究，完整回答了发展中国家经济发展的上述三个基本问题。在《经济发展的基本模式——经济学的现代基础》一书中，已经根据信息社会经济学的分析方法，阐明了发展中国家发展过程的性质及特点，以此为基础揭示了其经济发展的决定因素，并依据决定因素的性质展示了其发展的前景或趋势，形成了对其发展模式的完整描述，基本揭开了发展中国家的发展之谜。按照该书的分析结论，只要致力于知识传播体系的现代化，在现代社会，任何发展中国家均可在两代人左右的时限内，消除与发达国家的经济发展差距，与发达国家并驾齐驱。

通过严谨的分析，信息社会经济学的发展经济学认为：西方发展经济学认定的经济增长，无法成为对经济发展的合理描述，真正的经济发展过程应该是知识创新与传播过程，或知识体系的进化过程，可以简单理解为知识增长过程。这一过程因发达国家与发展中国家之分而有不同模式。通过重新确立的发达国家与发展中国家概念，《经济发展的基本模式——经济学的现代基础》一书阐明了二者不为人知的本质特征。以这些本质特征为基础，该书表明发达国家的经济发展应该归结为以知识创新为主导的知识增长过程，发展中国家的发展过程则应该归结为以来自发达国家已有知识的传播为主导的知识增长过程，或知识传播体系的现代化过程。

这两种发展模型有很大的差别，有不同的决定因素与发展规律。从知识传播的角度，信息社会经济学推断，发展中国家的经济发展主要取决于知识传播体系的决定因素，如人的能力、国际经济联系渠道、社会规范等，而不是西方发展经济学基本上凭经验感觉看重的资本等决定因素。依托对这些因素性质、作用等的重新认识，以及对发展中国家与发达国家差距性质的重新认识，信息社会经济学发现，发展中国家的经济发展并不存在所谓资本供应的约束。更进一步，从知识传播体系的决定因素看，无论是人的能力、国际经济联系还是社会规范，其与发达国家的差距都可以在不超过两代人的有限时间内消除，因此，借助知识传播相对知识创新的优势，任何发展中国家都有可能在不超过两代人的有限时间内赶上发达国家。

可以预见，随着信息社会经济学揭示的发展之谜被广泛认识，根据信息社会经济学揭示的发展决定因素及其性质，发展中国家可望制订有效可行的发展政策与措施，在两代人左右的时限内消除发达国家与发展中国家之间的差距。由此，发展中国家的经济发展在两代人左右的时限内普遍取得成功将可以期待，发展中国家这一历史现象本身也可以消失，或者发展中国家经济发展这一问题将得到彻底解决。此外，有关发展机制的揭示，可以相当有效地使迄今的经济发展历史得到重新描述，使我们可以从发展历史中吸取不一样的经验，获得不一样的灵感。

与信息社会经济学相比，现代西方经济学无力揭示发展中国家的发展之谜。面对发展中国家的经济发展问题，虽然为应付现实的需要，西方经济学家也拼凑出了一门专门研究发展中国家经济发展的西方发展经济学，形成了多种多样的发展模型，提供了各种各样的政策建议，产生了广泛的影响，却既未真正有效揭示经济发展的性质与规律，也未能真正对现实的经济发展提供可信的指导。对于发展中国家能否赶上发达国家、什么时限内能赶上，以及采用什么方式赶上这类核心问题，则根本未涉及，甚至未打算考虑。不难看到，几乎没有西方发展经济学家明确表明以揭示发展中国家的发展之谜为己任，而发展中国家如何才能取得成功发展的问题迄今也仍然属于未解之谜。

现实情况表明，至今没有任何可靠证据，能够显示西方发展经济学已经对经济发展起到了有效的指导作用。一方面，从少数几个有较好发展业绩的国家的成功发展经验来看，其有效发展看起来只是有关自发决策的结果，似乎与西方发展经济学的指导无关。至少，难以确认西方发展经济学提供了什么重要理论，对这些成功者的成功起到了什么不可忽略的决定性作用。另一方面，经过战后半个多世纪的发展，除我国及"亚洲四小龙"等少数几个国家和地区有较好的发展业绩之外，其他大多数发展中国家并未普遍取得成功发展，在缩小与发达国家差距方面收效甚微，也表明西方发展经济学并未提供能够保障发展中国家取得成功发展的有效处方，甚至未有效发掘出成功者的成功原因，使之能够为其他发展中国家仿效，因而其对发展中国家经济发展的贡献相当有限。

相反，却易于发现它已经严重损害了发展中国家经济发展的确凿证据，使我们有理由认为，在很大程度上，发展中国家至今未能普遍取得令人满意的发展业绩的原因，应该与西方发展经济学未能有效担负起指导经济发展的责任密切相关：

从理论上看，根据西方发展经济学主流模型所主张的发展决定因素，发展中国家注定毫无优势可言，由此只能得到发展中国家不可能赶上发达国家，甚至应该继续扩大与发达国家差距的结论。因此，这些模型所提供的发展政策，蕴涵着发展中国家只能保持或扩大与发达国家的差距，表明西方发展经济学实际上不允许发展中国家赶上发达国家。

从实践上看，早期相当多的发展中国家接受了西方发展经济学当时推荐的各种发展战略，如各种形式的资本积累及进、出口替代战略。但在实践中，这些发展战略似乎并未带来预期的成效，反而导致了经济结构不合理、不具有可持续性等问题，实际上构成了对相关国家经济发展过程的干扰或破坏，使其无法达到没有这些干扰时可能达到的成效。事实上，大概由于这类所谓的发展战略的确只是一种干扰因素，后来在理论上和实践中也基本被抛弃。在今天的西方发展经济学教科书中，这些发展战略已经不再具有曾经的地位。甚至，或许有此教训，今天的西方发展经济学家已不再尝试如过去那样，致力于提出指导整体发展的发展战略。

信息社会经济学认为，西方经济学的如此表现并非偶然，而是其深刻的历史局限性的必然反映。由于分析方法的物质社会背景，现代西方经济学无从理解经济发展以及发达国家与发展中国家的区分这类信息社会的新事物，自然也难以有效认识经济发展的性质，以及发达国家与发展中国家的差距何在，根本没有能力揭示发展中国家的发展之谜，只可能给发展中国家的经济发展造成危害。

（二）引发社会经济运行状况的重大变革

经济学理论作为指导社会经济行为的基础认识，对社会经济运行状况有基本的决定性影响。在具有很大变动性的信息社会条件下，源自经验的本能认识对行为的指导不再够用，经济学理论所体现的社会认识状况，对现实社会经济状况的影响更具有至关重要的意义。容易看到，目前对经济事物的描述基本上来自西方经济学，现实社会的行为因此也在很大程度上受西方经济学引导。但如前所述，西方经济学看待现实问题的眼光是扭曲的，现代社会的行为因此常常受到错误的指引，或者只能凭借本能感觉支配，这使我们的现代社会仍然具有很强烈的自在社会特征，以致社会行为很多时候仍然与蛮荒时代相差无几。

信息社会经济学得到的新认识，将以其具有的明显优势，使我们能够以全新的眼光来重新认识我们的现实世界。通过重新认识经济发展基本模式的性质、特征与规律，重新审视和应对现实经济活动中的各种经济甚至社会问题，重塑我们的社会行为模式，势必引发社会行为或社会经济活动的全面调整，使社会经济活动状况根本改观。

以政府经济作用问题为例，可以一窥信息社会经济学的新认识可能引起社会经济运行状况怎样的改变。

与工业革命前相比，现代社会最为明显的变革之一，体现为政府的经济作用日益突出或重要。可能存在着怎样的社会管理体系，或者政府会怎样干预经济，已经成为决定社会经济运行状况极其关键的因素。

政府会如何管理社会经济运行状况，无疑受社会相关认识的支配。尤其居于主导地位的经济学理论提供的相关认识，影响更为关键。至少在目前的西方社会里，这样的经济学认识基本来自现代西方经济学。但是，在信息社会经济学看来，政府经济作用的日益突出，本质上是现代社会的特有现象，只能在信息社会背景下加以认识，而现代西方经济学始终浸淫在工业革命前的社会背景里，无法了解政府性质在不同历史背景下的变化，尤其不了解政府在现代社会特有的性质与作用。因此，对于政府为什么会干预经济，其干预有什么样的合理性，以及应该怎样干预等问题，西方经济学不可能得到合理答案，甚至不可能得到确切的答案，在此认识基础上形成的社会管理体系无疑存在严重问题。

不难看到，在现代西方经济学里，一方面，面对政府经济作用日益突出这一现象，具有较严格逻辑的新古典理论完全无力解释，因为在其赖以成立的物质社会背景里，原本不存在政府干预的必要性，除了稀里糊涂地承认政府可以充当守夜人或裁判员之外，在面对信息社会政府作用已经不可或缺的现实时，这类纯理论只能一意孤行地闭眼否认；另一方面，凯恩斯理论与外部经济理论等修正理论虽然感受到了信息社会的现实，意识到政府应该更积极地干预经济，并试图从弥补市场缺陷的角度，通过对传统新古典理论的部分修正，提出政府干预经济的理由与措施。然而，这些修正的尝试却未能摆脱物质社会背景的束缚，未意识到现代政府的经济干预是现代社会独有的，是与纯理论的背景基础冲突的。当其试图在现代西方经济学框架内进行修正时，自然缺乏必要的理论基础支撑，不仅应该干预的理由在自由派攻击下难有招架之力，在理论上只能引发诸多永远也无法澄清的纷争；还因为缺乏可靠的理论依据，提供的干预方式也更多的是本能感觉的体现，在实践中也难免具有很大盲目性甚至扭曲性。

信息社会经济学对政府的性质及其经济作用有全新的认识①，如果以此为基础，形成新的社会管理体系，就会使社会经济运行状况产生本质性变化。

首先，信息社会经济学认为，在现代社会，由于社会经济运行模式的改变，政府的性质也与工业革命以前不同，体现的是变动社会中对重复次数较少的社会活动的社会规范。在工业革命以前，由于社会经济活动基本体现为长期重复的类型，经过长期经验或试错，可以形成最佳的社会规范，并因此可以处于长期稳定的状况，基本上不需要只针对重复次数较少的社会活动的政府经济政策，或者不存在政府常规性干预的必要性与合理性；但在工业革命以后，经济活动的持续变化，使得很多经济活动来不及充分重复，也难以及时形成稳定的最佳社会规范，作为具有一定试错性的次佳规范，常规性的政府经济政策就具有了必要性。随着经济活动变化的加快，政府干预的必要性还会逐步增强。同时，由于政府经济政策不能保证最佳性，由此蕴含的可改善性及变化性，也意味着其已经成为日益重要的经济变量，而且其重要性也会越来越突出。如此，通过对社会经济事物的重新认识，信息社会经济学肯定了政府常规性干预在信息社会的必要性，解决了政府是否应该干预经济的问题。

其次，信息社会经济学为解决政府该怎样干预经济的问题，也提供了坚实的理论基础，使此前基于本能的盲目干预现在能够获得理论依据的强力支撑，从而意味着现代社会的管理体系应该有很大的改观，并使我们的现代社会真正由自在社会转变为具有相当主观能动性的自为社会。

在信息社会经济学看来，政府该怎样干预的问题是一个物质社会没有的新问题，属于应该形成怎样的短期社会规范的问题，体现为如何针对经济活动中随时出现的各种新性质问题，构建相应的政策工具，及时调整特定社会关系，使社会的经济活动得到尽可能合理的引导，尽可能适应变化社会的新要求。

---

① 参见袁葵荪：《经济发展的基本模式——经济学的现代基础》，中国人民大学出版社 2009 年版，第七章；《经济学理论的批判与重建》，经济科学出版社 2009 年版，第五章第一节。

相对于现代西方经济学中从弥补市场缺陷的角度设计的干预措施，信息社会经济学从有助于充分达到社会发展目标而尽快形成必要社会规范的角度，来构建政府经济管理体系，并不涉及市场有怎样的缺陷的问题。由此形成的政府经济管理体系与受西方经济学影响而形成的政府经济管理体系有本质不同，能够尽可能避免当代西方经济学的盲目性，并因此体现为社会经济运行状况的深刻变革。在信息社会经济学看来，市场与政府干预大致是现代西方经济学用以指称物质社会与信息社会的规范状况的一对概念，它们不过是同一事物在不同历史条件下的体现。由于不能区分这两种社会，当代西方经济学便将社会规范在不同历史条件下的状况混淆在一起。当其试图从弥补市场缺陷的角度设计干预措施时，难免会因为历史背景的混淆，使其提供的干预措施不能有的放矢。而且，由于市场缺陷本来属于子虚乌有，对可能有什么样的市场缺陷也可能有不同看法，使基于市场缺陷的干预措施的性质作用不确定，引发诸多额外的经济与社会难题。

比如，就经济波动的调控而言，由于不知道经济波动在信息社会的性质规律，现代西方宏观经济学未能了解经济波动产生的性质特征及其基本原因，却试图以均衡分析的方法确定市场是否存在什么缺陷，再根据对市场缺陷的不同认定，构建相应的、一劳永逸的宏观调控体系，选择政府的干预措施。信息社会经济学认为，现代经济波动的主要原因，源于持续出现的新知识所导致的经济活动状况的持续变化。这些持续变化会引起社会经济关系来不及进行充分的适应性调整，酿成通常人们所指的经济波动或危机。因此，平抑波动应该从调整社会经济关系的新角度，根据具体的经济关系不适应的情况进行具体预防与调节。作为调整社会关系的短期规范，政府宏观调控体系将不再简单体现为西方经济学构建的宏观调控体系，也不是一劳永逸的，而应该体现为完全不同的形式。[①]

综上所述，有关政府经济作用的经济学理论的改变，将引致社会管理体系的本质性变化，从而对社会经济运行状况产生巨大的影响。可以预见，通过信息社会经济学对社会经济运行模式的重新描述，西方经济学已经提供的

---

① 更具体的研究参见袁葵荪：《经济发展的基本模式——经济学的现代基础》，中国人民大学出版社 2009 年版，第十章；《经济学理论的批判与重建》，经济科学出版社 2009 年版，第五章第二节。

认识均会得到纠正，其难以处理的诸多难题也可以得到相当有效的解决，这些都会导致社会经济行为的相应改变，并由此铸就社会经济运行状况重大变革的坚实基础。

（三）促成经济学的更新换代

自斯密奠定西方经济学基础以来，经济学被认为出现过多次革命性进展，如边际革命、凯恩斯革命以及理性预期革命等。然而，借用科学哲学家拉卡托斯的术语，这些所谓的革命并未动摇甚至触及现代西方经济学的硬核，顶多反映了对保护带的修改，并非根本性的革命。不难看到，这些所谓的革命虽然的确导致西方经济学理论体系与分析方法有了很大改观，但万变不离其宗，它们仍然以物质社会的背景为基础，采用均衡分析这类典型的物质社会经济学的分析工具，体现的不过是这类分析方法的精细化，或强行采用这类方法去处理其无力处理的信息社会的问题，从未真正摆脱其理论体系的基本框架。

信息社会经济学的产生，意味着历史背景和分析方法的实质性改变，它全面而彻底地否定了现代西方经济学的基本前提及整个理论体系，摧毁了其分析方法的基础。它从完全不同的角度或社会背景来认识现实经济问题，不再保留现代西方经济学的基本成果，不需要以其为基础或借鉴，基本体现为库恩意义上的范式革命，构成经济学极为深刻的革命。

比如，从基本前提来看，信息社会经济学与现代西方经济学具有鲜明对立的基本前提，即信息社会经济学是严格以"知识涌现速度快"为基本前提的理论体系，而西方经济学大致是以"知识涌现速度不快"为前提的。这使二者成为截然不同的理论体系，具有不同的适用范围，也决定了相对于目前居于主导地位的现代西方经济学，信息社会经济学在逻辑严格性与适用性等方面具有全面优势。这样的优势不仅体现在信息社会经济学的研究已经涉及的广泛领域，即使对信息社会经济学尚来不及研究的其他各种社会经济问题，都无一例外地可以运用信息社会经济学加以处理，得到与现代西方经济学截然不同的结论；也都会证明西方经济学已有的认识或者已经过时，或者存在内在逻辑缺陷，或者二者兼具。

这样的优势意味着，现代西方经济学甚至没有资格与信息社会经济学相提并论，其与信息社会经济学之间的关系也远远达不到欧氏几何与非欧几何之间那样的关系，因为其作为一个整体，现在既不具有必要的严格逻辑，也不能有效描述现实经济运行状况，不再具备基本的学术价值。

就此而言，无论在学术上还是在实践中，现代西方经济学基本上都毫无可取之处。当现代西方经济学仍然居于经济学主导地位时，面对我们已经知道的由西方经济学的历史局限性决定的扭曲认识，如果不想听任其继续误导我们的行为，彻底淘汰现代西方经济学就是必要的。而信息社会经济学体系的基本成熟，也使重新清理并彻底淘汰现代西方经济学具有现实可能性，意味着经济学的更新换代已经不可避免。

随着信息社会经济学知识的广泛传播与研究的日益深化，我们可以深切地领略到一种经济学新世界的绮丽风光，感受到新的思维方式的魅力，从而毋庸置疑地认定承传已久的西方经济学的旧时代理应结束，经济学的全新时代已经来临。在这一新的经济学时代里，由于认识角度的转换，现代各种社会经济事物的性质都将恢复其被西方经济学扭曲的面貌，完全不同于我们熟悉的西方经济学的传统描述，使我们看到的社会经济活动面貌全面改观，焕然一新。

四、结　束　语

（1）得益于分析方法的创新突破，经济学理论研究已经取得了自斯密以来经济学最为深刻的革命性进展，形成了比较成熟的、可称为信息社会经济学的全新理论体系。这一新的理论体系势必全面淘汰现代西方经济学的理论体系，引发现实经济运行状况的根本性变革，带动经济学步入一个全新的发展时代。

（2）信息社会经济学取代现代西方经济学已经势在必行，但由于涉及思维方式的巨大转换，习惯于传统思维方式的人难以穿越思维方式的鸿沟，经济学发展时代的更替未必能够一蹴而就。回顾西方经济学的发展历史，能够看到即使是同一理论体系内的演变，也多有曲折，更何况现在面临的是前所未有的、理论体系本身的兴废。事实上，前述两部代表作的正式出版已经有十几年，信息社会经济学的核心成果更是早在近三十年前就已经发表，至今却仍然未能引起经济学领域的改变，也未能有效聚集起必要的研究力量，致力于信息社会经济学的进一步拓展，表明思维方式的转换存在相当大的困难，甚至使已有的研究成果也得不到充分扩散。

（3）信息社会经济学体系的基本成熟及其成果尚未充分扩散与拓展，也意味着存在巨大的发展空间与机会。该经济学相对于现代西方经济学具有的全面优势，以及新、旧两种经济学的巨大反差形成的强烈对比，可望大大减少思维方式转换的困难。只要静下心来认真研究对比，充分了解信息社会经济学的新经济学思想，新经济学的巨大优势形成的吸引力，将有助于促使思维方式的彻底转变，使经济学家们义无反顾地抛弃长期信奉的现代西方经济学。

（4）作为信息社会经济学的发源地，中国的经济学研究存在着成为世界经济学知识中心的有利机会。只要中国经济学家有足够的敏锐，随着信息社会经济学淘汰西方经济学，就有可能一改中国经济学家迄今为止只能向西方经济学家学习经济学的格局，出现西方经济学家必须向中国经济学家学习经济学的新局面。当然，虽然受西方经济学传统思维方式先入为主的影响或束缚更深，西方经济学家仍然有其独特优势，其长期的领先地位，也积累起比较深厚的独立思维、弃旧扬新及客观严谨的优秀素质；中国经济学家虽然处于更加有利的地位，却因为长期习惯于当西方经济学家的学生，其对现代西方经济学的盲目尊崇与敬畏，以及时下极其浮躁、不求甚解的心态，可能成为及时有效接受新思想、将其发扬光大的一定障碍，能否有效利用其有利地位，还在未定之数。

信息社会经济学的三大基本贡献

经济学理论近来取得了具有划时代意义的重大发展，集中体现为一种可称为信息社会经济学的新经济学理论体系的形成。这一新经济学的产生，标志着经济学更新换代式的大变革已经来临；现有的、以现代西方经济学为代表的经济学理论体系将被彻底淘汰，退出经济学的历史舞台。

广义的信息社会经济学，指的是以知识涌现速度的"缓慢"和"迅速"为标准，将迄今的社会发展历史划分为物质社会与信息社会两个阶段，然后再分别以这两个阶段社会的经济特征为基础，考察各自的经济运行模式的性质与规律的经济学。其中，以信息社会经济特征为基础的部分，可以称为狭义的信息社会经济学；而以物质社会经济特征为基础的部分，则可以称为物质社会经济学。由于后者在现代社会没有现实意义，在大多数时候，信息社会经济学主要指的是狭义的信息社会经济学。

信息社会与物质社会的基本经济特征，分别体现为具有专门含义的知识涌现速度的"缓慢"和"迅速"①。知识涌现速度"缓慢"，指的是新知识的产生具有偶然性，不足以纳入社会预期的状况；知识涌现速度"迅速"，则指的是新知识产生已经具有持续性，已经进入社会预期的状况。18 世纪的工业革命，大致体现为将人类社会发展历史划分为物质社会与信息社会两个阶段的分界线。工业革命以前的古代传统社会，可以视为物质社会的现实写照；

---

① 参见袁葵荪：《科学技术的发展与经济学》，载《四川大学学报（哲学社会科学版）》1993 年第 2 期，第 19～26 页。

工业革命以后的现代社会，则大致可以成为信息社会的现实样本。据此，狭义的信息社会经济学，可以归结为以"知识涌现速度迅速"为前提推导出来的全部推论构成的理论体系；物质社会经济学，则可以归结为以"知识涌现速度缓慢"为前提推导出来的全部推论构成的理论体系。

从经济学说史的角度看，信息社会经济学的出现，意味着经济学的发展出现了质的飞跃，从遥远的古代社会一步跨入现代社会。

此前，虽然也存在着如现代西方经济学一类的经济学，但这些经济学基本沉浸在工业革命以前那种古代物质社会的背景里，既不具备准确描述现代社会运行状况的能力，也不能有效处理现代社会的经济问题。在面对需要解决的现实经济问题时，由于其无力承担经济学在现代社会应该承担的责任，只能勉强应对，敷衍塞责。这不仅使现代社会的经济活动不能真正得到经济学的眷顾，始终处于蛮荒时代那种盲目自发的状态；更因为其对现实经济问题的处理，属于超出其能力的勉强应对，使其无法维持经济学理论应该具备的严格逻辑，不能体现为科学意义上的经济学理论。

作为一种全新的新经济学，信息社会经济学不仅首次直面现代社会，具备了有效描述和处理现代社会经济事物的能力，能够真正承担起经济学应有的责任，使现代社会的经济活动能够真正得到经济学的阳光普照；而且，信息社会经济学的产生，并不意味着喧闹的经济学领域又多了一种一家之言，而是意味着经济学已经如数学等自然科学两千多年前那样，跨过经验积累的时代，成为真正意义上的科学，体现出划时代意义的转变。

信息社会经济学的贡献大致体现在三个方面：

首先，在分析方法上取得了历史性突破，能够如自然科学那样，保证成为行为选择的可靠指南，从而使经济学得以继自然学科之后，步入科学发展轨道，开始其科学发展的历程。

其次，运用新的分析方法，构建起类似欧氏几何学那样严谨科学的经济学理论体系，不仅提供了新方法分析可行性的现实案例，还使这一新的经济学在逻辑严格性、与现实的吻合性，以及在处理和解决现实经济问题的能力方面，拥有现代西方经济学无法比拟的全面优势。因此，作为这一贡献体现的狭义信息社会经济学，得以一改此前经济学难以真正有所作为的局面，使经济学从此跨入全新的发展阶段，成为能够具备类似自然科学那种科学性与作用的现代人类知识学科。

再次，运用新的分析方法，对目前流行的现代西方经济学进行了盖棺论定式的清理，不仅补足了其作为理论体系的最大短板，还得以澄清其迷雾般的性质结构，使其终于不再是一堆"大杂烩"，可以真正成为一种具有清晰的内容结构的理论体系。甚至，使其核心内容可以成为具有严格逻辑的独立经济学理论。但与此同时，也使其核心内容具有严重的历史局限性、根本不适用于现代社会的本质缺陷暴露无遗。

本文拟简略介绍这一经济学理论体系的三大基本贡献①。

一、经济学分析方法的创新

信息社会经济学的分析方法大致可以归结为一种新的历史分析方法，体现为历史分析方法与逻辑分析方法的全新融合。即：以体现生产力基本特征的知识涌现速度为基础，对社会发展历史进行严格的历史分期，并根据不同历史背景的特点，确立不同时期经济分析的基本前提，进而采用严格的逻辑推理展开理论分析。如此分析方法既不同于现代西方经济学的超历史分析方法，也不同于传统的历史分析方法，而是一种以历史分期方法的重大突破为基础的、不仅能够深入贯彻历史分析方法，同时也由此具备严格运用逻辑推理坚实基础的、新的历史分析方法。

现代西方经济学的分析方法试图展示的，是古往今来都适用的永恒真理，使这一经济学看起来体现为一种与历史背景条件无关的、超历史或非历史的经济学。但是，无视历史性并不代表其不具有历史性。虽然从表面上看，现代西方经济学是一种超历史的经济学，似乎无须专门区分或甄别历史背景，

---

① 有关这一经济学理论体系的文献，目前基本上由袁葵荪的《经济发展的基本模式——经济学的现代基础》《经济学理论的批判与重建》及本书三部著作所概括。前两部著作 2009 年已分别由中国人民大学出版社与经济科学出版社出版。

但更深入地分析①可以看到，目前流行的现代西方经济学不仅不能摆脱历史性，事实上还旗帜鲜明地以工业革命以前那种早已过去的历史背景为基础，从而在现代社会体现出深刻的历史局限性。

传统的历史分析方法虽然可能意识到了不同历史时期的社会经济活动模式可能不同，但由于缺乏严格的、一般化的历史分期标准，难以将本质上截然不同的历史时期有效区分开来，无法将不同历史条件构建成同质的、合格的自变量，阻碍了人们对不同社会历史条件的性质与差异的识别，不足以建立起不同社会历史条件与相关经济运行模式及其规律间的确切联系，使历史分析方法难以具备可以有效贯彻的必要基础，也使其难以如数学或自然科学那样坚持严格的逻辑性，使以此为基础的经济学分析既缺乏历史性，也缺乏逻辑严格性，不足以如自然科学那样，保证人们的行为选择能够得到预期的后果。

信息社会经济学大致以历史唯物主义为出发点，认为经济学应该是不同历史时期现实经济特征和规律的反映。因此，在不同历史条件下，只要社会经济活动的内容、特点与规律有足够大的变化，导致经济运行模式有足够大的差异，经济学就应该以相应历史背景的特点为基础，提供对经济活动内容、特点与规律的不同描述，体现为截然不同的理论模式。

以这一认识为基础，信息社会经济学通过进一步的创新性研究，发展出独具特色的经济学分析的新方法。

首先，通过深入考察工业革命前后社会经济运行模式的重大变革，以及对不同历史时期经济活动特点的比较，信息社会经济学发现：工业革命前后的社会经济运行模式出现了历史性转变，其差异已经足够大，使得经济学不再能够如西方经济学那样采用非历史的分析方法，而必须采用历史分析方法，以不同历史背景的特点为基础，提供对不同历史时期经济活动内容、特点与规律的不同描述。

其次，通过发掘出知识涌现速度这一足够深刻的基本特征，据此作为不同历史时期分期的标准，使不同时期的经济分析，能够严格建立在各自知识

---

① 参见袁葵苏：《经济学理论的批判与重建》，经济科学出版社2009年版，第二、三章。

涌现速度特征的基础上，避免了传统历史分析方法因为缺乏对不同时期经济基本特征的有效把握，既难以进行确切的历史分期，也难以进行严格逻辑分析的缺陷，表现为历史唯物主义分析方法的新发展。

在现实中，运用这一新的分析方法，已经构建起信息社会经济学这一新的经济学理论体系，表明这一分析方法不仅具有现实可行性，还充分展示出其独特性与科学性。

（一）发现工业革命前后社会经济运行模式的差异巨大

信息社会经济学分析方法的出发点，在于其发现了西方经济学家未发现的社会经济运行模式的重大历史性转变，并由此打开了经济学分析方法创新的大门。

信息社会经济学发现：在工业革命前、后，社会经济活动的运行模式和规律发生了巨大的深刻改变，使社会经济事物的性质、特点及他们之间的联系呈现出根本性的变化。这一变化是如此深刻，不仅仅限于人们通常理解的生产力水平的大幅度提高，更为关键的还在于，它使得工业革命前、后的社会，有着截然不同的经济运行规律和模式，成为两个性质完全不同的社会，以致描述其经济状况的经济学，必须呈现为截然不同的理论。

从以下几个方面，可以看到这样的深刻变化：

1. 社会经济活动模式的改变

在工业革命以前，由于难以有新知识出现，社会经济活动利用的是不变的知识体系。在生产知识基本固定的情况下，社会经济活动能够利用的资源、能够采用的生产技术或方式，以及能够生产的产品也基本固定，各种经济事物及其之间的联系也大致保持长期稳定。

在这样的社会里，由于经济活动中各种经济事物及其间联系均稳定不变，使社会有充分长的试错时间，对既定资源进行优化配置。在达到最佳配置之后，社会经济活动大致可以被理解为那种周而复始地以固定资源、按固定方式、生产固定产品的过程。

此时，社会生产过程大致可以用一个固定的生产函数来加以有效概括或描述。通过这个生产函数，我们既可以根据现状准确地预期未来具体的经济活动状况，也可以相当精确地知道社会将投入什么资源、产出什么产品、投入与产出之间的比例，甚至在一定意义下计算出某种资源对总产出的贡献份额。

如此社会大致是一个长期凝固不变的社会，可以预期现状会长期持续，未来也不会发生变化。即使有变化，也是偶然的、一次性的，可以不予考虑或关注。

但在工业革命以后，新的知识技术持续涌现，社会经济活动能够利用的资源、能够采用的生产技术或方式，以及能够生产的产品都处于持续变化之中，各种经济事物本身及其之间的联系不再一成不变。

在这样的社会里，社会经济活动不再具有物质社会那种循环往复的固定模式，而是呈现为一个随着生产知识的变化不断改变其内容与性质的过程，嬗变为持续发展升级的、类似于耗散结构那样的有序状态。

可以想象，这样的社会经济活动的规律、特点与决定因素等将具有全新的性质，应该加以重新理解与把握。至少，这样的社会生产过程不再能够用一个固定的生产函数来加以有效概括或描述。

因此，这一社会已经成为一个新的社会，变化已成为常态。即使某事物或领域很久未变，也被认为具有可变性，不变是暂时的，总有一天会变。

总之，工业革命以后，社会经济活动的性质发生了根本性变化。过去的经济活动具有固定不变、循环往复的模式，现在则转变为在内容和性质都不断改变的模式，其性质与规律已经截然不同。

2. 社会经济活动目标的改变

在工业革命以前，社会的经济活动目标具有两方面的特点：

一方面，由于生产条件与方式长期不变，社会能够追求的目标大致可以归结为维持既定资源配置效率最大化。这是因为，在资源技术产品不变的情况下，经济活动必然以取得最大化的产品为目标。而经过足够长期的经验与试错过程，人们能够发现这一目标，基本上也已经达到这一目标。因此，如何维持这一目标，以及在这一目标因某些因素偶然偏离时如何重新达到这一目标，就成为最重要的任务。

另一方面，由于社会目标基本不变，社会追求目标的固定性以及社会事物与其间联系的固定性，使得社会目标的决定因素及达到标志，可以分解为一些物质产物的具备状况，从而，对社会目标本身的追求，也就有理由蜕变为对这些物质产物的追求。同时，目标本身具有的固定性，也使得追求它的最佳方式通过相应社会规范，深深融入社会的文化意识与行为习惯之中，自动贯彻到人们的全部行为中去，不再需要人们的专门关注。这样的社会因此在信息社会经济学里被称为物质社会。

但在工业革命以后，由于迅速涌现的新知识的冲击，社会的经济活动的目标有了根本性改变：

一方面，社会经济目标将由如何使既定资源得到最佳配置这一固定目标，转变为如何更有效地创造新资源这一不断变化的目标。

在信息社会条件下，资源、技术与产品等的不断变化，不仅打开了新希望可以得到满足的大门，要求通过创造和利用新资源，采用新的生产方式及生产新产品的方式，满足社会不断变化的目标。

而且，不断开发出来的新资源、新生产方式还使得资源利用效率的衡量标准不再确切，既定资源最佳配置等目标不再确切，至少不再能成为明确的社会目标，社会目标因此也要求随之变化。

在社会存在着许多需要解决的困难与问题、需要及可以达到的目标不断变化时，如何、可能以怎样的方式创造怎样的新资源，就变得引人注目，成为社会最重要的追求目标。

另一方面，社会目标本身的变化性以及社会事物及其间联系的变化性，使人们不再能凭借本能来及时弄清什么是社会目标，对社会目标的专门研究现在成为必要。同时，对社会目标的追求不再能归结为对特定物质产物的追求，而更着重体现为对不断变化的社会需要和为满足这些需要的无形功能的追求，以及更进一步的，对隐藏在其背后的知识信息的追求。

社会目标的改变，不仅意味着是非好坏的评价标准改变，即：以前是否有效率是由是否有利于资源合理配置决定的，现在则应该由是否有利于资源创造决定；更意味着社会已经是不同性质的社会。因此，这样的社会在信息社会经济学里被称为信息社会。

3. 人的行为模式改变

在工业革命以前，人的行为方式与一般动物的行为模式大体一致，基本上符合所谓的"完全理性"或"有限理性"模式，即为达到一定目标，人们将要寻求并且总是能够寻求到"最佳"或"满意"的行为方式。

这是因为，在物质社会条件下，由于难以有新知识出现，社会经济活动的目标比较确定，社会经济活动中的经济事物及其联系的类型性质通常稳定不变。为了达到一定目标，可采用的方式大致是不变的。在这些方式中，总是存在相对"最佳"或"满意"的一类。既然存在充分长的试错或经验时间，人们通常能够获取相关的充分或必要信息，能清楚了解这些方式与目标的关系，从而总是能够将其中的"最佳"或"满意"的方式找出来。这样的行为模式具有保证成功的特点。

但在工业革命以后，由于新知识持续涌现，人的行为模式发生了重大变化，与一般动物的行为模式有了根本性区别，不再具有"完全理性"或"有限理性"这类保证成功的行为模式，而是转变为想方设法获取信息的探索者，或者是依据所获取的信息进行赌博的赌博者，其行为方式大致可以归结为"探索－赌博"模式。这样的行为模式不再能够保证成功，属于有可能成功，也有可能失败的行为模式。

这是因为，在信息社会，不断涌现的新知识使社会目标与达到特定目标的方式不断变化，也使得其间联系不断变化。人们已经缺乏足够的经验与试错机会，也来不及获取充分甚至必要的信息，使得人们的行为理性缺乏必要的基础，既不能保证行为是"最佳"的，也不能保证行为是"满意"的。

在这样的历史背景下，一方面，由于获取的信息是否充分、或有怎样的充分度均难以判断，加之信息存在可错性，行为人的任何行为都可能由于信息不充分，既可能成功，也可能失败，不具有确定性，不能保证行为是"最佳"或"满意"的，本质上只能是赌博。

另一方面，理性行为的基础虽然由于来不及获取必要信息而动摇，但一般的行为仍然会与纯粹的赌博或无理性行为有别，体现在行为者了解信息的重要性，意识到获取更多信息可能增加成功可能性，因此会努力致力于获取相关信息，具备更多探索者的特征。虽然通过获取更多信息来增加成功可能性本身也只是一种可能性，不能保证，使其仍然不能摆脱赌博的性质，但依据获取信息的能力、方式、结果与环境条件等的不同，赌赢的可能性状况也可以不同。加之这是唯一可能增加胜算的行为，使得想方设法探索相关信息必然成为信息社会人的行为模式的另一个新特点。这一新特点使行为者与简单的赌博者有别，也使其决策行为不再如物质社会那样简单致力于行为方案选择，而是更多注重相关信息的获取，乃至信息获取能力的培养，其行为模式因此可以归结为"探索－赌博"模式。这一新特点也从另一个角度成为促成社会目标改变的重要因素。

行为模式的如此改变实际上意味着人的性质发生了根本性变化，即从行为模式看，现代人的行为模式已经从一般动物的行为模式中脱颖而出，使现代人成为不同于古代人的新人类。其与古代人的差异大过低等动物与古代人的差异，因此可以将行为模式的这种转变作为人与一般动物相区别的基本标志。

不仅如此，社会经济活动的方方面面，都已经出现了类似的根本性变化，使得工业革命以后的社会，已经成为一个与工业革命以前具有截然不同的性质规律的社会。

综上所述，信息社会经济学发现，现代社会的经济活动的性质规律已经完全不同于工业革命以前，的确可称为翻天覆地的变化，体现的也是生产力的"质"而非"量"的改变。

就其对经济学理论发展的意义看，信息社会经济学的这一发现非同寻常，意味着经济学家终于有可能睁开眼睛看世界，其意义怎么强调都不过分。

比如，这一发现表明，现代社会的经济活动几乎在一切重要方面都与过去不一样，因此要求作为现实经济活动反映的经济学理论，也应该有翻天覆地的变化。尤其是，这一发现还表明，经济运行模式如此重大而明显的变化，迄今居然未能为经济学家充分认识到，未能在目前以现代西方经济学为主导的经济学核心理论中得到起码的反映。就此而言，这一发现不仅意味着现实社会是一个全新的社会，还意味着它是一个现代经济学家完全不认识的新社会。既然如此，这一发现将促使现代经济学家摆脱旧社会眼罩的束缚，能够睁眼看到现代社会的嬗变，跨越理论与现实之间分裂的鸿沟，最终促使经济学本身的更新换代。

同时，由于这一发现突出了经济学及其分析方法过去被忽略的历史性，表明经济学的理论体系完全可能在不同的历史条件下截然不同。因此，经济学所揭示的经济活动特征与规律，应该与一定历史条件相联系，只能是特定历史条件下的特征与规律；不再存在与历史背景无关的经济学，不再如以往的经济学家幻想的那样，存在永恒的、放之四海而皆准的经济学。

事实上，正由于上述发现表明，当知识涌现速度由"缓慢"转变为"迅速"时，社会经济活动的规律和模式将发生根本性转变，相应的经济学理论也应该截然不同。通过在此基础上进一步探索二者的经济学有怎样的区别，一方面，信息社会经济学得以在知识涌现速度"缓慢"的物质社会背景下，首次成功展示现代西方经济学的本质特征与整体结构，形成其第二大贡献；另一方面，在知识涌现速度"迅速"的背景基础上，信息社会经济学得以构建起狭义信息社会经济学这一崭新的经济学理论体系，首次使经济学能够正视现实，能够以现代社会经济背景为基础，使其具备有效承担经济学现代使命的能力，意味着经济学现在终于可以贴近现实，成为有实用价值的理论，可以真正有效地用于经世济民，从而成功铸就其最具现实意义的第三大贡献。

（二）有效确立划分人类社会历史发展阶段的一般化标准

虽然工业革命前后经济运行模式根本性转变的发现，要求经济学必须具备鲜明的历史性。但能否做到这一点，取决于能否充分把握不同历史时期的基本经济特征，使不同历史时期能够得到有效区分。传统历史分析方法未能做到这一点，因为其未能有效把握各个历史时期的基本经济特征，使其无法将经济学的这种历史性，深入贯彻到整个经济分析过程中，也因此使其分析无法具备严格的逻辑性。

　　信息社会经济学在历史分期或历史阶段划分标准方面取得了突破性进展①。通过挖掘出知识涌现速度这一社会经济状况的基本决定因素，信息社会经济学首次得到一种划分人类社会历史发展阶段的一般化标准，使不同历史时期社会经济活动模式的本质特征或差异得到凸显，为建立不同历史条件与相应经济运行模式及其规律之间的联系，奠定了坚实的基础，使其分析方法与传统的历史分析方法有了质的区别，也使其独特性得到充分体现。

　　通过对工业革命前、后经济运行模式的比较，信息社会经济学发现，工业革命以前的运行模式主要是为了适应其经济资源、产品及生产方式长期稳定不变的状况而形成的；工业革命以后的经济运行模式的形成，则主要是为了适应其经济资源、产品及生产方式不断变化的状况。而在经济资源、产品及生产方式是否处于不断变化状况的背后，知识涌现速度的"缓慢"与"迅速"则有着决定性影响。因此，知识涌现速度的"缓慢"与"迅速"分别体现了工业革命前后经济运行模式的本质性特征，可以用作将工业革命前后划分为两个不同历史时期的分期标准。

　　通过对知识涌现速度的"缓慢"与"迅速"，或者"慢"与"快"的严格界定②，信息社会经济学将生产力的历史发展阶段从而社会经济的历史状况区分为两个阶段："知识涌现速度慢"的阶段和"知识涌现速度迅速"的阶段，并将其分别称为物质社会与信息社会。在"知识涌现速度慢"这一阶段里，新知识的产生通常是偶然或意料之外的，不具有持续性，不足以引起人们的预期，社会经济活动基本上体现为以既定知识为基础的、循环往复的不变模式。此时，人们通常能够获得有关充分知识或信息，知识的变化状况对经济活动的影响基本上可以忽略，知识的重要性也因此被隐没，甚至不再被社会认为是一种值得注重的生产决定因素。而在"知识涌现速度迅速"这一阶段里，新知识的产生具有持续性，已是常态并已纳入社会的预期，经济活动将以不断变化的知识为基础，体现为日新月异、持续变化的运行模式。在这一新的模式中，人们已很难及时有效获取相关的充分信息，知识或信息

① 参见本书第二章第四节。
② 参见袁葵荪：《科学技术的发展与经济学》，载《四川大学学报（哲学社会科学版）》1993 年第 2 期，第 19~26 页。又载于袁葵荪：《经济学理论的批判与重建》，经济科学出版社 2009 年版。

的状况对经济活动的影响很大，其对经济活动状况的决定作用不再能被忽略。

这一历史分期标准虽然看起来是非常初步的，但它是目前提出的唯一一种一般化的历史分期标准，即具有可比性、整体性等性质，具有以前那些非一般化的历史分期标准不具有的本质性优势，能够直接显示不同历史时期经济运行规律与特征的本质差异，并首次使得人类社会的历史被一般性地划分为两个截然不同的阶段。

在确定历史分期标准之后，信息社会经济学再以不同历史背景的本质特点为前提，采用严格的演绎推理，分析各自历史背景下经济运行的性质、规律与模式，并由此形成了具有严格逻辑的经济学理论体系。因此，信息社会经济学的分析方法总的体现为历史分析方法与逻辑分析方法的结合。

信息社会经济学确立的历史分期标准，体现了经济分析方法的重大突破，其意义不仅在于奠定了经济学理论更新换代的基础，还因为其能够将历史唯物主义有效贯彻到经济分析过程中，意味着历史唯物主义分析方法的重大发展。

（三）澄清西方现代经济学分析方法的性质及缺陷

依托分析方法的创新，信息社会经济学不仅成功构建起全新的经济学理论体系，还能通过澄清西方经济学分析方法的性质缺陷，揭示该经济学应予彻底淘汰的基本原因。

与信息社会经济学的分析方法相比较，西方现代经济学的分析方法非常混乱，除了其中比较核心的新古典经济学或一般均衡理论，并未遵循什么严格确切的原则。

而如前提及，新古典经济学或一般均衡理论的分析方法基本上属于超历史的分析方法。虽然其方法可以具有严格的逻辑性，却因为未自觉与历史分析方法联系起来，使其不仅实质上可归结为物质社会经济学的分析方法，还导致除此之外的分析连严格的逻辑性也无法保持。

根据信息社会经济学的研究，新古典经济学或一般均衡理论基本上是以工业革命前的物质社会作为其历史背景，较多采用均衡与数量分析等特殊的分析方法。在物质社会条件下，这些方法的确具有一定的适应性：

一方面，由于经济活动的不变性，有充分时间达到均衡状态，此时的经济事物经常处于均衡状态，容易具有均衡条件下的稳定性质，经济学只需要考虑在既定条件下达到最终均衡时的经济状态，不用考虑达到均衡之前的状况，分析方法可以较多借助均衡机制与关系，或者可以较多地采用所谓均衡分析方法。

另一方面，物质社会的性质也使经济事物的性质及其之间联系通常具有固定性，即使有变化也基本属于量的变化。因此，可以赋予事物的数量特征及其间联系的数量关系，容易将固定事物的性质特征赋予数量特征，用固定变量来描述，并将其间的固定联系用固定的数量关系来描述，使经济活动的不同状况与规律都可以利用定量方法来把握。再加上数量特征与关系简单明了，不仅准确，还便于处理把握，数量分析方法有较大优势，可以成为此时主要的经济分析工具。

比如，对商品价格决定的研究，因为其作为此时衡量资源配置效率与零和博弈中分配合理性的标准，会被认为是非常关键的问题。而在具体研究中，只需要均衡分析与相关数量分析方法，考虑供求达到最终均衡状态时，均衡价格是如何决定的，而无须关心在各种非均衡状态下的决定状况。

又如，由于社会生产通常是以固定资源、按固定方式生产固定产品的循环往复过程，就易于使用生产函数来概括经济运行状况，并能够根据特定资源投入状况，准确了解产出的状况，并便于主动调控。

但问题在于，在现代信息社会背景下，均衡与数量分析方法这些适用于过去历史的特殊方法，基本不再适用，经济分析方法应该以信息社会的特点为基础，回归为能够充分运用逻辑演绎的新历史分析方法：

一方面，因为变化社会的事物及其联系都处于持续变化之中，不再像物质社会那样有充分时间达到并处于均衡状态，甚至不会朝着既定的均衡状态变化。此时，经济学的分析更多面对的是处于持续非均衡的状态，难以将社会经济运行过程描述为均衡模式，从均衡状态的角度去理解经济事物的特征与规律。只能将其视为无固定方向的持续演化中的模式，从持续非均衡的角度去理解，采用与演绎推理紧密结合的历史分析方法，随时强调事物及其间联系的变化性。

另一方面，经济事物大多处于质变过程中，其性质特征不仅不固定，也再难以使用固定的数量指标有效衡量其状况，数量分析方法不再适用。因为数量分析方法只能描述固定事物的数量特征及其之间的固定联系，是同质条件下的分析方法，只适用于描述质不变时的事物及其联系的量的变化，对质的变化无法提供精确描述（微积分虽然可以描述变化的事物及其关系，但其描述的变化限于固定变量的量变，不能是变量本身类型及性质的变化），尤其不能描述变化事物之间的变化关系。当信息社会的事物本身性质变化时，其间的联系性质也会处于不断变化之中，作为只能描述固定事物的数量特征及其之间固定联系的数量分析方法，自然会丧失用武之地，至少会退居次要地位。

比如，同样是对商品价格决定的研究，在现代社会，首先，由于资源配置效率问题的重要性已经让位于经济发展或新资源创造，这一问题的重要性大大下降，不再是社会经济的核心问题。与此同时，价格决定的重要性也随之下降，不再是经济学的主要议题。其次，即使价格决定作为非关键议题也需要得到一定研究，需要针对的价格通常也不是均衡价格，而应该是在供求双方来不及达到最终均衡时的非均衡价格。最后，对非均衡价格的决定，主要应该采用定性分析方法与逻辑演绎方法，探索不同条件下价格的性质、可能影响价格的因素及其影响机制，并由此认识到由于价格性质及其决定因素的重大变化，价格的变化规律也发生了根本性变化[1]。

因此，在现代信息社会条件下，对价格决定的研究，需要运用历史分析方法，区分价格在不同历史背景下的性质，再确认需要研究的是哪种性质的价格，将其置于相应历史背景下，采用相应的方法进行研究。

又如，在资源、产品与生产技术都处于不断变化的条件下，持续变化的生产过程就难以再用一个稳定的生产函数来加以概括，基于数量关系的投入产出分析等方法就不再是有效的分析方法。如果人们仍然试图用一个确定的生产函数来概括这样的生产模式，其结果也必然只是对现实经济活动状况的

---

① 参见本书第三章第二节。

扭曲描述。

由此可见，在现代信息社会，经济学的分析方法需要注重事物及其间联系的性质的变化，而不是数量方面的关系与特征（这种性质变化不能用既定集合来包括，因为不存在最大或无所不包的集合，使得任何既定集合之外总还可能存在新的东西）。因此，需要更注重因果关系及历史背景的分析，通过对事物性质及其间联系变化性的适应性的逻辑分析，描述经济活动模式的性质与规律。这些方法由于没有条件既定一类约束，不会像均衡与数量分析一样抹杀变化性。

此外，在现代社会里，对发展中国家能否赶上发达国家、什么时候能赶上及以什么方式赶上等问题，涉及的是生产力及社会经济活动性质的质的变化，均衡与数量分析方法不能给出答案；通过对发展中国家与经济发展性质的定性分析及对知识传播与其决定因素性质的分析，以现代信息社会为背景，经济学的定性分析则能给出相当精确的答案。

事实上，在以现代信息社会为背景的经济学中，虽然分析方法基本上是定性的，但与通常理解的定性分析缺乏严格性不同，其严格程度与数理逻辑相当，使其基本上具有与欧式几何学相似的严格逻辑。尤其在信息社会持续变化的条件下，保证逻辑性需要相当高的要求，因为要保证概念的稳定性与因果关系等的严格性，是非常困难的。但信息社会经济学的新历史分析方法，以其与现实的吻合性，使其在严格遵循逻辑时，有关障碍基本排除，不会如西方修正理论那样不得不违背逻辑。

总之，信息社会经济学的分析方法与西方经济学的一个突出差别，是其认为特定的分析方法会有自己特定的适用范围与条件；只有具有适用性的方法，才可能是合理的方法。而由于其超历史性，西方经济学则很少考虑这样的限制条件，往往不顾及特定方法的适应性，导致仅仅适用于特定条件的特定分析方法被滥用。

值得提及的是，目前的新古典等经济学虽然与信息社会经济学对物质社会事物的描述有一定相似之处。从其历史背景、中心议题与基本内容看，新古典经济学是典型的资源配置经济学。其中心议题被明确归结为既定资源配置问题。而且，虽然其不强调对历史背景的确认，实际上却因为未区分不同历史时期，假定了历史背景不变，因而实际上将历史背景理解为物质社会的背景。同时，从其对社会经济活动模式的特征、人的行为模式及社会经济关系特征的描述看，其得到的认识与前面揭示的物质社会经济特征基本一致，表明其的确是从物质社会角度进行的考察，反映的是物质社会经济学的认识。

但是，二者仍有差异。一方面，作为以整个物质社会与信息社会为背景的经济学，信息社会经济学对信息社会事物的描述，与仅仅以物质社会为背景的新古典经济学等完全不同；另一方面，即使对物质社会事物的描述，信息社会经济学在遵守"知识涌现速度缓慢"前提时，能够自觉或有意识地严格遵守，而新古典经济学不了解这一前提，在遵守时具有盲目性，二者也难免有多方面的不同。

同样值得提及的是，在涉及新古典经济学的分析方法时，通常存在着对其采用的数量分析方法的严重误解：

由于新古典经济学常常使用一定的数学工具分析某些固定变量的数量变化，使人们认定其得到了数学方法的支撑，并因为数学方法的科学性而认为这一经济学也具有类似的科学性。对此，信息社会经济学认为，不应该将新古典经济学中常常采用的数量分析方法理解为数学方法，更不能因此认为这一经济学具有合理性。

首先，因为数学方法的实质基本在于以确切的前提概念为基础，采用演绎推理规则进行严格的逻辑推理，只能保证在满足这些要求的条件下，其得到推论的过程具有逻辑严格性，其推论则具有与前提概念同样的合理性。但是，作为致用的学科，经济学理论的合理性仅有确切的前提概念与严格的逻辑推理规则是不够的，至少还要求有对现实的吻合性，而这一要求是数学方法不能保证的。

其次，当人们在新古典经济学体系下采用某些数学工具分析具体经济问题时，尤其在处理现代社会的经济问题时，经常也未能恰当地使用这些工具，这样的分析方法很难被理解为数学方法。因为，数学工具的使用不能随心所欲，应该遵循一定的规则，至少应该针对确切的前提概念。然而，大多数在新古典经济学体系下对现代经济事物进行的数量分析，通常未针对确切的前提概念，违背了这样的要求。比如，在新古典经济学体系下对现代社会经济事物的数量分析中，基本上是用价格或收入一类已不具有确切内涵和固定性质的数量指标，将不能严格赋予数量特征的事物勉强赋予数量特征，再采用数学中的分析工具进行数量分析。如此方法实际上意味着将变化事物扭曲为不变事物，或者在含义性质不明的情况下，将此事物随意指认为彼事物，实在算不上真正的数学方法，更谈不上科学性与合理性。

总之，信息社会经济学的分析方法意义重大，不仅铸就了经济学理论的科学性，打开了经济学更新换代的大门，使其终于可以睁开眼睛看世界，成为类似自然科学那样有用的科学理论。尤其是，其意义远远超出经济学领域，甚至超出人文社会学科的领域，能够为数学等自然科学的发展带来重要启示[①]。

二、现代西方经济学的清理与完善

容易看到，作为目前的主流经济学，现代西方经济学正笼罩着浓厚的真理光环，受到了经济学家的普遍推崇，被很多人盲目尊崇为现代数学与现代物理学那样的现代经济科学，仿佛是人类知识的宝贵结晶。但是，其究竟具有怎样的性质特征，是否合理，是否真的如其尊崇者想象的那样有价值，理论上却始终缺乏可靠的依据。甚至，由于缺乏必要的评判标准与方法，对其进行专门考证的能力也明显不足，表明现代西方经济学的合理性，的确是大可存疑的。

从另一个角度看，稍微深入观察不难发现，这一经济学虽然貌似博大精深，至今却并未形成严谨的、具有清晰逻辑关系的整体结构，实际上只是一堆杂乱无章、难以梳理的"大杂烩"，与其在人们心目中真理代表的形象极不相称，也难免使现代西方经济学陷入非常尴尬的境地，从而迫切需要澄清这一经济学理论体系的真实面目。

依据经济分析方法的创新，信息社会经济学对现代西方经济学性质进行

---

① 参见本书第二章第三节。

了有效清理，澄清和完善了其内容结构，终于使其理论体系的全貌得以清晰地展现在世人面前。这种清理和完善，构成了信息社会经济学的第二大贡献。

这一贡献源于对以"知识涌现速度缓慢"为前提的物质社会经济学理论体系的研究。由于物质社会已经过去，此研究原本没有什么现实意义，只是因为其与现代西方经济学存在非常密切的联系，可以由此充分展示出现代西方经济学鲜为人知的本质特征与整体结构，才因为现代西方经济学目前在经济学领域里的主导地位，作为破旧立新的第一步，得以跻身信息社会经济学的重要贡献之列。

通过发掘以"知识涌现速度缓慢"为前提的物质社会经济学的内容，信息社会经济学意外发现，西方经济学中的新古典经济学或一般均衡理论碰巧与其相当接近，进而在考察二者基本前提的联系时，发现被认作是新古典经济学的各种前提，均可从物质社会经济学的基本前提逻辑地推导出来，表明物质社会经济学的基本前提有资格成为新古典经济学真正的基本前提。

凭借这一发现，信息社会经济学得以从三个方面，使西方经济学得到充分完善和彻底清理：首先，澄清了新古典经济学的基本前提，使其能够具备比较完整的逻辑体系，也使其本质特征初步显露；其次，得以将现代西方经济学全部纳入一个整体框架结构之中，使其整体与各个组成部分此前混乱不清的联系及其性质特征，终于大白于天下；最后，在充分暴露出其本质特征的同时，其在经济学理论中的地位及未来的命运也清晰可见。

（一）使西方新古典经济学的基本前提得到明确

尽管现代西方经济学通常被认为是一个具有严谨逻辑的宏大理论体系，甚至被盲目尊崇为现代数学与现代物理学那样的现代经济科学，但若仔细追究，却可以发现其实际上只是一个逻辑混乱的综合体。

从严格的公理化体系角度看，一个逻辑严格的理论体系应该由明确而且相容的基本前提、严格的推理规则及由此得到的各种推论三部分组成。

但对整个现代西方经济学的理论体系而言，除了其中的新古典经济学或一般均衡理论，明显缺乏共同的基本前提，使其难言具备严格的逻辑。

即使就其中的新古典经济学而言，虽然通常认为其是以经济人假定、资源稀缺性假定、充分信息假定等作为其基本前提的理论体系，但深入的考察也会发现，这些假定来自感觉经验，实际上缺乏必要的依据，显得不够严谨。至少，人们不能回答一些相关问题，如：这些假定是否真的是新古典经济学的基本前提？如果是，其成为基本前提的依据是什么？它们是否构成新古典经济学的全部前提，或者，除此之外是否还存在其他前提？各前提之间存在什么联系，是否独立、是否相容？如果不是，那么新古典经济学真正的基本前提又是什么？该如何去发掘与确认？等等。这意味着，这些前提的合理性至少未能得到最低限度的确认。

基本前提的不明确，无疑使现代西方经济学存在以下几方面的严重缺陷：

首先，基本前提的不明确使我们难以清晰地了解这一逻辑体系的性质。

基本前提的性质特征，决定着整个理论体系的性质特征。比如，理论体系是否与现实吻合，或者是否具有现实合理性，就取决于其基本前提是否与现实吻合。如果基本前提不明确，我们就难以准确把握这一理论体系的性质特征，难以判定其合理性等。

其次，基本前提的不明确，不利于这一理论的有效发展。

一方面，既然理论体系是由基本前提及其按一定推理规则得到的逻辑推论构成的，基本前提的不明确，将导致人们难以确保自觉坚持真正的基本前提，并因为易于引起诸多混乱，陷入难以自拔的逻辑困境，不利于这一理论体系的充分发展。如后所述，通常被人们当作其基本前提的一些命题，事实上并非其真正的基本前提，由此导致了对其的不合理修正，使其理论创新朝错误的方向发展。

另一方面，在基本前提不明确的条件下，即使也能够按照未被明确指出的基本前提，推导出具有相当严格逻辑的逻辑体系，也会因为其逻辑严格性无法得到理论上的确认，难以脱离作为感性认识的经验感觉层次，在逻辑上仍然是不完美的。

再次，基本前提的不明确，使得新古典经济学在现代西方经济学中的地位不明确，难以了解新古典经济学与西方经济学其他理论之间的关系，也使其在整体上的逻辑结构不健全。现代西方经济学之所以难以避免"大杂烩"

的嫌疑，即与此相关。

不过，尽管现代西方经济学整体上难以具备严格的逻辑性，但信息社会经济学发现，作为其核心的新古典经济学，即使其基本前提也存在问题，却有希望澄清其前提，体现出可以成为具有严格逻辑的理论体系的迹象。

尤其是，西方经济学家阿罗、德布鲁等人对瓦尔拉斯一般均衡模型的存在性、稳定性与唯一性的证明，强烈预示着这样的可能性。如果能够有效发掘出其基本前提，这种可能性会更大。

那么，如何才能澄清其基本前提呢？虽然西方经济学家难以找到确认新古典经济学基本前提的切入点，但借助于信息社会经济学，却并不困难。

将信息社会经济学中的物质社会经济学的基本前提，与人们认为的新古典经济学的基本前提联系起来，容易发现，经过适当的界定，二者可以具有逻辑因果关系。即：人们通常认作新古典经济学基本前提的各种命题，如经济人假设、资源稀缺性假设等，实际上是信息社会经济学中的物质社会经济学的基本前提的逻辑推论[①]。这一更为基本的前提就是"知识涌现速度缓慢"的假设。

在信息社会经济学中，"知识涌现速度缓慢"指的是这样一种社会状况：在这种社会中，新知识的出现是偶然的，不足以成为一种常态，也不足以引起人们预期，有用的知识或信息因而易于有充分的时间得到充分传播，社会经济活动则总是以相同的资源、相同的生产技术或方式循环往复地生产同样的产品。在这种社会里，各种现存事物及其间联系也基本上是固定不变的，人们总是相信目前的社会状况会一成不变地持续到永恒。

与"知识涌现速度缓慢"相对的假设是"知识涌现速度迅速"，它指的是这样一种社会状况：此时，新知识的涌现已如此频繁，已成为一种常态，并进入了社会的预期，不再被当作偶然的或意外的，以致人们意识到在大多数领域（虽然不肯定）都可能出现意料之中或意料之外的新知识。而且，这些新知识往往来不及充分得到传播，处于传播过程中。社会经济活动也因此不再是一成不变的，而是具有以不断变化的资源、按不断变化中的技术生产

---

① 参见袁葵苏：《经济学的基本前提与西方信息经济学的缺陷》，载《经济学家》2000 年第 4 期，第 81~86 页。又载于袁葵苏：《经济学理论的批判与重建》，经济科学出版社 2009 年版。

不断变化的产品的模式。各种社会事物及其间的联系，也总是处于不断的变化过程中。

信息社会的经济学认为，从两个方面，可以说明"知识涌现速度缓慢"的假设至少是新古典经济学基本的前提。

1. 从"知识涌现速度缓慢"的假设，能够逻辑地推断出完全信息、经济人及资源稀缺性假设等至今被当作新古典经济学基本前提的命题。因此，相对而言，该假设更有资格充当新古典经济学的基本前提

首先，看"经济人"命题。如果"经济人"指的是自利的且具有充分理性的人，那么，我们会发现，其正是"知识涌现速度缓慢"假定下的必然产物。

在"知识涌现速度缓慢"的假设下，一方面，由于社会的经济事物及其间联系的稳定性，各种经济事物对特定个人的效用是固定的，这使得个人有固定的偏好及对各种事物的固定的价值评判，从而使个人能够形成利与弊的观念，并由此奠定了自利性的基础。另一方面，依据这种明确的价值判断标准，"知识涌现速度缓慢"的假设又使个人有充分时间发掘出其所面临的全部备选方案，并找出最有利于自己的最佳方案，使个人能够成为具有充分理性的人。由此可见，"经济人"命题的成立，依赖的正是"知识涌现速度缓慢"的假设。

其次，看"完全信息"命题。如果"完全信息"指的是人们可以随意地充分获取其他人已有的知识，那么，我们能够证明，在物质社会条件下，一种特定知识或信息将有充分时间通过各种可能的传播渠道进行充分传播，从而使信息总是完全的。

以所谓的"委托代理模型"为例，如果在委托人与代理人之间存在着某种初始的信息差异，使代理人拥有委托人未掌握的可用于谋利的私人信息，那么，一方面，"知识涌现速度缓慢"的假设会使这种私人信息向委托人传播时不存在根本性障碍。因为，委托人此时有充分时间，通过对最佳激励合同的探索、通过足够多次重复博弈、通过横向比较等多方信息搜寻，能够充分获取这种私人信息；代理人则会因为只有其私人信息为委托人充分了解才

能体现自身的最大价值，才能谋求可能的最大利益，因而代理人不仅不会设法隐瞒私人信息，反而会积极发射有关信号，并有充分的机会使委托人能充分及时地获知自己的私人信息。

另一方面，"知识涌现速度缓慢"的假设，也提供了信息充分传播的保障。

从逻辑上看，信息如果是可扩散而未充分扩散的，它就处于不可逆的扩散过程中。在"知识涌现速度缓慢"所蕴含的充分时间假定下，该信息在有限个体之间的传播必然会是充分的，或没有理由在充分传播之前停顿下来，从而总会在有限的时间内达到充分传播状况。

这两方面的结果都意味着，在"知识涌现速度缓慢"的假定下，初始的信息差异终会消失，"完全信息"因而是其必然的逻辑推论。

最后，看"资源稀缺性"命题。一方面，资源稀缺性的存在，必然是针对特定物质性资源的，是以特定物质性事物具有不变的资源性为前提的。这既是因为特定知识或信息一经产生，便可以无限利用，不存在稀缺性。也因为在特定事物资源性不断变化的情况下，特定资源是否稀缺不会成为经济学关心的基本问题，是否会产生什么新资源、如何产生、什么时候产生等问题才会成为关注的焦点。因此，特定不变的资源性，只能以知识涌现速度缓慢的物质社会为前提，因为只有在物质社会条件下，由于难以有新知识出现，人们能够认识的事物的种类及其性质效用才会不变，特定事物有什么用，有多大用，或者其资源性怎样等性质才是固定的。另一方面，之所以总有一些特定资源是稀缺的，也是由于新知识难以出现，不仅不会因新资源的出现或原有产品的被淘汰，使这些特定资源的资源性丧失或被替代，也不会使这些资源的供应能力充分提高，能够适应任意的需求状况。总之，资源稀缺性是知识涌现速度缓慢条件下的特定产物。

值得一提的是，这类蕴含关系事实上也存在于该假设与人们迄今能够认定的新古典经济学其他基本前提之间。它表明，如果整个新古典经济学的理论体系真可以由人们指出的这些命题推导出来的，那么，"知识涌现速度缓慢"的假设至少是新古典经济学更基本的前提，而人们所指出的这些命题则不过是其逻辑推论。

更进一步，将"知识涌现速度缓慢"假设作为基本前提，还意味着什么是新古典经济学基本前提的问题得到彻底解决。即，通过这一前提与此前人们提出的新古典经济学其他前提的蕴含关系，表明其统一代表了新古典经济学的全部前提，不再有遗漏，也没有多余的。因此，既解决了以前不知道究竟存在多少基本前提的问题，又化解了以前不知道不同前提之间关系的问题。

2. 根据经济学理论的性质，我们可以得到判断经济理论前提的一种一般性原则，用该原则进行判断，新古典经济学理论的出发点或基本前提，只能是对"知识涌现速度缓慢"的假定，不能是对信息的完全性等的假定

由于经济理论本质上只是现实经济运行的规律与性质的反映，在不同生产力的历史条件下，经济活动会有不同的规律与性质，与此相应，经济学也应该有不同的理论内容。这表明经济学对生产力的历史条件存在着依赖性，对生产力历史条件的确认因此应该成为理解经济规律与性质的基础或出发点，也应构成经济学理论由其展开的基本前提。

那么，为了确定经济理论的前提，应该如何来确认生产力的历史条件呢？很明显，这种确认涉及如何对生产力的历史发展过程进行一般性刻画的问题。就此而言，无论是完全信息，还是经济人或资源稀缺性等命题，均不直接涉及对生产力历史发展过程的刻画，其蕴涵的永恒性也是与生产力发展的历史性相违背的，自然不应成为经济理论的前提。至于人们目前用作描述生产力状况的生产工具或生产资源等代表特定知识内容的标志物，也因其具有的不可比性、片面性、固定性等缺陷，无法成为生产力状况的一般性刻画，我们也不能从中发掘出经济理论的前提。

信息社会经济学的有关研究已经表明，知识的涌现速度可以成为对生产力状况的一种一般性刻画，而且是目前能够得到的唯一一种一般性刻画标准。这种刻画标准由于其具有的可比性、整体性与变化性而具有相当的合理性。依据这一刻画方式，我们可以推断出确认经济学理论基本前提的原则，在于对知识涌现速度的确认。据此，用上述原则来判断新古典经济学的基本前提，我们可以发现，其前提也顶多只能是"知识涌现速度缓慢"。

这是因为，一方面，知识涌现速度的划分目前仅限于"缓慢"与"迅

速"两类，在目前的文献中，根据"知识涌现速度迅速"的假设可以推导出一套完整的经济学理论体系，但由此得到的这一经济学理论体系完全不同于新古典经济学的理论，因此，可以断定新古典经济学的前提不是"知识涌现速度迅速"的假设。

另一方面，根据"知识涌现速度缓慢"的假设，也可以推导出一套完整的经济学理论体系，但由此得到的这一经济学理论体系，与新古典经济学有着惊人的一致，其差别仅在于后者由于前提不明确而可能存在一些瑕疵。

到此为止，我们有理由认定，如果新古典经济学可以成为一个逻辑严格的理论体系，其基本前提就应该是"知识涌现速度缓慢"的假设。

对新古典经济学基本前提的揭示，使我们可以根据这一基本前提，揭示此前无法了解的新古典经济学的性质特征。

首先，新古典经济学可望成为一个具有严谨逻辑的逻辑体系。对新古典经济学基本前提的揭示，无疑补上了一块短板，使其可望成为一个严格的逻辑体系。还使得作为局部均衡理论的新古典经济学与一般均衡理论得到统一，使前者明确体现为后者的通俗版。

离开这一前提，虽然也可以依靠其主要推论建立起逻辑严格的理论体系，如揭示这一基本前提前的一般均衡理论那样。但也如揭示这一基本前提前的一般均衡理论那样，不仅因为不知道基本前提而难以自觉遵守，容易被违背而产生混乱。而且，由于其推论难以历数，不仅说不清为什么这些命题可以成为前提，其他的命题为什么不能成为前提，也始终说不清应该有哪些前提，使其在理论严格性上存在瑕疵，还容易产生严重误解。

其次，新古典经济学属于典型的物质社会的经济理论，与现代社会严重背离。既然新古典经济学的基本前提应该归结为"知识涌现速度缓慢"的假设，而基本前提的历史属性又决定着相应理论的历史属性，据此，可以了解到西方新古典经济学理论体系的历史属性，知道它是典型的属于工业革命以前那种社会的理论体系。或者，经过必要的完善之后，可以算作信息社会经济学中不再有现实意义的一个组成部分。

这一属性，暴露了这一体系最致命的缺陷，即其是严格属于物质社会的经济理论，必然与现代社会的现实根本背离。尤其是，这一属性表明其并非适用于整个历史时期的永恒理论，仅仅可能适用于已经过去的部分历史阶段，因此具有深刻的历史局限性。这使我们可以对其合理性提供最终判决，表明其不具有现实合理性，更不可能成为永恒真理。这一判断无疑使其信奉者的有关信念受到严重打击，难以受到其欢迎，但却是通过严格逻辑分析得到的客观结论。

最后，为经济学的进一步发展提供了明确的启示。根据新古典经济学的性质，既然其属于物质社会的经济学，与现代信息社会不吻合。而且，这种不吻合还是根本性的，即只要不改变基本前提，就不可能通过其他变通的方式使其吻合。那么，如果要根本性地改变这种不吻合状况，唯一的方式就只能是改变基本前提。比如，最容易想到的改变，就是由知识涌现速度"缓慢"转变为"迅速"。这就为经济学的下一步发展提供了明确的启示，表明信息社会经济学的产生和发展具有逻辑必然性以及坚实的合理性基础。

综上所述，我们终于清楚地看到了新古典经济学的本质特征，了解到了西方经济学家从不知道的关于这一经济学性质的真相。

（二）使现代西方经济学能够具有明确的整体结构

现代西方经济学看起来似乎形成了一座富丽堂皇的大厦。实际上，却由于其整体及各部分理论前提不明，内部结构极其混乱。其各部分内容不仅缺乏确切联系，相互之间还存在大量的矛盾冲突，难以将其内容进行整体概括，纳入统一的理论框架，显得杂乱无章。

通过引入信息社会经济学揭示的新古典经济学的基本前提，则可改变这一混乱局面。此时，依据是否严格遵循这一基本前提，即可将现代西方经济学的全部内容分为两部分：

一部分严格遵循新古典经济学的前提，具有严格的逻辑体系，较好地描述了工业革命以前社会的经济运行模式。这一部分主要体现为具有局部均衡特点的新古典经济学与一般均衡理论，可以称为西方经济学的纯理论。

另一部分未严格遵循这一前提，在表面上坚持这一前提的同时，为方便描述现代信息社会的经济事物，不自觉地纳入了与其矛盾的假定，使其不仅未能有效描述信息社会的经济事物，反而不可避免地引入了内在逻辑矛盾。这一部分是由不同于新古典经济学或一般均衡理论的其他全部理论组成。由于其基本上体现为对新古典经济学的不同修正，可以称其为修正理论。

一如新古典经济学的基本性质可以由其前提揭示，修正理论的性质特征也可通过其前提的性质得到深入揭示。

不难看到，修正理论基本上是为弥补新古典经济学与现实不符的缺陷而提出来的，它主要针对人们明显感受到的、在各种层次与领域中新古典经济学理论与现实的背离，试图以替换前提的方式弥补新古典经济学的缺陷。

首先，由于新古典经济学的物质社会属性，此时已经与当代社会的现实不符合，要求经济学必须进行重大变革。

容易看到，一方面，随着现代西方经济学本身的发展，新古典经济学越来越完善，已经接近其发展的终点。同时，其历史局限性也充分暴露，使新古典经济学本身及其越来越多的推论被充分证明不恰当或与现实不符。另一方面，随着社会的持续发展，现代社会的信息社会特征越来越强化，使得不断完善的新古典经济学与不断强化的信息社会现实的冲突日趋尖锐。在此情况下，当人们将新古典经济学运用于现实经济分析时，自然会越来越强烈地感受到其与现实不符。因此，从现实出发，设法弥补新古典经济学与现实严重背离的缺陷，成为现实社会越来越强烈的要求。

其次，由于基本前提不明确，人们未能将新古典经济学与现实不符的缺陷，归结为基本前提的不当，而是归结为一些被认定为基本前提、但实际上只是推论的假定，认为只是这些推论与现实不符，只要将这些推论替换为与现实相符的假定，即可弥补理论与现实的差异。

比如，有人认为，新古典经济学之所以与现实不符，是因为其前提中有的假定太严格。类似于力学中的零摩擦力假定，虽然不现实，却是对现实的一种合理抽象，可以通过放松前提或改变那些太严格的假定的方式进行修补。比如力学中以非零摩擦力假定取代零摩擦力假定后，就能更好地解释现实，并使原有理论得到扩展。因此，新古典理论与现实不符也不意味着该理论不合理，只意味着其中某些假定太严格，如果放松或替换新古典经济学的有关假定，也可弥补新古典理论与现实的差异。

在此观念引导下，西方经济学家在广泛的领域对新古典经济学进行了修正。

对新古典经济学的修正是如此进行的：一方面，从现实出发，发现新古典经济学的某些结论与之不符，并设法将其归结为被认作是新古典经济学某个或某几个前提假设与现实不符；另一方面，通过否定这些所谓的前提，再代之以被认为与现实比较一致的前提假设，得到一种新的理论，形成对新古典经济学的修正。人们似乎认为，经过如此修正，既可使新古典经济学得到发展，又可保持经济学的现实性。

沿着上述思路，在发现现实与理论存在冲突的领域，通过增加现实的因素，对新古典理论进行修正，尽量弥补理论与现实的差异，就形成了各种各样的修正理论。如凯恩斯理论、制度经济学、信息经济学、人力资本理论等。既然其引入了某些现实现象作为前提，仿佛更符合现实，其发展因此构成了西方经济学现代发展的主流。换言之，所谓现代西方经济学的新发展，基本上可以归结为这种修正理论的发展。比如，迄今诺贝尔经济学奖所嘉奖的成就，大部分都属于修正理论的成就。

这些修正理论涉及现实经济活动的各个领域，使纯理论体系几乎每一个被认定的前提假设均遭到各种各样的否定。其结果使西方经济学看起来显得非常繁荣。

比如，20世纪30年代大危机的爆发，表明新古典经济学关于市场机制会促使资源自动趋于充分就业状况的推断与现实不符，使凯恩斯理论得以产生。利用其提出的有效需求决定原理，凯恩斯理论试图说明，在市场经济中，经济将依据需求是否充分的状况，形成相应的充分与非充分就业均衡。当市场经济机制不能保证产生能导致充分就业的有效需求时，经济有可能形成非充分就业的均衡。比如，来自投资者信息不充分所导致的预期无理性或本能冲动等，就可能引起需求变动，导致出现持续性的资源失业现象。

该理论由此认为，新古典经济学只看到了有效需求刚好达到充分就业均衡时的特殊情况，没有看到更一般的情况，因此会与现实不符。凯恩斯认为，自己的理论对新古典经济学进行了一般化的推广，并提供了新古典经济学得以成立的基础。这不仅弥补了新古典经济学在理论上与现实不符的缺陷，还可以弥补其在指导实践方面的缺陷。如通过政府对需求的调节，使所谓的有效需求保持在充分就业所需要的水平上，就可以消除经济波动。

又如，在物质社会背景下，信息通常能够得到充分传播，因此新古典经济学认为信息是充分的，其对经济模型的描述也是在信息充分条件下进行的。但在持续变化的现实社会中，持续涌现的新知识会使信息来不及充分传播，人们会强烈感受到现实中存在的各种信息不充分的情况，并因此认为新古典经济学的信息充分假定是不符合现实的。这导致了专门研究在信息不充分条件下经济活动的性质和规律的西方信息经济学理论的产生。

这类理论从各自的角度发现新古典经济学的完全信息命题与现实不符，认为应该否定掉完全信息假定，再将相应的不完全信息假定取代其中的充分信息假定，在信息不充分条件下研究经济活动的性质和规律，以弥补新古典经济学的缺陷，由此就得到了包含各种不完全信息假定的所谓信息经济学理论。

其中的搜寻理论发现，按新古典经济学，广告行业只会增加成本、降低效率，不应该存在。但从现实看，人们都看到广告行业实际上很有意义，表明新古典经济学的推断背离现实。斯蒂格勒认为，新古典经济学与现实的背离，在于其信息充分的假定与现实中实际存在的信息不充分现象不符合，因此，应该以信息不充分取代充分信息假定，以此为基础来重新描述经济状况。从信息不充分的角度看，广告业具有传递信息、便于信息搜寻的功能，的确有存在的必要。

其中的委托代理理论则认为，在经济交易活动中，传统的新古典模型中的信息对称假定是不符合现实情况的，现实中真正存在的是信息不对称的情况，即一方信息较多，在交易中处于有利地位，另一方则信息较少，在交易中处于不利地位。此时，应该对其中的对称信息假定进行修改，以不对称信息取代对称信息假定，对信息不对称条件下的经济交易行为进行研究。

再如，由于在物质社会，经过反复的试错与经验，制度通常都处于稳定的最佳状态，难以变化，基本上不是重要的经济变量。因此在新古典经济学里，自然也会假定制度不变或具有外生性，甚至被认为是不重要的。

但是，在现实的社会经济生活中，经济活动的持续变化，不仅要求制度也有相应变化，还使制度来不及经过充分试错达到均衡状况，更无法具有最佳性。此时，制度不完善是经常性的，并且具有明显的可改善性。这种非最佳性及可改善性导致的可变化性，使得制度潜在的重要性转变为现实的重要性，成为经济状况主要的决定性变量之一。当人们不可避免地感受到了制度的重要性时，自然会认为这是新古典经济学的缺陷，并会设法弥补这种缺陷，从而促使了以新古典经济学的分析方法研究制度的新制度经济学的兴起。

新制度经济学认为新古典经济学存在着制度外生性的假定，并认为这一假定与现实不符，然后试图从社会现实的角度，通过强调制度的重要性，将制度作为内生变量纳入新古典经济学的分析框架，来弥补新古典经济学的缺陷，得到了所谓的新制度经济学。

类似地，根据现实经验，人们发现新古典经济学关于人的能力的"均质性与天然性"假定的不合理，于是简单地以"非均质性与非天然性"假定加以替换，并在新古典经济学的分析框架中，引入所谓人力资本投资的作用，得到了所谓人力资本理论。

总之，通过否定并替换新古典经济学与现实不符的某些推论，就得到各种各样的修正理论。

那么，如此得到的修正理论具有什么样的性质和意义呢？虽然在现代西方经济学目前占据主流经济学地位的情况下，这类理论被认为意义重大，一方面其弥补了新古典经济学的缺陷，弥合了理论与现实的差距，具有重大的理论与现实意义。另一方面体现了西方经济学的重大发展，使其空前繁荣。因此，通常被人们奉为值得骄傲的人类智慧结晶。

然而，依据其前提的性质状况，更深入地分析可以发现，修正理论事实上具有以下性质，并非如人们想象的那样有价值：

1. 根据对其产生原因的深入分析，修正理论是不了解西方经济学基本前提的产物

修正理论是为了弥补新古典经济学与现实背离的缺陷而发展起来的。从修正的依据看，这种弥补却是不了解西方经济学基本前提的产物，只是由于

对新古典经济学基本前提及其性质的无知带来的理论怪胎，可以归结为未严格遵守新古典经济学基本前提的产物。换言之，如果了解了西方经济学的基本前提及其性质，目前所有的修正理论都不可能产生。

如前所述，新古典经济学之所以与现实背离，根本原因在于，它是以物质社会经济学的"知识涌现速度缓慢"为基本前提的，而现实社会已经基本进入"知识涌现速度迅速"的信息社会。因此，合理的修正本来应该针对其基本前提，通过直接否定其基本前提，根本否定这一经济学，并在"知识涌现速度迅速"基础上建设新的经济学体系。

但是，由于不了解西方经济学真正的基本前提，有关修正难以认识到新古典经济学的缺陷所在。在面对理论与现实明显违背时，未能首先澄清基本前提及其性质，无法准确把握理论与现实背离的原因，不知道该怎样进行合理的修正，也不可能将矛头对准其基本前提。

在此条件下，人们只能在一定程度上承认现实，将各层次被认识到的与现实不符的相关推论当作基本前提，直接加以否定和替换，同时无意识地保留了真正的基本前提与其他推论，才得到了相应的修正理论。

值得一提的是，由于不了解西方经济学基本前提，无法认识到新古典经济学的物质社会属性，人们未能将新古典经济学与现实的背离，理解为这一经济学已经过时，反而认为其背离体现的是对现实的一种合理抽象，类似于力学中的零摩擦力假定，并因此将其现代修正，理解为对抽象条件的放松。

本文认为，这是一种无效的辩解。因为抽象与放松也都应该遵循一定规则，不能随心所欲随便进行。抽象应该遵循去伪存真、去粗求精的原则，忽略非本质特征以凸显本质特征。而合理的条件放松本质上体现为对相互独立的前提中的部分进行替换，而且替换后的前提也一定是独立或至少不与其他保留下来的前提冲突。

力学中的摩擦力因素对运动规律的影响是非本质性的，将其抽象掉可以更好地突出运动的本质规律，的确属于现实的一种合理抽象。但在新古典经济学中，对现实的抽象是将变化的持续性用不变性取代了，而变化性刚好是现实最本质的特征，是决定现实经济运行规律与模式的最基本因素。因此新古典经济学的抽象恰好抽象掉了现实的本质，使现实经济运行规律再也无法得到有效显示，是去真存伪、去精存粗，并非合理的抽象。

同样，力学中之所以可以用非零摩擦力假定取代零摩擦力假定，是因为零摩擦力假定在力学体系中与其他前提假定相互独立，可以用同样与那些前提假定独立的非零摩擦力假定取代。修正理论从现实对新古典经济学进行的种种修正，刚好违背了条件放松的合理性要求。如前所述，修正理论的替换仅限于新古典经济学基本假定的部分推论，而非基本前提，无一例外地是在保持基本前提及其他推论的条件下，通过引进与基本前提不相容的假定来否定其部分推论，不能理解为合理的条件放松。

总之，修正理论的修正是在不了解新古典经济学基本前提的情况下进行的，得到的结果自然是不了解西方经济学基本前提的产物，仅仅表明西方经济学家的科学和逻辑修养太差。

2. 修正理论存在不可克服的内在逻辑矛盾

如前所述，新古典经济学真正的前提是"知识涌现速度缓慢"假定，但由于不知道这一点，在修正新古典经济学时，修正理论试图否定和替换的，只是这一前提的部分逻辑推论，引入的仅仅是与这部分推论对立的假定。与此同时，却既未否定其真正的基本前提，也保留了该基本前提的其他推论，不可避免地在未明显涉及或不在其视野范围内的领域里，继续无意识地坚持与现实不符的基本前提，以及其他未被认识到的推论，完全不管这些新的假定是否与被保留的基本前提及其他推论相容。

如前所述，凯恩斯理论是如此，新制度经济学、人力资本理论、委托代理理论等也是如此。

这样的修正，意味着同时坚持知识增长速度的快与不快这两种相互对立的假定，实际上引入了逻辑矛盾。

类似于在自然数的代数体系中，人们承认所有的加法规则、各自然数的定义、并保持如 $1+1=2$、$1+2=2+1=3$、$1+3=3+1=4$、$1+4=4+1=5$、$2+2=4$ 等所有其他命题，却试图单独否定 $2+3=5$ 这一逻辑推论，并用 $2+3=4$ 去替换。这样的修正必然意味着加入了内在逻辑矛盾。

不仅如此，只要修正理论只限于变革部分推论而同时保持新古典经济学的基本前提及其他推论，其具有的内在逻辑矛盾还是不可克服的。这意味着修正理论本质上无法是严格的，无论付出多少努力均不可能完善，始终无法成为类似新古典经济学那样的逻辑严格的、成熟的理论体系。

3. 修正理论的发展无法真正弥补新古典经济学体系的缺陷

信息社会经济学认为，修正理论无一例外地是以引入逻辑矛盾的方式，来修正新古典经济学，这样的修正既未真正弥补新古典经济学与现实不符的缺陷，更为西方经济学增加了额外的缺陷，无法代表有意义的理论进展。

因为修正理论不了解西方经济学的基本前提，不知道新古典经济学的缺陷在于其基本前提与现实不符，其修正只能利用了人们的思维不严谨，或者利用人们来不及发现其引入的逻辑矛盾，盲目地否定一些与现实冲突的结论。这样的修正虽然渗入了一些与现实一致的因素，制造出一种弥合理论与现实差距的假象，却丝毫不触动导致这些结论的基础。虽然在表面上，如此修正可能借助理论上的含糊不清来糊弄一时，暂时具有了独立理论的外表，使得西方经济理论看起来与现实似乎有所贴近，对现实也似乎表现出较强的解释力，但其毕竟基础不可靠，一旦其内在的逻辑矛盾被揭示，其现实性也将荡然无存。

容易看到，虽然修正理论均以弥补新古典经济学的缺陷为己任，但其最终都只可能被证明或者存在不可克服的内在逻辑矛盾，并无实际上的创新。

实际上，只要认真观察，我们也会发现所有这些理论存在一个共同的特点，即均不成熟。这一现象即与其均存在不可克服的内在逻辑矛盾有关，表明其并非尚不成熟，而是不可能成熟。

比如，凯恩斯革命对市场机制具有自动达到充分就业均衡假定的修正，经过更进一步的分析，即使后来的西方经济学家也发现，凯恩斯实际上直接否定了新古典经济学关于市场出清假设，并隐含地假定人有时候有充分理性、有时候不具有充分理性，才得到了自己看起来具有革命性的理论。因此，这一理论可以认为是否定了市场出清与理性人假设这两个新古典经济学假设的结果。同时，因为在对待理性人假设时前后不一致，这一理论的逻辑不够严谨，不仅无原先所认为的新意，还是基于逻辑错误的误解①。

又如，对斯蒂格勒的信息搜寻理论，搜寻理论虽然认定信息不充分是理性的结果，但理性却是以信息充分为基础的，因此其本身不过是逻辑矛盾的产物②。

至于委托代理理论，虽然其认定存在所谓信息不对称现象，并试图在新古典经济学框架内分析处理这一现象，但其本质上证明的却是不可能存在信息不对称现象③。

类似地，虽然人们通常认为在弥补新古典经济学的缺陷方面，新制度经济学理论及人力资本理论有很大贡献，但在信息社会经济学看来，它们都不过是由逻辑矛盾引出的理论怪胎，不仅未能真正有效弥补新古典经济学的缺陷，反而在其理论体系中塞入了额外的逻辑矛盾。

由于"制度外生性"实际上是"知识涌现速度缓慢"的推论，"制度重要性"则是"知识涌现速度迅速"的推论，在不了解这些命题的性质时，新制度经济学家将"制度重要性"纳入新古典经济学的分析框架，实际上意味着其既坚持"知识涌现速度缓慢"的假定，同时又坚持"知识涌现速度迅速"的假定，明显存在自相矛盾的缺陷④。

与新制度经济学类似，人力资本理论不知道能力的"均质性与天然性"属于"知识涌现速度缓慢"的推论，而能力的"非均质与非天然性"属于"知识涌现速度迅速"的推论。当其将能力的"非均质与非天然性"纳入新古典经济学的分析框架，实际上意味着其既坚持"知识涌现速度缓慢"的假定，同时又坚持"知识涌现速度迅速"的假定，也犯下了自相矛盾的错误⑤。

在信息社会经济学看来，新古典经济学作为一种逻辑体系基本上是完善的，其缺陷只在于其基本前提缺乏现实性，对它的合理修正也只能设法彻底否定其基本前提，从其他切入点提出的批评均是徒劳的。

---

① 参见袁葵苏：《经济学理论的批判与重建》，经济科学出版社 2009 年版，第五章第二节。

②③ 参见袁葵苏：《经济学理论的批判与重建》，经济科学出版社 2009 年版，第四章第四节。

④ 参见袁葵苏：《经济学理论的批判与重建》，经济科学出版社 2009 年版，第四章第三节。

⑤ 参见袁葵苏：《经济学理论的批判与重建》，经济科学出版社 2009 年版，第四章第一节。

事实上，只要进行足够深入的分析，几乎所有修正理论都不可能构成严格透彻的分析，使其基本上没有理论价值。

这表明，任何希望只否定基本前提的个别推论、却同时保留新古典经济学整个分析框架的企图，都不可能带来对新古典经济学的合理修正，既不可能真正具有现实性，还无法保持新古典经济学原有的严格逻辑，只能得到一堆毫无价值的学术垃圾。

4. 修正理论相互间缺乏必然联系，难以并存，更不可能构成相容的理论体系

如前所述，修正理论的共同点在于都是修改了新古典经济学某个假想前提的结果。由于这些所谓前提并非真正的前提，只是真正前提在不同逻辑层次和不同经济领域的推论，使得这些各自为政的轻率修改，相互之间缺乏逻辑联系。甚至因为否定的所谓前提不同，相互之间存在矛盾冲突，难以同时并存，更不可能同时纳入同一逻辑体系，成为其有机组成部分。

比如，很难将凯恩斯理论、委托代理理论与人力资本理论等拼装为一个具有有机联系的、相容的理论体系。

这一性质，正是使现代西方经济学的理论体系显得杂乱无章的直接原因。

修正理论的上述性质表明，作为不严格坚持新古典经济学基本前提的产物，其发展虽然看似助长了西方经济学的繁荣，但并不具有对经济学无可争辩的贡献。与其说其带来了理论进步，不如说仅仅制造了理论混乱，使其成为充满内在逻辑矛盾、更容易引人误入歧途的、荒谬的经济学。因此，与其说其体现了西方经济学的生命力很旺盛，不如说从反面表明新古典经济学与现实的背离已经达到了难以容忍的程度，以致其信奉者不得不病急乱投医，连基本的逻辑修养都不顾了。

综上所述，信息社会经济学不仅首次在现代西方经济学的各部分内容之间，建立起比较明确的逻辑关系，将其纳入同一个整体框架，使其终于有资格成为一个具有比较完整的整体框架的理论体系，不再呈现为一堆"大杂烩"，也使现代西方经济学各个部分内容的性质特征不再是一团迷雾，这对于现代西方经济学的发展，无疑是具有里程碑式的重大贡献。

当然，如后所述，这一贡献对于现代西方经济学也是灾难性的。根据这一贡献，这一经济学性质特征与整体结构的明确，使其具有深刻历史局限性的本质得以充分展露，不再能够借助于认识迷雾加以遮掩，表明其最多只能用于描述工业革命以前的经济状况，不能用于描述工业革命以后的经济状况。因此，在现代社会，这一经济学已经完全不适用。这意味着西方经济学过去被塑造出来的永恒真理的形象被彻底粉碎。即使其中的纯理论部分可以成为严格的理论体系，也因为这一理论体系在任何时候都没用，应该被全面淘汰。

（三）使西方经济学的整体特征与未来命运得到明确

此前，由于不了解现代西方经济各部分内容的前提，使得我们无法把握西方经济学的整体特征，甚至无法给出一个明确的定义。

信息社会经济学对新古典经济学基本前提的明确揭示，为澄清现代西方经济各部分内容的逻辑关系打开了突破口，不仅使该经济学体系的整体结构得以呈现，还使我们能够充分把握其整体性质特征，并给出现代西方经济学的一个明确定义。

从现代西方经济学目前的状况看，依托其与新古典经济学基本前提的联系，可以将这一理论体系概括为：在不同严格程度上坚持"知识涌现速度缓慢"这一基本前提的全部经济理论的总和。而根据其是否严格遵守"知识涌现速度缓慢"这一基本前提，可以将其内容大致划分为两部分：

一部分严格坚持基本前提，致力于描述既定条件下的资源配置状况，具有较明确的逻辑体系。这部分内容大致上是以均衡价格理论为基础，说明既定资源最优配置模型的一种经济学理论，在一定意义上可以称为资源配置经济学。它是整个现代西方经济学的核心和基础，可以用一般均衡理论或新古典经济学代表①，我们称其为现代西方经济学的纯理论。

另一部分则不太严格地坚持基本前提，并对纯理论进行了某些局部修正，

---

① 实际上，在物质社会条件下，由于社会不同事物之间联系的稳定性，一般均衡与局部均衡基本一致。

体现为新古典经济学或一般均衡理论以外的所有西方经济学理论，可以称为修正理论。新旧凯恩斯主义经济学、新制度经济学、信息经济学及人力资本理论等与新古典经济学有别的西方经济理论的现代新发展，基本属于这一部分。

容易看到，经过如此概括的现代西方经济学具有以下性质特征：

首先，作为由两部分逻辑严格性不同的内容拼凑起来的一个整体，现代西方经济学实际上无法成为一个逻辑严格的理论体系。

这是因为，虽然作为其中一部分的新古典经济学或一般均衡理论，能够严格坚持"知识涌现速度缓慢"的基本前提，可以成为一个独立的逻辑体系，但其中的另一部分——修正理论——却因为暗含着相互冲突的假定，存在内在的逻辑缺陷，使其作为一个整体，现代西方经济学无法具备严格的逻辑性。

其次，从其对现实的吻合性看，虽然性质各异，现代西方经济学这两大部分的任何一部分在现代社会都与现实不吻合，无法成为对现实经济状况的合理描述。

一方面，新古典经济学虽然严格遵守"知识涌现速度缓慢"的前提，可以具备严密的逻辑体系，但这一前提本身与现实严重背离，使得新古典经济学旗帜鲜明地与现实不相容。虽然其有可能设法成为具有较严格逻辑的理论体系，甚至可能成为对工业革命以前的经济运行状况的准确描述，却因为闭眼无视现实，不是对现实的合理抽象，在现代社会已经完全过时，顶多能够成为徒具严格逻辑但不符合现实社会的经济学，不再有现实意义。

另一方面，修正理论虽然不得不睁眼看现实世界，强行塞入一些对现实状况的认定，用于替换修改新古典经济学的所谓前提，但由于其修改方法违背了基本的逻辑规则，使其构建的相关经济理论存在内在逻辑矛盾，不再具有逻辑相容性，本身算不上合格的经济理论。因此，其既不能提供对现代社会经济状况的准确描述，也不能提供对工业革命以前的经济运行状况的有效描述，与任何时候的现实都不吻合，最多只能成为对现实的扭曲描述，形成一堆堆学术垃圾，不具有任何理论与现实意义。

综上所述，现代西方经济学不仅在理论上基本无价值，在现实中更不存在合理性，将其归结为一堆学术垃圾应该是比较恰当的。

对具有上述性质特征的现代西方经济学而言，还容易根据其性质特征推测其未来发展前景。

从纯理论体系的角度看，这一体系存在严重背离现实的问题，虽然其本身还可以有进一步发展的可能性——如通过对阿罗－德布鲁均衡的进一步改善，还可以构建一套更为精致、逻辑更严谨的纯理论体系，但继续发展的空间明显不大。一方面，由于阿罗－德布鲁均衡已接近最终模式，能够取得的成就很有限；另一方面，由于其发展明显与现实的发展背道而驰，继续发展的动力减弱。面对这样一个逻辑结构虽然比较严格但历史局限性也相当明确的理论体系，人们至少容易感受到其继续发展缺乏现实意义。

因此，纯理论体系的发展已经明显走到尽头。不仅其发展余地很有限，也因为其已基本丧失了来自现实发展需要的推动力，仅仅可能受到纯智力游戏兴趣的推动，能够具有的发展空间必然更为有限。

从修正理论的角度看，作为一种误入歧途的发展，随着信息社会的因素进一步增强和新古典理论体系逐步精炼成熟，二者之间背离或冲突日益增长。在新古典经济学与现实无法调和的条件下，只要其真正的基本前提及本质特征还没有被普遍了解，便无法通过对信息社会经济学的了解来彻底淘汰新古典经济学，这种背离或冲突，就会要求继续采取只否定部分推论、保留基本前提及其他推论的方式，通过牺牲逻辑性换取现实性的增加，对这一体系加以修正，使修正理论继续得到发展，由此衍生出新的修正理论。

比如，在传统凯恩斯理论的逻辑缺陷暴露并不得不被抛弃后，又产生了新性质凯恩斯主义经济学这类新的修正理论，以继续解释政府干预这类新古典经济学无法解释的信息社会新现象。

尽管如此，由于修正理论只是试图修补而不是重建经济学体系，必然存在着这样两方面的困难，使其进一步的发展空间会受到根本性限制：一方面，被认作纯理论体系的主要假设均有了否定理论，发掘新的基本假设更加困难；另一方面，修正理论缺乏严格逻辑基础的缺陷已越来越容易被人们感知，一旦这些感知积累到一定程度，使人们领悟到其缺陷是不可克服的，继续发展的动力必然会减弱。

综上所述，从各自具有的发展空间看，即使没有信息社会经济学相关认识的影响，西方经济学两大可能的发展方向都基本上走到了尽头。其可能的发展空间很有限，可能的发展不仅非常艰难，而且会越来越艰难。如果信息社会经济学能够进入经济学家的视野，其进一步发展的可能性更将荡然无存。

无疑，西方经济学陷入的这种困局是非常严重的，尤其在现代社会条件下，现实经济活动越看越复杂，需要解决的问题也越来越多，经济学的责任也越来越重大。当具有主导地位的现代西方经济学越来越不堪利用时，经济学的根本性变革就成为亟待解决的关键问题。

然而，经济学的变革应该如何进行，或者说，经济学最基本或核心的前沿研究应该如何开展呢？从历史角度看，既然现代西方经济学的困局在于其物质社会背景与现实的无法调和的背离，要有效摆脱这一困局，就必然要求彻底跳出这一背景，在现代信息社会背景基础上重建新的经济学；从逻辑的角度看，既然目前经济学的困局根源于现代西方经济学具有的"知识涌现速度缓慢"基本前提，摆脱困局的一个必然的选择，应该是根本否定这一前提，以"知识涌现速度迅速"为基本前提，发展或创建新的经济学。

容易看到，这种历史与逻辑的必然性，预示着一种全新的新经济学呼之欲出。而且，值得庆幸的是，这样的新经济学不仅仅是呼之欲出，而是早就横空出世了。

信息社会经济学即是这样的经济学，是以"知识涌现速度迅速"为基本前提，致力于在现代信息社会背景基础上，描述现代社会经济事物的性质、规律与模式的经济学。信息社会经济学目前已经具有了相当成熟的理论体系。不仅根据其性质可以推测，而且从目前已经取得的研究成果也可以看到，作为全新的理论体系，这一新的经济学基本上与现代西方经济学完全对立，对几乎所有现实经济问题都会提供截然不同于西方经济学的认识，而且在逻辑严格性、对现实的适应性，以及有效解决或处理各种现实经济问题的能力等方面，拥有相对于西方经济学的全面优势。这一新经济学的产生，表明西方经济学未来的命运只能是被彻底抛弃，以便为新的经济学发展让路。

三、狭义信息社会经济学理论体系的构建

信息社会经济学第三大贡献，体现为狭义信息社会经济学的研究，即，以"知识涌现速度迅速"为前提的经济学理论体系的研究。这一贡献通过对工业革命以后社会经济运行性质、规律与模式的系统描述，提供了适用于现代社会的全新经济学理论体系，使现实经济运行终于可以真正得到经济学理论的眷顾。

如果说信息社会经济学的第一项贡献，是提供了破冰之旅的有效工具，并打开了一个突破口，第二项贡献是通过对现代西方经济学的盖棺论定，将其送进历史的垃圾箱，为构建名副其实的经济学清道，那么，第三项贡献，就在于使名副其实的经济学成为现实。

此前，对现实经济运行模式的描述基本来自现代西方经济学。但对该经济学本质特征的揭示，已经表明其不具有有效描述现代社会经济状况的能力。因此，至今的经济学领域实际上是一片空白，现实的经济活动也实际上处于缺乏理性认识指引的盲目状态，迫切需要构建具备足够能力的全新经济学，以如实描述现代社会经济运行的性质、规律与模式，有效处理现代社会面临的各种经济问题，使现代社会的经济活动领域能够如自然科学领域一样，得到可靠的理论指引。

狭义的信息社会经济学作为以知识涌现速度迅速为前提的经济学，天然具备有效描述和分析处理现代社会经济事物的能力。这使其得以避免西方经济学的历史局限性，能够有效描述和分析处理现实的社会经济事物，即使以前被西方经济学搅乱了的认识可以得到澄清，也使许多长期悬而未决的问题可望得到有效解决。只要其成就能够为社会充分了解，就意味着我们对现实社会的认识跟上了历史的脚步。

依托新的经济学分析方法，狭义信息社会经济学通过对现代社会经济运行目标与模式的研究，围绕经济发展这一现代社会的核心议题，对经济发展及经济发展过程中的经济稳定与社会分配等问题展开了系统研究，得到了广

泛的、与现有经济学认识不同的研究成果，基本形成了一个全新的、以新资源创造或经济发展为核心议题的经济学理论体系。

信息社会经济学认为，随着知识涌现速度由"缓慢"到"迅速"的转变，社会追求目标的转变，要求经济学的中心议题也必须发生相应转变，由对既定资源合理配置问题的研究，转变为对经济发展问题的研究，这将使二者有不同的内容框架。

在知识涌现速度缓慢的物质社会，经济学的核心内容框架，是围绕既定资源最优配置这一中心议题形成的。围绕这一中心议题，经济学将以价格理论为核心，研究在既定条件下，均衡价格形成的决定因素与过程等。换言之，其内容框架可以以均衡价格的决定为起点和中心展开。

此时，一方面，均衡价格可以是所谓有效价格，包含有关商品供求、效用等的充分信息，是判断是否达到最优配置状况的衡量标准，也是判断收入分配合理性的依据，的确应该成为此时经济学关心的关键问题。准确把握均衡价格的决定因素与机制，也就把握住了此时经济运行状况的关键因素。另一方面，均衡价格的决定因素也比较确定，可以简单通过供求关系决定，其决定机制不仅重要，也容易研究清楚。

此时，有关价格及其均衡状况，不仅关系到涉及社会生产过程的基本状况，如怎样使既定资源得到最优配置，或使最优配置状况得到有效维持等的规律与特点（体现为资源配置经济学）；还关系到涉及社会分配环节的经济秩序合理性等问题（体现为政治经济学），并说明可以通过什么样的调整来达到这一状态。

但在工业革命以后的信息社会，由于新知识持续涌现，社会经济活动目标由既定资源的合理配置，转变为资源创造或经济发展。这自然要求经济学转而以新资源创造或经济发展为主要研究议题，体现为以新资源创造为中心议题的发展经济学。此时，如何创造更多新资源，可能以怎样的方式创造怎样的新资源，新资源创造会产生怎样的后果等问题，将取代既定资源的合理配置问题，成为经济学研究的主要内容。

围绕资源创造这一主题，经济学此时的内容框架将以经济发展的决定为起点和中心展开，主要关心经济发展的性质、决定因素、规律与影响等。相反，物质社会经济学关心的价格决定等问题，不再是此时经济学关心的核心问题，甚至无关紧要。

此时，一方面，价格的性质发生了重大变化，不再是均衡价格，也不是有效价格，不包含有关供求、效用等的充分信息。价格的决定因素与机制也变得更复杂，不再能由简单的供求关系概括，难以有效把握。

另一方面，尤为重要的是，此时，价格在社会经济运行中的重要性大大下降，已经失去了过去具有的关键作用，本身不再值得过多关注。这主要体现在价格与资源创造或经济发展关系不大，或没有可把握的确切联系，对把握经济发展的基本模式与性质规律无关紧要。此外，既定资源配置目标此时不再确切，难以确认其确切含义，不再能成为社会关心的主要问题，也不再需要衡量资源配置效率的标准，使价格失去此前具有的基本功能；而随着社会目标的改变，合理收入分配的标准也具有了不同的内容与决定因素，需要从新的角度重新认识，使价格也失去了此前在此领域具有的意义。

这一状况明白表明，作为一直占据经济学主流地位的西方经济学，虽然不得不承担起处理各种现实社会经济问题的责任，使其对各种现实经济问题，也都不得不勉为其难地进行了专门研究。但因为本质上不具备处理现代经济问题的能力，其对各种现实社会经济问题勉为其难的应付之举，或者使这些问题得不到有效解决，或者必然引起扭曲。

与此相比，狭义信息社会经济学的研究成果，不仅在逻辑严格性方面，也在与现实的吻合性及对现实问题的覆盖面方面，都将呈现出相对于现有西方经济学无可比拟的全面优势：对西方经济学解决不了的问题，信息社会经济学有能力加以解决；即使西方经济学貌似能够解决的问题，信息社会经济学也会得到截然不同、但明显更胜一筹的解决结果。在此情况下，自然需要信息社会经济学以"知识涌现速度很快"为基本前提，重新处理这些问题。

信息社会经济学表现出的这些强大优势，无可置疑地表明其作为一种新型的经济学，是全面淘汰此前经济学认识的颠覆者，并将促使经济学跨入新的发展阶段。

本文以下几个部分，即试图针对现代社会几个核心经济问题，简略介绍来自信息社会经济学的新认识，展示在信息社会这一新的历史阶段，经济学核心内容的应有状况，并顺便表明其与物质社会经济学核心内容的差异。

（一）对经济发展问题的研究

经济发展是现代社会最重要或核心的问题，不仅是现代社会经济学的中心议题，也是现代社会的经济学研究其他现实经济问题的基础。这里，我们主要针对发展中国家这一特殊案例，简略介绍信息社会经济学已经取得的、对经济发展问题的研究成果。

对于发展中国家而言，经济学的基本使命，在于揭示发展中国家的经济发展之谜，明确回答发展中国家能否、什么时候，以及可以采取什么措施消除与发达国家差距这三方面的核心问题。

经济发展，尤其是发展中国家的经济发展，是现代社会的新问题。由于目前的西方经济学属于物质社会的经济学，只能研究既定资源合理配置的问题，没有能力处理现代社会的经济发展问题。出于敷衍塞责的需要，该经济学勉强拼凑出了一门研究发展中国家经济发展的所谓发展经济学，来加以应对。但容易推测，这样的发展经济学本质上不可能取得有意义的研究成果。

不难看到，西方发展经济学迄今已构建了多种多样的发展模型，提供了各种各样的政策建议，产生了广泛的影响，似乎成就斐然。但剥开其看似光鲜的外表，却容易发现其实际上并未能取得有价值的成就，未能对现实的经济发展起到有效的指导作用。尤其是，对发展中国家经济发展的三大核心问题：发展中国家能否赶上发达国家？能否在什么时限内以及可望采用什么方式赶上发达国家？根本未涉及，甚至因为能力实在不足，根本未打算考虑。

迄今为止，几乎没有西方发展经济学家明确以揭示发展中国家的发展之谜为己任，也没有一部西方发展经济学的文献明确致力于这三大核心问题的研究，更未看到现代西方经济学在此类问题上取得了什么有价值的研究成果。因此，难以认为其真正研究了经济发展问题。

从现实情况看，至今没有任何可靠证据，能够表明西方发展经济学已经对现实的经济发展实践起到了有效的指导作用。

一方面，经过战后大半个世纪的发展，除"亚洲四小龙"等少数几个国家和地区有较好的发展业绩以及近年来中国的耀眼发展之外，其他大多数发展中国家并未普遍取得成功发展，在缩小与发达国家差距方面收效甚微，表明西方发展经济学并未提供能够保障发展中国家取得成功发展的有效处方，对发展中国家经济发展的贡献相当有限。

另一方面，从这少数几个有较好发展业绩的国家和地区看，其有效发展看起来只是有关自发决策的结果，似乎与西方发展经济学的指导无关。至少，难以确认西方发展经济学提供了什么重要理论，对这些成功者的成功起到了不可忽略的决定性作用。甚至，对这些成功者的成功原因，西方发展经济学也知之甚少，使其无法在其他发展中国家得到复制。

相反，却易于发现确凿的证据，表明在很大程度上，发展中国家至今未能普遍取得令人满意的发展业绩的原因，应该与西方发展经济学未能有效担负起指导经济发展的责任密切相关：

从理论上看，在所谓的西方发展经济学中，经济发展被理解为经济增长或交易价格总量的增长，其决定因素基本上被归结为与发达国家无差别的资本积累。然而，按照西方经济学的相关主流理论，发展中国家无论在资本积累水平还是在资本积累增长率方面都远不如发达国家。这意味着，发展中国家在经济发展方面注定毫无优势可言，无论其多么努力地推动经济发展，也不可能赶上发达国家，甚至只能逐步扩大而不是缩小与发达国家的差距。即使根据一些非主流的研究，其得到的决定因素仍然体现为与发达国家无差别的、发展中国家不占优势的因素，仍然也无望赶上发达国家。

从实践上看，由于西方发展经济学模型所提供的发展政策，本身蕴涵着发展中国家只能保持或扩大与发达国家的差距，因此，在相当多的发展中国家接受了西方发展经济学的政策指导后，更可能会受到损害。如早期相当多的发展中国家接受了西方发展经济学当时推荐的各种发展战略，如各种形式的资本积累及进、出口替代战略与经济自由化等。但在实践中，这些发展战略似乎并未带来预期的成效，反而导致了经济结构不合理、不具有可持续性等问题，实际上构成了对相关国家经济发展过程的干扰或破坏，使其无法达到没有这些干扰时可能达到的成效。因此，在相当程度上，少数发展中国家之所以能够取得比较成功的发展，有理由归结为排除了西方发展经济学干扰的结果。也有理由认为，在很大程度上，发展中国家至今之所以缺乏普遍的成功发展，与西方发展经济学的干扰密切相关。

在信息社会经济学看来，西方经济学在研究经济发展问题时展现的无能为力，并不令人奇怪。因为其作为以"知识涌现速度缓慢"为前提的经济学，只能用于研究物质社会的既定资源合理配置问题，对经济发展这一现代社会的新问题，并不具备处理能力。如果其真的能取得什么有价值的研究成果，才会令人真正感到意外。

正因为如此，在面对发展中国家能否、以什么方式、在什么时间内赶上发达国家这类中心问题时，西方经济学家根本无法有所作为，只可能集体沉默，绝不涉及。这也表明所谓西方发展经济学只是一种用于应付的面子工程，根本解决不了任何与经济发展相关的问题，也没有能力解决有关经济发展的问题，基本上是一门无用的经济学。

以现代社会"知识涌现速度迅速"的特征为基础，信息社会经济学通过挖掘经济发展与发展中国家的本质特征，澄清二者的概念，以严谨的逻辑推理，推导出发展中国家独特的经济发展模式，并据此发掘出发展中国家经济发展的基本决定因素，揭开了发展中国家经济发展之谜。信息社会经济学的研究结果表明：只要发展中国家能够充分致力于知识传播体系的现代化，则无论与发达国家存在多大的初始差距，任何发展中国家均可在两代人左右的时限内，基本消除与发达国家的经济发展差距，与之并驾齐驱①。

与西方发展经济学的一筹莫展形成鲜明对比的是，信息社会经济学对经济发展问题的研究，成功解决了发展中国家能否、什么时候，以及采取什么措施消除与发达国家差距等核心问题，使发展中国家的经济发展问题在理论上基本得到圆满解决。这不仅表明了信息社会经济学强大的解决现实问题的能力，尤其重要的是，通过展示发展中国家被贻误已久的光明前景，凸显出现代西方经济学已经对发展中国家造成了多么巨大的危害。

信息社会经济学的相关研究，大致体现为以下几个方面的进展：

---

① 参见袁葵苏：《经济发展的基本模式》，经济科学出版社 2009 年版，第八章第三节。

1. 澄清经济发展与发展中国家的基本概念

信息社会经济学认为，为了有效促进发展中国家的经济发展，需要弄清楚什么是经济发展，什么是发展中国家，其具有什么经济特征。这涉及应该追求什么目标，如何追求的问题。如果这两个概念不准确，就可能使社会的发展努力偏离应有的目标，误入歧途甚至南辕北辙。据此，尤其需要以严格的理论分析，准确把握经济发展与发展中国家的概念，使发展经济学具备可靠的概念基础。

信息社会经济学对经济发展问题的研究，首先体现在对经济发展与发展中国家概念的认识，取得了突破性进展。

信息社会经济学认为，经济发展与发展中国家概念均是"知识涌现速度迅速"的现代社会才能产生的特有概念，其性质特征也只有在现代社会背景下才能得到有效把握，在"知识涌现速度缓慢"的物质社会里，难以得到准确把握。

从经济发展概念看，虽然根据信息社会经济学最终确立的经济发展概念，在工业革命以前"知识涌现速度缓慢"的社会里，也存在经济发展的现象，但其无法成为社会的主要追求目标，没有理由受到社会的关注，使经济发展的概念难以产生。仅仅在现代信息社会，由于经济发展已经成为社会追求的核心目标，准确把握其概念，就成为社会的必然要求。

但是，当经济发展成为现代经济学的研究对象时，此时占据主流经济学地位的现代西方经济学却具有物质社会经济学属性，在勉为其难地试图应对现实社会的需要时，易于受到表面现象干扰，不思深究背后的本质特征，使经济发展大致被稀里糊涂地归结为实际上与其无关的经济增长或 GDP 等的增长，或者附加了一些其他目标的经济增长过程。

在以"知识涌现速度迅速"特点为基础的条件下，经济发展概念因变化频繁显眼易于澄清。信息社会经济学从多种角度表明，知识增长体现了经济发展的本质特征，有充分理由将其作为经济发展的定义。

比较这两种经济学的基本概念，可以发现其性质截然不同，而且优劣区别明显①。

首先，西方经济学的经济增长概念并不具有其想象的含义，更与经济发展无关。

依据其严格定义，GDP 本质上是一种市场交易价格的总和，是在一定时期内、用市场交易价格衡量的、剔除了重复交易的经济交易规模的一种总量，或是用市场交易价格衡量的、在一定时期内各种经过市场交易的商品劳务产出的货币价值总量。经济增长则是在不同时期内，这样一种交易价格总和的增长。

深入的研究可表明，GDP 这种以货币表示的市场交易价格总量，本质上是由货币供应量决定的，并不能有效代表商品与劳务的产出总量，只能用于反映单位货币的价值变动状况，或者所谓通货膨胀状况。其与商品劳务产出总量之间的关系，类似于交换价值总量与使用价值总量之间的关系。但在理解这一总量的含义时，西方经济学家普遍偏重于强调它是一种商品与劳务的产出总量，而忽略了它只是用交易价格衡量的产出总量，而非产出总量本身。

比如，在萨缪尔森广泛流行的经济学教科书里，他对类似的"国民净产值"（NNP）定义的表述，即：国民净产值或其技术上的名称"以市场价格来计算的国民收入"，可以被定义为社会最终产品的流动量的货币价值总和②。在这一表述中，他以重点符号强调的是其产出总量的含义，相对弱化了其更为关键的"市场价格总和"与"货币价值总和"的含义。事实上，西方经济学家对 GDP 含义的通常理解，正是萨缪尔森这里强调的产出总量的含义。

无疑，西方经济学家的这种理解，实际上是一种偷换概念，相当于将具有交换价值特征的价格总量当作具有使用价值特征的商品与劳务的产出总量，或者相当于认定交换价值与使用价值之间存在稳定的关系，可以互相代表。而在经济学中，交换价值与使用价值不能混为一谈，应该是一种常识。

---

① 有关研究已经表明，GDP 增长基本上是货币供应量增长的产物，可以成为较所谓通货膨胀率更准确的货币单位货币价值变动状况的衡量标准。参见本书第四章第一节。

② 引自萨缪尔森：《经济学》（上册），商务印书馆 1979 年版，第 253 页，着重号为原文所加。

就此而言，将经济增长当作经济发展，是通过混淆交换价值与使用价值的方式确定的，二者实际上是性质不同的两种事物。

当然，人们可能感觉到，经济增长似乎与经济发展有这样那样的联系，这种感觉或许也是西方经济学家轻率地将经济增长当作经济发展的重要原因。但感觉毕竟只是感觉，并不一定就是事实。

信息社会经济学的研究也已经表明①，经济增长与经济发展的关系，类似交换价值与使用价值的关系，二者间即使有时候可以存在一些密切联系，这些联系也极不确切，尤其不会是确切稳定的因果联系。

因此，与一定的经济增长率相伴的，可以有一定的知识增长，也可以没有知识增长；可以体现具有较多的知识增长成分，也可以只涉及较少的知识增长成分，甚至意味着负的知识增长，取决于引起这种经济增长率的货币供应量增长是否，或者有多大成分是由知识增长的需要引起的，以及同时还有其他因素会对货币供应量的增长产生什么影响。

相反，一定的知识增长既可能通过要求货币供应量的增长，带来一定的经济增长率；也可能要求货币供应量不增长或负增长，导致经济增长率不变或下降，取决于在一定的知识增长状况下，其对货币供应量的增长有什么要求。

因此，当西方经济学将经济发展归结为经济增长时，就意味着其已经深陷歧途，缺乏基本的合理性。

与此相比，当信息社会经济学将经济发展归结为知识增长时，相当程度上也是将经济发展归结为使用价值的增长，并根据人们希望赋予经济发展的原始含义，相当严格地证实了将经济发展归结为知识增长的合理性。虽然仍然有需要澄清之处，但与西方经济学完全依靠概念混淆相比，不可同日而语②。

其次，盲目追求 GDP 增长会导致严重的危害。

一旦 GDP 增长这种偷换概念的产物被当作社会努力追求的目标，就意味

---

① GDP 增长与经济发展之间的联系，其机制大致可以归结为：经济发展可能引起经济运行状况的不稳定，这种不稳定性有时可以通过增加货币供应量的方式降低，而货币供应量的增长则会在不同情况下引起不同的 GDP 增长。参见本书第四章第一节。

② 参见袁葵荪：《经济发展的基本模式——经济学的现代基础》，中国人民大学出版社 2009 年版，第三章第二节。

着全部社会努力都可能具有错误的出发点，或者可能受到错误的引导。

由于经济增长率目标引导，社会难免倾向于直接追求交易价格而不是使用价值的增加，使其严重误导了发展中国家的经济发展过程，导致其迄今达不到应有的成效，事实上使发展中国家的经济发展受到严重危害。

同时，在更广泛的领域内，对 GDP 增长的追求，还会导致诸多恶果，比如，环境污染、资源耗竭等。除此之外，这种对发展目标的偏离，还额外产生了很多无法解释现实的经济发展现象。

从信息社会经济学的经济发展概念出发，即可避免西方经济学的经济增长目标带来的问题。比如，由于知识增长直接追求使用价值的增加，环境污染、资源耗竭等恶果本身都是知识增长致力于避免和消除的状况。这样的内在要求，不仅意味着知识增长不可能成为这些恶果产生的原因，还意味着其存在避免和消除这些恶果的自动机制。

有关发展中国家的概念，则因为其仅仅在"知识涌现速度迅速"的条件下才可能产生，体现了其作为信息社会独有概念的特点。因为仅在此时，新知识往往来不及充分传播，导致不同国家可能形成知识的范式差距，才会因为这种显著的知识差距，形成明显的、需要用发达国家与发展中国家的概念来加以区分的状况。而在"知识涌现速度缓慢"的社会，至少在有着基本联系的国家之间，由于知识通常有充分时间得到充分传播，经济发展水平基本一致，仅仅存在着与经济发展水平无关的大国与小国、强国与弱国的区分，没有理由形成发达国家与发展中国家这类经济发展水平有别的区分。

既然如此，如果不从"知识涌现速度迅速"的角度出发，就可能如现代西方经济学那样，难以从知识范式差距去理解导致发达国家与发展中国家之分的经济发展差距，只能从人均收入或所谓人均 GDP 这类不涉及知识水平差距的角度，将发展中国家界定为人均 GDP 较低、类似于早期发达国家的国家，认为发展中国家与发达国家的差距在于人均 GDP 增长的差距。对发展中国家概念的这种认识，使西方经济学家未能有效把握发展中国家的本质特征，看不到二者经济发展模式及其决定因素的不同，使其既不能将发展中国家与早期发达国家有效区分开来，也不能将高收入的石油输出国与发达国家区分开来，不仅无法准确把握发展中国家经济发展的决定因素与发展规律，也看不到发展中国家本身具有的消除与发达国家差距的光明前景。

借助于新的经济发展概念，信息社会经济学认为发展中国家与发达国家的本质差别，在于二者之间存在显著的、可用知识的范式差距来表示的知识差距，因此其独具的本质特征在于存在发达得多、或与其有知识范式差距的外部世界。据此，可以将发展中国家定义为存在更发达外部世界的国家，而发达国家可以定义为不存在更发达外部世界的国家。

信息社会经济学的这一定义，使发展中国家的概念得到明确界定，使其与发达国家彻底区分开来。不仅使发展中国家与现代的发达国家区分开来，也与早期的发达国家有效区别开来，还将高收入的石油输出国与发达国家区分开来，使得发展中国家经济发展的性质与规律得以充分凸显。更重要的是，在此基础上，信息社会经济学得以表明，只要致力于知识传播体系的现代化，或者致力于消除与发达国家在人的能力、国际经济联系及社会规范这三大因素的差距，发展中国家与发达国家的经济发展差距，完全有可能在有限时间内消除，从而彻底解开了发展中国家的经济发展之谜。

信息社会经济学确定的上述经济发展与发展中国家的概念，均具有强烈的历史性，不再是凭借经验感觉得到的，而是严格理论分析的结果，能够避免西方经济学有关概念缺乏依据、含混不清引起的问题。更重要的是，对经济发展与发展中国家本质特征的准确把握，为把握现代社会经济运行模式的基本性质与规律，解决由其引起的各种经济问题——如经济稳定与社会分配等——提供了新的更为可靠的基础，并由此打开了一个突破口，将发展经济学乃至经济学引入正轨，使其步入了一个新的历史发展阶段。

2. 确立发展中国家经济发展的基本模式

一旦将经济发展归结为知识增长，经济发展模式就不再是西方经济学理解的交易价格总量增长或经济增长的模式，而是知识增长的模式。涉及知识增长的方式，或者新知识的来源。

根据新知识的来源不同，可以将经济发展模式分为知识创新与知识传播两类：一类是通过自主创新获得新知识的知识自主创新模式，另一类是通过分享其他国家获得新知识的知识传播模式。这两种经济发展模式有不同性质，受不同因素影响，有不同的决定因素与规律。

自主创新作为达到认识彼岸的活动，其知识源的不确定性或未知性程度较高。一方面，影响因素比较复杂，既涉及投入的人力物力的规模与质量，也涉及社会规范与社会经济活动的具体状况，甚至涉及机遇。另一方面，各种因素能够起什么作用也不确定。因此，这一方式的状况存在很大不确定性，由此可能带来怎样的知识增长——内容、性质、结构、速度等——均不可准确预知，其性质、规律与影响等也存在很大不确定性。

知识分享作为已有知识的传播过程，具有确定的知识源，传播过程的决定因素相对简单、确定，主要取决于信源、信道及信宿的状况。而且，可能具有怎样的传播结果也容易准确预期。

依据对经济发展与发展中国家性质的重新认识，信息社会经济学认为，发展中国家与发达国家的经济发展模式不同，二者有不同的性质规律。

发达国家由于不存在更发达的外部世界，加之拥有最高的创新能力，其经济发展所需要的新知识整体上只能来源于自己的知识创新。即使单一的发达国家的新知识可能有很大部分——甚至绝大部分——源于对其他发达国家创新的分享，其自身的自主创新仍然是新知识来源不可抹杀的一个标志性部分。

但对发展中国家而言，一方面，其具有一个很重要的、不同于发达国家的环境条件，即其外部存在着更大量的先进知识。这些外部的先进知识，足以保障发展中国家具备发达国家的生产力水平。只要能够设法充分获取这些知识，发展中国家在生产什么、如何生产、生产质量与效率等方面，将并不逊色于发达国家，即可认为发展中国家取得了成功的发展。另一方面，发展中国家的自主创新能力大大弱于发达国家，其知识增长不能主要依靠自主创新，而基本上只能依靠分享发达国家已有先进知识的方式，来达到发达国家的经济状况，使其经济发展具有独特的模式，应该归结为来自发达国家已有知识的传播过程。

这是因为，在外部世界具有充分的知识源的条件下，依靠知识分享对于消除与外部世界的知识差距具有充分性、必要性及现实可能性；而在自主创新能力相对低下时，如果依靠自主知识创新，就意味着与外部世界的知识差距不仅无法消除，还必然会逐步扩大。两相比较，发展中国家的经济发展因此应该是以知识传播为主的过程，而不应是以自主创新为主的过程，尤其不应该是重复创新过程。此时，如果能够有附带的自主创新，自然也无须排斥，只是不宜将其作为知识增长的主要依靠，尤其不能因此将发达国家已有知识的传播置于次要地位。

至于发展中国家消除与发达国家自主创新能力的差距，虽然也构成经济发展的基本目标，但其与知识差距的消除属于同一目标，会随之自动达到，未必需要专门关注。

将发展中国家的经济发展过程归结为发达国家已有知识的传播过程，具有十分重大的意义：

一方面，表明发展中国家与发达国家有不同的经济发展模式，意味着发展中国家的经济发展应该有自己独特的性质规律，不能与发达国家混为一谈，需要专门的研究。

此前，由于西方经济学认为二者类同，并基本上是根据早期发达国家的经验，来探寻发展中国家经济发展的性质规律，实际上使其号称专门研究发展中国家经济发展的所谓发展经济学，实际上并未真正针对发展中国家。因此，表明发展中国家与发达国家经济发展模式的不同，就意味着有关发展中国家经济发展的专门研究，至此才真正开启。

另一方面，一旦开始真正聚焦于发展中国家的经济发展，从知识传播过程出发，还表明发展中国家留存着赶超发达国家的确切希望，甚至蕴含着发展中国家取得成功发展的必然性。

这是因为，由于有什么知识可供获取，能否获取都成为可预期或确定的。如何获取，什么时候可以获取怎样的知识也有了确定的基础。因此，在追赶发达国家时，发展中国家将具有知识传播相对于知识创新的特殊优势。这使发展中国家经济发展过程的规律易于把握，可望回答能否赶上发达国家、能否在什么时限内，以及可望采用什么方式赶上发达国家这类核心问题，从而为彻底揭开发展中国家的发展之谜，奠定了坚实的基础。

如果发展中国家与发达国家经济发展模式相同，比如从西方经济学的经济增长模式看，发展中国家的发展模式与发达国家相同，经济增长的决定因素也相同，将难以发现发展中国家有何优势，使发展中国家根本没有希望赶上发达国家。

当然，对于发展中国家而言，发达国家的现状不一定是无可争辩的理想目标，但只要其获得的知识是有价值的，发达国家的现状至少提供了一种令人满意或者有重要参考价值的目标。作为未来结果的一种具有确定性的展示，发达国家的现有发展状况也是已经经历过成功与失误后的选择结果，是人类社会一般发展努力的体现，在现实中也有理由为发展中国家的人们所向往，或者没有理由被发展中国家断然拒绝。

3. 确认发展中国家经济发展的决定因素

在西方发展经济学中，根据其认定的经济发展内涵与模型，只能将资本积累理解为经济增长主要的决定因素。无论是早期的哈罗德－多玛模型，还是之后的新古典增长模型与所谓新增长模型，均是如此。虽然从现实角度看，这样的结论明显不太符合现实经验；而且，由于发展中国家资本积累能力没有能力强于发达国家，直接蕴涵着发展中国家不可能赶上发达国家、只能继续扩大与发达国家差距的结论，令人无法接受。为了尽量与现实靠近，一些西方经济学家不得不抛开理论依据，仅仅凭借经验感觉，又将制度、有效需求等列为决定因素。但这些因素难以有依据地纳入其发展模型，不具备有效弥补其主流理论缺陷的能力。

按照信息社会经济学的发展经济学，经济发展既然归结为知识增长，其决定因素理所当然地取决于知识增长的决定因素。由于发展中国家的经济发展模式不同于发达国家，二者经济发展的决定因素也会不同。

根据对发展中国家经济发展模式的重新认识，从知识有效传播过程的特点出发，信息社会经济学推导出其经济发展取决于知识传播体系现代化的决定因素，主要是人的知识文化素质与能力、国际经济联系尤其是与发达国家的经济联系、社会规范体系这三大因素的状况。这几方面决定因素的作用体现在：

（1）人的能力素质。人在知识传播体系中主要起接收知识的信宿作用。因此，人的能力尤其是接收与掌握先进知识的能力怎样、能否及时有效地吸收掌握与运用外部先进知识，最终决定着发展中国家的经济发展状况。人的能力强，吸收掌握与运用外部先进知识的能力就强，容易感受到先进知识的重要性。人的能力强，既对先进知识比较敏感，能够理解与掌握先进的知识技术，也能够有效地利用所掌握的先进知识技术，知道如何寻求先进知识技术，并能够有效地为做到这一切主动创造条件，有助于知识的充分传播。相反，如果人的能力弱，吸收掌握与运用外部先进知识的能力就弱，既不能掌握先进知识，更不可能有效创造掌握先进知识的条件，难以保证知识的充分传播。因此，人的能力能否满足现代知识传播的要求，是决定知识传播体系现代化最重要的因素。

既然如此，提高人的素质是决定发展中国家经济发展状况的基本要求。甚至在一定程度上，可以认为成功的经济发展本身就体现为发展中国家的人最终已经获得了充分的先进知识。

（2）国际经济联系。对于知识传播过程来说，国际的经济联系——如国际的贸易、投资、人员及信息的交流——是外部先进知识的来源渠道，起接收外部知识的信道的作用。因此，这一渠道是否通畅，决定着有多少先进知识能够被分享，也决定着它们的分享速度。发达国家的这一渠道通常是最通畅的。发展中国家只要这一渠道充分通畅，就为充分传播奠定了必要的基础，使其能通过有效的知识传播达到类似发达国家的状况。

（3）社会规范。社会规范是社会为达到一定目标而形成的行为准则，可以依据其规范的经济活动的不同重复性，大致分为三个层次：社会文化观念、社会的法律体制及各类政府政策。对于知识传播过程来说，社会规范决定着信道与信宿能否有效形成并有效起作用。如决定着信宿获取知识的动力，知识传播的秩序和方式，从而构成了知识增长的社会环境基础。适当的社会规范有助于使社会活动集中于知识增长的努力，不适当的社会规范则会压抑这种努力。只要发展中国家能够使其社会规范有助于促成其信道与信宿能够具备有效知识传播的作用，并充分发挥这样的作用，就能够充分保证以充分的知识传播，使其与发达国家的知识体系的差距得到有效消除。

信息社会经济学认为，上述三方面因素共同决定着知识传播体系的传播能力。其现代化方面的情况，就决定着知识传播体系的现代化情况。只要这几方面因素能达到与发达国家相当的状况，能满足发达国家的现代知识传播体系的要求，就意味着发展中国家的知识传播体系已经是现代化的了，足以保证发展中国家成为发达国家，经济发展也就成功了。因为，此时发达国家能做什么、怎么做、做的效果怎样，发展中国家均能做得毫不逊色，自然也就达到了发达国家的状况。

至少，当这几方面因素大致与发达国家相当时，从妨碍知识传播的因素看，我们就很难设想出能够实质性妨碍知识有效传播的其他因素，也很难找到什么理由，认为其与发达国家还有什么无可争辩的差距。

既然如此，作为客观逻辑推理的结果，信息社会经济学提供的这三大因素还是充分有效的因素，能够保证说明发展中国家经济发展的状况，基本不再需要涉及其他因素。即只要发展中国家能够消除这三大因素与发达国家的差距，就能够保证发展中国家消除与发达国家的经济发展差距。

这一结论，使得发展中国家取得成功发展的可能性进一步明晰，也为应该采取什么样的发展措施指明了方向，提供了依据。只要能够进一步揭示，如何才能充分消除与发达国家在这些因素方面的差距，就可以认为发展中国家的经济发展之谜至此也基本揭开了。

从实际经验看，只要很好具备这些因素的社会，都有很好发展业绩，而成功发展者也不例外地都很好具备了这些因素。因此，如何推进经济发展的问题，也就简化为如何使这几方面因素达到发达国家的状态。或者说，发展中国家的经济发展完全取决于这三方面因素，与西方经济学强调的资本等状况无关，也与拉动需求的所谓三驾马车无关。

值得指出的是，在西方发展经济学中，虽然也从经济增长模式中推导出资本积累等决定经济发展的因素，但由于其发展模型不仅主要是根据经验感觉总结出来的，缺乏严格依据，针对的也仅仅是与经济发展有别的 GDP 增长，并不能将其得到的决定因素作为经济发展的决定因素。更何况如前所述，GDP 增长的决定因素，也并非西方经济学想象的那样取决于资本供应量或所谓有效需求，实际上仅仅取决于货币供应量的增长[1]。

---

① 参见本书第四章第一节。

而在信息社会经济学中，不仅没有西方经济学看重的资本这类决定因素，即使从形式上看有一些类似的因素，如人与制度等，也有不同的性质与作用等。

比如，关于人这类因素的性质与作用，西方发展经济学的人力资本理论将人的作用理解为人力资本投资的作用，认为人的作用大小取决于人力资本投资的多少，而人力资本投资的合理水平又取决于投资的成本与收益的比较。但在信息社会经济学的发展经济学中，人的作用直接取决于人的知识状况，人的知识状况主要取决于学习动力与机会等，如教育机制与社会经济联系的密切状况等，与资本投入关系不大，更不受资本供应约束。同时，合理的知识状况仅仅受差距消除机制制约，并不涉及成本收益比较，只要人的知识状况与发达国家有差距，发展中国家进一步提高知识水平就总是应该的。

与发展中国家经济发展的决定因素相比，发达国家经济发展的决定因素相对复杂，尚待进一步考察。尽管如此，基于发展中国家经济发展背景得到的三大决定因素，也必然构成其不可或缺的基本部分。因为它们不仅决定着知识传播的基础，也构成知识创新的决定性因素。

4. 揭示发展中国家经济发展的前景

根据对三大决定因素性质的进一步研究，信息社会经济学的发展经济学表明，上述三大因素方面的差距均可望在两代人的时间内消除。因为，无论是人的能力、国际经济联系还是社会规范，其与发达国家的差距消除均不受历史、环境与自身能力等客观条件限制，可以通过社会主动努力，在不超过两代人的有限时间内消除加以消除。

比如，人的能力差距不是天生的，主要是其获取的知识的差距。从知识传播角度出发，完全可以在两代人的时间内消除。只有在西方人力资本理论等影响下，才可能因为其从影响产出增长角度出发，将能力的差距归结为人力资本投资的差距，进而由于成本收益比较等原因，要求保持或扩大能力差距，使能力差距不可能消除。因此，只要能够彻底排除西方人力资本理论等的影响，在两代人的时间内消除能力差距，就不再存在任何不可克服的障碍。

又如，国际经济联系的差距消除主要涉及观念或认识的转变，本质上属于相关领域的知识增长问题。只要我们能够认识到国际经济联系的作用，主要不在于对资源配置效率的影响，如西方比较优势理论、要素禀赋理论与国际生产综合理论等西方国际经济学理论所认定的那样，而在于作为知识传播渠道对知识传播的影响，那么，其与发达国家差距的消除基本上指日可待。

再如，社会规范体系的差距消除也只涉及观念与认识的转变，只要我们不陷入西方新制度经济学有关制度演变理论的陷阱①，从认识转变的角度出发，也有充分理由发现其在一代人的时间内可达到。关于这种认识转变可以在一代人时间内完成的结论，也有许多现实的证据可以证明。如代沟的存在、我国体制改革的成就，以及东欧和苏联地区体制转变的经验等多方面事实，均表明了这样的现实可能性。

既然如此，理论上，任何发展中国家，无论目前与发达国家存在多大的差距，都有可能在两代人左右的时间内基本上消除与发达国家的差距，转变为发达国家，根本丢掉发展中国家的帽子。

至此，信息社会经济学表明，发展中国家的经济发展并不存在西方经济学中所谓资本供应等的约束，具有极其光明的前景：即，只要借助知识传播相对知识创新的优势，充分致力于消除上述三大决定因素方面的差距，成功的发展不仅对任何发展中国家不再是梦，可以依据既定解决方案或程序保证达到；而且，这种成功还可以在两代人左右的有限时间内保证取得，不存在任何不可克服的障碍。

可以预见，由于发展中国家获得成功发展的机制已经得到揭示，只要能够获得社会的充分认识，其成功的发展会在将来有相当普遍的现实体现，意味着发展中国家实际上面临极其光明的前景。

相比之下，西方经济学以其错误的认识，没有能力看到发展中国家这种充满光明的前景，也基本不考虑能否赶上发达国家这类问题，使这一前景被掩盖了。这将使发展中国家既不能期望什么时候能够达到发达国家的状况，更不能为此采取积极的应对措施，只能听其自然，无所作为，无端放弃本来

---

① 事实上，作为西方制度演变理论的代表人物，诺思关于制度演变模型的观点也一反其提出的主流的理性模型，开始转变为与信息社会经济学接近的认知模型。参见道格拉斯·C. 诺思：《理解经济变迁过程》，钟正生等译，中国人民大学出版社 2008 年版。

可能达到的乐观前景，使其跨入发达国家之列成为遥遥无期之事。

综上所述，信息社会经济学的上述研究成果，明确完整地解答了发展中国家能否赶上发达国家、什么时限内能赶上，以及可望采用什么方式赶上等发展经济学的核心问题，既肯定了赶上发达国家的可能性，也给出了赶上发达国家的理论时限，还提供了如何赶上发达国家的保证措施。这些成果无疑彻底揭开了发展中国家经济发展之谜，使有关发展中国家经济发展的研究基本完成。

（二）对经济波动问题的研究[①]

经济波动是现代社会特有的重大问题，包括短期的由突发因素引起的经济短期波动、由商业周期波动体现的中期波动，以及由长期因素引起的长期波动。这类问题关系着知识增长能否顺利进行，需要得到有效解决，以尽可能加以事前预警、防范和事后的平抑。

尽管不具备必要的能力，由于其主流经济学的地位，西方经济学也对这类问题进行了勉为其难的研究。其研究分别体现为灾害经济学、宏观经济学以及所谓的可持续发展经济学。迄今为止，这些研究尽管看起来轰轰烈烈，却因为其先天缺陷，并未取得有真正价值的成果。

以其中最为引人注目的所谓宏观经济学研究为例，这一研究是西方经济学两大核心内容之一。由于其实际上不具备研究现代经济问题——包括经济波动或稳定问题——的能力，使其始终只能体现为所谓自由派与干预派的无休止争吵，虽然看起来非常热闹，至今却未真正解决任何问题。在早期，这一所谓的宏观经济学体现为传统凯恩斯主义经济学与货币学派等的尖锐对立；目前，则陷入新凯恩斯主义经济学与新古典宏观经济学之间的争论，不仅无法取得一致的结论，更谈不上有任何无可争辩的成果。

在这两大派的理论争论中，自由派由于比较严格地遵守西方经济学的基本前提，看起来逻辑性较强，因此在理论争论中屡战屡胜。但其明显与现实

---

① 参见袁葵荪：《经济发展的基本模式——经济学的现代基础》，中国人民大学出版社 2009 年版，第十章；《经济学理论的批判与重建》，经济科学出版社 2009 年版，第五章第二节。

有太大的背离，始终无法令人信服。干预派则因为对其基本前提的遵守不严格，似乎与现实较接近，却始终缺乏可靠的逻辑依据，所以只能屡败屡战。

这一状况，是现代西方经济学无法胜任研究现代社会经济问题任务的必然结果，也意味着现实经济运行的稳定一直未得到经济学理论的有效维护，使很多本来可以避免的波动未能避免，已经发生的波动也无法得到恰当处理。甚至某些波动即使在现实中得到了有效抑制，社会也不清楚是如何做到的，难以从中吸取经验教训。

比如，根据信息社会经济学的一项专门研究，2008 年美国的金融危机及稍后的欧债危机，其原因最终可以归结为西方宏观经济学的错误认识①。20 世纪 70 年代困扰西方的停滞膨胀，虽然在西方宏观经济学家看来是无法治愈的顽症，后来却莫名其妙地消失了，而究竟是怎么消失的，也无人能够解释清楚。

与西方宏观经济学相比，信息社会经济学天然具备处理现代社会经济波动问题的能力。其稳定理论对经济波动的原因、性质与模式等进行了重新描述，不仅在逻辑上更有依据，也能更好地解释各种典型波动的性质特征。信息社会经济学关于经济波动模式问题的研究成果，主要涉及对经济运行模式及其性质的认识、对经济波动原因与机制的认识、对经济波动性质的认识，以及对稳定政策性质的认识四个方面，下面分别予以介绍：

1. 对经济运行模式及其稳定性的认识

信息社会经济学认为，经济运行状况总是以一定自然条件下的知识体系的运用为基础的。外部自然条件的变化与内在知识体系的变化，都可能造成对经济运行状况的某种冲击，使得经济运行状况出现一定性质的不稳定或波动。

经济运行模式会受到什么性质的冲击，它对这些冲击会有什么反应，既取决于有关冲击的性质状况，也取决于经济运行模式本身的性质状况。在面临同样的冲击时，不同的经济运行模式将作出不同的反应；而在冲击不同时，

① 参见本书第四章第二节。

同样的经济运行模式也会作出不同的反应。因此，为有效揭示经济运行状况的不稳定或波动具有什么样的性质与规律，准确把握经济运行可能受到怎样性质的冲击，经济运行本身又可能具有怎样性质的类型或模式，构成了两方面的先决条件。

由于存在深刻的历史局限性及不可克服的内在逻辑矛盾，西方宏观经济学眼界比较狭隘，不仅难以把握现代经济运行会受到怎样的冲击，对现代经济运行模式的性质状况更是无力进行专门、有效的考察，使其对经济波动或经济运行稳定性的考察也缺乏合理性的根基。更糟糕的是，它甚至未意识到需要进行这样的专门考察，仅仅在无意识中假定经济运行呈现为一种固定的模式。而其暗中假定的经济运行模式，实际上是物质社会的经济运行模式，与现代社会不同，导致其对现代社会经济运行受到的冲击原因及其反应的考察奠基在错误的基础上，使其对经济波动模式的描述无法具有合理性。

信息社会经济学的经济波动理论则首先着力考察了经济运行模式的性质状况，再以此为基础考察其可能面临的冲击和反应。

信息社会经济学认为，在不同历史条件下，经济运行模式具有不同性质，需要分别描述：

（1）物质社会的经济运行模式。在物质社会，由于预期很少出现新知识来改变社会生产状况，社会经济基本呈现为周而复始的、通过投入固定资源、按固定方式生产固定产品的运行模式。在这一模式中，由于社会生产状况以既定知识体系为基础，社会的各种经济事物及其性质长期稳定不变，支配或决定社会经济运行的各种力量也因此稳定不变，有充分时间充分发挥其影响作用，社会经济因此具有固定的支配力量与调节机制，也有充分的时间进行调整，从而使经济运行总是处于由这些力量的综合作用所形成的均衡状态之中。由于资源或者是可再生的，或者是以不变模式供应的，社会经济经常处于最佳的资源配置状态，有用的生产知识得到充分传播，劳动力及各种经济资源均具有确定的作用，并得到恰如其分的利用，可以将此时的社会经济运行模式理解为具有既定资源供应状况的最佳均衡模型。

（2）信息社会的经济运行模式。在信息社会条件下，由于持续涌现的新知识的冲击，社会生产所利用的资源、所生产的产品以及所采用的生产方式等，都处于持续的变化之中，支配社会经济运行的力量也因此会不断地发生改变，从而使社会经济运行不再呈现为以前那种均衡状态，而是嬗变为一种全新的模式。

此时，即使假定经济运行最初会处于某种均衡状态，各种经济资源均在某种既定的机制下得到最佳配置，但如果出现了新的知识技术，势必引起资源、技术或产品等的变化，使得原有均衡状态不再能够维持。如果新知识的出现是一次性的，就将要求通过有关调整机制进行充分调整，转向一种新的均衡状态。但是，如果新的知识技术的出现具有持续性，那么，在经济尚未调整到新的均衡状态时，又可能出现更新的知识技术，要求经济向第二种更新的均衡状态调整。

类似地，在第二种新的均衡状态也尚未调整到位时，知识技术的状况可能又已经发生了改变，不断地驱使经济向第三种、第四种、第五种乃至难以历数的新的均衡状态调整。此时，经济运行模式的性质将发生嬗变，不仅经济运行处于不断转换方向的调整过程中，不再有足够时间达到最佳配置的均衡状态；而且，调整机制也将处于不断的变化之中，使调整过程总是处于不断变化且难以预期的支配力量作用下，始终无法达到由既定支配力量决定的均衡状态。

总之，只要新知识的涌现速度快到一定程度，经济运行将处于调整方向与调整机制都不断变化的调整状态中，跃迁为一种由持续涌现的知识流所支撑的动态结构。这种状态虽然可以让经济运行呈现为某种稳定有序的模式，却既不同于物质社会那种循环往复的均衡状态，也不同于一种特定的均衡状态向另一种特定的均衡状态转变时的、由固定力量或机制支配的、调整中的非均衡状态，而是呈现为一种类似于耗散结构或混沌等非平衡的动态有序状态。

而且，支撑这一状态的知识流本身是不稳定的。除了可以预期会不断有新知识产生之外，有关知识流的速度、内容，以及其他各方面的性质都在不断地变化之中，不存在固定的支配力量或影响，使得社会经济运行模式甚至不能被描述为耗散结构或混沌那类的、由确定的决定因素支配的、非平衡的有序状态，其经济规律与性质会有根本性变化，是一类在西方经济学传统中无法理解的全新状态。

2. 对经济波动原因与机制的认识

在西方经济学中，对经济波动的原因和机制存在着不同的看法。实际经济周期学派认为对社会经济运行的冲击只能是来自外部偶然的、一次性或孤立的因素，如技术变化、自然条件变化等。新凯恩斯主义经济学则认为冲击原因可能是各种各样的，具体是什么不重要，主要问题在于有关经济机制是如何放大各种冲击的影响。

信息社会经济学认为，在物质社会与信息社会这两个不同的历史发展阶段，社会经济具有不同的运行模式，经济运行可能受到的冲击及其对冲击的反应都大为不同，需要分别对待，不能像西方经济学那样混为一谈。

（1）物质社会经济波动的原因与机制。在物质社会的经济运行模式中，对社会经济运行的冲击只能是来自外部偶然的、一次性的或孤立的因素。

一方面，这一社会经济体系的内部基本不存在破坏均衡状态的因素，因为这样的因素均有充足的时间体现为相应的支配经济运行的力量，也会有充足的时间与其他力量一起达到某种均衡状态。因此，经济运行一旦处于最佳的均衡状态，就不会受到来自内部因素的冲击，是具有内在稳定性的均衡状态。比如，从劳动力的利用状况看，此时知识的充分传播会使所有劳动力均成为有利用价值的经济资源，充足的调整时间则会构造出最佳的经济关系结构与秩序，使包括劳动力在内的所有经济资源都得到最佳配置。

另一方面，对这一社会经济运行的外部冲击若是频繁的，或有规律的，因而能被社会充分预期的，社会经济运行就能在充分预期的基础上，以充分的时间进行充分的调整，从而充分适应这些外部的冲击，使这些能被充分预期的外部冲击内在化为经济运行的一种稳定的支配力量，使经济运行模式呈现为相应的稳定的均衡状态。

经济运行模式的上述特征表明，物质社会条件下能够使其经济运行偏离稳定均衡状态的冲击，基本上来自外部偶然的、意料之外的因素，如人口、资源、环境、技术等的偶然变化，以及难以预见的战争与自然灾害等。这些冲击都是孤立的或一次性的，因此使得物质社会经济具有内在的稳定性，很少出现波动。

面对偶然的外部冲击，物质社会的经济运行模式会做出怎样的反应呢？一般而言，这些偶然的外部冲击会暂时或持久地改变经济运行原有的支配力量，使经济在一定时间内处于调整之中，偏离最佳均衡状态，使劳动力等资源因种种因素得不到充分利用。但是，由于冲击是一次性的或孤立的，冲击之后，经济运行状况的支配力量又成为固定不变的。经过充足时间的调整，在偶然冲击后所形成的资源、技术、产品与偏好等环境条件下，社会经济又会恢复或达到新的稳定的最佳均衡状态，使劳动力等资源重新处于稳定的最佳配置状态。因而，无论在冲击之前还是冲击之后，社会经济运行都处于周而复始的、稳定的均衡模式之中，顶多会在一种均衡状态转变为另一种均衡状态的偶然而短暂过程中，处于非均衡的调整状态。

物质社会经济运行模式的上述特征，表明此时的波动只能体现为对最佳模式的偏离、修复、再偏离、再修复的模式，本身不成为一种常态，不是值得经济学专门研究的问题。

值得一提的是，物质社会经济波动的上述原因和机制，与新古典宏观经济学对现代社会经济波动原因和机制的描述相当接近，这是其不知道信息社会与物质社会经济运行模式的差别、将二者混为一谈的结果。

（2）信息社会经济波动的原因和机制。在信息社会条件下，出现了新的经济波动原因，对经济运行过程的冲击大致可以归结为两方面原因：一方面，对物质社会经济运行进行冲击的各种外部因素仍然存在。另一方面，出现了持续涌现的新知识这一新的内在冲击因素。新知识流的内容、结构与速度等的持续变化，都会形成对经济运行过程的冲击，并使其在众多影响因素中脱颖而出，成为导致现代社会经济波动的主要原因。

面对新的冲击因素，社会经济运行模式的反应体现为[1]：

一方面，在新知识流的持续涌现冲击下，经济活动处于不断变化之中，难免使现有的社会经济关系逐渐变得不适应，导致经济运行背离正常状态。由于冲击的不可预期性以及社会应对调整力量的被动性，社会经济关系的适

---

[1]　参见袁葵荪：《经济发展的基本模式——经济学的现代基础》，中国人民大学出版社 2009 年版，第十章；《经济学理论的批判与重建》，经济科学出版社 2009 年版，第五章第二节。

应性调整难免具有滞后性，不足以及时充分化解冲击引起的不适应。随着不适应的逐步积累，背离将越来越严重，形成相应的经济危机。

另一方面，不适应状况的恶化又不会是无限制的。面对各种各样不适应的产生和积累，社会经济又会激发产生出各种调整恢复的力量，对这种持续性冲击进行应对调整，以消化或克服这些不适应。当经济关系的不适应积累增强到一定程度后，调整的压力将急剧增大，不适应的性质特征也会有更清晰的显露，不仅有效的应对调整措施更易搜寻，有关应对调整的力量会有更大的增强，使经济关系的不适应状况更容易得到缓和。

这两方面力量是由不同因素决定的，难以处于持续平稳的协调状态，经济运行本身的反应会取决于两方面力量的互动状况。当冲击力量增强，应对调整力量的有效性相对较差时，经济活动将会受到多方干扰，使活动规模等容易处于低谷；当应对调整力量相对增强时，经济关系的不适应状况会相应减轻，经济活动的开展相对顺利，活动规模易于将处于比较兴旺的状态。随着二者的适应状况出现不适应性地产生、积累、减弱或消除、再产生、再积累、再减弱或消除的轮回，经济运行状况将体现为相应的周期性波动。

这样的经济波动无疑是信息社会的一种特有的经常性现象，可以归结为经济活动变化的持续性与经济关系调整的滞后性相互作用的结果，并使信息社会的经济运行不再具有物质社会那种持续的稳定模式。

3. 对现代社会经济波动性质的认识

信息社会经济学认为，在现代社会，由于经济波动的原因发生变化，经济波动的性质将出现相应的新变化。

（1）非重复性与不确定性。由于经济波动是由两方面因素的相对状况决定的，一方面是持续变化的经济活动导致的经济关系的不适应性，另一方面是社会对这种冲击的应对调整力量的有效性。这两方面的因素都与知识创新有关，具有非重复性与不确定性，因此使经济波动不受固定力量支配，不具有固定不变的规律，也不具有西方经济学通常理解的那种确切的周期性或重复性，而带有非重复及不确定的性质。

经济关系的不适应性是由新知识的产生所引起的，但新知识什么时候会产生，它的内容是什么，会引起经济活动什么变化，原有的经济关系会出现怎样的不适应性，这些问题都可能既无先例，又带有本质上的不确定或不可把握性。由经济关系的不适应性激发的调整恢复力量也体现为知识的创新，即为化解新的经济关系不适应所发掘出来的新知识。尽管是反应性的，这种创新仍然具有知识创新的基本性质，它什么时候会产生、其内容如何、会对经济关系的不适应性进行怎样的消化或克服，仍然是难以预期的。既然如此，这两种知识创新的相对关系自然不会重复发生，也无确切可遵循的规律与模式。

经济波动的非重复性意味着每一轮经济波动都可能有着与前一轮波动不同的原因与性质；经济波动的不确定性则意味着，波动什么时候发生、性质状况如何、会持续多长时间、严重程度怎么样，都是不确定的。它们既取决于冲击的状况，又取决于社会的应对状况，不存在固定的模式。从特定的相关指标看，波动虽然体现为不断的起伏，却不存在固定的周期规律，甚至类似于混沌学中的那种周期性也不存在，因为混沌周期是受固定因素决定的，而波动周期是由变化的力量来支配的。

实际上，非重复性与不确定性正是经济波动得以维持的必要条件，因为确定而重复的经济波动一旦被准确预期到，就总会有充足的时间产生适当的防范措施，将其熨平或改变。唯有非重复性及不确定性导致的不可预期或无规律性，才会使经济波动始终得到维持。

（2）经济关系不协调不具有确定的衡量指标。在西方经济学中，经济波动是由产出与就业率等指标的波动表示的。但在信息社会经济学中，经济波动的表现是各种各样的经济关系不协调，不一定体现为产出或就业率等的波动。严重程度应该用不协调的性质状况而非产出波动幅度来衡量。衡量指标也会更多属于定性指标，不再仅仅限于定量指标。更进一步，既然经济波动不再具有重复性，每一轮经济波动都可能有着与前一轮波动不同的原因与性质，经济关系不协调的类型会不同，衡量不协调的指标也应该不同，使得经济关系不协调不具有确定的衡量指标。

比如 2008 年美国的金融危机，从产出波动幅度看并不是很严重，远低于 1929～1933 大危机的水平，但从经济关系不正常的角度看就很严重，以致格林斯潘认为是比 1929～1933 大危机更严重的危机。而此后体现欧债危机的经济关系不正常，就与美国金融危机体现的经济关系不正常不同。因此，需要根据不同的指标或特点进行预警和识别，难以固守过去的经验。

4. 对稳定政策性质的认识

经济波动可能存在的不利影响，要求经济学阐明能否以及可以采用怎样的措施，尽量将经济波动控制在一个合意的限度内。

由于西方经济学缺乏对经济运行与波动模式的合理认识，其在此基础上提供的稳定政策，自然不足以成为可信的对症药方。

依据前述对经济运行与波动模式的重新考察，信息社会经济学在新的认识基础上，提供了对稳定政策性质的新研究，为设计合理的稳定政策构建了新的基础。

（1）稳定政策具有现实必要性。经济波动是否需要用稳定政策加以平抑，在西方经济学中，这是一个长期争论未决的问题。信息社会经济学很容易对此给出肯定的回答。

如前所述，经济波动本质上体现为在经济活动不断变化的情况下，社会经济关系因来不及做相应调整，产生的对经济活动的不适应性。如果社会能以适当的主动措施促使经济关系加快调整，减轻对变化的经济活动的不适应性，这些适当的调整措施就意味着有效的稳定政策。

既然面对经济活动的持续变化，需要相应的经济关系的调整，就直接意味着稳定政策具有天然的必要性。如果缺乏这样的调整，就意味着只能以固定的经济关系去应对持续变化的经济活动，或者意味着无论经济关系的不适应积累到什么程度，社会都应该容忍。

二战后的现实经验体现了这种必要性：在 1929～1933 年经济大危机以前，由于政府尚未主动干预经济活动，社会不具有调整自己行为的能力，包括分配制度在内的社会经济关系，在长达一百多年的时间内几乎没有变化。在此期间，已经有很大改观的社会经济活动使之积累起巨大的不适应性，导致经济波动愈演愈烈。而在二战后，尽管带有很大盲目性，政府干预的介入已使得分配机制等经济关系具有了可调整性。从战后西方各国政府转移支付开支的大幅度增长可以看到，至少在转移支付开支可以被容忍的限度内，分配机制对经济活动的不适应性可以有某种性质的缓和，使得与分配关系不当相关的经济波动，不再像过去那样严重。

（2）稳定政策具有历史性与可改善性。在西方经济学中，稳定政策被认为具有永恒不变的模式，或者应该无为而治，或者体现为固定模式的需求调控政策，即在固定的工具箱里，在波动的不同阶段，斟酌选择不同的工具组合。

信息社会经济学认为，首先，由于经济波动是经济活动变化的持续性与经济关系调整的滞后性相互作用的结果，稳定政策体现为经济关系的调整措施，更多体现为社会规范体系的调整，不限于西方经济学中简单的需求调控政策。因此，稳定政策作为调整经济关系、增进其与经济活动之间的适应性的措施，一般不具有固定的模式或规则，而是首先具有强烈的历史性。

因为经济波动具有非重复性，对不同的经济波动，需要不同的稳定政策来加以缓和，不存在最佳的一劳永逸的解决方案。在这种情况下，特定的稳定政策只能针对特定条件下的经济关系不适应。某类稳定政策即使适应这次波动，也不一定适应下次波动。

稳定政策的这种历史性质，要求在提供稳定政策时，先弄清所要处理的经济波动的性质，再在准确诊断的基础上开出相应的政策处方，这需要持续专门的深入研究。

比如，当发展中国家的波动由劳动力资源性不足导致时，稳定政策应当通过经济关系的调整提升劳动力的资源性，设法找出知识传播体系的缺陷，再设计出适当的调整措施来加以弥补。事实上，不仅先起的发达国家因为同步提升劳动力的资源性，未出现所谓剩余劳动力问题，日本与韩国等后起国家之所以也未出现所谓剩余劳动力问题，就在于其通过教育先行等措施提升了提升劳动力的资源性，还使其成为长期有效发展的基础。

当波动是由分配关系与生产状况不适应等社会规范不当引起时，积极推进规范变革，调整分配关系，应是稳定政策的基本内容。

稳定政策的历史性使得经济学与经济学家变得重要了，因为恰当的稳定政策不总是能依据经验或固定政策模式，而必须体现为知识创新，以便随时处理新问题，使持续的研究成为必要。事实上，尽管西方宏观经济学家的目标是致力于提供一劳永逸的一般模式，但其地位的上升与规模的庞大，却正是以稳定政策的历史性为基础的。

其次，这样的政策具有明显的可改善性。不同于西方经济学权衡性的需求调控政策，信息社会经济学的稳定政策不再限于针对固定目标，在固定工具箱里选择权衡，而是改善性的，致力于以新的方式消除现有经济关系的不适应性，常常可以获得鱼与熊掌兼得的效果。

（3）稳定政策的作用具有局限性。稳定政策致力于解决的是经济关系对变化中的经济活动的不适应性问题，虽然必不可少，却不能根本性地消除波动，因此只是尽量平抑而不是要消除波动的措施，这使之必然具有相应的局限性。这些局限性至少体现在以下方面：

首先，由于稳定政策的历史性，一定的稳定政策只能在一定条件下应对一定的冲击。不仅不能应对所有的冲击，尤其是以前未曾出现过的冲击，而且会随经济活动的变化产生新的不适应或新的问题。加之稳定政策不可避免地具有被动性与滞后性，使之不能保证总是会及时有效地防范与化解冲击。

其次，由于知识的不充足性，在信息社会条件下，社会可能无法及时充分地获取关于波动的信息，更不能保证及时获取有效的稳定措施的充足知识，使冲击经常只能得到有限的缓和，甚至根本得不到缓和。这表明社会不可能完全化解所有的波动。

由于知识的可错性，社会不能保证所制定的政策总是合理或有效的。这不仅体现在社会可能对现实经济波动的性质认识不当，有关认识指标与制度等均可能失误，即使社会对此已有准确把握，也未必能设计出恰当的政策措施，以及未必能对恰当的政策措施进行恰当地利用。

比如，对西方经济学家很看重的传统货币政策这一稳定政策的有效性，信息社会经济学的研究表明[①]，传统货币政策虽然并非两大派西方宏观经济学理论认为的那样无效或仅仅在短期有效，而是无论长期、短期都有效，但其有效性也不似其认为的那样重要，而是很有限，甚至不可把握，以致不能

[①]　参见本书第三章第一节。

成为有效的稳定政策工具。

当然，稳定政策作用的局限性并不表明社会难有作为，恰好表明在此问题上大有作为。一方面，它提高了对社会审时度势的能力的要求，要求对能否稳定、以什么措施、什么方式、在什么条件下、可在什么程度上稳定等问题，随时有与变化的现实状况相应的很好把握，并因此表明稳定政策具有无限的可改进性，因而稳定政策应该是能够体现社会主观能动性的领域。另一方面，既然存在尽量努力的空间，这类努力可望起到尽量弥补的作用，社会仍然应该追求尽量地改进。还可以在谨慎对待对知识就是力量的信仰的同时，了解到知识增长作为一把"双刃剑"，可能存在着由于可错性与不平衡等导致的危害的特点，以形成新的思维方式，设法保持相当弹性空间，尽量留下一旦失误可以缓冲的回旋余地，避免主观能动性可能带来的危害。

（4）稳定政策不具有独立性。与西方经济学将稳定政策确定为需求调控政策不同，信息社会经济学根据对波动原因的重新认识，其稳定政策主要是致力于经济关系调节的政策。如类似马克思曾经提出的，增加生产社会化控制以适应生产社会化的措施。同时，在平抑变化的经济活动与经济关系的不适应时，可以采取的措施非常广泛，使得稳定政策很难与其他政策区分开来。比如，稳定政策可视为发展政策的一部分，因为发展政策的作用在于促使知识顺利增长。稳定政策在减少经济关系的不适应时的作用，自然有助于排除影响知识增长的障碍，可以理解为发展政策。而成功的发展政策也要求保障经济关系的适应性，以使知识增长能够更加顺利而快速地进行，具备相当的稳定政策色彩。因此，稳定政策并非独立的领域，往往体现为综合配套的多样化政策，至少不能仅限于西方经济学家理解的短期斟酌决定政策。

（三）对合理分配方式问题的研究

在现实社会中，什么是公平合理的分配方式、能否或如何实现公平合理的分配，一直受到社会广泛关注，是迄今仍然难以得到有效解决的一个焦点问题。

问题的核心，在于如何确定分配标准与机制的合理性。这既是一个古老的问题，也因为经济运行模式的转变，使其在现代社会的性质有了重大变化，在很大程度上已经成为一个新问题。

从信息社会经济学的角度看，在现代社会，分配合理性标准的内容性质不同于物质社会，需要在经济发展的性质基础上重新认识。

1. 分配方式合理性的衡量标准

在西方经济学中，从纯理论角度出发，在物质社会背景下，认为经济运行处于最佳均衡状态。因此，其判断合理分配方式的标准，体现为是否符合帕累托最佳。

然而，面对现实中存在的收入差距太大等被认为不合理的问题，西方经济学的这一标准实在无法令人满意。在此情况下，西方经济学只能退而求其次，从经济领域以外引入政治权利平等一类的要求，认为公平合理的分配方式，应该体现为效率与公平的恰当权衡。

但是，这一标准仍然存在多方面问题：

首先，它明确表明了西方经济学不再具备处理合理分配问题的能力，使分配方式的合理性问题退出了经济学理论的处理范围。并因为对分配方式合理性的评判需要掺杂道义等非经济因素，使许多与分配方式相关的现实经济问题，难以得到经济学理论的有效解决。

其次，它实际上使分配方式的合理性不再存在明确的衡量标准。因为效率与公平应该如何权衡才算是恰当，本身无法确定，使有关合理分配的判断，也只能陷入永无休止的争论之中。即使不考虑是否能够确立恰当权衡的标准，假定某种权衡是合理的，这种基于道义的合理权衡是否能够具有坚实的一致赞同的基础，不至于因为缺乏可行性而流于空想，也缺乏可靠保证，难以解决问题。

此外，这一标准还使效率与公平陷入矛盾对立之中，堵塞了共赢的可能性。

如此种种，表明现代西方经济学无法得到衡量合理分配方式的标准。

信息社会经济学认为，在不同社会条件下，经济活动目标可能不一样，分配方式则只是一种实现社会目标的工具。因此，从工具有效性的角度，可以将是否能够有效起到应有的工具作用，作为分配方式是否合理的判断标准。根据这一标准，有利于实现社会目标的分配方式，就是合理的；而且，对目标的促进作用越大，合理性越强。相反，某种分配方式无论看起来多么公平，或者多么有效率，只要其可能产生不利于社会目标的影响，这样的分配方式就是不合理的，难以找到充足的认可理由。

信息社会经济学这一标准具有历史性，不是永恒的，会随着目标的变化而变化。至少在信息社会与物质社会这两个社会，因为其经济运行模式不同，有不同的社会目标，合理分配标准也不同。

在物质社会，社会目标是达到和维持既定资源最优配置，合理分配的标准就根据是否有利于这一目标确定，需要在充分了解资源配置过程的性质与规律基础上把握。在信息社会，社会目标转变为知识增长，合理分配的标准就体现为是否有利于知识增长，从而需要在经济发展的性质与规律基础上把握。

信息社会经济学的这种合理分配标准不再依托伦理学等非经济学依据，从而将分配方式是否合理的问题拉回到经济领域，成为能够由经济学理论加以处理的问题。

同时，进一步的分析还会表明，在物质社会，由于分配对象的不变性和物质性，即使按照合理的分配方式，分配也会具有较大零和博弈的成分，不同利益群体之间必然存在尖锐的冲突或不可调和的阶级矛盾。但在信息社会，分配对象已经具有较大的变化性和知识性，此时的合理分配方式更容易具有双赢成分，也更容易具有一致赞同和可行性的基础，从而使现代社会的分配不再存在物质社会那样尖锐的冲突。

2. 分配不合理的表现及其原因

根据明确的分配合理性标准，可以对现实中存在怎样的分配不合理现象进行有效甄别，说明什么是不合理的、需要控制的分配，以进一步寻求其产生原因及对症下药的解决措施。

在西方经济学中，由于缺乏明确的衡量分配方式合理性的标准，难以确定效率与公平的权衡规则，不清楚公平与效率应该怎样进行权衡，面对现实中受到质疑的种种分配现象，难以判断其是否合理。尤其是，虽然大家都同意存在差距是合理的，过大不合理，但缺乏什么样的差距算是过大的评价标准，最终也只能陷入长期争执不决的泥潭。

比如，法国经济学家托马斯·皮凯蒂的著作《21世纪资本论》，在发达国家舆论界引发了关于分配公平问题的巨大争论。皮凯蒂认为西方世界正在倒退回"承袭制资本主义"的年代。在这样的制度下，经济的制高点不仅由财富决定，还由承袭的财富决定，因而出身的重要性要高过后天的努力和才能。

在面临这样的收入差距扩大的质疑时，由于不知道怎样程度的收入差距才体现了公平与效率的恰当权衡，对其是否合理、是否需要控制，西方世界往往产生彼此对立的看法。

认为其不合理的人认为，这样的差距首先违反了人人平等的道义原则；尤其当富人的大部分收入并非来源于他们的工作，并非来自创业进取，而是来自他们拥有的财产，或者来自继承时，则破坏了机会平等的原则。这些观点基本来自伦理学的正义原则，属于经济学以外的认识。

反对者则认为，我们生活在一个靠才能成功的时代，富人的巨额财富都是赚来的，也都是应得的。即使其财富并非来自工作或创业进取，而是来自继承或财产投资收入等，也是由于他们使"资得其用"，为社会做出了贡献。或者因为他们是"就业岗位创造者"，高收入是他们提供的服务换来的正当回报。这些观点更多以西方经济学对经济增长及其决定因素等的认识为依据，从资源最优配置和经济增长这两种目标出发，认为收入差距扩大并不影响这两种目标的实现，甚至还因为投资是推动经济增长的决定因素，还对达到经济增长目标功不可没。缩小差距则会导致经济增长放慢、投资从而就业减少，反而不利于社会其他阶层。

由于这两派观点来源于不同领域，难免因为缺乏共同语言，沦为"公说公有理，婆说婆有理"这种相持不下的争论，经济学家通常也无力判断孰是孰非。

从信息社会经济学角度出发，将认为是否存在所谓收入差距过大的问题，主要应该从其是否已经引起了对经济发展的不利影响来判断。如果对经济发展有不利影响，就需要关注引起收入差距过大的原因或决定收入的依据是什么。如果收入来源是非生产性努力较多，表明的是经济制度不完善，如果收入差距由能力差距过大引起，表明的是教育体制等不合理。如此等等。

从经济发展及其决定因素的认识出发，信息社会经济学会认为，如果差距扩大是由继承或财产投资收入增加引起，而合理的目标是知识增长，知识增长的决定因素又与资本或投资无关，这种收入差距扩大就可能因为不利于提高工作或创业进取者的创新能力与机会，不利经济发展，因而不合理，前述反对理由就不再有市场。因此，只要收入差距缩小不影响知识创新与传播，就是合理的。或者，至少在一定限度内，缩小继承的财富，可能既不影响知识创新与传播，还可能因为能够为此提供更多机会，有利于经济发展。

又如，在西方经济学里，当面对贫困这类典型的分配不平等问题时，是否需要根本消除贫困，或者为什么要消除贫困，除了基于道义判断的微弱支撑，往往看不到经济学方面的说法。而在信息社会经济学里，就会明确表明贫困不仅影响到社会稳定，也影响到贫困家庭的经济活动能力，使知识增长的秩序及知识源受到损害，因此是经济领域里严重的不合理现象，而不仅仅是道义上的不合理问题。如此一来，仅仅从经济学的角度考虑，这也无疑是需要彻底加以解决的问题。

3. 分配调控的措施

在西方经济学中，分配不合理及其原因主要不是来自经济领域，调控措施无法源于经济理论，仅仅限于根据政治公平理论强调的机会均等，提供进行再分配的措施。而对再分配的方式与力度——如是否采用什么样的遗产税、累进税等——也无法从经济学的角度进行研究。

比如，对于收入差距过大的调整而言，西方经济学能够提供的也只是一定的饱受争议的再分配措施，不仅有效性无保障，甚至合理性都缺乏可靠基础。

又如，面对贫困这一突出的分配不合理现象，西方经济学除了依据非经济理由提出转移支付等再分配措施外，难以提出更多的措施。更何况能否通过转移支付有效解决贫困问题，本身也缺乏保证，使这一问题的彻底解决难以实现。尤其是，对发展中国家来说，即使不考虑转移支付本身具有怎样程度的可行性与有效性问题，其是否具备足以根据这一措施有效解决贫困问题的能力，也是无从保证的。

信息社会经济学主要从经济角度，揭示分配方式存在的问题。其调整的措施也来自经济领域，基本上是依据分配方式对经济发展的不利影响，从有助于经济发展的角度提出①。这些措施也可以包括再分配措施，但不限于再分配措施，更多属于经济发展措施，还可望成为有充分效果的措施。即使其中的再分配措施，也能够以经济理论为基础，依据是否有利于经济发展的状况，来确定有关再分配的合理力度及其衡量标准。

比如，在信息社会经济学里，当需要调整收入差距时，有关调整不一定依靠再分配措施，更可能针对引起这些不合理的不同因素，采取相应的限制非生产性努力的措施，以及提高低收入阶层从事经济活动能力的教育发展措施等。这样的措施可望具备相当的双赢成分，容易获得社会充分赞同。尤其对发展中国家而言，信息社会经济学认为，收入的不合理差距更多产生于从事经济活动的能力的不合理差异。

又如，就发展中国家的贫困问题而言，依据对现代社会贫困性质与原因的研究②，信息社会经济学认为，发展中国家的贫困问题不同于发达国家，主要是由于贫困者的能力未得到及时提高所致。因此，通过教育发展等措施充分及时提高社会成员充分适应现代经济活动的能力，即可消除大多数的贫困问题。与此同时，即使仍然有少数由于先天与偶然因素导致的贫困，也会因为大多数人都已经具备充分的适应能力，使通过转移支付来保障这少部分贫困者的生活水平不再有困难，从而使得传统的贫困问题得到根本性解决。

---

① 参见袁葵苏：《经济发展的基本模式——经济学的现代基础》，中国人民大学出版社 2009 年版，第九章。

② 参见袁葵苏：《经济学理论的批判与重建》，经济科学出版社 2009 年版，第五章第七节。

人文社会学科与自然科学^①的差距及其弥补：来自信息社会经济学的突破与启示

人文社会学科与自然科学是人类全部理论知识的概括，应该是推动社会发展的两大基本动力，决定着人类社会的过去、现在与未来。但从各自已经起到的推动作用看，二者存在令人震撼的巨大差距：数千年来，人文社会学科基本上未能取得什么实质性发展，未曾真正有效解决过什么现实社会问题，对人类社会发展没有什么能够得到确认的贡献，实际上形同虚设；自然科学则与此截然不同，以其长足的发展和无可否认的贡献，已经有效解决了层出不穷的现实问题，构成推动人类社会迅猛发展名副其实的基本动力，不负其学科基本使命。二者如此鲜明的对比，意味着人类社会迄今的发展仅仅仰赖自然科学的单轮驱动，人文社会学科则有负其基本使命。既然如此，若能实质性缩小二者之间的差距，使人文社会学科能够起到自然科学那样的作用，无疑将增添又一强劲动力，使人类社会发展跨入全新的双轮驱动模式，展现更为辉煌的前景。通过深入探索人文社会学科与自然科学差距所在，本文将其最终追溯至研究对象的变化性差异。在此基础上，本文发现，利用适当的历史分期，可望有效弱化人文社会学科研究对象的变化性，确保二者之间的差距得到实质性缩小。以经济学新近取得的重大发展为范例，本文还表明，上述差距缩小方式具有确切的现实可行性。

---

① 尽管有观点认为数学不属于自然科学，但纯粹为叙述方便，本文所指的自然科学也包含数学学科。

一、引　言

人文社会学科与自然科学是人类全部理论知识的概括，应该是推动社会发展的两大基本动力，决定着人类社会的过去、现在与未来。

那么，迄今为止，对人类社会发展而言，二者究竟起到了怎样的作用呢？这一问题的意义十分重大，涉及二者的优劣比较。或许由于未能找到恰当的切入点，难以确定二者之间的可比性，妨碍了对这一重大问题的探索，使得目前鲜见相关的专门研究。

尽管看起来难以比较，在现实中，却存在明显的迹象，表明二者可能存在超乎想象的、带有优劣比较性质的巨大差距。同时，也存在顽强的努力，试图对二者进行比较，显示社会对此已经有比较明确的感受。

直接从经验感觉方面，可以感受到：人文社会学科在严谨性、客观性、可验证性等方面很难令人满意，常常出现公说公有理婆说婆有理等尴尬局面。其内容也显得杂乱不系统，难以及时有效解决实际问题，极难像自然科学那样做出确切的贡献。虽然弃之不忍，却实在没有什么用。自然科学则与此截然不同。因此，在人们潜意识中，自然科学往往笼罩着真理的光环，成为让人尊崇的真理象征。人文社会学科虽然也常常被冠以"人文社会科学"之名，却因为根本就没有什么值得夸赞的方法与认识等，难以与真理的形象沾边。

在现实中，人们通常对自然科学赞美有加，对人文社会学科则保留较多。如在将"科学"当作一种褒义词，谈及科学知识、科学思维、科学方法、科学认识及科学性等时，其涉及的"科学"这一说法，尽管本身含义并不明确，看起来却是专指自然科学的，很少与所谓人文社会科学中的"科学"一词相关。

同时，在多多少少涉及二者之间比较的场合，通常能够看到的，基本上是一边倒地谈论人文社会学科有这样或那样的不足，表明在人们希望的、或富有好感的标志方面，其均不如自然科学；相反，人们却很少谈论自然科学不如人文社会学科之处，以致难以听说在哪些方面，人文社会学科比自然科学更值得赞赏。这意味着，在自然科学被认为是科学，并被赋予相当于真理的形象时，人文社会学科往往被认为与之存在差距，容易被贴上科学性不足的标签。

尤其明显的是，人文社会学科自身的发展历程，也常常显示出渴望学习和模仿自然科学的印记，不自觉地流露出其从业者潜意识中自认不足的自卑感，以及试图加以弥补的急迫愿望，事实上成为对二者比较明显的优劣评判。

比如，在历史、社会学等学科的发展过程中，都出现过所谓的科学主义思潮，比较明确地以自然科学为标杆，力图与之靠近。现代计量经济学、计量历史学与计量社会学等的发展，更是明确表现出想方设法模仿数学的分析方法、迫不及待地进行跟风的冲动。这些冲动如此盲目，甚至不顾及基本的理性，生搬硬套数学工具，武断地将一些因素量化，以强行使用一些量化公式进行分析，一厢情愿地以为可以以此拉近与数学的距离，却不管其能否量化、其计量对象是否满足数学中度量空间的基本要求。

实际上，这些计量类的学科由于未得数学的精髓，不知道数学得以采用计量方法的依据所在，其对计量工具的盲目滥用，仅仅造就了东施效颦式的笑话，不仅未能有效缩小人文社会学科与自然科学的差距，实质上还引入了一堆使人易于陷入歧途的垃圾，使二者的差距变得更大，自觉或不自觉地成为二者之间的一种明确褒贬。

尽管凭借本能经验，社会已经强烈感受到二者之间的优劣差距，但是，由于并未有效确立二者之间的可比性，始终无法确认差距的内涵，说不清楚二者之间的优劣差距究竟何在，使相关探寻找不到恰当的切入点，难以有的放矢、深入探究差距的内容、性质及其产生原因，更谈不上致力于有效弥补二者差距的专门努力。在此情况下，即使人文社会学科真的比不上自然科学，即使优劣差距的存在看起来无可置疑，也仅限于一种尚未得到严格证实的猜想。

既然如此，在理论上，要确切把握这类差距，说清楚其是什么，体现在哪里，并试图探寻弥补这类差距的可能性与措施，就显得尤为困难，难免感到无处寻觅可供借助的巨人肩膀，也使得相关的努力，迄今只能停留在指出种种不具有褒贬含义的差异的层次上。[①]

然而，如果人文社会学科与自然科学之间的确存在巨大的优劣差距，意味着支撑人类社会发展状况的两大支柱严重不平衡。此时，若能设法准确把握二者间优劣差距的内容与性质，并加以有效弥补，将意味着人类社会的发展会受到更为强劲的推动。尤为关键的是，还意味着其发展模式将出现革命性的转变。因此，即使面对如此困难，设法以不懈的努力克服这些困难，仍然是有必要的。本文即试图致力于此。

本文首先认为，从各学科知识的工具性角度，以其承担基本职能时的效能是否令人满意、或其贡献的大小与否为基准，可以有效建立起二者之间的可比性。据此，可以将二者之间的差距，归结为是否有能力有效解决现实社会问题、为达到社会基本目标做出实质性贡献。

其次，针对贡献能力的差距，通过对其产生原因的进一步考察，本文将这一差距追溯至研究对象变化性的差异。并认为，正是由于研究对象在变化性方面的先天差异，导致人文社会学科难以如自然科学那样，易于采用严格可靠的分析方法，保障其取得与后者相当的确切贡献，无法成为可靠的行为指南。

再次，针对研究对象的变化性，本文试图提供一种旨在弱化这种变化性、有效弥补二者之间差距的基本方法。即，通过适当的历史分期，以适当缩小研究范围的方式，实质性弱化研究对象的变化性，确保二者之间的贡献差距得到实质性缩小，以此打开人文社会学科与自然科学并驾齐驱、共同做出确切贡献的大门。

最后，本文以一种新近发展起来的、可称为信息社会经济学的经济学理论体系为范例，表明上述弱化研究对象的变化性、缩小两类学科贡献差距的方法，具有确切的现实可行性。如此一来，此前横亘在二者之间的鸿沟，可望得到有效填补，人文社会学科也可望类似自然科学那样，成为能有效解决

[①] 参见赵鼎新：《社会科学研究的困境：从与自然科学的区别谈起》，载《社会学评论（人大复印）》2015 年第 4 期，第 3～18 页；马红霞：《浅析自然科学、社会科学和人文科学的本质差异》，载《广东社会科学》2006 年第 6 期，第 72～77 页；侯耀文、沈江平：《历史唯物主义与"空间转向"问题——兼论人文社会科学研究范式的差异性》，载《人文杂志》2021 年第 3 期，第 59～65 页。

现实社会问题、真正有助于推动人类社会发展的强劲动力。

二、人文社会学科与自然科学差距的含义与标志

此前，由于未能有效建立起二者之间的可比性，人文社会学科与自然科学之间的差距一直无法得到确切认定，阻断了展开相关专门研究的道路。因此，本文这一部分将首先致力于探索二者之间的可比性，以确认其差距所在，为展开专门的学术研究，找到恰当的切入点。

本文认为，为寻求合理比较二者优劣的切入点，回到这些学科本身具有的意义或由以形成的初衷，是一种可行的选择。

可以看到，人文社会学科与自然科学本质上都不过是一种工具，承担着社会赋予的释疑解惑的使命或职能，或者为社会解决各方面实际问题提供直接或间接的帮助，或者用于满足人们的好奇心。作为工具，人文社会学科与自然科学虽然类型不同，承担的使命或职能不同，似乎不可比，但在理论上，二者在承担各自基本职能时的效能状况或其贡献的大小，却明显呈现出相当的可比性。只要能够找到易于清晰分辨其效能或贡献大小的衡量标志，即可以此为切入点，对两种不同类型工具的效能或贡献进行明确的优劣比较。比如，如果一种工具很有效，在承担自己的基本职能时，其效能相当令人满意；而另一种工具显得很没用，在承担自己的基本职能时，其效能完全无法令人满意。此时，我们就有理由认定，这两种工具之间存在效能或贡献方面的优劣差距，并判定前者优于后者。

从贡献角度去界定人文社会学科与自然科学的优劣差距，不仅具有可能性，在理论上，还存在着相当充分的支撑理由。不难看到，如果二者的贡献没有明显差异，就很少有充分的理由，抱怨或称赞某一学科有什么不足或优势；也缺乏足够的理由，将其间的差异认定为带有优劣评判含义的所谓差距。而各学科在贡献方面的任何明显差异，都因其直接涉及社会目标的实现状况，或承担基本职能时令人满意的状况，必然引起社会高度关注，作出褒贬评价，并设法加以弥补。因此，将人文社会学科与自然科学的差距概括为贡献大小

的差距，会使我们此前朦朦胧胧感受到的、令人耿耿于怀的二者之间的优劣差距，变得清晰起来。

当然，将两种学科之间的差距归结为其贡献的差距，需要对各学科贡献进行严格的比较，这仍然相当困难，也几乎不存在定量比较的可能性。但是，如果我们退而求其次，只要求确认其是否有确切的贡献，并将其作为比较粗糙的定性判断标准，还是可望得到确切的判断结果。比如，如果能够以相当充足的理由认定，在承担其基本职能时，人文社会学科根本没有确切贡献；相反，自然科学则贡献卓著，我们就有理由认定：人文社会学科贡献较小，自然科学贡献较大，二者之间存在着贡献大小的差距。

在本文中，我们试图将"有无"作出确切的实质性贡献，作为衡量判断两类学科是否存在差距的标准。即，如果我们能够确认：人文社会学科根本不具备有效解决本学科领域问题的能力，无法、也未曾作出什么实质性贡献；自然科学则在相当多的场合具备这种能力，并已经作出了无可置疑的实质性贡献。我们就有理由断然裁定：二者之间存在着确切的贡献差距，自然科学的确优于人文社会学科。

如此"有无"差距若能坐实，将足以使二者的贡献得到明确的大小区分，从而可以据此作出相关优劣判断；还意味着，如上认定的差距概念具有可行性。

依据上述衡量标准，可以发现，这两类学科之间的确存在十分惊人的贡献差距，足以坐实上述"有无"差距：

即，在面对现实问题时，自然科学能够在相当多的情况下，以其研究成果作为行为指南，保证据此作出的行为选择能够得到预期结果，从而能够为有效解决相关现实问题，做出确切的实质性贡献。不仅如此，自然科学还在承担其基本职能方面相当令人满意，并已经实实在在地造福于人类社会。但对人文社会学科而言，则难以寻求到无可争辩的案例，证实其研究成果可以成为可靠的行为指南，保证据其作出的行为选择能够得到预期的结果。既然如此，我们就无法确认其能够做出什么实质性的贡献，表明其基本上一事无成，未能承担其基本职能。

从各学科本身研究成果的贡献，以及已经得到解决的社会问题两方面看，可以更具体看到二者在贡献方面的严重差距：

首先，从各个学科本身研究成果的贡献看，自然科学存在大量的体现其卓有成效贡献的标志性成果，人文社会学科却没有这样的成果。在理论上，这直接意味着二者之间确切的"有无"贡献的差距。

标志性成果代表着不可抹杀的人类智慧的宝贵结晶，也体现了确保现实问题得到有效解决的能力，表明依据这些成果进行的行为选择，能够保证得到预期的结果。

标志性成果的存在，意味着依靠这些成果，相关现实问题总是能够得到可靠解决，从而使其成为相关学科能够作出实质性贡献的有力证据；还意味着其是现实社会得以有效运行不可或缺的保障，代表着必须要传承下去的成就。因此，是否具备这样的标志性成果，标志着相关学科是否对人类社会的发展有实质性贡献，是否不辱其学科基本使命。

在自然科学里，存在大量的标志性成果。如欧氏几何学、牛顿经典力学，以及现代诺贝尔物理、化学、生物医学奖等表彰的众多成果等。

这些成果通常都富有成效，对人类社会发展贡献巨大，也在现实生活中赢得了广泛信任，的确能够成为自然科学对人类社会发展有实质性贡献、不负其基本使命的标志。即使其中某些成果后来被证实有误，这种证伪本身也会被认为是认识上的进步，甚至会导致革命性的进步。即使这些成果不能解决的问题还很多，现实中也不断涌现出各种尚待解决的问题，但这些成果的魅力所催生的信心，也使人们往往认为其不过是尚未解决，而非不能解决，通常会相信通过继续的努力，可望得到令人满意的解决。

同时，就其对人类社会发展历史的影响而言，这些成果是导致人类社会发展的基本因素，使得现代社会的发展，根本离不开自然科学的理论贡献。以致我们有理由揣测，如果人类社会的自然科学成果全部失传，就可能意味着会倒退到人类之初的原始状况。

与此相反，在人文社会学科中，我们基本上找不到类似的标志性成果，来表明其具备有效解决现实社会问题的能力、已经作出了类似自然科学那样的实质性贡献、是社会发展不可或缺的保障。这在很大程度上证实其一事无成，并非人们想象中那样能够真正造福于社会，因此的确存在着与自然科学巨大的贡献差距。

伴随着现代的经济发展，人文社会学科虽然也如自然科学那样，遗留下来这样或那样的理论成果，兴旺红火了起来。但不同于自然科学，在人文社会学科里，其成果大多没有什么不可或缺的重要功用、难以保证有效解决什么现实社会问题，更不能与欧氏几何学、牛顿经典力学等媲美。

比如，在西方主流经济学领域里，即使斯密、马歇尔与凯恩斯等人留下的理论被众多经济学家奉为经典，至今却无一能够避免严重的质疑，并难以认定其在解决现实经济问题时，有何不容置疑及不可或缺的实质性贡献。更何况，根据信息社会经济学的严格研究，作为这些理论的基础，其基本前提或者已经过时，或者存在着不可克服的内在逻辑矛盾，使其在现代社会，根本不具备有效处理现实经济问题的能力。因此，这些所谓的经典理论并没有资格成为真正的标志性成果，只能算作信奉者暂时较多的一家之言。

至于西方经济学上述经典理论以外的各种研究成果，只要对其加以严格分析，即可看到，如同前述经典理论，在理论上，这些研究成果，大致可归结为两大类：一类仅仅在工业革命以前的社会里可能有一定适应性，但其适应性的基础在现代社会已经基本丧失，只能算是一堆早已过时的理论垃圾；另一类则存在不可克服的内在逻辑矛盾，只能起到误导社会行为与认识的作用①。在实践中，这些所谓成果不能保证以其作为行为指南，据此作出的行为选择能够得到预期结果；也看不到有什么无可辩驳的确切证据，表明其能够有效解决什么问题，使我们无法品味到其不可或缺的、有功于社会的确切贡献。因此，这些成果并不代表对社会发展不可或缺的贡献，也并不存在可以成为标志性成就的可靠理由。而且，即使在这一流派内部，其合理性等也充满争议，在这一流派之外，这些成果更难得到起码的认可。

又如哲学领域，虽然众多被誉为宗师、巨匠的学者提供了很多貌似令人肃然起敬的经典成果，却无一可成为自然科学中的经典成果那样无可争议的标志性成就，以表明其有效解决了该领域的什么重大问题。

---

①　对西方经济学性质的初步分析，可参见袁葵苏：《论西方经济学的历史局限性》，载《经济评论》1995 年增刊。更为系统深入的分析，则可参见袁葵苏：《经济学理论的批判与重建》，经济科学出版社 2009 年版，第三章，以及本书第二章第二节。

类似地，其他人文社会学科也仍然难以寻觅堪称标志性的成果，顶多能见到对其部分成果的信仰。

既然没有可靠的证据表明，人文社会学科迄今获得的成果能确保有效解决相关社会问题，可以算作无可置疑的贡献。我们也易于据此揣测，这些成果对人类社会发展的影响实际上无足轻重，并非不可或缺，顶多能用于敷衍塞责。如果其全部失传，未必会导致严重的历史倒退，甚至可能成为一大幸事。

综上所述，自然科学与人文社会学科在标志性成果方面的"有无"差距，应该基本上坐实了二者在实质性贡献方面的"有无"差距。

其次，人文社会学科的成果不仅难以直接体现为确切的贡献，从已经得到解决的社会问题中，也难以搜寻其有所贡献的确切踪迹。

容易看到，数千年来，人类社会取得了显著的发展，使得现实状况与几千年前不可同日而语。这样的发展，既依赖自然科学研究领域中众多问题的有效解决，也意味着很多专属人文社会学科研究领域的基本问题，得到了必要的解决。

在现代自然科学基本形成以前，自然科学领域里的问题解决虽然主要依赖感性的经验知识，但至少在工业革命以后，自然科学的理论知识已经足以与经验知识的贡献媲美。尤其是，在促使经济运行模式转变及在现代经济运行模式中，自然科学的理论知识还发挥着越来越突出的支配作用，其贡献已经毋庸赘言。

但在专属人文社会学科的领域里，虽然许多必要的问题也得到了一定程度的解决，其解决却如同人类在现代自然科学出现以前一样，只能归功于自发的经验感觉，无法归功于理论研究成果的贡献。因此，在人文社会学科领域，至今仍然是由经验知识一统天下，看不到理论知识的贡献，使这一领域仍然处于尚未得到理性阳光照耀的蛮荒状态。

比如，从经济发展状况看，虽然现有发达国家及若干发展中国家都取得了比较成功的经济发展，自然科学在其中不可或缺的贡献也不难得到确认，但迄今为止，似乎找不到确凿的证据，表明人文社会学科取得过不辱使命的真实贡献。相反，却容易找到证据，显示其并未对迄今比较成功的发展进程有实质性贡献①。至少，现有成功发展的案例迄今并不能有效复制，即明白无误地表明：即使现有的经济学理论中有专门致力于研究经济发展问题的发展经济学，实际上也并不知道成功的原因何在。这样的发展经济学不仅事前无法为成功的经济发展提供有效的启示或指引，事后也无法对成功发展的经验进行有效的概括或总结。因此，实在不能将看起来比较成功的经济发展现实，归功于现代经济学理论等的贡献。那些专属发展经济学研究领域的问题的必要解决，也只能归结为经验或自发的结果。

又如，现代社会经济的顺利运行，离不开现代社会规范的维系。虽然如何构建合理社会规范一类问题专属人文社会学科的研究领域，但现代社会规范的形成，也明显只是实践经验的产物，难以归结为哪一种不可或缺的社会规范理论成果之功。

以作为社会规范核心的经济制度为例，尽管在目前主流的现代西方经济学理论体系里，有专门的制度经济学，致力于研究经济制度的性质、作用、决定因素与演变规律等，但现实制度的形成，却明显与经济学理论等的贡献无关。不仅经济学家无法说清楚，究竟哪些制度经济学理论，铸就了西方社会什么不可或缺的经济制度；有关经济体制比较的专门研究，至今也未能提供体制优劣比较的确切标准②。甚至，关于制度的产生，西方制度经济学关注的一个重要问题，也是其究竟是以自发的方式产生的，还是以设计或构建的方式产生的③。有关这类问题的争论直接标明了，即使产生了具有一定适应性的制度，也没有无可辩驳的证据，表明其是根据制度经济学的指引构建的。既然如此，自然也没有充足的理由，将制度在历史上的各种有效改进，归结为制度经济学不可否认的贡献；甚至在理论上，也难以确认制度有哪些有效改进。更何况，有关制度经济学研究的最新进展④，已经表明西方制度

① 参见袁葵荪：《经济发展的基本模式——经济学的现代基础》，中国人民大学出版社 2009 年版，第一章。

② 参见罗夫·艾登姆等：《经济体制》，王逸舟译，生活·读书·新知三联书店 1987 年版；保罗·格雷戈里等：《比较经济体制学》，林志军等译，上海三联书店 1988 年版。

③ 参见马尔科姆·卢瑟福：《经济学中的制度——老制度主义和新制度主义》，陈建波、郁仲莉译，中国社会科学出版社 1999 年版。

④ 参见袁葵荪：《经济学理论的批判与重建》，经济科学出版社 2009 年版，第 126~147 页。

経済学只是充满内在逻辑矛盾的产物，不可能成为引导合理制度形成的可靠指南。

由此可见，既然对已经得到某种程度解决的、人文社会学科专属领域的问题，都难以寻觅其有所贡献的迹象，只能找到其无力做出贡献的证据，人文社会学科的一事无成，就并非空穴来风。

同时，既然人文社会学科专门理论研究的成效，尚不及依赖经验感觉的自发行为，其理应担负的职责，不得不由脆弱的经验感觉勉强支撑，就意味着该学科作为支撑人类社会发展的支柱之一，始终缺位。因此，目前的社会发展与运行状况，很大程度上属于带病跛行，不仅未达到应有的顺利状态，还隐患重重。就此而言，人文社会学科迄今虽然看似与自然科学同样地位显赫、红红火火，并受到广泛尊崇，人类社会却从未受惠于此，实际上显得很没用。如此残酷的事实真相，难免使其貌似巍峨壮丽的学科大厦的形象彻底崩溃，并令迄今对其满怀敬畏之心的人们目瞪口呆。

就此而言，至少对力图认识、描述特定社会现象，把握其性质及规律，以形成能够专门用以指导相关行为的人文社会学科来说，既然其基本上不能运用所提供的专门知识，确保解决什么现实社会问题，也就难言会对社会有什么确切的贡献。因此，在贡献方面，人文社会学科与自然科学之间存在巨大的"有无"差距，并非虚言。

在本文此后对差距原因不同层次的深入分析中，我们还容易发现，人文社会学科与自然科学目前贡献方面的巨大差距，并非偶然，而是存在着由其性质特征决定的、极其深刻的原因，具有相当程度的内在必然性。

此外，从两类学科差距的未来发展趋势看，自然科学的每一项新贡献，都意味着人类社会解决相关领域现实问题的能力增强，或者新的社会问题能够得到有效解决，使其成为人类社会取得实质性进步的标志。而人文社会学科的新研究成果，基本上不代表有哪些问题得到了有效解决，仅仅意味着增加了一些难以确信的一家之言，与社会的未来发展没有什么必然的联系。只要这一状况不能根本性改变，就意味着人文社会学科不仅过去显得没有用，未来也没有能力做出实质性的贡献。这种止步不前、跟不上时代步伐的状况，不仅使二者之间的差距不会自动消失，还会进一步扩大。

人文社会学科与自然科学这种贡献方面的"有""无"差距，无疑是质的差距，足以表明人文社会学科领域至今仍然如两千多年前的自然学科一样，停留在经验感性认识一统天下的原始阶段；也意味着一旦能够实质性缩小这类差距，人文社会学科将得以在自然学科转变为自然科学两千多年后，晋升为与自然科学一样的科学学科，开启类似自然科学的理性发展进程，做出能够与自然科学媲美的贡献，从而对人类社会的发展产生巨大的影响。比如，一旦经济学理论能够提供保障发展中国家经济成功发展的措施，目前发展中国家与发达国家分离的格局将彻底消失，人类社会的经济发展进程将由此翻开新的一页。经济学理论对经济波动问题的澄清，至少会使目前困扰社会的许多类型波动不再出现，使经济运行模式转变为全新的模式。在社会经济领域的公平分配及其衡量标准问题得到有效解决之后，此前由于公平分配及其衡量标准难以明确导致的种种社会纷争，可望得到有效缓和甚至化解，至少在经济活动领域，人类社会可望变得更加和谐美好。如此等等。

容易看到，差距概念的确认，使得此前单纯感觉层次上的感受，已经转变为理论层次上的确切概念。至此，人文社会学科与自然科学的差距，可以正式纳入严格的理论分析，进一步探寻差距产生原因及相应弥补措施的大门，也随之敞开。

三、差距产生的初步原因

人文社会学科与自然科学的差距可以归结为贡献差距，但据此直接探寻差距产生的原因及其弥补措施，难度较大。为便于深入探索二者差距的原因与弥补方式，并从不同视角丰富对差距性质的认识，本文首先将贡献差距产生的原因，初步归结为二者研究成果的共识程度的高低差距。

容易看到，自然科学能够取得无可争辩的贡献，与其研究成果能够成为共识密切相关。但缺乏共识，却是人文社会学科研究成果的基本特征。

从理论逻辑看，贡献与共识之间存在内在联系，共识的差距状况与贡献的差距状况相互依存，基本一致。

能够带来确切贡献的认识，意味着对事物的性质特征及其变动规律的把握比较合理，能够为解决社会问题提供可靠行为指南，这样的认识必然会转化为共识。即使真正的贡献可能最初不一定是由共识得到的，而是来自一些尚未达成共识的认识，但只要这种贡献是确切可靠的，假以时日，相关认识也必然进一步转化为共识。因此可以认为，能够带来得到确认的贡献，是相关认识成为共识的充分条件。

反过来，不足以带来真正的贡献的认识，也不足以转化为共识。因为，共识的形成与长期持续，必须要得到充分的贡献来维护与支撑。如果一定的共识不能为有效解决实际问题作出相应的贡献，就意味着这样的共识缺乏可靠支撑，不足以获得人们的充分信赖，没有资格成为真正的共识。即使因为种种原因，某些认识可能一时成为共识，但在相当长期的实践中，只要其始终无法得到确切贡献的充分检验或支撑，共识的崩塌也是不可避免的。这意味着，能够带来真正的贡献，是相关认识成为共识的必要条件。

既然能够带来真正的贡献，是认识成为共识的充分必要条件，逻辑上，就可以认为共识与贡献是等价的，没有共识就没有真正的贡献，没有贡献的支撑也无法形成真正的共识。共识与贡献之间的这种关系，意味着共识的状况可以成为贡献状况的可靠标志。

与贡献和共识二者之间的等价关系相应，在现实表现中，人文社会学科与自然科学在共识方面，也体现出类似贡献方面的"有无"的差距。即，自然科学存在着广泛的共识，人文社会学科则基本上没有共识。因此，这两类学科共识程度高低的差距，有理由成为二者之间贡献大小差距的标志或原因。

从内容看，自然科学提供的认识基本上均会成为共识，其程度与贡献的显著程度相应。只要其拥有显著的贡献，就标志着其达成共识的程度同样耀眼。歧见虽然也会存在，但主要见于学科前沿领域，更多意味着不断发展过程中尚未成熟、有待澄清的认识，在相当程度上属于匆匆过客，可以理解为例外。

在自然科学的学科中，作为集研究成果大成的基础教科书，基本上是积淀下来的共识的汇集。其内容的差异，不过是范围、结构或表述的不同，难见基本见解的分歧。古典原始文献以及介绍知识演变的科技发展历史，通常不是各学科的主要内容，更非学子们不得不阅读的对象。这标志着前人的贡献已经成为共识，并通过消化吸收，融入统一的理论体系，沉积为人类宝贵的知识结晶，具有较强的可传承性。个人的贡献即使被提及，也是因为其是已成为共识的认识，而非是该人的认识，因此较少提及或强调不同学者的不同观点。

自然科学研究内容的变化状况，也较多表明相关问题已得到有效解决，并达成了共识，此后只需放心利用其去应对处理相关现实问题，从而使得学术界可以将注意力转移到对其他问题的研究。

在自然科学中，通过达成越来越多的共识，可以令人满意地解决越来越多的现实问题，这是催生人类社会发展精彩画卷的基本因素，的确是人类社会有价值的知识遗产。更为重要的是，既然过去的问题得到澄清，有令人满意的解决结果，不仅对于同一问题，易于寻求更深层次的认识，还能够在此基础上进一步探索新的问题。这为后继者的继续发展提供了广阔的空间，构成了理论研究持续深入发展的坚实基础，有助于形成持续成长的理论体系。

与自然科学相比，人文社会学科普遍缺乏共识，构成其十分突出的标志。从两方面，可以看到这样的特点：

人文社会学科内容的第一个特点，体现为其基本上属于不同见解的汇集，难以看到已成共识的认知。从总体上看，在这类学科里，学者们往往对需要解决的基本问题各执一词，甚至针锋相对，水火不容，使人无所适从。这也使得人文社会学科总体上看起来只是一堆包罗众多不同见解的"大杂烩"，始终只能停留在感性认识层面，与人们心中作为人类智慧结晶的科学理性形象相去太远。

以共识程度看起来似乎最高的经济学为例。在目前的经济学中，以新古典经济学为核心的现代西方经济学，似乎具有一统天下的地位。借助这一地位，虽然仍然无法摆脱众多争议不清的问题，至少在其理论体系内，经济学似乎有着相当明显的共识作为基础，形成了令人羡慕的、可供交流的话语平台。然而，如果进行深入的考察，将易于看到，这只是一种假象。实际上，不仅其外部不乏广泛的挑战者，即使其内部也流派纷呈，难言共识。如其业内常常调侃的那样，对同一问题，十个经济学家往往会有十一种见解。

比如，就所谓宏观经济调控中货币政策的作用而言，即使在主流的经济学理论中，也一直存在着针锋相对的两大派观点：一种坚持认为货币政策无论在长期还是短期，均不可能具有有效性；另一种则在承认长期无效时，却认为其在短期仍然具有有效性。二者争执不下，无法调和，理论上也难断孰是孰非，无法如自然科学解决问题时那样，提供具有确定性的、可靠的解决措施，致使在是否或怎样运用货币政策调控经济状况的问题上，始终令人不知所措。

又如，在共识最明显、被认为最能体现新古典经济学解释力的价格决定因素与变动规律领域，仍然存在着不同的见解，如成本决定论、需求决定论、综合二者的供求均衡价格决定论，以及一些非均衡价格决定理论等。而且，其中的各种见解本身也未必是确切的。如其中的成本决定论，就包含着多种意义截然不同的见解。面对这些歧见杂陈的见解，即使其中的供求均衡价格决定论目前已经明显以压倒性优势占据着主导地位，也由于其他见解并未真正得到有效清除，我们仍然难以认定，居于主导地位的见解，的确标志着这一问题已经得到令人信服的解决。尤其是，来自其外部的最新研究已经表明①，在社会经济运行模式历史性转变的冲击下，上述所有见解赖以成立的基础，早已经被颠覆，使得包括主流的供求均衡价格理论在内的上述见解，无论曾经是否有过怎样的合理性，都已经变得不符合现实。

更为根本的还在于，现代西方经济学的缺乏共识，是由其基本特征决定的，具有内在必然性。依据对现代西方经济学内容性质的深入研究②，该经济学理论前提十分混乱，存在鲜为人知的内在逻辑矛盾。这类植根于前提的矛盾正是其普遍无法形成共识之源，使得其即使强势占据了经济学的霸主地位，却不具有坚实的根基，普遍的认识混乱与矛盾自然在所难免。

貌似最为成功的经济学尚且如此，经济学以外的其他学科，情况就更为不堪。即使如经济学那样仿佛能在内部取得共识、拥有能够居于学科主导地位的霸主流派的情况，也未曾出现过，基本呈现为一派各说各话的乱象。

此外，在人文社会学科里，即使仍然可能有基础性教科书，也不再是共

---

① 参见本书第三章第二节。

② 参见袁葵苏：《经济学理论的批判与重建》，经济科学出版社 2009 年版，第 89～103 页。

识的汇集。不同社会的各类基础教科书即使不纯粹是不同见解的汇集，也体现的是因不同原因选就的一家之言。不同的同名教科书，内容不仅可能截然不同，还不可避免地充斥着有关不同见解的争议，反映出业内普遍缺乏共识。

人文社会学科内容的第二个特点，体现为古典原始文献具有的显赫地位。在哲学、经济学、社会学与历史学等学科里，体现各种一家之言的古典原始文献，不仅保有强大的生命力，还往往是学子们不得不阅读的对象。尤其是致力于介绍这些原始文献的思想史或学说史，一直在各个学科内容中占据着不可动摇的核心地位。这一特点，提供了人文社会学科缺乏共识的铁证。

事实上，古典原始文献的显赫地位，可能并不表明其对有关问题令人满意的探索成果，甚至可能不表明这些看似经典的文献很重要，具有多大的价值。相反，其可能意味着相关问题并未得到起码的解决，而且其意见分歧深入骨髓，尚未呈现得到有效解答的希望。原汁原味的古典文献生命力的强大，也可能并不表明其已经臻于完美，而是意味着其试图解决的问题很重要，属于相关学科试图解决的核心基础问题，以及其试图处理的问题悬而未决的久远时间。因此，这些备受推崇的经典文献与其说代表着卓越的贡献，更可能仅仅表明能够有效解决问题的知识实在乏善可陈，只能借助一些滥竽充数的替代品，勉强维持聊胜于无的局面。其地位的显赫与生命力的强大，不过是从更深的层次，强化了整个学科长期以来一事无成的烙印，标志着至今看不到相关学科达成共识的迹象。

既然如此，作为各种有代表性的一家之言的汇集，当思想史成为学科知识的主体与核心时，这些未形成共识的不成熟见解自然没有资格赢得社会的充分信任，并非宝贵的人类知识遗产，其得以长期尸位素餐，不过是因为相关问题长期未能得到有效解决。

更进一步，从人文社会学科目前的发展趋势看，共识程度方面的差距，还代表其成果缺乏传承性或可持续性，不易通过后继者在此前的研究基础上形成合力、添砖加瓦，不足以形成能够为后继者继续发扬光大的、逻辑严谨的理论体系。而在没有成熟的理论体系保驾护航时，后续的研究缺乏必要的配套辅助，往往需要单打独斗、重起炉灶，面临较高的、难以逾越的起步门槛，因此意味着缺乏持续深入发展的基础，其现状难以有根本性改观。此时，即使经典文献的数量还会有增加，也并不意味着问题的解决有了希望，不过是表明嘈杂的多家之言里，又增加了无关紧要的一家之言而已，或者流行思潮多了一次"此一时彼一时"的更替而已。争执不休、碌碌无为、不胜其职的格局，并未根本性改观。在此情况下，不仅其过去缺乏共识，其未来的前景也同样堪忧。

这种堪忧的前景，还使我们容易看到，在现实社会活动中，人们很少对相关人文社会学科达成共识的能力充满信心，也很少对相关问题的解决前景抱有期待。更为常见的是，人们已经习惯了有关问题悬而未决、争执不下的状态，不仅能够容忍对同一问题五花八门、含糊不清的见解，还将其作为一种正常状态，甚至以此作为学科繁荣兴旺的象征。这种审丑疲劳背后隐藏的绝望，正是人文社会学科难以取得共识的状况的充分体现；也体现出迄今尚未找到突破口或切入点，以致试图改观的努力难以起步的明显迹象。

虽然一时的共识不一定等于真理，众说纷纭中也未必没有真知灼见，但共识的缺乏，至少意味着什么也说不清，或者社会希望解决的问题尚未得到有效解决。此时，在众说纷纭的见解中，即使的确包含着一得之见，即使可能蕴藏着能够有效解决问题的金钥匙，也意味着缺乏是非得失的判断标准，无从甄别其价值或意义，无法梳理出其中的合理成分，使得其中的每一种认识均难以得到充分信赖。就此而言，这些众说纷纭的见解最多只是一堆未知品位高低的"粗矿"，是否值得沙里淘金，尚需斟酌；而其是否真的包含真知灼见，也还在两说。更何况，既然历经长期反复关注检验，也未能挖掘出得到确认的贡献，表明这些众说纷纭的见解更可能只是一堆纯粹的垃圾。

综上所述，人文社会学科与自然科学"有无"共识的差距，的确与其在贡献方面的"有无"差距一脉相承。而且，导致共识出现差距的原因，也会是促使贡献产生差距的原因。这不仅使得贡献差距基本上可以归结为共识差距，使之前人文社会学科与自然科学之间长期笼罩在迷雾中的差距，有了更为丰富和具体实在的内涵；还因为其表明贡献差距的产生原因，可以转换为共识差距形成的原因，使我们只需要从共识差距这一新的角度，去探索贡献差距产生的原因。

四、差距产生的深层次原因

从共识差距形成的原因看，共识是如何形成的，涉及有关理论认识产生的机制或决定因素。一般而言，对有关问题的理论认识，是从一定前提出发，再经过一定分析判断推理形成的。因此，在理论分析中，能否保证达成共识，基本上取决于是否存在共同且确切的前提、分析判断推理的方法是否充分严格两方面因素：

一方面，是否存在一致与确切的前提，决定着对前提的认识状况，进而决定着经过分析推理后会得到怎样的结论。前提不一致，得到的结论难免不同。前提的含义不确切，则在理解时易于出现歧义，同样会导致结论不同。只有在保持相同的前提时，才可能得到相同的认识，保证最终达成共识。因此，前提是否一致或确切，是能否有效凝聚共识的决定因素之一。

另一方面，分析判断推理的方法是否充分严格，决定着从相同的前提出发，是否能推导出相同的结论。如果分析推理不严格，意味着有关认识结论产生的机制或决定因素不同，即使从相同的前提出发，推导出来的结论也可能不同，无法保证取得共识。但若分析判断推理本身充分严格，从相同的前提出发，就能保证推导出来的结论相同，成为共识。

从以上两方面因素看，达成共识的状况，不仅取决于前提的一致与确切的程度，还取决于分析判断推理的严谨程度。而在这两大决定因素的背后，则集中体现着演绎推理利用程度的影响，因此有相当的理由，将演绎推理利用程度的差距，归结为产生共识差距的基本原因。

从目前的情况看，人文社会学科在分析研究时，很少利用演绎推理，或明显不存在对演绎推理的充分依赖。其分析研究方法则往往不明确，更多限于感性认识，依赖主观揣测、经验判断等方法，更加注重相关性分析而不是因果分析。而在自然科学里，对演绎推理的倚重，是其分析方法最为显著的特点。尤其是数学，据说，自从公元前 600 年起，希腊人就将演绎推理引入了数学。[①] 这被理解为将数学由感性认识发展到理性认识的标志，也被视为现代数学的基本特征。不难看到，现代数学的各种理论大都体现为由前提加上通过逻辑演绎得到的推论而成。甚至罗素给出的数学定义也可大致理解为由演绎推理得到的一切命题的集合。[②]

容易看到，在各种理论分析方法中，演绎推理是唯一既能充分保证推理过程的严格性，又极其有助于确立确切一致前提的分析方法。因此，在理论分析中，这一方法是共识的充分保障，只要能达到充分高的演绎推理利用程度，即可使分析结果达到充分的共识程度。而且，还因为其作为唯一具有充分性的保障方法，具有了必要性，意味着为保证分析结果达成共识，推理过程必须达到必要的演绎推理利用程度。

演绎推理的这一作用，源于其独特的性质。作为众多判断推理方法中的一种，其具有两大的特点：

首先，演绎推理是唯一严谨可靠的逻辑推理方法，能够确保分析推理过程不产生歧见，使得从同一前提能够推导出相同的结论。

演绎推理对分析过程严格性的保障体现在：演绎推理的过程，本质上意味着相关前提内涵的进一步展开，这使演绎推理得到的结论，不受推理者的主观意愿影响，不仅与前提有相同的确切性与合理性等性质，还具有唯一性。因此，在所有分析方法中，即使演绎推理的适用范围有限，作用很有限，只能用于揭示得到有效把握的前提的内涵，不能完全替代其他分析方法，但在其适用范围内，演绎推理方法的严格性是无可置疑的，可以充分保证其分析结论的可靠性与唯一性。演绎推理的这一特点意味着，只要有关前提概念得到有效把握和一致认同，经过演绎推理得到的结论就准确可信，可以保证成为共识。

如果不能充分应用演绎推理进行分析，离开其严谨可靠的保障作用，即使具有共同的出发点或确切的前提，也不能保证达成共识。此时，若要利用其他严谨性缺乏可靠保障的方法进行推理分析，虽然仍有可能具有严谨性，却如天方夜谭，非常人可以企及。至少，难以确保得心应手、运用自如。如

① 参见 H. 伊乌斯：《数学史菁华》，江嘉禾译，四川教育出版社 1988 年版，第 22 页。

② 参见莫绍揆：《数理逻辑初步》，上海人民出版社 1980 年版，第 104 页。

人们常用的相关性分析，虽然尚存一些客观性，却毕竟与因果分析有实质性差距，不能根本性改变难以形成共识的格局。因此，演绎推理以外的其他分析方法始终缺乏充足理由的支撑，难免具有较强的主观性随意性，易于受到感觉等感性认识影响，因人、因时、因地而异，呈现出公说公有理婆说婆有理一类混乱状况。加之缺乏识别孰是孰非的明确标准，使这些方法不具备可检验性，也使合理的见解得不到充分支撑，不合理的见解也难以被淘汰。因此，依赖这些方法，共识就难以从方法上得到保障，歧见并立也在所难免。

由此可见，既然演绎推理足以保证结果与前提具有同样的性质，这将使理论分析在判断推理的环节，就能够充分消除产生歧见的可能性；并在前提概念取得共识的条件下，保证其推导出来的结论也能够成为共识。

其次，演绎推理具有的倒逼与检验双重作用，能够在确立确切一致的前提时，起到无与伦比的保障作用。

一方面，演绎推理可用于检验前提概念的确切性、一致性与合理性。

如何得到恰当确切的前提，对构建合理的理论具有基本的决定性。但就目前的情况而言，即使在自然科学领域，对这一问题的研究也仍然只是空白，并不存在充分有效的解决办法。尽管如此，只要给予有意识的认真关注，对此也并非不能有所作为。比如，至少我们能够发现，演绎推理虽然并不用于直接确立前提概念，不能直接保证得到确切一致的合理前提概念，却能通过对有关概念内涵的揭示，准确把握前提概念的本质特征，不仅保障其确切一致的状况，还有助于甄别与检验前提概念的合理性。这一特点，对于澄清前提概念的含义，达成共识，有着不可忽视的保障作用，并在如何确立恰当的前提方面尚无充分有效的可靠方法时，具有特殊的重要性。

对于特定的前提概念，在其本质特征未能得到有效把握时，通过演绎推理推演出来的更广泛深入的性质特征，易于使其内涵得到明辨或确切把握，警示对其内涵的把握是否妥当。比如，在此前的经济学中，经济增长一直被理解为经济发展的同义词，但其确切性与合理性一直未得到认真甄别。在此前仅仅凭借经验感觉审视其内涵时，即使经济增长概念已经表现出种种不当，也并未被当作根本性缺陷，仅仅以增减其某些内容的方式，进行头痛医头脚痛医脚式的修补；而在运用演绎推理发掘其真正内涵时，才发现其是盲目混淆使用价值与交换价值的产物，并不具备通常理解的含义，不仅无法体现对经济发展概念的合理把握，与合理的经济发展之间也没有确切的联系，不能够与经济发展概念相混同[1]。

而当前提概念的本质特征得到有效把握时，演绎推理对其内涵的进一步严格展示，可以确证其前提概念的确切性与合理性，夯实其成为共识的基础。比如，在经济学重新确立了经济发展的概念、将其归结为知识增长之后，通过运用演绎推理揭示出其广泛内涵，由此演绎出的经济发展决定因素与规律等，不仅体现出更为深刻的认识，如使发展中国家经济发展的基本问题在理论上得到彻底解决，也易于得到现实检验，表明其可以具有确切的经济含义，是对经济发展概念的合理把握。[2] 如果离开演绎推理的揭示，即使将经济发展归结为知识增长，也难以得到充分信赖。

因此，演绎推理通过自身具备的检验作用，有助于发掘合理的前提，并通过展示其确切性与合理性，保障其成为共识。

另一方面，演绎推理的有效运用，要求具备确切一致的前提，并因此倒逼前提必须具备确切性。

前提不确切，意味着其含义模糊，无法应用演绎推理深入揭示其内涵；只有在前提具有确切内涵的基础上，才能够通过演绎推理将其展示出来。这种要求，意味着演绎推理的使用不能随心所欲，需要具备确切的前提作为基础。如果不具备确切的前提，强行提升其利用程度也属徒劳，无法达到目标。因此，演绎推理本身虽然并不直接用于确立前提，但其有效运用却取决于是否具备确切的前提，这会使前提概念难以推诿自己的责任，并倒逼研究者不能随心所欲地认定前提概念，使其必须专门重视其确切性与合理性，只能选择易于明辨确切的前提。从而，能够对前提确切性起到有效的保驾护航作用，构成提高前提概念确切与合理性的一种不可忽略的保障因素。而在通常，因为已经习惯于概念的不确切，人文社会学科的研究者往往倾向于忽视对其确切性的关注重视，如前面提到的经济学在对待经济发展概念那样。

---

[1] 参见本书第四章第一节。

[2] 参见袁葵苏：《经济发展的基本模式——经济学的现代基础》，中国人民大学出版社2009年版。

此外，演绎推理消除了分析推理过程中由于不严谨导致的歧义，相应收窄了前提概念的产生范围。当其运用程度较高时，意味着理论分析中严谨性缺乏演绎推理保障的部分相应减少，分析推理的注意力聚焦范围大大缩小，易于更集中检视和保障这些剩余部分分析的合理性，有助于提高整个推理过程的严格性。

演绎推理及其应用状况的上述特点，表明就能否达成共识而言，其应用程度占据着极其核心的地位，成为共识达到状况不可多得的突出标志。只要能够使演绎推理达到必要的利用程度，不仅意味着易于有相同的出发点，也意味着从同一出发点推导出来的结论相同，有充分的保障达到必要的共识程度；如果演绎推理未达到必要的利用程度，则不仅前提出发点易于不同，还意味着即使从同一出发点出发，推导出来的结论也可能不同，难以达到必要的共识程度。因此，即使演绎推理并非全能，也为严谨分析必不可少。如果没有它的保障，将难以达成共识，使相关分析无法持续深入，始终限于感性认识层次。

事实上，人文社会学科与自然科学在演绎推理运用程度方面的差距，的确构成了二者研究成果共识状况大相径庭的基本原因。

自然科学由于本身前提比较确切，得以较多利用演绎推理，意味着其分析推理过程比较客观严谨，能够借由演绎推理的保障，在确切的前提下，通过确切的因果关系而非相关性，得到成为共识的推断；并能够据此提供可靠的行为指南，使相关行为能够得到理论预期的结果，为解决实际社会问题带来实质性贡献。

反之，人文社会学科较少使用演绎推理，缺乏演绎推理的维护与保障，一方面，由于本身前提不够确切，使其推理判断往往缺乏共同的出发点，难以得到共识。另一方面，即使其从共同的出发点出发，也因为未能借助演绎推理的优势，确保分析推理过程的合理性，得到的认识更多停留在主观、感性认识的层面上，难以避免歧见，无法保证达成共识。这使其判断推理的客观严谨程度相对很低，得到的认识结论容易因人而异，不仅得到的认识总是五花八门、似是而非，无从形成共识，也无从保障其作为行为指南时能够得到预期结果，难以取得类似自然科学那样的真实贡献。即使碰巧得到了可以成为共识的合理认识，也会因为无从甄别，只能沦为众说纷纭中并不特殊的一家之言。

由此可见，演绎推理具有的独特性质，使之在理论分析中具有非常独特的优势，得以从众多分析方法中脱颖而出，成为反映人文社会学科与自然科学差别的突出标志①。除此之外，我们将难以寻求到其他可靠的替代分析方法，帮助其有效概括前提概念，达到演绎推理能够达到的严谨程度，保障有关研究能够形成广泛的共识。

将人文社会学科与自然科学的差距，归结为演绎推理的利用程度的差距，意味着只要能够设法实质性缩小人文社会学科与自然科学在利用演绎推理时的差距程度，借助于演绎推理在保证推理判断过程中，以及在准确把握前提概念性质时的优势，就可望相应缩小二者在共识程度或胜任基本使命程度上的差距。

当然，理论上，演绎推理并不直接用于确立前提，也无法如确保推理过程的严格性那样，充分保障前提的确切性与合理性。这固然是一种不能避免的缺憾，使如何能够得到合理的前提，始终缺乏必要的保障。但是，这种不足不是人文社会学科独有的，而是与自然科学共有的，不是二者差距产生的原因，并不妨碍通过缩小演绎推理运用程度的差距，来缩小人文社会学科与自然科学在贡献和共识程度方面的差距。同时，这种不足还意味着二者在取得确切前提时的有效进展，往往会体现为更新换代式的重大理论进展。

一旦将人文社会学科与自然科学的差距，归结为演绎推理的利用程度的差距，就易于发现，人文社会学科之所以在利用演绎推理时，未能达到自然科学的程度，并非人们的意愿或努力不足，而是其自身存在着一些更深层次的特点，限制了利用演绎推理的程度。只要这些深层次特点得不到有效处理，其利用演绎推理的程度，就难以与自然科学媲美。

那么，人文社会学科究竟具有什么样的特点，使其成为其运用演绎推理的障碍呢？从演绎推理的适用条件看，演绎推理的运用，需要反映研究对象

---

① 实际上，人们通常认为的自然科学的科学性，也是演绎推理这一独特性的体现。人文社会学科之所以不能称为科学，只能算是学科，其原因也在于缺乏演绎推理对科学性的必要保障。而演绎推理在起到保障科学性作用时的不彻底性，还可以理解为科学性这一概念比较含糊的原因。

特征的前提与相关基本概念保持确切稳定，以具备同一性。但从研究对象的性质看，人文社会学科与自然科学恰好在其研究对象的变化性方面，有很大差别。也正因为这些差别，使得人文社会学科受到了较自然科学更大的限制，使其在运用演绎推理时，达不到后者的程度。

容易看到，自然科学的研究对象并非社会性事物，或者是经过严格人为界定的不变对象，或者是性质长期稳定的客观自然事物。其性质相对稳定，至少对社会状况及其变化不敏感，容易长期保持同一性，易于准确把握，也易于就其本质特征所在达成共识，相对容易确立有关分析的前提与基本概念。因此，自然科学天然具备应用演绎推理的坚实基础，不需要额外花功夫去发掘专门应对处理变化性的措施。

此时，自然科学的分析研究能够针对这些确切事物，以或明或暗的确切前提，较多借助演绎推理，得到确切一致、非因人而异的推理判断结果。还能够有无可辩驳的充足理由作为保障，以持续透彻的研究有效解决很多问题。比如数学，其基本概念或来自对自然现实的抽象，或是纯粹人为指定的，在很大程度上可以排除内在性质的变化，具有非常确定的基本前提，因而能够运用演绎逻辑分析，保有最为严谨的逻辑性。而如物理、化学等自然科学，其研究对象是客观自然事物，性质本身相当稳定，即使其性质有变化，也易于察觉与识别。因此，易于以确切的前提，通过演绎推理有效推断其性质、特征与规律等。即使可能因为种种原因，对其研究对象及其变化把握不准确，也只意味着存在对固定对象认识的可错性，只要假以时日，即可充分避免。

与自然科学不同的是，人文社会学科的研究对象是社会性事物。社会性事物本身的形式、内容与性质都不稳定，与时间有关，也难以附着于具有比较稳定性质的物质性事物，易于随着社会状况的不断变化发生或明或暗、或多或少的变化，甚至因为时过境迁而出现脱胎换骨的改变，难以保持同一性。因此，在不同环境、不同时候，同名事物常常可能已经在不知不觉中发生很大变化，具有了不同的内容和性质特征，实际上已经成为性质完全不同的事物。

而且，社会性事物内在性质的变化难以得到明确充分的反映，难以由经验感觉直接与及时得到识别与区分。比如，人的性质与行为可能因为种种原因千变万化，使得从行为特征与模式看，不同环境条件下的人完全不同。尽管如此，确认这一点却显得非常困难。其什么时候、因为什么原因、在什么程度上、发生了什么性质的变化，更几乎无法及时准确把握。如据新近的有关研究，以18世纪工业革命为界，人的行为模式发生了很大变化，由追求"最佳"或"满意"等具有保证成功色彩的行为模式，转变为不保证成功的"探索－赌博"的行为模式。但时至今日，这种转变至少在经济学界还尚未被主流经济学家认识到①。

人文社会学科研究对象的社会性及其具有的变化性，意味着其性质特征具有更明显的历史性，只能是某一阶段的性质，不是永恒的。什么时候会有什么性质的变化，还可能来不及得到充分有效把握。并且，能在较长时期保持稳定的性质特征往往隐藏较深，不易提炼。而能够看到的性质特征往往只是短期性质，不仅来不及得到确切把握，也不易形成共识，难以运用演绎推理。

尤其在现代社会，社会事物的变化性加剧，还往往属于深层次的、不经意间发生的，不易察觉，使其性质更加来不及得到及时把握。因此在把握有关研究对象的基本概念时，不仅易于对其认识不当，即使已经获取的认识当时比较准确，现在也可能过时。研究者稍有疏忽，就容易忽略概念的性质变化后内涵越来越少，外延越来越广，概念本身越来越空泛。甚至，在出现根本性变化之后，其可能完全失去意义。

如此状况，使得我们有时即使能够准确把握其在某一时期具备的某些性质，但若未同时把握其适用阶段的节点，说不清其在什么条件下有怎样的准确性，这种把握也不是真正的把握，仍然难以有效运用演绎推理。

因此，一般而言，研究对象难以捉摸的变化性，使人文社会学科难以精确界定和把握相关基本概念，难以找到具有稳定内涵的确切前提，也不易具备运用演绎推理的必要基础。如果未能发掘出专门应对处理这类先天性困难的有效措施，将导致相关问题也难以得到有效解决。

此时，有关分析难免无意识转变外延，误将应该被排除的内涵纳入相关

---

① 参见袁葵荪：《科学技术的发展与经济学》，载《四川大学学报（哲学社会科学版）》1993年第2期，第19～26页。

基本概念，使其得不到准确把握。比如，在经济学里，人的社会性质、政府一类的社会组织、法律制度一类社会关系规则，以及商品、货币等事物的内容性质与形式等，都处于不断变化之中，性质并不稳定。但由于工业革命以前那种长期停滞社会的经历，人们往往认为有关事物的性质永恒不变，习惯性地不去注意事物的变化性，不假思索地将研究对象当作永恒不变的事物进行分析，自然难以得到合理认识。加之变化性本身难以把握描述，以前也缺乏如何处理应对的经验，更容易强化这种忽略变化性的习惯性倾向。

研究对象在变化性方面具有的天然差距，应该是自然科学迄今在贡献、共识与演绎推理运用程度等方面得以拉开与人文社会学科差距的根本原因。这也意味着，除非人文社会学科能够以额外的努力对这一先天不足有所弥补，其将始终难以与自然科学并驾齐驱。

当然，只要能够以专门努力设法缩小或消除二者研究对象的这一天然差距，人文社会学科也就可望如自然科学那样，针对稳定的研究对象，充分运用演绎推理，得到能够成为共识的分析结果；也能够如自然科学那样，通过准确预判一定行为的逻辑后果，据此指导人们的行为选择，一改无所作为的形象，为人类社会作出真正的、与自然科学相提并论的贡献。

幸运的是，本文发现，不同于在贡献、共识与演绎推理运用程度等方面的差距，就研究对象的变化性差距而言，已经能够直接挖掘出有效缩小这一差距的方法或措施，以实现本文的目标。接下来，本文即在前述铺垫基础上，针对研究对象的变化性差异，从理论与现实两个方面，表明二者差距的实质性缩小具有现实可能性，希望能够以此为人文社会学科的发展打开一个突破口，使其最终可望在贡献方面与自然科学并驾齐驱。

五、差距弥补的可能性与现实性：以信息社会经济学为例

面对人文社会学科研究对象的变化性，此前，人们已经有比较强烈的感受，并有意无意地设法加以回避或应对。但由于对其性质作用等认识不够深刻，未能找到恰当的切入点，有关应对处理方式无所依据，只能体现为下意

识的本能反应，无法取得实质性进展。比如，以下两种比较典型的应对方式，即体现了这类下意识的本能反应：

一是体现为辩证逻辑的发展。

由于感受到研究对象的变化性导致的困难，人们下意识针对这种变化性，试图通过了解其性质变化规律，寻求改善理论分析不严谨的状况。但是，由于缺乏在分析方法与视角方面的有效突破，尽管研究者殚精竭虑，至今仍未找到适当的切入点或突破口。最终，这一方向的努力本身虽然是一种情理之中的选择，也仅限于指出了一些演绎推理不适用的现象和原因，表明研究对象不再一成不变，为关注变化性聚集了一定的关注度，却没有指出如何应对变化性带来的困难，没有发掘出改善演绎推理适用性、或提供可有效替代演绎推理的方法，事实上在如何有效弥补上述先天性不足方面未能取得有效进展。

二是构建出了所谓计量经济学等分支学科。

在直接面对研究对象的变化性时，前述应对努力难以见效。迫于解决现实问题的压力，人们干脆病急乱投医，求助于一些简单粗暴的应对方式，闭眼不管研究对象的变化性，强行假定其固定不变，不分青红皂白地生搬硬套自然科学的工具及实验方法等进行分析处理。如前面提及的现代计量经济学、计量历史学与计量社会学等。这类方式或者是艳羡自然科学的成效，不假思索地东施效颦；或者是因为来自一些名人格言的影响，未专门考虑这些格言本身是否可靠、是否合理；更不知道数量化本身需要有合理性保证，不能随心所欲，因此显得极其荒谬。虽然其貌似拉近了人文社会学科与自然科学的距离，实际上却因为背离了学术研究基本的合理性，不仅无法获取后者之效，还留下了一大堆混淆视听、需要额外清理的学术垃圾。

本文认为，尽管人文社会学科研究对象的变化性是先天性的，不能彻底改变。但面对这一先天性不足，也并非完全束手无策。如果能够认真把握变化性的性质，仍可另辟蹊径，使人文社会学科的研究对象在一定条件下，能够具有类似自然科学研究对象的稳定性，实质性缩小与二者之间的差距。

从变化性的性质容易注意到，变化性虽然整体上无法根除，但若限制在一些局部范围内，就可能相应缩小其变化性，降低变化性的影响。既然变化性主要影响到前提概念的确切性状况，使演绎推理的适用性受到相应限制，在承认并正视研究对象在整体上的变化性时，如果设法缩小研究对象的研究范围，使变化性在缩小的范围内能够有效弱化，以保持研究对象的同一性及前提概念充分确切稳定，那么，即使在整体上无法运用演绎推理，但至少可望在这种缩小的范围内，达到有效运用演绎推理的目标。

这种通过缩小研究范围来换取演绎推理适用空间扩大的方法，相当于使变化性得到局部弱化。只要这种缩小的范围恰到好处，既能够在此范围内使变化性得到充分弱化，又能保证此范围内足够大，使取得的成果在此范围内有足够的现实意义，就意味着人文社会学科利用演绎推理的状况有了根本性改观。

事实上，自然科学的研究对象本身也会变化，但正因为在一定范围内，其变化性微乎其微，使其研究对象的同一性不会有过度破坏，能够具有确切稳定的前提概念，才未严重影响演绎推理的运用。而且，还由于这种稳定的范围相当大，即使有关研究成果限制在此范围内，意义仍然重大，仍然可以体现为实质性贡献。比如，欧氏几何学与牛顿经典力学的研究对象，也仅仅在一定范围内可以保持同一性，适用范围也是有限的。但这并不妨碍其在此范围内运用演绎推理，并因为此范围相当大，足以保证其有效解决许多现实问题，并不影响其成为卓越的贡献。

在此基础上，本文进一步认为，由于人文社会学科研究对象变化的多样性与非均匀性，一些变化比较关键，标志着研究对象性质的根本性改变，另一些变化则比较次要，不会对研究对象的本质特征产生实质性影响。此时，如果通过对其变化状况的把握，找到对研究对象基本特征有重大影响的关键性变化，并据此作为节点进行适当的历史分期，再分段考察变化中的研究对象，就可望避开或排除相应的关键性变化，使其能够在缩小的范围内保持必要的同一性，即可在不同时期内，使人文社会学科能与自然科学一样，有效运用演绎推理。

这种历史分期的方式，为有效缩小两类学科运用演绎推理程度的差距，带来了曙光。

一方面，只要作为历史分期节点的变化是本质性的，足够深刻或根本，那么，在各个历史时期内，既然涉及该本质特征的根本性变化已经被剔除，其变化性得到实质性削弱，研究对象相应固化，仅仅存在相对次要的、非根本性的变化，使研究对象的同一性及演绎推理的适用性得到保持，可以将研究对象的本质特征用作前提，并借助演绎推理，深入分析揭示该本质特征决定的性质规律。

另一方面，只要作为历史分期节点的变化达到充分深刻的程度，缩小后的研究范围就可能充分大，足以保证在此范围内取得的成果有足够的现实意义。而且，演绎推理的运用本身，还能够通过倒逼和检验作用，使得在不同历史阶段之间，同一研究对象的基本特征形成鲜明对比，易于得到准确揭示把握，从而有助于利用其确认演绎推理的确切前提或出发点，使演绎推理的基础得到进一步强化。因此，按如此方法得到的人文社会学科研究成果，在逻辑严格性方面也将类似于自然科学，可望为社会行为提供合理指引，保证有关行为选择能够得到预期的结果，取得类似自然科学那样的实质性贡献。

容易看到，要通过上述方式来固化研究对象，关键在于如何抓住研究对象的基本性质及其根本性变化的节点。如果历史分期节点体现的性质不够深刻或变化不够根本，就不能保证研究对象基本特征的根本性变化被排除，如此历史分期就不能在研究对象的稳定性方面有充分改善，有关性质保持同一性的范围受到的限制也可能较大，难以得到比较深刻的、有充分现实意义的认识。

同样重要的是，既然固化是在一定限制条件下达到的，人文社会学科在运用演绎推理时，就尤其需要强调适用条件。这无疑使其分析研究面临较自然科学更多的困难，也算是与自然科学不能消除的差距。意味着为了能够在有用性方面迈出历史性一步，使无法适用于整个历史时期的演绎推理，得以在各个历史阶段内找到用武之地，人文社会学科不得不在适用范围方面有所放弃，并付出增加分析研究难度的代价。

总之，从理论上看，只要能够进行恰当的历史分期，即使人文社会学科与自然科学在研究对象的变化性方面，整体上存在不可抹去的天然差距，但至少在各个不同的历史阶段内，这种差距可得到实质性缩小。进而使二者在演绎推理程度方面的差距也能有实质性缩小，使前者对社会发展的贡献，可望与自然科学相媲美，从有无贡献这一不同层次之间的差距，缩小为在同一层次之内贡献程度有别的差异。或者说，虽然人文社会学科在跨期方面仍然难以有真实贡献，但在不同时期内，其贡献将可以与自然科学一较高下，至少不再是一片空白。

尽管在理论逻辑上，上述方式的合理性似乎还说得过去，但在现实中，这一方式是否具有可行性？是否真的能够有效缩小人文社会学科与自然科学的差距？仍然有待澄清。

从现实情况看，在经济学领域，近年来已经发展出一种可称为信息社会经济学的全新理论体系，提供了一个成功的现实案例[①]，表明如此方式的确具有现实可行性。因为，该经济学基本上是按照上述方式构建起来的，不仅具有相当严谨的逻辑性，还因为其分析结果与现实经济活动高度吻合，表现出前所未有的认识和解决实际经济问题的能力。如后所述，作为现实的案例，这一经济学理论体系展现出了极为可观的发展前景，具有非同一般的理论与现实意义，标志着为有效缩小人文社会学科与自然科学的差距，打开了一个突破口。本节以下部分，拟概括介绍该经济学的构建与性质，以展示上述方法的现实可行性。

信息社会经济学的构建，主要涉及两部分内容：一是通过恰当历史分期来固化研究对象的方式，确定基本前提；二是在基本前提基础上的演绎推理。下面分别介绍。

第一步，确立基本前提。

对于经济学理论而言，其基本前提是其理论体系的基础，确立合理的基本前提，至关重要。

从演绎推理的性质可以知道：理论上，一种理论体系的整个内容，都应该是由其前提推导出来的，属于该前提内涵的展现。经济学理论揭示的经济特征与规律，必然蕴含于其前提之中。这意味着，经济学的基本前提本身应

---

① 信息社会经济学的基本内容，可以参见袁葵苏的《经济发展的基本模式——经济学的现代基础》《经济学理论的批判与重建》与本书三部著作。前者主要从"立新"的角度，围绕经济发展这一现代社会经济学应有的核心议题，提供了信息社会经济学对现代社会经济运行模式全新的系统认识；后两者则主要从"破旧"的角度，在采用新的经济分析方法对现有经济学认识进行广泛清理的同时，提供了信息社会经济学对各类经济问题的重新审视。

该是基本经济特征的体现，前提具有怎样的内涵与性质，决定着自身可演绎的顺利程度，以及其推导出来的经济学理论的逻辑严格性能否得到保障，也决定着经济学理论能够揭示的经济活动特征与规律的范围、层次与深刻程度，及其具有什么意义、是否合理等性质内容。

因此，不同的基本前提会导致不同的经济学理论。一旦基本前提选定，能够得到的经济学理论的性质内容也随之确定。

但是，基本前提的决定性，并不意味着前提本身的选择是完全主观的。在信息社会经济学看来，既然基本前提决定着经济学理论的全貌，而经济学理论主要是用于达到一定社会目标的认识工具，为保障其具有必要的合理性，能有效担负学科基本使命，其基本前提的选择不能随心所欲，而是应该受到一定限制，满足一些合理性要求。

基本前提的这种合理性要求，可归结为其推导出的经济学理论的合理性要求。大致体现在三个方面：严格的逻辑性、与现实相吻合的现实性，以及对现实问题的广覆盖。这些要求的意义在于：

首先，具备严格的逻辑性，不存在内在逻辑矛盾，是成为合格理论的必要条件。违背这一要求，既无法成为具有严格逻辑性的理论，也无法保证其作为可靠的行为指南、能够获得预期的行为结果，自然无法做出有效的现实贡献。这样的理论将沦为与此前无法有所作为的人文社会学科类似的学术垃圾，成为可有可无的一家之言里的一种。

其次，作为一种实用的学科，经济学应该符合现实，具有现实性。否则，即使其逻辑严格，也会因为缺乏现实意义而显得无用。

最后，对现实问题的广覆盖，则是因为经济学理论本身是用于解决现实经济问题的，为有效解决实际经济问题，需要其具有对现实问题充分广泛的覆盖面，以保证其具有足够的应对处理现实问题的能力，体现出实用性。如果覆盖程度高，就可能有效解决或阐明我们希望能够解决或阐明的各种社会问题，其能够作出的贡献就可能较大；如果达不到这样的效果，有相当的现实经济问题就不在经济学理论处理能力范围内，没有希望得到有效的处置应对，其能够作出的贡献就会受到相应限制。这样的经济学理论即使逻辑严格、符合现实，其有用性也会受到相应限制，至少存在着与其无力应对处置的问题的重要程度一致的严重缺陷。

只要基本前提推导出来的经济学理论能够满足这三方面条件要求，即可判定其本身是有意义的，具备合理性。

信息社会经济学在确定基本前提时，基本遵循了前述以适当历史分期来固化研究对象的方式，其采用的方法是：首先，挖掘出社会生产力状况足够深刻的基本性质特征，及其根本性变化的节点；其次，以此节点为标准进行历史分期；最后，在不同历史阶段内，将在变化前后分别保持基本稳定的该性质特征，作为经济学理论在相应时期的基本前提。

信息社会经济学认为，合理的经济学理论，应该是社会经济运行与发展状况性质特征与基本规律的反映，既然经济学理论的内容蕴含于前提之中，其前提也应当是这些性质特征的深层次体现。因此，设法从社会经济活动的性质特征中去找寻经济学理论的基本前提，应该是一种合理的选择。

信息社会经济学还认为，社会经济运行与发展状况具有多方面的性质特征。其中，社会生产力的状况应该是比较突出、也最能概括社会经济活动状况整体状况的重要特征。生产力状况的根本性变化，能够很好体现或反映社会经济运行与发展状况的重大变化。除此之外，很难找到比其更为突出和重要的特征。因此，可以将社会生产力状况的性质特征，认定为社会经济运行与发展状况比较深刻的性质特征。

通过更进一步地深入探索，信息社会经济学从生产力状况中，发掘出了知识涌现速度这一新的性质，认为其能够充分深刻体现社会生产力状况的基本特征。经过对知识涌现速度的"慢"与"快"进行专门、严格的界定后①，发现知识涌现速度由"慢"到"快"的变化极其独特，具有此前社会未曾认识到的前所未有的深刻性，可以作为社会生产力状况发生根本性变化的节点。

以此变化作为历史分期的节点，则可以将人类社会经济状况的历史，划分为以知识涌现速度的"慢"与"快"为特征的两个阶段。信息社会经济学发现，这两个历史阶段有着截然不同的经济运行规律与模式，大致与现实中工业革命前、后两个时期的情况相对应。而在这两个阶段内，其规律与模式

---

① 参见袁葵苏：《科学技术的发展与经济学》，载《四川大学学报（哲学社会科学版）》1993年第2期，第19~26页。

相当稳定，基本上蕴含在知识涌现速度的"慢"与"快"的性质内。

既然在这两个阶段内，知识涌现速度的"慢"与"快"分别体现为该时期稳定的基本性质特征，信息社会经济学也就最终选择将其确立为经济学在工业革命前、后两个时期的基本前提。

容易看到，从研究对象的性质特征中选取基本前提时，可以有多种选择。不同的选择体现的性质特征的深刻程度不同，对合理性要求的满足程度也会不同。合理的基本前提选择，代表着其体现的性质特征足够深刻。

此前，由于认识的深刻程度不足，对生产力性质特征的认识，基本上限于生产力水平层次上的性质，如生产工具、生产技术与产品、主导产业，乃至生产关系等的状况。这些性质虽然也有其重要性，但明显不够深刻，不足以确立合理的基本前提。以其为基础，难免呈现出严重的缺陷[1]。

比如，由于仅仅能认识到生产工具、生产技术与产品、主导产业，乃至生产关系等反映生产力水平特征的变化，即使这些状况的变化对社会状况有重大影响，但却不是足够关键的：

一方面，如果以这些特征及其变化状况作为历史分期的标准，明显缺乏一般性、可比性。不仅片面性比较明显，也难以有效弱化有关经济事物的变化性、保持必要的同一性，至少不能排除知识涌现速度由"慢"到"快"的变化引起的变化，使其不具备实质性提升演绎逻辑利用程度的基础，不足以深入揭示分别在知识涌现速度"慢"与"快"的条件下，社会经济运行的基本特征与规律。

另一方面，由于人们对生产力状况的认识长期限于生产力水平层次，不够深刻，使其未能自觉或有意识地以合理的生产力状况作为前提，进行有效

---

[1] 事实上，或许正是因为局限于生产力水平特征的认识层次，未能进一步深化对生产力性质的认识，给出划分生产力阶段足够深刻的标准，使得历史唯物主义这类专门强调生产力决定作用的理论，也长期未能得到应有的发展。不难看到，作为历史唯物主义的创立者，马克思本人提出的划分历史分期的标准，出人意料地采用的是生产关系，而不是更为基本的生产力状况。这种放弃比较根本的生产力状况不用，却采用不太根本的生产关系状况去划分历史阶段的行为，看起来似乎有一点奇怪，实际上却可能是因为当时能够掌握的有关生产力水平的特征不够深刻，使马克思也深感其实在难以作为生产力状况的划分标准，以致为尽可能深入反映社会本质特征，即使可能妨碍历史唯物主义基本原理得到有效贯彻和发扬光大，也不得不以务实的态度退而求其次，暂且使用不太根本但看起来对社会本质特征多少有所触及的生产关系，作为历史阶段的划分标准。

的历史分期，并推导经济状况的变化。其盲目依据的暗含前提明显不现实，缺乏充分的覆盖面，不能满足基本前提的合理性要求，导致生产力状况这一经济活动状况的基本决定因素的决定作用，在经济分析中一直未能得到有效展现，使经济状况很多方面的性质特征无法得到把握，也使现代社会几乎所有重大的现实问题均得不到有效解决。如经济发展问题，经济稳定问题，政府作用与制度绩效衡量等问题，基本上看不到得到妥善解决的希望。这明显体现为现代主流经济学不具有现实性、深刻性，覆盖面极其不足、无法保证作为行为指南，能够获得预期的行为结果、无力应对现实经济问题。

与此不同，知识涌现速度体现的是生产力水平变化的变化率的状况，超越了生产力水平层次，是迄今被认识到的、比生产力水平更为基本、更深层次的性质；类似数学里的一阶导数，涉及的是比函数本身更为深刻的性质。知识涌现速度由"慢"到"快"的变化，则显示出是此前社会未曾认识到的前所未有的深刻变化。

这种深刻性体现在，以知识涌现速度及其由"慢"到"快"的变化作为节点，进行历史分期，可以将人类社会迄今的经济活动历史，划分为物质社会和信息社会两个不同阶段。前者属于以知识涌现速度"慢"为基本特征的阶段，大致可以由工业革命以前的社会体现；后者属于以知识涌现速度"快"为基本特征的阶段，工业革命以后的社会状况，则可以成为其大致写照。这两个阶段的社会经济运行模式截然不同，意味着社会发生了前所未有的深刻转变：在工业革命以前，社会经济运行过程可以归结为循环往复地、利用稳定不变的资源、按照稳定不变的技术或方式生产稳定不变的产品的模式；而在工业革命以后，社会经济运行则转变为日新月异的、以不断变化的资源、按不断变化的技术或方式、生产不断变化的产品的模式。

这样的变化还使得社会经济目标、人的行为模式等也发生了根本性转变，使工业革命前、后的社会，呈现为两个具有截然不同经济运行性质与规律的经济世界。例如，在此之前，人类社会的经济活动目标主要体现为如何使现有资源得到最优配置，与一般动物的活动目标与行为模式无异；而在之后，其经济活动目标就转变为新资源创造，使其行为模式与一般动物区别开来，也使人类社会从一般动物世界脱颖而出，标志着这样的变化是一种无与伦比的、从生产力水平角度无法认识到的划时代转变。

知识涌现速度由"慢"到"快"变化的深刻性，意味着其是生产力状况一种前所未有的质变，而非生产力水平提高这种简单的量变，也使知识涌现速度本身凸显为社会生产力一种层次更为深刻的本质特征，足以使生产力状况这一经济活动状况的基本决定因素的决定作用，在经济分析中得到有效展现。此时，对经济状况各方面性质特征的深刻把握，使得此前因为局限于生产力水平层次的种种认识缺陷，可望得到避免。至少，由知识涌现速度转变引起的研究对象的变化性，可望得到充分消化。

总之，由于知识涌现速度"慢"与"快"特征前所未有的深刻性，将其分别确定为工业革命前、后两个阶段经济学理论的基本前提，具备坚实的合理性基础，不仅可望使由其推导出来的经济学理论焕然一新，还可望很好满足前述有关经济学理论前提的合理性要求。这一点，在随后介绍由其推导出来的信息社会经济学的具体内容时，通过对该经济学理论合理性的专门说明，将得到进一步检验。

第二步，分别以知识涌现速度的"慢"与"快"为前提进行逻辑推理，并以该前提及其全部逻辑推论，组合成一个独立的经济学理论体系。

一旦将知识涌现速度的"慢"与"快"，确认为经济学理论在两个不同历史阶段内的基本前提，即可分别通过演绎推理，得到一系列的逻辑推论。将这两个前提及其推导出来的全部推论的总和，组合为一个经济学理论体系，即得到本文所指的信息社会经济学，可称为广义信息社会经济学。其中，以"知识涌现速度慢"的前提及推导出来的全部推论的总和，可以称为物质社会经济学；以"知识涌现速度快"的前提及推导出来的全部推论的总和，可以称为狭义的信息社会经济学。由于物质社会经济学只适用于工业革命以前的社会，在现代社会已经过时，不再有现实意义，也可在不易引起误会的场合，将狭义的信息社会经济学简称为信息社会经济学。

那么，如此构成的经济学理论有什么意义或价值呢？相对于现有的经济学理论，这样的理论究竟是具有了什么不容忽视的优势或亮点，还是仅仅体现为多了一种可有可无的一家之言？尤其是，与自然科学相比，在推动人类社会的发展方面，二者之间的差距是否能够得到实质性缩小，是否真的有能力做出类似后者那样的真实贡献？

从前面提出的经济学理论在严格的逻辑性、与现实相吻合的现实性，以及对现实问题的广覆盖这三方面要求得到满足的状况，可以检验如此构成的信息社会经济学的具体成效、意义与性质，判定其与自然科学的差距是否得到了实质性的弥补：

首先，从逻辑严格性看，由于"知识涌现速度的慢、快"前提得到了严格界定，不易出现歧义，在各自适用的历史阶段内，具有确切稳定的内涵，能够避免由于前提不确切引起的内在逻辑矛盾，并不比自然科学的前提逊色多少。而且，作为区分不同阶段生产力状况的深层次标志，在各自适用的历史时期内，知识涌现速度由"慢"到"快"的根本性变化，已经被历史分期的节点消化吸收或排除，使得在各个时期限度内，经济事物的性质主要取决于知识涌现速度"慢"与"快"的影响，比较稳定，能够保持较高程度的同一性或同质性，达到与自然科学基本事物类似的程度，足以保障演绎推理的顺利进行。

同时，信息社会经济学作为演绎推理的结果，被归结为由此前提及其演绎推理推导出来的全部推论组成的理论体系，已经与数学中最典型的、由五个基本前提及其全部推论组合起来的欧氏几何学相当类似。因此，在演绎推理的运用程度或逻辑严格性方面，几乎可与自然科学相提并论，可望成为行为选择的可靠指南，充分保障有关行为选择能够得到预期的结果。至少，其不再同于此前的经济学理论及其他各种人文社会学科，而是具有越来越多与自然科学类似的特点。

当然，信息社会经济学的演绎推理采用的是自然语言，在逻辑严谨性方面，难免弱于可采用人工语言的欧氏几何学等。但在人文社会学科领域，能够达到与欧氏几何学如此接近的程度，并能够保证结果的可靠性，仍然是前所未有的。因此，就是否有效缩小了其与自然科学在运用演绎推理程度方面的差距而言，可以认为这一差距的确得到了有效的、实质性的缩小。

这种严格的逻辑性，还体现在信息社会经济学能够充分具备达成共识的基础。因为，借助演绎推理在分析判断方面的严谨性，只要承认"知识涌现速度的慢、快"这两个前提的合理性，认定其的确把握住了工业革命前后生产力状况的本质特征，就不得不承认其推导出来的全部推论具有合理性。整个理论体系也因此不再受主观意愿支配，其分析过程会得到什么样的推论，已经蕴含于前提之中，与推导者的预设立场无关，应该是客观、一致的，不易出现此前经济学或人文社会学科里那种五花八门的异见，易于达成共识。换言之，只要其前提能够成为共识，由其得到的结论成为共识就具有充分的保障。

此时，即使仍然难免出现一些歧见，也或者属于来不及澄清，假以时日仍会达成共识；或者类似数学里如有关数学基础的认识分歧一样，尽管还看不到解决的希望，但这类歧见并非涉及大部分领域的认识，不能掩盖共识的普遍性。甚至在分歧中，也渗透着共识的成分，依然存在着辨别合理性的清晰标准。

这样的成效，足以使得此前人文社会学科常常被诟病的、因为缺乏可靠的逻辑而导致的主观武断、难以达成共识、内容杂乱等形象，大大改观。至少，意味着经济学完全可以呈现出严格的逻辑性、客观性，可以如自然科学那样，一改过去各说各话、争执不休、令人无所适从的局面。

总之，按照上述思路得到的信息社会经济学，在共识程度、演绎推理的运用范围及逻辑严格性等方面，与自然科学之间的差距的确得到实质性缩小，至少由不可相提并论的差距，转变为能够相提并论的差距。这一点，与之相比，西方现代经济学作为一个整体，逻辑极其混乱，完全不具备严格性。即使其中的新古典经济学及一般均衡理论等可以具备严格的逻辑，但这毕竟只涉及整个理论体系的一部分，而且这种局部的逻辑严格性也需要借助信息社会经济学进行适当清理后才成为可能，至少在清理完成前会因为前提并不明朗而难言严格的逻辑[1]。

其次，从信息社会经济学与现实的吻合状况看，由于知识涌现速度的"慢"与"快"的前提，是不同历史阶段社会经济状况基本特征的概括，自然与现实吻合，因此，在论及不同历史阶段的经济事物时，由其推导出来的逻辑推论，自然也应该与现实相吻合。

---

[1]　参见袁葵苏：《经济学理论的批判与重建》，经济科学出版社2009年版，第三章。

信息社会经济学与现实的高度吻合，在与现代西方经济学的对比中，有极其鲜明的体现。

在目前的经济学领域里，西方现代经济学的理论体系虽然居于主导地位，但由于缺乏对基本前提的清晰认识，致使其或者没有明确的前提，或者即使有明确前提，却明显不符合现实，使得其整个理论体系杂乱不堪。因此，相对于西方现代经济学一类的经济学理论，不仅在严格的逻辑性方面，也在是否符合现实方面，信息社会经济学均拥有无可争辩的先天优势。

经过信息社会经济学的认真梳理①，可以看到，现代西方经济学可以归结为在不同程度上以"知识涌现速度慢"为基本前提的理论体系。依据遵守该基本前提时的严格程度不同，可以将其整个理论体系划分为纯理论与修正理论两大部分。前者大致包括新古典经济学或一般均衡理论，后者则由除此之外的其他全部理论构成。其中逻辑性比较强的纯理论部分，其前提本身并未得到明确，若能适当加以完善，则基本上可以归结为以"知识涌现速度慢"为基本前提的物质社会经济学。这类理论或许可以用于工业革命以前的社会，而在工业革命以后的现代社会，则已经完全背离现实。其中的修正理论，原本是为了弥补纯理论背离现实的缺陷而产生的，力图在保持基本前提及其他推论的条件下，通过引进与基本前提不相容的假定来替代部分被认为与现实不符的推论。因此，其弥补一方面为冲破纯理论"知识涌现速度慢"这一暗含前提的束缚，直面现实，无意识在前提中强行塞入了"知识涌现速度快"的成分；另一方面却因为缺乏理论分析的工具和依据，只能盲目依赖纯理论的分析框架，不自觉地在前提中保留了"知识涌现速度慢"的成分。这使得修正理论的基本前提比较混乱，可以归结为遵守"知识涌现速度慢"不严格的理论，并因为同时掺杂着"知识涌现速度的慢、快"这两个对立的基本前提，存在不可克服的内在逻辑矛盾。虽然其内含部分"知识涌现速度快"的成分，看起来似乎与现实较为接近，实则仅仅属于一堆逻辑怪胎，本质上不具有成为合格理论的资格，更谈不上与现实吻合。

如果将具有如此前提的西方现代经济学与信息社会经济学相比较，就不

---

① 参见袁葵苏：《经济学理论的批判与重建》，经济科学出版社2009年版，第三章。

难看到，在面对所有现代经济问题时，一方面，由于基本前提针锋相对，二者的认识结论总是截然不同；另一方面，双方成果的比对，又总是明确显示出，不仅在逻辑严格性方面，也在符合现实方面，信息社会经济学均远胜于现代西方经济学①。

纯理论作为现代西方经济学的核心和基础，其可能的基本前提为"知识涌现速度慢"，与大致以"知识涌现速度快"为基本特征的现代社会的现实本质上明显不符合，该理论对有关问题的认识必然不符合现代社会的现实，也必然与信息社会经济学以"知识涌现速度快"为前提推导出来的认识尖锐对立，体现出明显的现实性差异。或许有人辩解称，前提不符合现实是理论抽象的结果，类似于力学中的零摩擦力假定，并不影响通过放松前提假定，使结论具有现实性②。但这纯属无稽之谈。

一方面，由于前提与推论之间性质的一致性，实在找不出什么理由，可以保证不符合现实的前提，能够推导出符合现实的推论。

另一方面，从理论上看，抽象与放松也都应该遵循一定规则，不能随心所欲随便进行。抽象应该遵循去伪存真、去粗求精的原则，忽略非本质特征以凸显本质特征。而合理的条件放松本质上体现为对相互独立的前提中的部分进行替换，而且替换后的前提也一定是独立或至少不与其他保留下来的前提冲突。力学中的摩擦力因素对运动规律的影响是非本质性的，将其抽象掉可以更好地突出运动的本质规律，的确属于现实的一种合理抽象。但在西方经济学的纯理论中，对现实的抽象是将变化的持续性用不变性取代了，而变化性刚好是现实最本质的特征，是决定现实经济运行规律与模式的最基本因素。因此，纯理论的抽象恰好抽象掉了现实的本质，使现实经济运行规律再也无法得到有效显示，是去真存伪、去精存粗，并非合理的抽象。

同样，力学中之所以可以放松零摩擦力假定，用非零摩擦力假定取代，是因为零摩擦力假定在力学体系中与其他前提假定相互独立，可以用同样与那些前提假定独立的非零摩擦力假定取代。但西方经济学从现实角度对其纯

①　参见本书第二章第二节。
②　参见钱颖一：《理解现代经济学》，载《经济社会体制比较》2002年第2期，第1～12页；米尔顿·弗里德曼：《实证经济学的方法论》，载《实证经济学论文集》，商务印书馆2014年版。

理论进行的种种条件放松，主要体现为修正理论的弥补，却违背了条件放松的合理性要求。如前所述，修正理论的替换仅限于纯理论基本假定的部分推论，而非基本前提，无一例外是在保持基本前提及其他推论的条件下，通过引进与基本前提不相容的假定来否定其部分推论，不能理解为合理的条件放松。

与此同时，修正理论更谈不上具有现实性。虽然其试图弥补纯理论背离现实的缺陷，将其认为符合现实的假定替换其认为纯理论不符合现实的假定，以拉近与现实的距离。但是，这种替换是在不了解纯理论真正的基本前提基础上进行的，并未直接否定纯理论不现实的基本前提，而是在否定该基本前提部分推论的同时，保留了纯理论真正的基本前提及其他推论。这使修正理论不仅未能真正弥补纯理论背离现实的缺陷，反而塞入了额外的内在逻辑矛盾，完全丧失了纯理论可能具备的逻辑性，成为一堆逻辑怪胎，其现实性更无法与信息社会经济学媲美。

比如，就对传统货币政策有效性的认识而言，众所周知，在现代西方经济学里，作为纯理论的新古典经济学明确表明，无论在长期还是短期，货币政策对经济活动均无影响。但这种认识是以"知识涌现速度慢"为基础的，明显偏离现实。而新、旧凯恩斯主义的修正理论，虽然承认货币政策在长期无效，却认定其在短期还是有影响的，并认为据此可以将传统货币政策作为有效熨平经济波动的重要工具。但其理论依据并不严格，在引入"价格黏性"等蕴含"知识涌现速度快"成分的假定时，也依赖以"知识涌现速度慢"为基础的新古典经济学分析框架。这类存在内在逻辑矛盾的认识，实在难以被认定为与现实吻合。

与此不同，依据不同知识涌现速度对"物质社会"与"信息社会"的区分，信息社会经济学认为，在现代社会，货币政策不仅在短期，而且在长期都会对经济活动产生影响。但这种影响既存在很大局限性，也很不确切，难以有效操控，使传统货币政策不能成为有效的政策调控工具[①]。

从西方经济学家迄今对货币政策效果进行的各种实证检验看，其检验结

---

① 参见本书第三章第一节。

论不一，有表明货币政策的确有效的，也有表明其无效的，而有关的无效或有效程度也在不同研究中不同①。虽然以这些混乱的证据，难断西方经济学各派理论的是非，整体上，这些证据反映的现象却与信息社会经济学的认识比较接近，可以成为有效证据，表明信息社会经济学的相关认识不仅不同于西方经济学，也更符合现实。

总之，由于基本前提方面的差别，信息社会经济学与现代西方经济学之间的差别具有必然性。就此而言，无论西方经济学的纯理论还是修正理论，由于其基本前提无法与现实吻合，导致其推论也无法符合现实。而信息社会经济学基本前提与现实的吻合性，则使其符合现实的优势是先天注定的。

最后，从信息社会经济学的覆盖面看，信息社会经济学的基本前提覆盖了社会经济的全部历史，分别体现了各个历史阶段经济事物较深层次的性质特征，有充分广阔的覆盖面。受知识涌现速度的"慢"与"快"前提影响的各种经济事物，均在其视野范围内，能够得到有效考察。

从信息社会经济学的现实发展看，其对现实经济问题的覆盖面不仅较广，层次也较深，展现出强大的应对解决各种重大现实经济问题的能力，基本上能够对现实经济问题全覆盖。不仅其演绎推理尚未遇到实质性的障碍或瓶颈，目前也还看不出有什么经济问题超出了它的处理能力范围，使其明显具有充分广度和深度的覆盖面。即使随着此后理论与现实的发展，可能出现其无法覆盖处理的问题，也有望通过对前提等的适当补充或扩展，充分扩大覆盖面。

与之相反，现代西方经济学由于其基本前提的缺陷，其理论体系的覆盖面受到根本性限制。其中的纯理论最多能涉及工业革命以前的经济问题，而最具有意义的现代社会的现实经济问题，却刚好不在其处理能力范围内。至于修正理论，则因其存在的内在逻辑矛盾，根本谈不上有效的覆盖面。

由此不难看到，信息社会经济学对涉及知识涌现速度"快"的现实经济问题，会表现出西方现代经济学无法企及的独特处理能力，不仅会使现有经济学理论无法加以解释和解决的诸多经济问题，得到突破性的解释和解决；

---

① 如曼昆所说，"尽管大多数经济学家相信，货币政策在经济周期中起着重要作用，但这种判断是根据来自许多研究的证据积累。没有使每一个人绝对相信的确凿证据"。参见 N. 格里高利·曼昆：《宏观经济学（第五版）》，张帆、梁晓钟译，中国人民大学出版社 2005 年版，第 481 页。

还能挖掘出很多从经验角度难以意识到的问题，加以有效解决。同时，即使现有经济学貌似能够解决的问题，信息社会经济学也会重新提供明显更为合理的解释或解决，表明原有解释或解决均不合理。

比如，由于其眼界的限制，在经济学中，面对发展中国家的经济发展之谜、政府在经济活动中的作用等现代社会特有的重大现实经济问题，现有的西方主流经济学往往束手无策。但在信息社会经济学中，这些长期困扰西方现代经济学的问题，理论上已经基本得到彻底解决。

以发展中国家的经济发展为例：此前，西方现代经济学虽然形成了一门发展经济学的专门学科，专门致力于研究发展中国家的经济发展问题，却由于缺乏处理现代经济发展问题的能力，至今几乎一无所获。对发展中国家能否、能够在什么时限内以什么方式消除与发达国家经济发展差距这类核心问题，完全无法解答，甚至不顾可置其整个学科于纯粹学术垃圾这一尴尬境地的可能，毫无愧疚地宣称其不可能得到解答。[①] 这不仅使发展中国家能否在怎样的条件下取得怎样的成功发展成为无解之谜，更使其经济发展一直处于盲目自发的状态。信息社会经济学借助于历史分期提供的基础，通过揭示经济发展的本质特征与决定因素等，顺理成章地解开了发展中国家的经济发展之谜[②]，表明：只要有意识致力于消除发展中国家与发达国家之间在知识传播体系方面的差距，或者致力于消除二者在人的能力、国际经济联系与社会规范三大领域里的差距，理论上，任何发展中国家——无论其目前与发达国家存在多大差距，均可在两三代人的时限内，保证消除与发达国家之间的经济发展差距，与之并驾齐驱。这意味着，信息社会经济学已经在理论上彻底解决了发展中国家的经济发展问题，能够为人类社会发展做出切实贡献。尽管由于现代西方经济学垄断地位的阻挠，这一贡献至今尚未得到社会的认知，使其无法在现实中有所体现，但理论上却应该是不争的事实。一旦其能够冲

---

① 比如，一位颇有名气的西方经济学家就曾声称："任何人自称完全理解经济发展，或者自命发现了揭开'那个'经济增长秘密的'那个'线索，很可能是个傻子或江湖骗子，或两者兼而有之"，并认为这一怀疑态度"不大可能受到责难"。参见金德尔伯格、赫里克：《经济发展》，张欣译，上海译文出版社1986年版，第2页。

② 参见袁葵荪：《经济发展的基本模式——经济学的现代基础》，中国人民大学出版社2009年版，第八章。

破现代西方经济学的屏蔽，为社会充分了解把握，这一贡献即可顺理成章地得到充分的现实体现。

类似地，就所谓政府干预与市场自发调节机制的关系问题而言，现代西方经济学因为无力把握二者的性质特征，只能盲目认定二者具有相互替代关系，进而纠缠于二者作用边界的划分。

信息社会经济学经过认真的考察发现，这一问题实际上属于西方现代经济学前提混乱引发的假问题①。在信息社会经济学看来，在西方现代经济学中，所谓的政府干预，大致体现为知识涌现速度"快"的条件下，为应对不断变化的社会状况，形成的一种新的特定层次的社会规范。所谓市场机制则含义比较混乱，其中在较多场合的一种理解，大致体现为在知识涌现速度"慢"的条件下，对基本稳定不变的社会规范总体状况的一种概括。二者本来体现的只是社会规范在不同历史阶段的不同层次状况，不可同日而语，但西方经济学家却因为不懂得同名事物在不同历史阶段会具有截然不同的性质，将两个风马牛不相及的概念绑在了一起，引发了二者作用界限一类假问题。

此外，对经济稳定、公平分配等各种各样的经济事物，由于其在迄今为止的整个历史时期的性质实际上是不稳定的，很难得到准确把握，并因此使研究这些事物的西方经济学理论，长期陷入无所作为的困境，难以为社会提供有预期成效的行为指南。通过知识涌现速度的"慢"与"快"进行历史分期，信息社会经济学表明②，在不同的历史时期内，这些事物的性质变得相当确切稳定，并因为知识涌现速度的"慢"与"快"分别产生的强大影响，导致其性质截然不同，形成强烈的鲜明对比，足以得到有效把握。由此，相关的经济学研究得以跳出困境，使这些重要的现实经济问题可望得到有效解决，体现出类似自然科学那样的、能够实实在在改善社会状况的贡献。

又如，通过演绎推理对比，信息社会经济学表明，以18世纪发生的工业革命为标志，现实社会已经发生了翻天覆地的变化，使得在工业革命前后的

---

① 参见袁葵苏：《信息社会挑战现代经济学——政府经济理论的批判与重建》，载《经济学家》1998年第4期，第10~19页、第126~127页。
② 参见袁葵苏：《经济发展的基本模式——经济学的现代基础》，中国人民大学出版社2009年版，第九、十章。

不同历史时期，社会经济运行的基本目标、基本规律与基本模式都发生了根本性变化，使现代社会呈现为一个全新的新社会，而非更高级的传统社会：在工业革命以前，社会追求的经济核心目标大致为既定资源配置效率的最大化，其经济运行模式体现为以固定资源、按固定方式生产固定不变产品的循环往复的运行模式；但在工业革命以后，社会追求的经济核心目标则只能概括为知识增长，相应的经济运行模式则体现为以不断变化的资源、按不断变化的方式生产不断变化的产品的日新月异的变化模式。但面对如此变化，现代西方经济学家至今却浑然不觉，依然沉浸在工业革命以前的世界里，对现代社会经济事物的性质特征、经济运行模式及其性质规律等一无所知。

再如，即使此前的经济学理论仿佛已经加以解释或解决的经济问题，如人的行为模式、宏观经济波动的原因与模型、合理的分配标准、国际贸易的性质、作用与规律等问题、[1] 货币政策的有效性、价格的决定因素与变动规律，现代西方经济学貌似有了具有一定合理性的描述。信息社会经济学则给出了截然不同但明显逻辑更严谨、更符合现实状况、更加合理的解释。不仅全面呈现出对西方经济学理论的强势碾压，还表明西方经济学的解释不过是在面对现代社会特有的新事物时，迫于其主流经济学地位不得不勉为其难地病急乱投医，提供的一些用于敷衍塞责、无效或扭曲的认识，不仅无助于问题的有效解决，甚至贻害无穷。

以价格理论的研究为例[2]，此前，作为现代西方经济学的核心理论，其价格理论被认为成功解释了价格的决定与变动。即使其与现实多有不符，人们也往往以其是现实的抽象为由，加以辩护。但信息社会经济学通过澄清其前提，表明价格在工业革命前后有截然不同的性质，基本类同于两种性质各异的事物，有截然不同的决定因素与变化规律。西方现代经济学的价格理论描述的实际上仅限于工业革命以前的状况，无论这种描述是否合理，在现代社会均已过时。其与现实的差距，并非现实表现与理论抽象所致，而是混淆历史背景与基本前提的结果。从价格决定因素看，信息社会经济学认为，在

---

[1] 信息社会经济学对上述问题的专门研究，可参见袁葵荪《经济学理论的批判与重建》（经济科学出版社 2009 年版）一书中的相关内容。

[2] 参见本书第三章第二节。

工业革命以前，由于各类事物之间的稳定联系，价格决定因素可以以同样的合理性归结为成本、需求及二者的综合。其中，每一类又可以分为几种。但在工业革命以后，价格决定因素已经发生了根本性转变，将归结为不断变化、更为复杂的影响因素。其中，知识的扩散与产权状况等，已经成为新的主要决定因素。工业革命以前的价格决定因素即使还可以保留，也不再具有原来的性质、意义与地位。如商品的供、求等影响因素，需要根据商品的知识性重新确立其性质与影响，很难如现代西方经济学那样，将供、求双方的影响描述为两条单调上升与下降的曲线，并认为二者的交叉点即决定了该商品的价格。从价格变动规律看，信息社会经济学认为，在工业革命以前，受比较简单稳定的供求因素支配，存在着供求关系决定的类似均衡价格一类稳定的价格变动中心，价格的变动则体现为围绕这一稳定中心的波动模式。但在工业革命以后，价格决定因素的根本性变化，使得这类稳定的变动中心不复存在。受复杂多变的决定因素影响，价格变动的复杂不确定状况与现实一致，不再能概括为此前那种简单稳定的模式，而是随着不同条件下的主要决定因素的变化，不同变动趋势交织在一起。其中，一种能够在长期中有明显体现的基本趋势，是各种特定商品的价格，将随着相关生产知识的不可逆扩散而单调下降。

上述种种差异，体现了二者在面对现实经济问题时，各自覆盖广度与深度的差异。信息社会经济学能够充分覆盖现代社会的现实经济问题，具备有效处理现代经济问题的基础。[①] 西方现代经济学则因为无力覆盖现代社会的经济问题，不具备有效处理现代经济问题的基础。

综上所述，信息社会经济学在逻辑严格性、现实性、对现实问题的广覆盖等方面取得的、相对于现代西方经济学的巨大优势，使其能够通过深入揭

---

① 虽然信息社会经济学的上述贡献尚无机会得到有意识检验，谈不上是否得到认可，但仍然有迹可循的是，一方面，各种经济事物的历史表现与现状均能得到信息社会经济学更好的解释，使过往的发展现象或经验能够成为很好的佐证，表明信息社会经济学解决问题的能力，至少在理论上有相当可靠的支撑。另一方面，理论上，其贡献的有效性得到严格逻辑的保障，具备以因果关系而非仅仅相关性为基础的客观可判别和可预言性，还具备可持续深入发展的基础，相对于经验感觉应该更可靠。比如，就发展中国家的经济发展而言，很难想象，如果发展中国家成功消除了与发达国家在上述人的能力、国际经济联系与社会规范三大决定因素的差距，却仍然会与发达国家在经济发展程度上存在明显差距。

示现实经济事物的性质规律，并据其进行确定性判断，保证相关行为选择达到预期目标。

信息社会经济学取得的成功，首次使经济学具备了有效解决现实经济问题、为人类社会发展做出切实贡献的能力；也使自身成为一种鲜明的标志，表明经济学已经通过脱胎换骨式的历史性转变，率先跨入新的时代，成为一种新型的经济学，能够如自然科学那样，取得有助于人类社会发展的贡献，是真正有用的经济学。

还意味着，经济学此后新的理论进展或成就，不再是增加了新的一家之言，而是如自然科学那样，体现了人类对社会认识的进一步深化；而理论领域百花齐放的繁荣盛况，也不再代表争执不休的多家之言扩张泛滥，同样会如自然科学那样，意味着多领域多层次具备共识特征的真实成果层出不穷、遍地开花。

尤为重要的是，信息社会经济学体现的历史性进展，提供了一个成功的现实案例，标志着至少在经济学领域，本文提供的差距弥补方式的确具有现实可行性，在相当程度上跨越了与自然科学之间迄今难以逾越的鸿沟，　改人文社会学科过去不易达成共识、难以有所作为、聊胜于无的形象，开启了人文社会学科能够有效胜任其基本使命的大门，也使本文的预定目标或任务基本达到。

即使在其他方面，信息社会经济学仍然可能存在相对于自然科学的诸多不足，也不排除还可能存在多种能够满足前述合理性要求的其他经济学前提或理论，但从贡献角度看，信息社会经济学至少将人文社会学科与自然科学之间的差距，由此前那种不同层次的能否有贡献的差别，转变为属于同一层次的贡献大小或贡献不同之别。而贡献从无到有的转变，则不容置疑地表明，二者在贡献方面的差距的确有实质性缩小。

六、历史分期方法的启示

通过适当的历史分期以固化研究对象，信息社会经济学在经济学领域成功打开了演绎推理的运用空间，构建起类似欧氏几何学那样客观严谨、易于形成共识的经济学理论体系，并在有效承担经济学基本使命方面，展现出全面优于现代西方经济学的强大能力。对于同样受制于研究对象的变化性、始终不能如自然科学那样进行客观严谨分析、无法提供有助于现实社会发展可靠成果的其他人文社会学科而言，信息社会经济学能否带来什么启示呢？

本文认为，至少对以分析推理判断等方式把握社会现象与规律、能够形成专门学科的人文社会学科而言，信息社会经济学的历史分期方法可望提供以下几方面的积极启示：

首先，众多学科中与社会经济状况相关的事物，都会受到知识涌现速度由"慢"到"快"变化的深刻影响。这些影响通过知识涌现速度"快"与"慢"的分期对比，易于准确深入把握，得到确切稳定的前提，打开演绎推理的适用空间，确保行为选择能够具有预期成效，成为认识与行为的可靠指南。因此，作为一种"固化"研究对象的有效方式，信息社会经济学的历史分期方法本身，可以直接应用于这些领域，使此前的诸多疑惑迎刃而解，展现出巨大应用价值。

比如，在历史学、社会学以及文化学、法学、伦理学等领域，按照物质社会与信息社会的区分，都意味着会出现无与伦比的重大变革。只要引入这一区分，都必然使得相关学科领域事物在不同时期的深层次性质特征得到有效展露。

在历史学领域，关注历史的进程及其意义，描述社会历史演变的状况、模式与规律，无疑是该学科的主要任务。但在目前的历史学中，由于缺乏适当的历史分期标准，导致历史演变现象除了编年顺序之外，体现不出合理的重点和有规律的演变主线，以致汤因比极其肤浅、近乎臆说的文明循环说等，也能风靡一时，并至今影响犹存，还使以描述历史发展规律为己任的历史哲学的意义难以得到确认。一旦引入信息社会经济学的历史分期，至少可以将迄今的社会历史演变过程，描述为经济运行模式随着知识涌现速度变化而发生的实质性改变过程，使促成这种转变的因素的状况，成为描述历史发展的主线，由此使社会历史演变也呈现为有序的过程，可望通过演绎推理，深化对社会历史演变的状况、模式与规律认识，使描述这一过程的历史学根本改观。①

此外，这一历史分期还消除了历史唯物主义得以深入贯彻的瓶颈，有助于深化历史唯物主义理论的认识，使其不再受到缺乏明确生产力状况划分的限制，步入更为高级的发展阶段。

社会学主要研究未成为其他人文社会学科主要内容的各种社会问题，如其关注的社会冲突、社会分层等诸多问题。分别在知识涌现速度"快"与"慢"的条件下，这些问题均会具有差别很大的性质。运用信息社会经济学的历史分期，即可清晰呈现这些性质特征，使其能够在相当层面，通过运用演绎推理，得到比此前更为严谨可靠的把握。

在政治学领域，利益表达能够通过怎样的民意表达机制体现，是一个关键问题。不仅涉及民意表达机制合理性的评价标准，还涉及现实中的所谓民主选举制度具有怎样的性质特征、利弊后果与改进空间的认识等。一旦分别在不同历史阶段考察这些问题，可能会得到截然不同的结论。比如，在知识涌现速度"慢"的稳定社会里，探讨最优表达机制及其特点可能有一定意义。此时，在一些较强约束条件下，可以认为，个体可能具有充分信息或充分理性，使得自由投票机制可能成为最优民意表达机制。而在知识涌现速度"快"的持续变化的社会里，由于信息不充分使得个体行为不再遵从完全理性的行为模式，表达机制会不断变化，不存在最优。表达机制的发掘也只涉及在特定条件下如何更优的问题，不能追求一劳永逸、放之四海而皆准的最优，此时，传统自由投票机制的合理性也会受到巨大冲击。

从宗教学、伦理学、文化学、法学、政府政策等研究领域看，这些学科的基本任务，均在于描述不同社会状况下、不同层次社会规范体系的性质、作用及其演变状况，原本应该属于有紧密有机联系的整体。但同样因为缺乏恰当的历史分期为基础，不了解各自的性质及相互之间的本质联系，使得在目前的研究甚至学科分类中，其不仅看起来互不相干，各自也因为不能有效把握其研究对象的本质特征，显得极不严谨科学。一旦运用信息社会经济学的历史分期进行分析，这些学科的研究对象均会显露出社会规范的本质特征，

---

① 参见本书第三章第五节，该文提供了有关西方世界而非中国率先开启现代发展进程的、有严格经济学理论解释的案例。

使法律制度与文化、道德、价值观、政府经济政策等各类社会规范的性质及相互联系，也随之清晰起来，并能够在不同时期具备便于通过演绎推理分析处理的稳定性质。比如，由于社会经济活动基本目标的转变，使得这些社会规范的服务目标转变，不仅评判其真与善、绩效与利弊优劣等的标准易于明确，其表现形式、性质作用与变化规律等也随之易于把握[①]，使很多相关困难迎刃而解，得到类似经济学那样的蝶变新生，可以一展身手，成功担负其学科的基本使命。

其次，既然适当历史分期的作用，在于缩小研究范围来固化研究对象，以换取演绎推理适用空间，信息社会经济学的历史分期体现的"固化"机理，将有助于启发其他固化研究对象方式的发展。这意味着，无论是从各种时间维度进行历史分期，还是从其他维度进行划分，只要能够有效固化研究对象，无论采用什么方式，都可能在这些领域带来演绎推理适用空间的有效扩展。

比如，由于不同领域的重大变革可能不同，信息社会经济学的历史分期在某些领域可能不再适用，但只要找准相应领域重大变革的节点，利用其设法有效固化研究对象，也可以扩充演绎推理的适用空间，在这些领域获得值得传承的研究成果。

又如，作为对生产力变化状况的描述，信息社会经济学采用的是类似数学里的一阶导数这一层次的衡量标准，由此体现了对更深层次变化的性质特征的把握。那么，如果考虑采用类似二阶、三阶导数等等层次的衡量标准进行描述，是否会把握更深层次的性质特征，或许也值得期待。

再如，上述历史分期，仅仅涉及社会生产力状况中的知识涌现速度这一深层次特征的固化，也比较粗糙，能够揭示的也仅仅是这一因素蕴含的性质。因此，上述历史分期不仅留下了精细化与多样化的巨大空间，也意味着如果能够挖掘出社会生产力状况更多的深层次特征，或者挖掘出生产力以外的深层次特征，利用其根本性变化进行不同层次的历史分期或固化，势必揭示出社会经济状况更为丰富的性质特征与规律，形成与之互补的其他经济理论与人文社会学科的理论，使我们可以从更多角度认识包括经济事物在内的各种

---

① 参见袁葵荪：《经济发展的基本模式——经济学的现代基础》，中国人民大学出版社2009年版，第七章。

社会事物的性质。同时，对于一些局部的其他层次的事物，也可以采用一些相应的固化方式，使得揭示出的社会经济状况的性质特征与规律更为精细充实。

由此可见，信息社会经济学的历史分期，只代表一种突破口，不一定是应对变化性的唯一选择，不会妨碍继续发掘有很大潜力的、直接致力于弱化变化性的其他各种方式。只要能够注意到从固化研究对象的角度进行探索，就有希望推动不同学科取得令人振奋的突破性进展。

综上所述，从信息社会经济学的历史分期的固化作用，不仅可以直接启发众多人文社会学科的重大突破遍地开花，而且，只要差距的确源于研究对象的变化性，这种固化作为对长期或深层次的变化因素的处理方式，有希望使差距缩小到极限，从而使人文社会学科与自然科学之间的差距，最终只取决于"固化"的程度。

此外，从信息社会经济学对前提合理性及其选择标准的探索看，由于在可能对其发展具有重大意义的前提与推理规则形成的方式或合理性方面，数学等自然科学基本上还是一片空白，意味着信息社会经济学明显体现出一些独特的优势，不仅使人文社会学科首次具备了相对于数学等自然科学的局部领先地位，标志着人文社会学科与其差距更为深刻地缩小，尤其具有特殊历史意义的是，还可望反过来为数学等自然科学的突破性发展提供新的启示。比如，通过将前提性质、作用，以及前提形成方式或合理性等纳入专门的学术研究，甚至将如何形成合理推理规则的问题等纳入专门的学术研究，一旦这些研究能够取得突破性进展，即可望使数学等自然科学理论前提、推理规则形成的方式，能够摆脱迄今的自发性与盲目性，以合理的方式主动追求，意味着数学与自然科学将由目前盲目或自发的发展阶段，跨入新的自觉自为的历史发展阶段，其意义更加不同凡响。

七、小　结

本文首先从各个学科知识的工具功能，确认人文社会学科与自然科学之间有意义的差距，可以归结为其对人类社会发展的贡献差距。

其次，通过逐次探寻贡献与共识、演绎推理利用程度的联系，本文最终将两大类学科出现差距的原因追溯至二者研究对象的变化性的差异。

再次，在上述铺垫的基础上，本文提供了一种应对研究对象变化性的基本方式：通过精心选择适当的历史分期，在限定范围内有效弱化人文社会学科研究对象的变化性，实质性弥补其与自然科学之间在演绎推理方面的差距，即可使其能够如后者那样，通过保障有关行为选择取得确切的预期成效的方式，成为可靠的行为指南，真正造福于社会。

最后，本文以新近发展起来的信息社会经济学为实例，证实上述差距弥补方式不仅具有理论上的可能性，也充分具备现实可行性。

作为致力于消除人文社会学科与自然科学差距的拓荒性探索，本文难免粗糙，虽然打开了一个突破口，也必然留下诸多可商榷、可进一步完善与扩展之处，希望能有抛砖引玉之效。

历史唯物主义研究的新突破
与经济学的新发展

历史唯物主义可以成为描述经济活动特征与变迁规律的有效基础。然而，由于缺乏成熟的历史分期标准，历史唯物主义长期未能有实质性的发展，也未能对经济学的发展产生应有的影响。近年来，在历史分期标准方面取得的一项突破性进展，可望推动历史唯物主义进入新的发展阶段。以这一突破性进展为基础，经济学理论也取得了突破性进展，形成了一种可称为信息社会经济学的新经济学理论体系，势必全面取代目前流行的现代西方经济学。

一、引　　言

历史唯物主义致力于揭示社会发展的基本规律，这使其可以成为描述经济活动特征与变迁规律的经济学的有效基础。历史唯物主义认为，一定的社会形态与人类社会的进程最终取决于社会生产力的发展状况。因此，在揭示社会发展的基本规律的过程中，准确把握社会生产力的发展状况，如何刻画与描述这一基本变量，准确描述其在不同发展阶段的性质特征，并据此划分不同历史发展时期，是准确展示社会发展基本规律的必要基础，对唯物史观的发展具有至关重要的意义。因为，生产力是社会发展中最终决定社会经济关系，并进而决定政治法律与思想文化等上层建筑的基本变量。

然而，由于未能准确把握社会生产力在不同发展阶段的性质特征，目前所使用的生产力状况的刻画方式十分粗糙，缺乏有效的历史分期方法，对什么是合理的刻画方法也并无专门研究。这一状况，严重阻碍了历史唯物主义的发展，使社会发展规律的揭示始终处于比较粗糙的状况，不仅体现在历史分期的依据不具有一般性，尤其体现在似乎并未对经济学的发展产生应有的影响。

不难看到，理论界至今仍未能找到一种衡量生产力状况的一般化标准，只能依赖一些不具有可比性的具体事物作为标志物。比如，利用一些有代表性的生产工具、有代表性的科技成果、有代表性的经济关系甚至是有代表性的经济活动或产业结构，作为刻画生产力状况的标志。根据这些生产力状况的标志，人们得以将社会历史划分为新旧石器与铁器时代；蒸汽机、内燃机与计算机时代；原始社会、奴隶社会、封建社会、资本主义社会与共产主义社会；以及采集与狩猎社会、农业社会、工业社会与所谓的后工业社会等各种各样的阶段。

但是，这些标志物的选择明显存在严重缺陷。

一方面，这些标志物与生产力状况的联系是不太确切的，相互间缺乏内在联系，明显不具有同质性与可比性，本身无法构成一种一般化度量，将它们作为生产力状况的标志自然是相当粗糙的。

另一方面，这些标志物的选择需要以事后经验总结为基础，即只有通过经验的充分积累，在充分了解了该事物的性质特征之后，才能根据其作用加以有效确定。但在不断变化的现代社会中，各种事物的性质特征与作用都在变化之中，根本来不及得到充分显示，无法为我们充分及时了解，此时，无论以何种标志物来刻画当代的生产力状况，都不可避免地带有相当程度的主观随意性与片面性，其粗糙性更是不言而喻的。

生产力刻画方式存在的上述缺陷，已经对历史唯物主义的发展产生了严重的制约作用。这是因为，既然对生产力状况缺乏恰当的刻画与描述，必然不能准确把握生产力状况及其变化的性质与规律，从而一方面使我们无法通过生产力对社会生产关系及上层建筑的决定作用，准确阐明社会历史过程的特征与规律；另一方面还会使生产力决定生产关系及经济基础决定上层建筑的机制得不到透彻揭示，使历史唯物主义的理论只能滞留在极其初级的研究水平，也使其难以运用于经济学理论研究。

本文认为，在生产力刻画方式方面存在的缺陷，主要是由对生产力性质的认识不够深刻引起的，并非不可克服。本文即试图根据对生产力性质的新认识，寻求一种一般化的刻画方式，推动历史唯物主义向更深层次发展。

二、一种刻画生产力状况的新标准

在本文中，以生产力的知识性质为基础，通过引进知识涌现速度的概念，并将其作为描述生产力状况的一般化衡量标准，首次得到了生产力状况的一种一般性的刻画方式，在阐述采用这一刻画标准的理由之前，我们先简单介绍这一衡量标准的内容或其是怎样利用知识涌现速度来衡量或刻画生产力发展状况的。

这一衡量标准首先规定：知识涌现的速度可以区分为快、慢两个阶段，"慢"指知识涌现是偶然的，不足以引起人们预期，经济活动通常处于很少变化的、循环往复的状态之中；"快"则表明知识涌现已是常态，已纳入社会的预期，经济活动已经处于不断变化的状态之中。根据这样的规定，即可将生产力状况区分为知识涌现速度快与慢两个阶段，社会发展历史也因此被划分为相应的两个截然不同的阶段，分别称为物质社会与信息社会。

采用知识涌现速度作为生产力状况的一般性刻画标志的基本理由在于，它代表着对生产力性质更深刻的把握。即：它不仅利用了知识增长或生产力发展的水平，还增加利用了知识增长或生产力发展的速度。

以前所采用的刻画生产力状况的各种方法，仅仅利用了生产力发展的水平。这一状况，使以前的种种刻画方式会面临知识不具有天然度量性的困难，无从寻求刻画生产力状况的一般化方法，只能从生产力的直接状况或后果着眼，运用典型特征方法寻求以具体科技成果作为刻画标志，因此对生产力性质只能有很粗糙的把握。但是，如果再纳入对生产力或知识增长速度的考虑，改从知识涌现的速度着眼，根据新知识涌现速度的快慢来划分生产力的发展状况，即可深化对生产力性质的认识，避免直接度量知识的困难，在生产力刻画方式上取得有效的突破。

正是由于利用了生产力的这一新性质，使得我们能够对生产力状况有更准确的描述。尽管以知识涌现速度的快慢为标准对生产力状况进行的划分看起来是非常初步的，但它是目前提出的生产力发展状况的唯一一种一般性的刻画方式，即具有可比性、整体性，以及对变化的适应性等性质，这使之具有以前那些非一般化的刻画标志不具有的本质性优势，并可望由此带来唯物史观的突破性发展。

首先，知识涌现速度赋予了生产力状况以可比性。在此前的刻画方式中，划分生产力不同状况或阶段的依据是一些特殊标志，这些标志不同质，不具有可比性。这使不同生产力状况之间缺乏内在联系，使生产力状况难以成为引起社会经济状况持续变化的自变量。然而，通过对知识涌现速度的这种快慢划分，利用速度的可比性赋予了生产力状况的可比性。这种可比性的存在，使生产力的发展状况可以被区分为两个截然不同的阶段，并使这两个不同阶段之间有了内在的联系，从而使生产力能够满足充当自变量的必要条件，并首次成为持续发展过程的一种合格规范的自变量。

其次，知识涌现速度使生产力状况的刻画标志具有了整体性。以前充当生产力状况刻画标志的各种具体事物，无论其影响多么广泛，所反映的都只是经济活动的局部特征，不能代表经济活动的全部状况，从而使生产力状况的刻画不可避免地具有片面性。速度标准则具有天然的整体性，因为速度本身反映的就是生产力的整体特征，不是局部特征。整体性的具备，使速度具有了充分的代表性，更能反映生产力及其影响的本质。比如，当经济由手推磨时代转变为蒸汽磨时代时，虽然我们也能因此知道经济状况的主要变化，但由于它们的刻画有片面性，反映的经济特征不全面。

最后，知识涌现速度具有对变化的适应性。以前，用具体事物来标志生产力状况时，不仅特定的标志性事物的变化无法准确地反映社会经济的根本性变化，还由于只能使用过去已有的事物，无法用于预测未来的变化。但从知识涌现速度的性质看，速度本身就是对变化状况的衡量，不同的速度反映的是生产力的不同变化状况，自然具有对变化的适应性。这种适应性，使速度可以准确地反映社会经济状况的变化，得到按以往的描述方式无法得到的根本性变化，还可以不受过去经验的限制，用以衡量生产力未来的发展状况，从而使未来具有可预测性。

知识涌现速度的上述性质，体现了新方法的革命性，使其能够成为描述生产力状况的一般化标志。

由此可见，目前有关生产力及其发展状况的一般化刻画手段的缺乏，是由于人们未能充分把握生产力的性质，对生产力的知识性质了解不深所致。这使人们在试图刻画生产力状况时，难以把握不同生产力状况的本质特征，无法将不同历史阶段真正区分开来。而根据知识涌现速度所进行的刻画，则提供了一种新的视角，可望有效把握不同生产力状况的本质特征，可以避免从前视角的缺陷，将不同历史阶段真正区分开来，形成历史唯物主义的突破性发展。

三、历史唯物主义的新发展

衡量生产力状况的新标准不仅在理论上更合理，尤为关键的还在于相对于原有的衡量标准，这一新标准使我们可以对生产力状况有更准确深入的把握，揭示出在原有衡量标准基础上无法知道的许多认识，并推动历史唯物主义理论取得突破性发展。正由于具有这样异乎寻常的应用价值，使得这一看似奇怪的新标准的优越性得到了最有力的证明，因为只有对生产力性质的认识有更准确与深刻的把握，才能使其在应用上取得真正的突破性进展，并避免理论上许多无谓的纷争。

这里，我们简单介绍在应用于实际分析时，这种新的衡量标准在历史唯物主义理论与应用研究方面，可以获得哪些突破性的发展。

首先，它将使历史唯物主义关于生产力决定生产关系、经济基础决定上层建筑的原理得到真正贯彻，并使决定机制得到更透彻的展示。

不难理解，既然整个历史发展进程都是由生产力变化引起的，那么，对生产力变化状况刻画得越准确，历史发展进程的机制与结果就能得到更准确的描述，历史唯物主义的基本原理才会得到有效体现。

以生产力决定生产关系的机制为例，可以说明这一点：

在描述生产力如何决定生产关系时，合理的方式应当是根据生产力的变化，找出生产关系的相应变化，并说明生产力的这种变化导致生产关系相应变化的机制。

在缺乏对生产力的一般度量方法时，生产力本身不能成为一种合格的自变量，其变化难以得到精确的描述，这使我们不仅难以捕捉生产力的变化会引起的生产关系的什么变化，还难以概括生产力与生产关系二者的变化之间的关系、揭示生产力决定生产关系的机制，使得生产力对生产关系的决定作用以及生产关系对生产力的反作用都只能得到很粗略的描述，并难以由此推断生产力状况的一定变化，会导致社会经济运行模式与规律发生什么变化。比如，我们难以逻辑地推断：当石器转变为铁器后，或者当手推磨转变为机器磨，以及蒸汽机转变为计算机后，社会生产关系会有什么必然的变化，社会经济运行模式与规律又会产生什么变化。这使得我们所认识的社会生产关系与生产力状况没有多少直接联系，或者不是从生产力的性质直接推导出来的，不能成为历史唯物主义原理的有效体现。

根据新的刻画标志，生产力与生产关系之间就易于建立起更紧密的逻辑关系，使生产力如何决定生产关系的机制得到深刻而具体的揭示。比如，有关研究已经表明①，当知识涌现速度由慢转向快时，生产资料的知识性将得到凸显，生产关系将由围绕物质资料的占有关系转变为对知识状况的控制关系，从而使生产关系的性质及其他基本经济规律都会发生相应的深刻转变。这样，生产关系的状况就直接由生产力的性质得到，生产力决定生产关系的机制就有了更清晰的展示，历史唯物主义原理才得到真正贯彻和体现。

其次，它将使生产力的决定作用得到唯物史观得到更透彻的揭示，使我们能够发现以前无法认识到的社会历史规律与特征。

以前，在确认或概括社会历史的规律与特征时，只能以非一般化的生产力特征或划分标准为基础。这些特征或划分标准因本身的粗糙性具有先天的

---

① 参见袁葵荪：《科学技术的发展与经济学》，载《四川大学学报（哲学社会科学版）》1993年第2期，第19~26页。

弱点，与生产力性质之间仅有非常脆弱的联系，难以依据其准确地揭示生产力的性质总结，事实上未能准确把握当代社会的基本特征。

现在，通过引入生产力发展不同速度的差异，可以使历史分期首次得到以一般化的生产力为依据的划分。虽然这种划分目前还仅仅是简单的快、慢两阶段划分，但由于更准确地把握了生产力性质的变化，使社会经济状况与生产力性质紧密联系起来，就可以在更深层次上准确地阐明不同历史阶段经济状况的特征，更准确地体现社会经济的深刻转变。

在认识现实社会特征时，如前所述，当生产力的刻画标准是某种有代表性的标志性事物时，由于标志性事物的后验性及当代社会的变化性，对社会基本特征的及时识别是相当困难的任务。这导致在认识目前社会的特征时，因为得不到成熟的标志性事物，难以从历史唯物主义的角度得到一致的、令人信服的结论，还使各种极不严谨的、非历史唯物主义的观点盛行。

不难看到，与18世纪相比，当代生产力已经有了翻天覆地的变化，依据唯物史观，这种变化应该带来经济生活相应的翻天覆地的变化。但是，从目前有关时代特征的论述就看不到这种变化。如从五种形态的描述看，这种生产力的变化并不具有特殊意义；从依据特定科技成果的性质与作用的有关生产力划分来看，虽然可以认为有资源、工具、产业等方面的转变，这些转变却并不具有多大的革命性，不仅社会经济模式及社会基本经济规律仍不变，作为上层建筑的经济学也仍可使用产生于18世纪的经济学。所有这些认识无疑与生产力的翻天覆地的变化形成鲜明对比，因而对历史唯物主义形成严峻的挑战。

但是，依据知识涌现速度进行的划分却可以有截然不同的结果。从这一角度进行的分析已经在多种经济学领域里表明①，由于生产力发展速度已经发生了由"慢"到"快"的转变，社会经济活动的性质及其基本规律也已经发生了本质性的变化，使我们已经跨入了一个全新规律与特征的新世界，要求我们换一种眼光看世界，以全新的观念来认识与处理所面临的问题。此时，不仅社会经济等活动的目标与行为方式不同、社会经济状况的性质与决定因

---

① 参见袁葵荪《经济发展的基本模式——经济学的现代基础》（中国人民大学出版社2009年版）、《经济学理论的批判与重建》（经济科学出版社2009年版）涉及的各领域经济问题的分析。

素不同、社会经济活动也会呈现出不同的模式与规律，并使得经济学的理论范式也出现了彻底的更新。而且，由知识涌现速度的不同导致的变化不同于过去任何时候，较之现有认识所意识到的变化是更深刻、更高层次的变化，只有这样的变化才能与"翻天覆地"相适应。

与此相对照，还可以发现目前的认识之所以违背唯物史观的基本原理，其原因就在于人们未能深入揭示生产力的本质性特点，无法及时确认当代社会的基本特征，其认识仍滞留在物质社会。

此外，在生产力状况的刻画手段方面的突破，还为唯物史观的发展留下了进一步的想象空间。不难看到，即使对知识涌现速度只进行了最简单的快、慢划分，但由于具有一般化刻画手段的优势，它不仅使我们能看到前面所述的重要变化，而且将它应用于经济学的分析时，还使我们有力地揭示了现代社会的基本经济特征与规律，表明它与过去的现实及我们已有的认识相比都有了深刻的变化，在各个方面都与现代流行的西方经济学的描述截然不同，从而使一种全新的、更严格的、更符合现实的新经济学已轮廓初现，呼之欲出。因此，可以想象，既然速度还可以有更细致的描述，只要对知识涌现速度及其性质做进一步的细化，即可望使唯物史观有更透彻的体现，从而使社会基本规律有更深刻的揭示。比如，还能从生产力发展的不平衡性或多样性，说明在类似的生产力状况下经济关系及上层建筑发展的多样性；以及通过生产力发展的层次性，说明变化的层次性，等等。

四、经济学的新发展

生产力状况的刻画手段方面的突破，不仅通过新的历史分期方法推动了历史唯物主义的深入发展，还打开了经济学更新换代的突破口。

从经济学的性质看，经济学应该是现实经济状况的反映，经济学揭示的经济活动特征与规律，应该以对现实经济运行模式的准确把握为基础。据此，经济学还应该具有强烈的历史性。即：如果在不同的历史时期，社会经济事物或经济活动的内容、特点与规律有足够大的变化，导致经济活动模式有足够大的差异，经济学就应该以相应历史背景的特点为基础，采用相应的分析工具来描述，体现为截然不同的理论模式。换言之，属于一定历史背景的经济活动特征与规律，不一定是另外一种历史背景条件下的经济活动特征与规律。因而，在不同的历史条件下，经济学所揭示的经济活动特征与规律，应该与一定历史条件相联系，只能是特定历史条件下的特征与规律，理应形成不同的经济学分析方法与理论体系，不存在永恒的、与历史背景无关的经济学。

经济学的这一历史性，意味着准确把握不同历史时期社会经济事物或经济活动的性质特征，对经济学内容体系的构建及其合理性，具有决定性意义。但是，如何根据明确的历史背景，推动经济学的发展，此前却存在严重困难。

在迄今流行的现代西方经济学的分析中，由于缺乏透彻区分传统物质社会与现代信息社会的标准，无法注意到甄别历史背景的重要性，也未意识到工业革命前后经济运行模式的变化已经如此之大，不再能够混为一谈。这使经济学不知道工业革命前后经济运行模式存在本质区别，无法把握不同社会经济运行模式的本质特征，尤其是无从把握现代社会经济运行模式的本质特征，难免将不同历史背景的事物混为一谈，并最终因为种种原因①，只能将对现实经济状况的分析，建立在了工业革命以前那种经济运行模式基础上，进行全面扭曲的描述，不可避免地使自己陷入无法自拔的困境，最终成为在物质社会显得多余，而在信息社会完全错误的经济学。

以历史分期方法的重大突破为基础，一种新的、可称为信息社会经济学的新经济学应运而生。

作为一种全新的经济学理论体系，信息社会经济学指的是以知识涌现速度为标准，首先将人类社会的发展历史区分为物质社会与信息社会，然后再分别以这两种社会的经济特征为基础，考察各自经济运行性质与规律的经济学。

借助于历史唯物主义新发展提供的坚实理论基础，信息社会经济学一方面揭示出现代西方经济学理论体系鲜为人知的本质缺陷，表明其本质上属于

---

① 参见袁葵荪：《经济学理论的批判与重建》，经济科学出版社2009年版，第三章。

物质社会的经济学，正式宣告其应该被全部扔进历史的垃圾堆；另一方面，还对现代社会经济运行模式及其特征进行了重新描述，更在理论逻辑的严格性，以及在分析处理现代社会经济问题的能力两方面，展现出相对于现代西方经济学的巨大优势，标志着经济学正式翻开了新的一页，现代社会终于迎来经济学的阳光普照。

依据新的历史分期标准与方法，信息社会经济学发现，以18世纪发生的工业革命为分水岭，人类社会的经济活动状况已经发生了前所未有的质变，使得现实社会经济运行模式与规律已经发生了翻天覆地的重大变化，但由于采用的分析方法不当，现代西方经济学甚至不能察觉到这样的历史巨变。

信息社会经济学发现，在"知识涌现速度慢"这一阶段里，新知识的产生通常是偶然或意料之外的，不具有持续性，不足以引起人们预期，社会经济活动基本上体现为以既定知识为基础的、循环往复的不变模式。此时，人们通常能够获得有关充分知识或信息，知识的变化状况对经济活动的影响基本上可以忽略，知识的重要性也因此被隐没，甚至不再被社会认为是一种值得注重的生产决定因素。而在"知识涌现速度快"这一阶段里，新知识的产生具有持续性，已是常态并已纳入社会的预期，经济活动将以不断变化的知识为基础，体现为日新月异、持续变化的运行模式。在这一新的模式中，人们已很难及时有效获取相关的充分信息，知识或信息的状况对经济活动的影响很大，其对经济活动状况的决定作用不再能被忽略。

在工业革命以前的历史长河里，长期难以有新知识出现，社会经济活动基本上是以不变的资源、按不变的生产技术或方式、生产不变的产品。此时，社会经济运行有充分时间进行充分调整，常常能够处于特定的均衡状态；经济事物及其之间的联系也大致稳定，可以赋予一定的数量特征，并构建相关事物之间的数量关系。同时，由于存在充分的经验或试错时间，各种经济资源均可以在某种既定机制下得到最佳配置，社会经济活动因此具有循环往复的固定模式，并可以用一种特定的生产函数加以相当准确的描述。在这样的社会里，社会经济活动与生活状况长期一成不变，难以看到改善的希望。即使纵观数百年甚至上千年的长期历史时，仍可捕捉到经济改善的迹象，但这样的变化是如此缓慢，很难在一代人或几代人的时间内体会到，以致对变化或改善的希望通常只能寄托在童话幻想之中。

但在工业革命以后，情况发生了根本性的变化。此时，新知识的涌现已经是常态，社会经济活动所利用的生产知识体系是不断变化的，社会生产能够利用的资源、能够采用的生产方式以及能够生产的产品等也会不断变化，产生了从前难以想象的、可在一代人的时间内识别的常规性经济发展现象。由于持续涌现的新知识的影响，工业革命以后，各种经济事物的性质及其间联系常常处于持续的变化过程中，难以有效赋予其确定的数量特征及数量关系；社会经济活动模式也已经发生了质的变化，呈现为崭新的持续变化模式，不再能够用具有确定变量与变量间关系的固定生产函数有效描述。这种新的经济活动模式虽然可以呈现为某种稳定有序的状态，却既不同于物质社会那种循环往复的均衡状态，也不同于一种特定的均衡状态向另一种特定的均衡状态转变时的、由固定力量或机制支配的、调整中的非均衡状态，而是呈现为一种类似于耗散结构或混沌等非平衡的动态有序状态，使现实社会体现出与过去迥然不同的两个世界的差异。

容易理解，假定经济运行最初会处于某种均衡状态，各种经济资源均在某种既定机制下处于最佳配置状况，一旦出现新的知识技术，将带来资源、技术或产品等的相应变化，使原有均衡状态被打破。如果新的知识技术的出现是一次性的，其引起的资源、技术或产品等变化也是一次性，假以时日，在有关调整机制下通过充分调整，由此产生的非均衡状态最终也会转向一种新的均衡状态。然而，如果新的知识技术的出现具有持续性，那么，在经济尚未调整到新的均衡状态时，又可能出现更新的知识技术，要求经济向第二种更新的均衡状态调整；类似地，在第二种新的均衡状态也尚未调整到位时，知识技术的状况可能又已经发生了改变，不断地驱使经济向第三种、第四种、第五种乃至难以历数的新的均衡状态调整。此时，经济运行模式的性质将发生嬗变，不仅经济运行处于不断转换方向的调整过程中，不再有足够时间达到均衡状态；而且，调整机制也将处于不断的变化之中，使调整过程总是处于不断变化且难以预期的支配力量作用下。总之，只要新知识的涌现速度快到一定程度，经济运行将处于调整方向与调整机制都不断变化的、持续的调整状态中，跃迁为一种由持续涌现的知识流所支撑的动态结构。而且，支撑这一状态的知识流本身是不稳定的，除了可以预期会不断有新知识产生之外，有关知识流的内容、结构、速度及其他各方面的性质都在不断地变化之中，有很大不确定性，不存在固定的支配力量或影响。这使得社会经济运行模式甚至不能被描述为耗散结构或混沌那类的、由确定的决定因素支配的、非平衡的有序状态，其经济规律与性质会有根本性变化，是一类西方经济学传统的均衡思维无法理解的全新状态。

因此，工业革命以后，人类社会已经进入了史无前例的、持续变化的年代，这是一个新的社会，一个社会经济生活的性质与规律全然不同于过去的社会。

尽管如此，由于分析方法的历史局限性，居于经济学主流地位的现代西方经济学却难以认识持续变化中的新模式，无法有效把握新社会的本质特征，无从察觉、描述和回应这样的历史巨变。面对全新世界中全新的经济活动，这一主流经济学表现出完全无视现实经济活动的巨变，冥顽不化地沉浸在过往的记忆中，盲目固守已经过时的经济运行模式。

以分析方法的创新为基础，信息社会经济学提供了与现代西方经济学截然不同的经济学理论体系。在信息社会经济学看来，现代社会的一切经济问题，都深深地烙上了信息社会的烙印，只有以这一社会的经济特征为背景才能得到有效阐明。信息社会经济学正是通过坚持"知识涌现速度快"的前提，使各种现代经济问题的分析与信息社会的经济特征紧密联系，以严格的逻辑推理，得到了与现代西方经济学不同的全新认识，形成了具有更为系统严谨的经济学理论体系。

在描述信息社会的经济状况时，由于经济运行已经来不及达到均衡状态，社会经济运行过程将被理解为持续发展变化的非均衡过程。此时，各种经济事物的类别性质及其间的联系不再稳定，也难以赋予其数量特征与联系，经济学基本上不再考虑均衡状态下经济事物的性质特征与规律，而是关注它们在持续变化的非均衡条件下形成的新性质与新问题，均衡分析与定量分析等工具基本上不再适用，经济学分析只能更多采用逻辑推理等定性分析工具。同时，由于既定资源的合理配置与新资源创造本身是两个互不相容的中心议题，前者要求在资源等不变的条件下研究，后者则本身是以资源等条件持续变化为前提的，适用于前者的分析工具难以适用于后者。这样的经济学也将告别资源配置与均衡经济学，将归结为发展经济学以及与均衡经济学迥异的非均衡经济学。而且，由于此时的非均衡并非向均衡状态演进中的，这样的非均衡经济学还不同于向均衡状态演进中的非均衡经济学。既然如此，信息社会经济学的出现，自然意味着历史分期标准的突破已经催生出经济学的更新换代。

第三章

信息社会经济学理论的拓展

论货币政策的有效性：
来自信息社会经济学的研究

　　货币政策是现代政府调控经济的主要手段之一，但其是否有效，或者具有怎样的有效性，在目前居于主导地位的西方经济学中，却始终缺乏统一认识。新古典经济学断言货币政策不具有有效性，新凯恩斯主义经济学则认定其至少在短期中有效。这使货币政策是否有效的问题始终悬而未决，使有关政策实践始终得不到可靠依据。

　　依据一种可称为信息社会经济学的新经济学理论，本文表明，传统货币政策不仅在短期有效，在长期也具有有效性；与此同时，这种有效性又存在严重的局限性和不确定性，使传统货币政策不足以成为有效的调控政策。

　　在信息社会经济学对货币性质与经济运行模式的研究基础上，本文重新确立了货币政策的目标、工具与调控方式，还表明了西方经济学两大派理论的缺陷及其原因。

一、引　言

　　在本文中，我们将货币政策理解为通过调控货币的某些状态来达到一定经济目标的政策。在现代西方经济学中，货币政策通常指的是采用贴现率、存款准备金率及公开市场业务等工具，对货币量或利率进行调控，以试图平抑经济波动的政策。容易理解，西方经济学的这类政策实际上只是全部货币政策中的一类，本文称其为传统货币政策。

在目前居于主导地位的现代西方经济学中，货币政策的有效性实际上指的是传统货币政策的有效性，大致涉及货币量或利率变动对实际经济的产出与就业等的影响状况。

在西方经济学中，传统货币政策通常被认为是现代政府调控经济的主要手段之一，但其是否有效，或者对经济运行的什么方面具有怎样的有效性，这一经济学却始终缺乏统一认识。至于更为广泛的货币政策是否具有有效性，由于其眼界的限制，西方经济学还未能涉及。

根据西方经济学家进行的所谓实证检验，传统货币政策与产出等看起来在长期中没有相关性，在短期内存在相关性。人们认为，这是有关货币政策有效性的一个典型事实①。但在西方经济学中，对这一所谓典型事实却存在两种对立的解读。

实际经济周期理论提供了一种有代表性的解读。该理论以相当严格的逻辑分析，断定无论在长期还是短期，传统货币政策均不具有有效性。甚至未被预料到的货币政策也无效。在这一理论提供的经济波动模式中，也根本不需要货币的作用。

由于上述典型事实容易被认为提供了支持货币短期非中性的证据，从而使实际经济周期理论的断言显得与现实不符。对此，实际经济周期理论的支持者辩解说，这样的看法混淆了货币与产出之间因果关系的方向。即，这一典型事实可能表明的是产出对货币的影响，并非人们通常所理解的货币对产出的影响。

由于相关性不等于因果性，具有相关性的两种变量既可能有正向的因果关系，也可能有反向的因果关系，还可能没有因果关系。至于如何有效确定

---

① 参见布莱恩·斯诺登、霍华德·R. 文：《现代宏观经济学：起源、发展和现状》，佘江涛、魏威、张风雷译，江苏人民出版社 2009 年版，第 278 页。

相关性中因果关系的方向，西方经济学还无从着手①。因此，从理论角度看，实际经济周期理论的辩解的确有一定道理。当然，基于同样的理由，实际经济周期理论的辩解反映的也只是一种可能性，可以成为一种质疑，但难以成为确证。

总之，实际经济周期理论的观点尽管看起来以非常严格的经济分析为基础，在理论逻辑上显得相当有说服力，但其是否与现实相符，却仍然缺乏理论上的有效说明，也缺乏充分可信的实证检验。

新凯恩斯主义经济学提供了另一种有代表性的解读。新凯恩斯主义经济学认为，即使传统货币政策可能在长期中无效，由于存在价格黏性等影响经济及时调整的因素，至少在短期中，传统货币政策仍然可以具有有效性。其支持货币政策具有短期有效性的理论依据，主要建立在 LM 曲线表示的货币量与产出等经济变量之间存在稳定关系的假定基础上。前述典型事实看起来也正好为其提供了实证方面的支持。

但是，深入地分析可以发现，新凯恩斯主义经济学依靠的 LM 曲线明显只是一种主观假定，更多来自经验感觉，看起来更像是一种信念而非严格理论分析的结果，并不具备实际经济周期理论那样严格的逻辑基础。

此外，即使假定存在着新凯恩斯主义经济学认定的短期有效性，也还存在什么时候有效、有多大效果等难以确定的困难。

因此，新凯恩斯主义经济学的分析，并不能根本排除实际经济周期理论质疑的可能性。如曼昆所说："尽管大多数经济学家相信，货币政策在经济周期中起着重要作用，但这种判断是根据来自许多研究的证据积累。没有使每一个人绝对相信的确凿证据。"②

从实践情况看，迄今有关的所谓实证研究似乎更多表明，传统货币政策既不似新古典主义认定的那样无效，也不具有新凯恩斯主义认为的那类比较确切的效果，而是有时有效，有时无效；有时效果大，有时效果小，总体上

---

① 参见 N. 格里高利·曼昆：《宏观经济学（第五版）》，张帆、梁晓钟译，中国人民大学出版社 2005 年版，第 480 页。
② 参见 N. 格里高利·曼昆：《宏观经济学（第五版）》，张帆、梁晓钟译，中国人民大学出版社 2005 年版，第 481 页。

存在很大不确定性，十分难以把握。

如此两种对立解读的相持不下，不仅意味着货币政策是否有效在理论上仍然悬而未决，更意味着西方经济学缺乏解释相关问题的能力。这样的状况不仅严重损害了经济学的理论声誉，也使有关政策实践始终得不到可靠依据，经常陷入进退维谷、无所依据的尴尬境地。当然，西方经济学目前虽不能有效澄清货币政策是否具有有效性，也并未完全排除其可能在将来以意想不到的方式对这一问题提供确切解释。但至少从目前的研究状况看，还没有任何迹象表明这一理论体系能够出现这样的奇迹，使得在其体系框架内，传统货币政策的有效性能够得到澄清。因此，设法澄清这一乱象，不仅是经济学理论正名的要求，更为实践所需。

本文认为，由于其理论体系存在深刻的历史局限性，未能准确把握现代经济运行模式的规律与特征，也缺乏对货币本身性质的合理认识，现代西方经济学实际上能力不足，不可能有效解决有关现代社会货币政策的有效性一类问题。在这一理论体系范围内的研究，将永远只能陷入争论的泥潭而不能自拔。既然如此，有关研究不应该局限在西方经济学框架内。根本性地抛弃这一理论体系，采用全新的分析方法，以新的理论体系为基础重新探讨有关问题，应该是一种有吸引力的选择。

一种新近提出的、可称为信息社会经济学的理论体系，为澄清有关货币政策有效性问题提供了可能性。本文即试图引入这一新经济学，采用新的分析方法，通过对货币本质特征及现代社会经济运行模式基本特征的重新描述，重新认识处理这一问题。

依据信息社会经济学的新认识，本文表明，传统货币政策不仅在短期有效、在长期也具有有效性，但与此同时，这种有效性又存在严重的局限性和不确定性，使传统货币政策不足以成为有效的调控工具。

此外，依托信息社会经济学对货币性质与经济运行模式的新研究，本文重新确立了货币政策的目标、工具与调控方式，并表明：由于建立在不恰当的历史背景基础上，现代西方经济学两大派理论存在不可克服的内在缺陷，既不能有效阐明传统货币政策的有效性问题，更无力应对一般的货币政策有效性问题。

二、理论基础

作为一种重起炉灶的分析，需要确立必要的理论基础。本小节拟先介绍信息社会经济学在两个方面的研究结论，为本文的分析奠定必要的基础：首先，货币是什么，具有怎样的性质，可能有哪些方面的状态变化。其次，货币的某种状态方式变化时，其影响的对象具有什么样的性质，可能会受到货币状态变化什么影响。

如果缺乏对货币性质的了解，我们将无从准确说明货币政策将凭借什么去影响经济；如果不知道其影响对象的性质，我们将无从描述面对货币状态的一定变化，经济活动可能会有怎样的反应。

西方经济学的货币理论缺乏这两方面的辨析。一方面，它缺乏严格的货币概念，不了解货币的本质特征，不具有准确描述货币作用的可靠基础。另一方面，它未曾明确辨析不同历史时期社会经济运行模式的特征，不了解现代社会经济运行模式具有什么样的特征，无法有依据地说明在现代社会背景下，货币状态的一定变化可能产生怎样的影响。由于这两方面的缺陷，其在论述货币政策有效性时缺乏可靠的依据，难以准确展示货币状态能够有什么变化、对现代社会经济运行状况有什么影响或冲击，以及可望采取什么措施进行有效的应对处理。目前在此领域呈现的理论乱象，正是其在这两方面的缺陷使然。

（一）现代社会经济运行模式的重新描述①

货币政策对经济运行过程有什么影响，其影响机制如何，与社会经济运行模式的状况密不可分。在不同经济运行模式下，货币状态的一定变化会有

---

① 有关分析的比较系统而详细的论述，可以参见袁葵苏：《经济发展的基本模式——经济学的现代基础》，中国人民大学出版社 2009 年版，第十章；《经济学理论的批判与重建》，经济科学出版社 2009 年版，第五章第二节。

不同的影响。因此，对经济运行模式的认识，既涉及货币政策影响对象的性质，也涉及其可能对货币状态的一定变动有怎样的反应。

信息社会经济学认为，在工业革命前、工业革命后，社会经济具有截然不同的运行模式。

在工业革命以前，社会经济运行基本如西方新古典经济学描述的那样，是以固定资源、按固定方式、生产固定产品的过程。此时，支配社会经济运行的各种因素基本稳定，社会经济通常也有充足的时间达到稳定的均衡状态。即使偶尔可能发生一些变化，如由偶然的环境变化——战争、自然环境与技术等的变化——引起的变化，使得均衡状态被打破，但这些变化只是偶然性的、一次性的孤立变化。在原有的均衡被打破后，一旦新的、支配社会经济运行的基本因素得以确立，社会经济将有充足的时间进行充分的调整，并达到新的均衡状态。在此期间，经济运行状态处于一种向新的均衡状态调整的非均衡状态。因此，这类社会的经济运行模式大致体现为一段段的循环往复的均衡模式，其间夹杂着从一种均衡状态向另一种均衡状态调整过程中的非均衡状态。经济运行的常态基本属于平稳的均衡状态，非均衡状态只是一种例外。

但在工业革命以后，社会经济运行模式发生了根本性变化。在持续涌现的技术变化冲击下，社会生产所利用的资源、所生产的产品以及所采用的生产方式等，都处于持续的变化之中。不仅社会经济运行受到持续且不断改变着的冲击，处于持续的调整过程中，而且调整方向与调整机制也不断发生改变，导致社会经济运行嬗变为一种由持续涌现的知识流所支撑的全新模式。这种模式既不同于物质社会那种循环往复的均衡模式，也不同于一种特定的均衡状态向另一种特定的均衡状态转变时的、由固定力量或机制支配的、调整中的非均衡模式，而是呈现为一种类似于耗散结构或混沌等非平衡的有序模式，是一类在西方经济学传统中无法理解的全新模式。

这一模式存在着内在的不稳定性：一方面，新的知识技术的持续涌现，使得经济活动处于不断变化之中，从而使现有的社会经济关系逐渐变得不适应；另一方面，在这些不适应产生和积累的同时，又会相应激发经济社会产生出各种调整恢复力量，以消化或克服这些不适应。这两方面力量是由不同因素决定的，难以处于持续平稳的对比状态，作为经济活动变化的持续性与经济关系调整的滞后性相互作用的结果，经常性的经济波动将是必然的或不可避免的。

信息社会经济学认为，既然工业革命前、后的经济运行存在着如此大的差别，在认识货币政策的有效性时，需要区别不同历史背景，再分别进行分析。否则，就可能混淆不同的经济运行模式，无法准确把握货币政策可能带来的影响。

在信息社会经济学看来，现代西方经济学在货币政策有效性方面的认识混乱，很大程度上就源于其未明确意识到辨析经济运行模式的重要性，不知道工业革命前后的社会经济运行模式存在着根本性的差别，使其对现代社会货币政策有效性的分析，常常以工业革命以前那种社会为历史背景，混淆了货币状态的一定变动在这两种经济运行模式下的不同反应。通过辨析经济运行与波动模式的特征，信息社会经济学可望在现代社会经济运行模式基础上，有效阐明货币政策的有效性。

（二）货币概念与性质的重新认识①

对货币概念或性质的认识，既涉及货币可能有哪些方面的变化，也涉及这些变化可能给现实经济运行带来怎样的影响。

在西方货币理论中，至今仍缺乏对"货币是什么"，以及"什么东西可以充当货币"的确切认识。在荣获诺贝尔奖的授奖仪式上的演讲中，托宾明确承认：西方经济理论不能解释"为什么人们要保存对效用或工艺没有内在贡献的纸，而且纸在与商品和服务交换时具有正值？"，并坦承自己"对那个深刻问题，肯定解决不了"。更为严重的是，西方货币理论似乎还不曾察觉这些问题的重要性，用托宾的话说，还"不认为它是实际货币理论的先决条

---

① 有关分析可以参见袁葵苏：《经济学理论的批判与重建》，经济科学出版社 2009 年版，第五章第九、十节。

件"。① 对于这样一类不知货币为何物的理论，难以相信它们有能力正确描述有关"货币"的事情。

依据严格的分析，信息社会经济学重新考察了货币的概念，得到了一个确切的货币定义，即：货币是充当一般等价物的、具有最低持有成本率的价值物。② 这一定义不仅反映了货币区别于其他事物的本质特征，还使长期悬而未决的货币形式决定问题基本得到解决。这里，持有成本率指的是货币充当交易媒介时引起的相关单位交易成本，分别由该价值物发挥交易媒介功能时，在获取、持有与支付几个环节付出的成本决定③。这一新的货币定义表明货币具有以下性质：

首先，货币的基本功能在于有助于降低经济活动的交易成本。

上述定义表明，货币的基本功能在于有助于降低经济活动的交易成本。即通过货币具有的低持有成本率，能够使借助货币中介进行的交易活动的交易成本，既低于直接的物物交易的成本，也低于借助其他中介进行的交易活动的交易成本。这一功能的发挥状况，既决定着货币是否有存在的必要，也决定着谁有资格充当货币。如果货币能够有效帮助降低经济活动的交易成本，货币就有必要存在；如果其发挥不了这样的功能，就无须货币存在。同样，如果某种东西能够通过充当交换媒介而最大限度地降低经济活动的交易成本，这种东西就有资格充当货币；如果某种东西充当交换媒介时不能够最大限度地降低经济活动的交易成本，这种东西就没有资格充当货币。无论是作为交换媒介，还是作为价值标准、储藏手段，都是以此基本功能为基础的。

其次，持有成本率决定着货币基本功能的发挥状况。

根据这一新的货币定义，持有成本率状况决定着货币基本功能的发挥状况。持有成本率高，货币能够起到的降低交易成本的作用相对较低，在超过一定程度后，甚至可能使货币没有必要存在；持有成本率低，货币将有助于降低经济活动的交易成本，基本功能可以得到更好发挥，其存在的必要性增强。相反，当货币能够较好地发挥其基本功能的作用时，必然意味着其持有

---

① 参见托宾：《宏观经济过程中的货币与金融》，载王宏昌等：《诺贝尔经济学奖金获得者讲演集》，中国社会科学出版社1997年版。

②③ 参见袁葵苏：《货币理论的批判与重建》，载《经济评论》2000年第1期，第54～60页。

成本率较低；而当其基本功能难以充分发挥时，也可以归结为其持有成本率较高。因此，持有成本率的状态是决定货币与其他事物区别的唯一特征，决定着货币基本功能的发挥状况，应该是货币最重要的状态，可以认为体现了货币的本质属性。

容易看到，既然持有成本率的状况决定着货币基本功能的发挥状况，通过持有成本率的变动来分析货币对经济活动的影响，具有不可或缺的重要性。

这是因为，货币基本功能发挥状况的变化，必然意味着对经济活动的实质性影响，这样的影响应该是货币能够带来的基本影响，不应该被忽略。同时，在把握货币的经济影响时，既然持有成本率是决定货币基本功能的发挥状况最基本的因素，对于理解货币基本功能得到怎样的发挥，自然具有关键的重要性。如果离开对持有成本率状况的考虑，一方面可能意味着货币基本功能的发挥状况被忽略，货币的经济影响可能未得到有效把握。另一方面，则可能意味着被考虑的货币的经济影响不一定由货币基本功能引起，甚至可能与货币无关，不属于货币理论研究的对象。因此，在论及货币哪些方面的变化可能给现实经济运行带来怎样的影响时，对具有如此重要性质的持有成本率，不能回避不谈。

就西方经济学家通常关注的货币供应量与利率而言，作为特定领域的货币数量与租金，它们也是货币状态的一种表现，其变动也会产生一定的经济影响，但与持有成本率相比较，其体现的是货币不同性质的状态，不能充分反映货币基本功能的发挥状况。我们不能根据其大小，说明是否有货币存在的必要，或者有效阐明货币基本功能会得到怎样的发挥。即使货币量或利率的变动可以影响货币基本功能的发挥，也只是多种影响因素之一，既不能准确代表基本功能发挥的状态，也不能代表其他因素对货币基本功能的影响。

在西方经济学中，货币量或利率的状况被提及的经济影响，主要是对投资与消费等的影响，并不是对货币基本功能发挥状况的影响。这些影响更多属于信用关系等的变化带来的影响，与货币的基本功能关系不大，甚至难以归结为货币的影响。至于它们本身体现了货币的什么性质，有什么经济上的意义或重要性，在注重它的西方经济学中，除了未经证明而简单假定其具有影响投资与消费等的作用外，并未得到专门考察，也不具有确切的结论。因此，其是否是不容忽略的货币状态，是否具有持有成本率那样不容忽视的重要意义，就远不是那样明确。既然西方经济学对货币量或利率性质漠然或无知，当其选择这一角度考察货币作用时，明显带有盲目性。

从货币量或利率和持有成本率之间的联系看，前者虽然可以影响持有成本率，但不是唯一的影响因素。而且，在现代这种持续变化的社会中，其影响有很大不确定性，难以取代持有成本率成为货币基本功能的准确体现；反之，持有成本率虽然也不能完全体现货币量或利率的影响，因为后者的部分影响不属于对货币基本功能的影响，但持有成本率可以充分体现货币量或利率对货币基本功能的影响。即，若货币量或利率变化导致了经济活动交易成本降低，这一效果也可以归结为其导致了某一环节持有成本率降低的效果。

既然持有成本率的影响是确切的、不可忽略的，而货币量或利率的影响是不确切的、是否不可忽略也并不清楚，对货币状态及其作用的描述以货币的持有成本率状况为基础，就显得比以货币量或利率变动为基础更具有合理性，可望更准确地体现货币对经济活动的实质性影响。因此，本文在考察货币的作用及货币政策的有效性时，将从持有成本率角度出发，而不是如迄今西方经济学那样，从货币量或利率出发。这种着眼点的差别，奠定了本文创新的基础。

三、货币政策及其作用机制

如果将货币政策理解为通过调控货币的某些状态来达到一定经济目标的政策，那么，货币政策就不限于西方经济学中的传统货币政策，只要能够以某种方式调控货币的某种状态、以达到对经济状况的某种影响，均可称之为货币政策。

根据对货币性质及经济运行模式的不同认识，信息社会经济学与西方经济学认定的货币政策调控对象与调控目标不同，使其关于货币政策及其作用的认识存在很大差异。

在现代西方经济学中，货币政策针对的货币状态或调控对象是利率或货币供应量，调控目标主要是平抑经济波动。

而在政策实践中，目前的西方经济学家提及的货币调控实际上还涉及多种非传统货币政策，如利率限制、窗口指导、定量宽松及相关金融体制调整等。这些政策涉及更广泛的调控对象，但一直未正式纳入西方货币理论之中，其性质、意义与作用机制并未得到专门研究，缺乏必要的理论解释和依据，只能算是货币政策中来历不明的异类。

在许多西方经济学家看来，传统货币政策具有重要作用，可以通过对利率或货币供应量的调控，引起实际经济中的供求变化，进而熨平经济活动水平的波动。比如在经济活动水平被认为过热时，通过紧缩货币抑制需求；而在经济不景气时，通过放松货币刺激需求，最终使宏观经济波动得到平抑。

与此同时，就这些政策作用及其机制而言，也还存在诸多问题。不仅有太多未澄清之处，更突出体现在经济学家始终未能就此达成共识。

在信息社会经济学里，货币政策可以概括为通过调控货币持有成本率以维持或改善经济运行环境的政策。其针对的货币状态或调控对象不再是利率或货币供应量，而是持有成本率；调控目标也不再是平抑经济波动，而是为经济运行提供更有利的运行环境。货币政策的作用机制体现为：当货币管理当局运用一定政策工具调控时，将引起货币持有成本率的变化，再通过持有成本率水平与结构等的变化，引起经济活动交易成本水平与结构的变化，进而导致经济活动内容、水平与结构的变化。

此外，对信息社会经济学的货币政策而言，调控对象与调控目标的不同，还意味着可能采用的调控工具与调控方式等与西方经济学存在差异。

根据信息社会经济学的调控对象与目标的性质，其调控工具比西方经济学更广泛。为了调控货币利率或货币供应量，西方经济学主要从影响货币利率或货币供应量的因素出发，根据现有的货币制度，基本形成了以公开市场业务、准备金比率及再贴现率三大工具为主的、比较固定的传统货币政策。

信息社会经济学则从影响持有成本率的因素着眼，认为货币政策应该利用更广泛的政策工具。传统货币政策工具只是影响持有成本率的因素之一，虽然可以以适当方式保留为政策工具，也因为调控对象和调控目标的变化，需要改变利用方式；因此，有必要将目前各种非传统政策工具正式纳入货币政策的工具箱，使其不再像以前那样只以非正式的方式存在；而且，货币政策的工具箱具有开放性，不仅需要将各种可能影响持有成本率并具有可操控性的因素纳入，还需要随着经济活动的不断变化随时更换改进。

信息社会经济学与西方经济学对货币政策及其性质的认识存在如此巨大的差异，提出了这两种认识谁更合理，以及如何判断其合理性这样严峻的问题。在理论与实践中，还提出了一系列亟待回答的重大问题。如：货币究竟具有怎样的经济作用？货币政策究竟有什么用？管好货币究竟该管什么，应该如何管？等等。

本文试图表明，与西方货币理论相比，信息社会经济学的认识至少受到两个方面更有力的支撑。一是从理论逻辑角度看，信息社会经济学的货币理论有更严格的逻辑依据，理论上显得更可靠；二是从政策实践角度看，对以往货币政策实践提供的所谓典型事实，信息社会经济学的货币理论不仅能有更合理的解释，还能由此引申出更为深刻的认识。在本小节余下的部分，我们试图初步考察比较这两种理论的理论依据，以揭示各自的合理性，评判二者孰优孰劣；下一小节则通过对货币政策有效性的分析，考察这两种理论对现实的解释能力。

从理论依据看，信息社会经济学的货币理论本身是理论推理的结果，其得到的各种相关认识，都具有严格的客观理论依据。西方货币理论更多依据的是不可靠的主观经验感觉假设，基本上未能得到可靠的客观理论依据支撑，甚至未明确试图澄清理论依据：

首先，货币政策调控对象的依据不同。

信息社会经济学将货币政策的调控对象认定为持有成本率，其依据在于，根据对货币性质的新认识，持有成本率涉及的是货币的本质特征，决定着货币基本功能的发挥状况。因此，将持有成本率作为调控对象，实际上调控的是货币基本功能的发挥状态。考虑到货币基本功能的发挥状态可能带来的影响是货币唯一能够被确认的作用，而且这样的作用没有理由被忽略，针对这类调控对象的货币政策应该是有确切意义的货币政策，将其作为调控对象自然是有理由的。此外，从持有成本率的性质看，它也是受到很多因素影响，是可调控的，可以成为合格的经济变量。就此而言，在信息社会条件下，信息社会经济学能够认定，对货币政策作用的考察不应该撇开持有成本率，从而为持有成本率途径的考察提供了必要性或非此不可的理由。即使持有成本率与交易成本及其作用难以衡量，看起来不似货币量或利率等那样容易量化，显得不可捉摸，也会因为在信息社会持续变化条件下，与是否可量化相比，是否有意义或是否有依据更重要，使得不能仅仅凭借可定量分析与否，来否定持有成本率这类调控对象的合理性。

与此形成鲜明对比的是，当西方货币理论将调控对象认定为利率或货币供应量时，并未明确对其认定提供合理性说明，甚至未表现出试图提供相关说明的迹象。根据前面对货币性质的考察，这一调控对象涉及的并非货币的本质特征，它不能决定什么是货币，反映的不是货币基本功能发挥状况。其究竟反映了货币的什么特征，也不是很清楚。就此而言，西方货币理论难以提供令人信服的理由，回答为什么应该将其作为调控对象，而不采用其他对象，这意味着其事实上缺乏严格的理论依据。对这样一个来历不明的调控对象，怀疑其是否具有合理性是有相当理由的。

从西方货币理论的具体描述猜测，其将货币利率或货币供应量认定为调控对象的理由，主要来自主观经验或想象。由于其从表面经验似乎觉得货币利率或货币供应量的变动会导致需求或产出等的一定变动，于是想当然地将这一未经考证的关系作为毋庸置疑的研究基础，并通过假想的 LM 曲线等将其与最终目标之间确切地联系起来。但是，这样的联系基本上是以缺乏依据的假定为基础的。西方经济学既未曾为这些联系是否真的存在提供确切的逻辑证据，已有的经验证据也莫衷一是，这样的假定本身自然不能成为存在有关联系的坚实证据。既然其调控对象是以这些未得到确证的假定为基础的，其合理性也是缺乏保证的。

此外，货币利率或货币供应量本身是否是可操控的经济变量，也缺乏保证。即使同属西方经济学的实际经济周期理论，也否定这一调控对象的有效性，认为货币供应量是内生的，不认可其可操控性[①]。

由于未经证实或缺乏依据，西方经济学提供的调控对象是否不能忽略，

---

① 参见布莱恩·斯诺登、霍华德·R. 文：《现代宏观经济学：起源、发展和现状》，余江涛、魏威、张凤雷译，江苏人民出版社 2009 年版，第 278～280 页。

明显没有确证；针对这类调控对象的货币政策是否有价值，也没有确证。当然，合理性未经证实的调控对象未必不合理，但至少在其尚未澄清时，它们仍然只是缺乏依据的想象，不足以成为可靠的依据，尤其不能借此否认持有成本率这种有理论依据的调控对象。

其次，货币政策目标的依据不同。

从调控目标看，西方经济学的货币政策以平抑波动为目标。但是，由于不了解经济波动模式的性质及其决定因素，也不能确定货币与实际经济的关系，西方经济学货币政策的目标缺乏可靠保证与依据，不足以保证其是能够通过货币政策达到的目标。

一方面，经济波动由什么引起的，具有怎样机制与模式，西方经济学的不同派别至今仍然争执不下，表明其并不了解经济波动模式的性质及其决定因素。既然如此，认为货币政策可以以平抑经济波动为目标，自然缺乏坚实的理论基础。因为经济波动的有效平抑，需要在充分了解经济波动的性质及其决定因素的基础上进行。

另一方面，西方经济学认定货币政策可以用于平抑经济波动，其依据在于假定了货币供应量或利率是决定产出、就业及物价水平的重要因素，并与其之间存在很确定的联系。但如上所述，这样的假定未经证实，只是一种主观想象，不具有理论上的可靠性。

与西方经济学不同的是，信息社会经济学在澄清不同历史背景下的经济运行模式基础上，确定了严格的现代社会的波动模式，并根据对货币性质的新认识，从货币被确认可能起到的作用来确定货币政策的调控目标，使其调控目标具备严格的依据。

在信息社会经济学里，货币政策的目标比西方经济学保守得多，担当不起熨平经济活动波动的重任，仅仅限于尽可能使持有成本率具有稳定的低水平与合理的结构，以期尽可能使经济活动的交易成本具有稳定的低水平与合理的结构，为经济发展的顺利进行提供有利条件。而且，信息社会经济学认为，持有成本率只是影响交易成本的众多因素之一，货币政策对交易成本的调控只能产生有限的影响。

　　根据对经济波动性质及产生原因的认识①，信息社会经济学认为，在现代社会，经济波动的平抑需要根据引起波动的具体的经济关系不协调，通过使其协调完善来解决。就此而言，只能更多依靠货币政策以外的协调措施。即使经济活动的交易成本可以是影响经济活动水平稳定的因素，也不会是主要因素。因此，平抑宏观经济波动主要不属于货币政策的调控目标。

　　信息社会经济学的货币政策目标虽然不宏伟，也与社会亟待达到的目标相距甚远，却是真正有依据的、也最能尽到货币政策本分的目标。如果勉为其难地要求其承担不可能完成的大任，不仅不可能如愿以偿，还使货币政策不能很好承担其原本应该承担的任务，更会误导平抑经济波动的努力，贻害经济的顺利运行。

　　尽管信息社会经济学认定的货币政策能够产生的影响很有限，只能作为配角，不能像西方经济学里那样担当主角，其货币政策的影响范围却比西方经济学能够认同的广泛得多，不仅涉及短期的经济稳定，更主要还涉及长期的经济发展。因为作为货币政策的主要作用，在尽可能使持有成本率处于稳定的低水平时，更多影响的是长期经济运行状况。

　　综上所述，既然西方货币理论显得缺乏确切的理论依据，信息社会经济学的货币理论则是有坚实依据的，这已经提供了孰优孰劣的强烈对比。即使我们还不能因为西方经济学缺乏可靠的理论依据而断言其一定不合理，也至少能够表明，我们还没有理由认为，西方经济学的货币理论会比信息社会经济学更有优势。

四、传统货币政策的有效性

　　所谓货币政策的有效性，指的是对某种货币状态的政策调控将实质性地影响经济状况的某些方面。如经济发展、经济产出或就业水平等。

　　根据信息社会经济学对货币政策作用机制的认识，对持有成本率的调控，

---

① 参见袁葵苏：《经济发展的基本模式——经济学的现代基础》，中国人民大学出版社2009年版，第十章。

肯定会因为其对交易成本的影响，进而产生对经济活动的影响。就此而言，货币政策具有确切的有效性。当然，一定的货币政策对持有成本率有怎样的影响，进而对交易成本及经济活动有怎样的影响，是难以精确了解的，这样的有效性更多地只能进行定性分析。

信息社会经济学对货币政策有效性的新认识，不仅使一般的货币政策的有效性得到肯定，也为解决西方经济学中一直悬而未决的传统货币政策有效性难题，提供了可能。根据这一新的认识，在现代社会，利率与货币量是影响持有成本率的因素之一，其变化肯定会引起货币持有成本率的变化。因此，无论在长期还是短期，传统货币政策既不像实际经济周期理论认为的那样无效，而是的确是有效的；但也如后文所述，其有效性的性质与新凯恩斯主义经济学认定的有效性有别，存在很大的局限性与不确定性。

传统货币政策导致的持有成本率的变化，既可能是水平的变化，也可能是结构的变化。在持有成本率水平上升时，经济活动规模（无论是投机性还是非投机性的活动）将因为受到打击而收缩。通常感受到的紧缩性货币政策总是会抑制经济活动，即是因为紧缩性货币政策通常会比较确切地导致持有成本率水平上升。在持有成本率下降时，意味着存在着经济活动规模扩张的激励，可能导致经济活动规模的扩张。持有成本率结构的变化，意味着在持有成本率上升的领域，存在着打击经济活动规模的压力，可能导致这一领域经济活动规模的收缩；而在持有成本率上升的领域，存在着经济活动规模扩张的激励，可能导致这一领域经济活动规模的扩张。

从这些作用看，传统货币政策对经济活动有明显的实质性影响。即使不同领域的持有成本率在不同条件下升降不同，也没有必要认为其总的效果总是能够相互抵消[1]，因此持有成本率的变化导致经济活动规模与结构状况的变化应该是确定的。甚至在总的持有成本率水平或明显重要领域持有成本率有明显趋势性变化时，会导致经济活动状况有怎样的变化趋势也可能是相当明显的。

---

[1]　更进一步，由于影响不仅仅体现为 GDP 的变化，还可以体现为经济活动内容与结构等的变化，即使 GDP 方面的效果可以抵消，经济活动内容与结构的变化却无法抵消，使得货币政策仍然有实质性影响。

不仅如此，在不断变化的信息社会，传统货币政策的这种有效性不仅在短期存在，在长期中也可以存在。因为在长期中，货币的持有成本率会随着经济状况的变化而变化，本身不稳定，不一定能够及时满足持有成本率最低的要求，这为发挥社会的主观能动性提供了空间，可望通过一定的调控得到改善。因此，作为可以影响持有成本率的因素，传统货币政策如果能够有利于持有成本率处于稳定的合理状况，就使长期发展状况处于有利的运行环境，有利于长期的经济发展。相反，如果传统货币政策不利于持有成本率尽可能保持在合理状况，甚至使其更加恶化，经济的长期发展就无法因此受益，甚至受到这样或那样的损害。

从持有成本率的角度看，传统货币政策的影响相当广泛，涉及经济活动的方方面面。不仅对产出及物价有影响，还会引起经济活动规模、结构与性质的变化，以及对经济发展、社会分配、经济秩序及其他广泛的经济关系产生影响。即使对产出与物价水平的影响，也不限于和不同于现代西方经济学的认识。

容易看到，传统货币政策的上述有效性，是根据货币承担其基本职能的性质推导出来的。这样的影响是实质性的，不会随着时间的推移而消失，也无论这样的货币政策是否被预期到。即使其效果通常有很大不确定性，不能保证解决应该解决的问题，也不影响传统货币政策的确有效这一结论。

信息社会经济学确认了传统货币政策的有效性，而且这种有效性还超出了西方经济学的视野。但信息社会经济学认为，货币政策的有效性涉及的更为重要的问题，不是其是否有效，而是有怎样性质的有效性。这是因为，在信息社会经济学看来，即使传统货币政策对现实经济运行有实质性影响，也会因为其有效性存在严重的局限性与不确定性，使其未必如新凯恩斯主义经济学等认为的那样，能够成为有效的调控工具，承担起平抑经济波动这类重要使命。从以下两个方面，能够看到这一点：

（一）传统货币政策作用的局限性

在现代社会的经济运行模式中，传统货币政策虽然的确可以通过持有成本率的变动，影响实际经济活动的状况，但这种影响存在很大局限性，不足以达到希望的调控目标。

一方面，对于持有成本率状况的调控而言，传统货币政策的作用很有限。

传统货币政策主要是通过对利率或货币供应量的变动来影响持有成本率。但是，货币利率与货币供应量仅仅是影响持有成本率的众多因素之一，还可能存在影响持有成本率的其他因素。如金融体制、交易体制甚至交易与通信技术的变动等，都是影响持有成本率状况的重要因素。这些其他因素的影响未必亚于货币量或利率变动，甚至可能是比其更重要的因素。因此，仅仅通过对货币量或利率的操控，难以保证持有成本率处于某种期望的状态。换言之，适当的货币供应量或利率水平即使是达到理想的持有成本率状况的必要条件，也只是众多必要条件之一，肯定不会是充分条件。

另一方面，持有成本率本身对经济运行状况的影响也存在着局限性，使传统货币政策的作用受到进一步限制。

根据对货币作用机制的前述理解，货币的作用仅限于通过持有成本率对交易成本的影响。持有成本率只是影响交易成本的因素之一，交易成本本身也并非万能工具，不能解决一切经济问题。因此，即使传统货币政策可以有效调控有成本率的状态，甚至能够有效调控经济活动的交易成本的状态，也不能解决无法通过交易成本的变动来解决的问题。更何况传统货币政策不能有效调控有成本率的状态，持有成本率状况也不能有效决定交易成本的状态。

实际上，当西方经济学家关注传统货币政策的有效性时，他们是希望利用传统货币政策调控货币状态，以平抑经济波动。但是，根据信息社会经济学揭示的经济运行模式及经济波动理论①，经济波动产生于经济关系的不协调，通常只能通过理顺相应经济关系来解决。持有成本率甚至交易成本变动虽然可能对某些经济关系产生一定的影响，并进而对相应经济波动有影响，但这种影响很有限。因为大多数经济关系可能与此无关，使大多数由经济关系不协调引起的经济波动，无法通过交易成本的变动来有效平抑，当然也无法通过货币政策对持有成本率的调控来平抑。

---

① 参见袁葵荪：《经济学理论的批判与重建》，经济科学出版社 2009 年版，第五章第二节；《经济发展的基本模式——经济学的现代基础》，中国人民大学出版社 2009 年版，第十章。

比如，最近的金融危机与欧债危机，本质上主要是由受西方经济学误导促成的政府经济政策失当引起的经济关系不协调，可以归结为现代西方经济学理论的危机，或者经济政策调控方式的危机。这样的危机与货币能够影响的持有成本率或交易成本无关，没有理由通过调控货币状态的货币政策来解决，只能通过变更经济学理论、设法理顺相关经济关系来获得有效解决。

更进一步，在目前这种持续变化的社会里，经济关系不协调的类型与性质也会不断变化，能够通过持有成本率或交易成本这类相对固定类型的中介工具平抑的经济波动，可能越来越少，使传统货币政策的作用空间也越来越远有限。

因此，即使持有成本率或交易成本变动可能在一定程度上有利于某些经济波动的平抑，也未必能够平抑所有的经济波动，甚至会使不协调的经济关系乱上加乱。即使在持有成本率可能产生影响的场合，也因为从传统货币政策对其的调控可能存在较大负面影响，以及可能存在更有效的替代措施，可能更应该利用后患较少的其他政策来代替。

综上所述，与持有成本率无关的交易成本的变化很难由持有成本率的变动来控制，与交易成本无关的经济波动就更难通过持有成本率的调控来平抑。以货币量或利率调控为目标的传统货币政策因此只有非常有限的效果，不仅不能包治百病，其效果还可能越来越有限。因此，难以将它作为应对经济活动中不断产生的各种难题的主要依靠，尤其不能像新凯恩斯主义经济学那样，期望利用它达到平抑经济波动这样宏大的目标。

（二）传统货币政策作用的不确定性

传统货币政策的作用不仅很有限，就其可能起到的作用而言，也存在很大的不确定性，以致其实在不足以成为调控经济活动的有效工具。这体现在传统货币政策的调控导致的持有成本率的变动，是既不确定也不稳定的；进而其导致的经济活动的变动，更是既不确定也不稳定的，这使其调控效果不可把握或不可有效操控。

传统货币政策不以低持有成本率的维持与改善为目标，虽然其会影响到持有成本率，但同样的货币量等的增减在不同条件下对持有成本率影响不同。由于现代社会的经济运行本身处于持续变动之中，持有成本率对货币量等变动的反应本身与反应时滞也会因为环境条件变化等而有所不同。货币供应量的一定增加与减少，都既可能引起相关领域持有成本率增加，也可能引起其减少。增减的领域、水平与结构也是不确切的，有关影响的内容、力度、产生和有效持续时间及性质等均不确定。因此，传统货币政策的调控与持有成本率的变动之间不存在确切联系。

同样，持有成本率的一定变动会引起交易成本从什么变化，进而引起经济活动状况的什么变化，也存在相当的不确定性。因为在信息社会持续变化的条件下，持有成本率只是影响交易成本从而经济活动状况的众多因素之一，在不同时点或不同环境条件下，经济活动对持有成本率及交易成本的一定变动会有不同反应。因此，虽然传统货币政策对货币利率与供应量确实有影响，但对经济活动有怎样的影响，却难以确定。

更为严重的是，从其基本功能看，货币之所以有存在的必要，原本在于其能通过稳定的持有成本率提供较低的交易成本，传统货币政策的调控导致的持有成本率的不确定性，意味着货币的基本功能不能稳定发挥，或者货币不能正常起作用。因为在现代信息社会，货币基本上属于信用货币，已经体现为与货币发行者有关的信用关系，而不是物质社会那种固定的、可以由商品成本间的固定比价体现的、以稳定的法律制度为基础的相对稳定的经济关系。此时，货币供应量的增加可能使货币关系的信用基础遭到严重破坏，意味着货币所涉及的经济关系发生变化。比如，面对货币量的增减，人们未必会如理性预期的信奉者那样，认为物价甚至在短期内也会有相应比例的上升，而可能会认为不再能够获得关于物价与生产状况的准确信息。因为对预期者而言，如果进行更为现实而合理的预期，此时能够得到的并不是有关物价变动等的充分信息，而恰恰是不可能获取有关充分信息这一信息；能够预期到的也不是最终均衡状态，而是持续变化中的混乱状态。

总之，传统货币政策的作用对持有成本率，进而对经济运行状况的影响是不确定的，使我们难以了解二者间的可能关系。这样的不确定性极其复杂，以致几乎无法有效把握，事实上达到了无法通过对其的调控来有效调控社会经济状况的程度。

综上所述，就目前了解到的传统货币政策的作用及作用机制而言，基本上不存在可以有效把握货币政策效果的想象空间。即使传统货币政策的确能够影响现实经济活动，但其影响既可能是希望的，也可能是不希望或无法预期的，使其不仅难以用作调控经济活动的有效手段，还容易留下严重的后患。

货币政策有效性的有限性与不确定性，还可以用目前已有的实证研究结果得到强有力的证明。在西方经济学中，为了验证货币政策的有效性，进行了相当多的实证研究。这些研究结论不一，有表明货币政策的确有效的，也有表明其无效的，而有关的无效或有效程度也在不同研究中不同，因此一直无法得到确切的结论，使相关理论的合理性也得不到确证。不仅如此，应该如何调控货币，是着重货币的替代效应而注意利率的反应，还是着重货币的收入效应而关心货币供应量？货币政策的调控效果什么时候才出现？货币政策究竟有多大作用甚至有没有用？有关这一系列问题的争论，更明确地反映了在货币量与经济状况之间联系不确切的条件下，对货币量的调控也不会有确切的效果。这一看似混乱的证据虽然会使西方经济学家感到无所适从，但却是信息社会经济学上述认识的有效证据。因为根据上述结论，正是由于货币政策作用的不确定性，在不同情况下货币政策难以有确切的效果。

从传统货币政策在信息社会存在的上述有限性与不确定性，不仅可以重新解释西方经济学看到的关于传统货币政策有效性的典型事实，还有助于说明为什么人们观测到货币政策总是会产生影响，但货币政策的有效性却难以在理论上被现代西方经济学确认。

这是因为，西方经济学不了解现代社会经济运行模式的特征，也没有从持有成本率角度认识货币政策的有效性，因此认识不到在现代社会条件下，传统货币政策总是会通过对持有成本率的影响来影响经济，也认识不到这种影响具有的有限性与不确定性。

就实际经济周期理论而言，由于其未能分辨不同历史条件下经济运行模式的特征，意识不到现代社会已经具有不同于工业革命以前的经济运行模式，当其盲目严守工业革命以前的经济运行模式特征时，自然认识不到货币政策在现代社会里的有效性，只能依据其坚守的过时的经济运行模式闭眼否认。

新凯恩斯主义经济学虽然睁眼看到了货币政策在现代社会里的有效性，却仍然因为不曾分辨不同历史条件下经济运行模式的特征，盲目地将现代社会特有的现象纳入工业革命以前的模式中进行分析。当其从假想的 LM 曲线代表的货币与经济的关系出发，断定二者间存在联系时，就因为这种联系在工业革命以前的背景下被赋予了确定性，使其认定的货币政策的有效性存在严重扭曲和夸大，不再具有其原本存在的有限性与不确定性，与现实相距甚远；并因为暗藏的逻辑缺陷，使其分析显得过于牵强，说服不了实际经济周期理论的信奉者。

五、货币政策发展的新方向

传统货币政策不是适当的货币调控工具，货币供应量或货币利率也不是货币政策的适当标的，甚至货币政策本身也不应该是主要的宏观经济调控政策。但是，货币状态的调控仍然是必要的。传统货币政策不能成为货币调控的恰当工具，并不表明我们不能采用其他方式很好把握货币状态，以及有效调控货币状态。就货币在社会经济运行过程中仍然具有的重要作用而言，只有在提供了更加有效的替代工具时，才可能真正改弦更张，放弃存在严重缺陷的传统货币政策，使货币充分发挥其作用。

信息社会经济学提供了构筑新的货币政策的理论基础，虽然从全新的角度全面深入描述货币政策调控的新方向，还需要足够积累，但根据对货币性质与货币政策有效性的上述认识，可以直接明确新货币政策以下几方面的特点：

（一）新的货币调控对象与目标

新的货币政策调控对象现在是持有成本率，因此，管好货币现在不是要管好利率或货币供应量，而是要管好持有成本率。是否管好了持有成本率，则取决于持有成本率的状况是否有利于经济的顺利运行，或是否有助于经济发展。就此而言，新的货币政策目标大致可以归结为两类：首先，通过尽可能提供稳定的低持有成本率水平，有助于降低经济运行的成本。其次，通过调控持有成本率的结构，以抑制某些不利的经济活动，助长另一些被社会认为有利的经济活动，为经济发展的顺利进行提供有利条件。

对于经济活动来说，持有成本率水平的提高会提高交易成本水平，无助于经济活动的进行，较高的持有成本率水平对经济活动的开展没有明显的好处。因此，从促进经济活动顺利开展的角度看，使持有成本率水平尽量稳定地保持在技术与长期经济关系等因素所容许的最低水平，应该成为货币政策的基本目标。

同时，由于并非所有经济活动都是社会希望的，货币政策也未必应该有助于所有经济活动。通过调节不同经济活动领域的持有成本率，可以达到一定的结构性目标，可能会更有利于社会经济的顺利运行。如对热钱流动设置一定障碍，以抑制恶性投机活动，可能有助于经济关系的协调与经济运行的稳定。

货币调控的这一新目标反映的是货币真正能够起到的影响。达到这一目标，就意味着货币起到了其能够起到的最有效作用。

相反，如果不是针对这一目标，而是如西方经济学那样针对需求及经济波动等，就至少意味着这一目标不能很好达到，货币未能起到最有效的作用。

当然，新的调控目标能否有效实现，取决于对合理的持有成本率水平与结构的认识。为了使持有成本率保持尽可能的低水平与尽可能合理的结构，需要深入探索持有成本率的变化规律与决定因素，以及经济运行的结构性质等，重新确立能够有效衡量处于不断变化中的持有成本率状况的指标。

容易看到，如此新的目标具有两方面的重要性质：

首先，货币政策虽然的确是有用的，但货币政策也并不是包治百病的灵丹妙药，只能满足于执行有限的任务。在信息社会条件下，由于持有成本率不能保证处于最佳状态，或者常常存在可改善的空间，积极努力的调控不仅可用于协助经济稳定，还能够用于推动经济发展。尽管如此，货币政策的目标只能体现为通过调控持有成本率应该并且能够达到的目标，无法体现为持有成本率状况不能有效影响的其他目标。

比如，持有成本率只能影响经济活动的交易成本，那么，由交易成本以外的因素引起的问题，以及交易成本中与货币持有成本率无关的问题，都不在货币政策可以影响的范围中，均不是货币政策可以设法解决的。因此，货币政策虽然的确是重要的，却不能用于达到一切经济目标。

其次，货币政策这一新的调控目标不再是权衡性的，而是可以逐步改善的。

在西方货币理论中，货币政策存在着令人沮丧的目标冲突，只能是鱼与熊掌之间的痛苦选择，不可能获得两全其美的结局。如面临着就业与通货膨胀之间的权衡，要达到一个目标就得以牺牲另一个目标为代价。而且，牺牲一个目标后能否达到另一个目标也还成问题。

新的货币政策可以达到的目标不再有严重的冲突。由于持有成本率水平可以逐步降低，结构可以逐步改善，意味着货币政策可以同时有利于各种目标，或者为了达到某种特定目标未必需要以牺牲一些其他经济目标为代价。比如，通过降低持有成本率水平，可以促进经济发展，却不一定导致物价波动，不需要付出额外的代价，因此可以放心地致力于持有成本率水平的降低。

货币政策将因此卸下选择与权衡的形象，成为可以不断改善其性能、帮助同时达到各方面经济目标的工具。

（二）新性质的货币政策工具

新性质的货币政策工具，取决于持有成本率的决定因素，而不是影响货币量或利率的因素。持有成本率大致由获取、持有与交付货币这三个环节中的相对成本决定，主要涉及获取货币的成本、持有期间的价值变动以及持有期间的储藏、携带、鉴定等方面的成本[1]。

在现代社会，获取货币环节的成本取决于商品销售的难易，以及信用扩张的难易，受社会经济运行状况与经济体制，尤其是政府经济政策很大影响。在经济运行状况不同时，商品销售与信用获取的困难程度不同，这一环节的

---

[1] 参见袁葵荪：《货币理论的批判与重建》，载《经济评论》2000年第1期，第54~60页。

持有成本率也不同；交易与信用制度不同，甚至交易技术变化等，也都意味着这一环节的持有成本率不同。因此，金融与交易体制、交易技术及各种影响社会经济运行的政府政策等都构成货币政策的工具。

持有货币期间的收益主要受货币供应量与货币利率影响。货币利率影响着持有期间的收益状况，货币供应量则影响持有期间的价值或购买力变动。就此而言，由于对货币利率与货币供应量的影响，传统货币政策工具仍然可以成为新的货币政策工具。不过，需要注意的是，其作用在于对持有成本率而非对投资与消费等方面的影响。

至于支付环节的成本，主要受交易技术与长期稳定制度状况的影响，因此，有关支付制度与技术也应该归结为货币政策工具。

总体来说，影响持有成本率的因素很多，既涉及社会经济运行状况，也涉及社会经济关系，尤其是政府经济、金融政策等的状况，还涉及相关技术状况等。其中各种可操控的因素，就构成了新的货币政策调控工具。而其中哪些因素在什么条件下可能有怎样的重要性，则有待更深入的研究。

从持有成本率各个部分的性质及决定因素看，新的货币政策工具具有如下特征：

1. 非传统政策工具居于主导地位

在影响持有成本率状况的、可操控的广泛因素中，经济体制、金融制度及其他交易制度、政府经济与金融政策等的状况有着突出的地位。它们对持有成本率有直接的、确定的作用，是使持有成本率经常处于有效的低水平状态的根本性保障，也是消除其不合理状况的治本之策。

实际上，这些未被西方经济学正式纳入货币政策工具的非传统政策工具在实践中早已担当重任。如目前已经归为金融政策的窗口指导，以及广泛使用但尚未归为货币政策工具的金融监管与制度法规等。信息社会经济学的新认识一方面是为其正名，使其具备与主导性货币政策工具相称的地位，至少不再像过去那样游离在正统货币政策工具之外。另一方面则可以为货币政策工具的设计与选择提供坚实的理论基础，避免此前具有的盲目性。

2. 传统政策工具性质与地位的变化

在新的货币政策工具中，传统货币政策工具因为会直接影响持有成本率，可以占有一席之地，但其性质发生了根本性变化，地位也大大下降，与其在西方货币理论中有了本质的不同。一方面，它们的调控现在是遵从对持有成本率调控的要求进行的，不再针对利率或货币量，也不再试图达到平抑经济波动等目标。另一方面，在调控持有成本率时，传统货币政策工具不是唯一的工具，只是众多可用工具中并不突出的部分。由其他因素引起的持有成本率变动，大多不能通过这些工具得到有效控制。比如，由欧债危机引起的欧元持有期间的贬值就难以通过传统工具得到有效控制。而在其可能发挥影响时，什么时候会有怎样的影响也极不确定。因此，传统货币政策工具即使还有用，也会因为不能有效保障持有成本率经常处于有效的低水平状态，无法有效消除其不合理状况，具有很大局限性与不确定性，能够起到的作用也很有限。

3. 货币政策工具更多具有广义性、变化性

容易看到，在新的货币政策调控工具中，占据主导地位的非传统工具更主要是用于调控其他目标的，并非主要针对持有成本率。比如，为了保持低交易成本与适当结构，需要金融与更广泛的经济制度等调控，但这些调控工具的采用，可能更多致力于发展和稳定目标。虽然它们也会影响到持有成本率的状况，却并非主要为促使持有成本率达到适当的状况。因此，有关工具主要只能算是广义货币政策工具。这从另一方面表明货币调控并非经济调控的主要方面，货币政策只是经济政策中比较次要的组成部分，

同时，由于持有成本率与特定历史条件下充当货币的价值物的特性有关，加之经济活动本身的变化性，货币政策工具的内容与适用性将随时发生变化，不再是固定的，要求根据经济状况的变化随时发掘新的工具或改进原有工具。政策工具的形成不仅会更多地来自实践经验，还会更多地与一国经济运行的具体状况相联系。

（三）货币政策调控方式的转变

调控对象、调控目标及调控工具的变化，意味着货币政策调控的方式会发生相应变化。

不仅货币政策不再具有过去框架里的货币政策那样的重要性，传统的中央银行功能也将发生根本性变化，其重要性将大大下降。

1. 货币政策调控不再呈现为固定的斟酌选择模式

由于影响持有成本率的因素多变，持有成本率的调控不再遵循传统货币政策调控那样统一的斟酌选择模式，而应该根据变化中的影响因素，以不断创新的方式具体问题具体处理。这意味着调控方式复杂化，需要经济学家时刻关注影响持有成本率的因素有什么类型与性质的变化，并及时决定应该采用或创造什么性质的方式加以处理。而不是像过去那样，一劳永逸地构建固定的政策框架，并在其中相机选择。

2. 货币政策调控不再具有过去那种独立地位

作为致力于持有成本率状况调控的新货币政策，大多体现为发展或稳定政策的组成部分，甚至主要是致力于达到其他目标的调控政策，难以与其他经济政策区分开来。即使需要调节持有成本率本身的状况，也因为其不合理状况基本上是由其他经济关系的不协调引发的，需要从引起经济关系不协调的因素着眼，通过经济关系的调节来附带调节，未必需要专门的持有成本率的调控措施。因此，以持有成本率调节为目标的货币政策调控更多体现为辅助性的，基本上不再具有独立地位。

货币政策调控独立性的丧失，还意味着货币政策不再具有传统政策调控模式中的重要性，不再成为宏观经济调控的核心。因此，由最后贷款人演变而来的中央银行这类政府机构，即使仍然可以负有监控金融秩序一类任务，也不应该再具有过去那种显赫地位，只应该成为一个辅助性的监测咨询机构。

3. 货币量或利率的调控方式将发生变化

在新的货币政策调控中，作为影响持有成本率的重要因素，保持货币量或利率的合理状况即使仍然很重要，但其调控方式因为调控目标的变化，将发生根本性变化。

由于衡量货币量或利率状况是否合理的标准，现在应该由是否有利于保持合理的持有成本率状况来决定。因此，一方面，考虑到货币的内生性，为了达到合理的利率与货币供应量状况，调控措施现在更多需要利用自动机制，通过保持经济关系的协调来使自动机制充分发挥作用。另一方面，考虑到货币作用的有限性与不确定性，加之货币持有成本率的变化受很多因素影响，本身很复杂，效果也很不确定，可调控性既不强，也难以利用其达到急迫的经济目标，精确调控不再可能也没有必要，对它的调节应该更加审慎，尽量采用粗调慢调的方式。

比如，可以考虑采用尽量稳定在合理的状况或水平的固定增长率规则，而将此时产生的持有成本率波动交给货币量或利率调控以外的措施去应对，应该有相当的合理性。同时，这样的固定增长率规则需要由保持持有成本率稳定低水平的要求来决定，是简单而非斟酌决定的，具有客观的衡量标准与理论基础，不同于西方经济学里那种缺乏学术解释色彩、基本源于感觉经验的泰勒规则。

六、小　结

依托信息社会经济学的基本理论及对货币性质的新认识，本文提供了对货币政策性质及传统货币政策有效性的新认识：

（1）本文认为，货币政策的作用应该通过持有成本率来体现，而不是通过利率或货币供应量体现。从这一角度出发，货币政策总是有效的，不仅可以影响产出及物价，还有更广泛的经济影响；而且其有效性不限于短期，也存在于长期。与此同时，货币政策的作用也是有限的，不能承担平抑经济波动这类不受持有成本率支配的宏大任务。

（2）本文认为，由于存在深刻的历史局限性，现代西方经济学既不了解现代货币的本质特征及其真正能够起到的作用，也缺乏对现代经济运行模式规律与特征的合理认识，其各派别对传统货币政策性质的认识缺乏起码的理论依据，致使其均无法有效确认传统货币政策的有效性，也无从就此达成共识。

由于其未能分辨不同历史条件下经济运行模式的特征，实际经济周期理论盲目严守工业革命以前的经济运行模式，认识不到货币政策在现代社会里的有效性。新凯恩斯主义经济学虽然感受到了货币政策在现代社会里的有效性，却盲目地将这一现代社会特有的现象纳入工业革命以前的模式中进行分析，使其严重扭曲和夸大了货币政策的有效性。

（3）本文认为，为了充分发挥货币的作用，需要针对新的调控对象与目标，采用以非传统货币政策为主的全新货币政策工具，并在新的经济理论基础上以全新方式调控货币状况。这种新的货币政策不再具有过去那种显赫地位，基本属于发展政策的一个非主要的组成部分。与此同时，在新的货币政策中，管好货币供应量或利率仍然是需要的，但其管理方式将有根本性转变。一方面，管好货币供应量或利率的判断标准发生了转变，由是否达到通货膨胀与充分就业之间的满意权衡等，转变为是否使持有成本率保持在合理状况；另一方面，管好货币供应量或利率的方式，主要体现为以保持持有成本率稳定为衡量标准的简单规则，而不是西方经济学中的斟酌决定，或者类似泰勒规则那种缺乏学术解释色彩、基本源于感觉经验的固定规则。

信息社会经济学的价格理论纲要

　　以 18 世纪的工业革命为标志，现实社会的经济运行模式发生了翻天覆地的历史性巨变。现实社会的经济事物——包括商品的性质及其价格的地位、决定因素与变化规律等，也已经在不经意间，悄然发生了根本性改变①。但令人吃惊的是，经济运行模式的这一历史巨变尽管具有前所未有的深刻影响，迄今却未能被经济学家清晰感受到，也未在主流经济学理论中得到有意识的体现。

　　根据经济学理论的一些最新研究进展②，现代西方经济学本质上属于以工业革命前的社会为背景的经济学，具有深刻的历史局限性，这使其认识只能滞留在过去的历史背景中，只能反映那个逝去时代经济运行模式的状况。在工业革命以后，由于其赖以生存的基础，已经被经济运行模式的转变彻底摧毁，因此，在面对包括价格性质在内的各种经济事物受到巨大冲击时，西方经济学或者视而不见，继续沉溺在工业革命以前的历史背景中，不思及时应变；或者，不得不以工业革命以前的社会为背景，勉为其难地描述其在工业革命以后的状况，形成与现实严重背离的扭曲认识。

　　就本文关注的价格领域而言，如下文将阐明的那样，经济运行模式的历

---

　　① 参见袁葵苏：《科学技术的发展与经济学》，载《四川大学学报（哲学社会科学版）》1993 年第 2 期，第 19～26 页。

　　② 参见袁葵苏：《经济学理论的批判与重建》，经济科学出版社 2009 年版，第三章第三节。

史巨变，不仅彻底颠覆了商品价格的地位，使其从经济活动及经济学的核心和基础，沦落为边缘配角，还使价格的形成基础受到强烈冲击，导致价格的性质、决定因素，及其变化规律等发生根本性改变。如使商品性质逐步由物质商品转变为知识商品，商品价格也越来越主要体现为知识的垄断权，不仅促使知识传播状况与社会规范等成为全新的决定性因素，还导致商品价格的变动不再如过去那样，受供求关系变动的影响、围绕传统的均衡价格等变动中心波动，而是越来越多地呈现出单调下降的趋势，等等。但是，限于其内在的历史局限性，在迄今居于主流地位的现代西方经济学中，其价格理论对这一历史巨变引发的冲击却茫然无知。

在理论上，由于意识不到经济运行模式的历史巨变对价格理论的强烈冲击，使得由斯密到马歇尔构建的具有西方经济学传统的价格理论研究，无法及时应变，只能停留在工业革命以前的历史背景中，局限于供求均衡模型框架，无力展开对新的经济运行模式下的价格性质、决定因素与变化规律等的专门研究。再加上阿罗、德布鲁等人对一般均衡存在性、稳定性与唯一性等的严格证明①，使得在均衡模型框架内的研究不仅已经过时，也已经基本发展到头②，不再可能取得什么实质性进展。因此，近年来不仅看不到什么值得专门关注的理论进展，也使其对价格性质等的认识，仍然体现的是工业革命以前的状况，与现代社会的现实差距愈来愈大。

当然，出于经验本能，面对经济运行模式的转变对价格性质与决定因素等的冲击，仍然有一些经济学家感受到了其导致的、尚未得到已有经济学有效阐释的新现象和新问题，试图提出自己的阐释，以修正或弥补现有经济学理论不足。比如，凯恩斯在其著名的《通论》一书中，主要以此时已经体现出来的价格非均衡及刚性现象为基础，开拓了所谓的宏观经济分析。又如，施蒂格勒的《信息经济学》③ 一文，看到了现代社会信息获取往往不再免费

---

①　参见德布鲁：《价值理论》，刘勇、梁日杰译，北京经济学院出版社1988年版。

②　参见袁葵苏：《经济学理论的批判与重建》，经济科学出版社2009年版，第三章第三节。

③　G. J. 施蒂格勒：《产业组织和政府管制》，潘振民译，上海人民出版社1989年版。

这一突出现象，认为有关商品信息的获取需要付出搜寻成本，会使得商品价格形成难以简单归结为供求均衡的结果。再如，张五常的价格管制理论一文①，针对现代社会常常容易出现的政府价格管制现象，提出了自己关于价格管制性质及其影响的一些见解。此外，也常常可以散见从各自角度提出的各种非均衡价格理论，或者将知识、信息等作为一类特定商品而提出的专门的知识、信息价格或价值理论②，等等。

但是，在试图进行修正或弥补时，人们往往并未将这些新现象和新问题，视为由经济运行模式转变导致的结果，而是认为其属于已有理论尚未充分应用的结果，只需要拓展现有理论的运用加以应对即可。因此，有关修正或弥补的努力，很少考虑到属于旧的经济运行模式的旧理论，是否本质上不具备阐释这些新现象的能力，是否需要改变理论本身来加以应对。于是，迄今为止，在新经济运行模式下，对有关价格性质改变引起的认识，就只能体现为在旧的经济运行模式背景下，运用旧的经济学理论框架，试图弥补现有价格理论与现实不吻合的种种不成功的尝试。

由于缺乏对价格性质及其在不同经济运行模式条件下变化的透彻认识，尤其由于缺乏适用于工业革命以后的新经济学理论的支撑，这些认识不知道其看到的现象，其实是现代社会特有的、与西方经济学理论体系本质上不相容的现象。在未取得经济学理论与分析方法方面的根本性突破时，在已有理论框架内的修补尝试必然先天不足，具有不可克服的内在逻辑矛盾，无法体现为有价值的理论进展，只能以失败告终。

比如，凯恩斯理论的所谓创新，后来就被表明存在严重的内在逻辑矛盾③。信息搜寻理论也被指出逻辑上存在致命的矛盾④。张五常的价格管制理论，则不过是新古典分析方法在面对其无法理解的现代社会特有现象时，为

---

① 张五常：《经济解释》，易宪容、张卫东译，商务印书馆2002年版。
② 参见堺屋太一：《知识价值革命——工业社会的终结和知识价值社会的开始》，金泰相译，东方出版社1986年版。
③ 参见布莱恩·斯诺登和霍华德·R. 文（2009）、布莱恩·摩根（1984）等的相关论述。
④ 参见袁葵荪：《经济学理论的批判与重建》，经济科学出版社2009年版，第四章第四节。

试图把握现代社会价格管制性质的努力，徒增了一些干扰视听的噪声①。而阿罗也直言指出，把信息作为一种经济商品去构造它的一般理论困难重重②。

综上所述，就价格的性质、地位、决定因素与变化规律等而言，现代社会经济运行模式的历史性转变究竟带来了怎样巨大的冲击，由于现代主流的西方经济学本质上无法具备起码的应对处理能力，这一领域的研究基本上还是空白。既然如此，为有效把握包括价格的性质、地位、决定因素与等在现代社会的状况，需要彻底抛弃这类主流经济学理论的体系框架，通过脱胎换骨的转变，以经济学理论及其分析方法的创新为基础，重新构建适应新的经济运行模式的价格理论。

在笔者先前的经济学基础理论的研究中，凭借经济分析方法的创新，已经成功构建起一种全新的、可称为信息社会经济学的理论体系，专门致力于描述经济运行模式转变对现实经济状况的冲击，为本文的突破性研究奠定了坚实的理论与分析方法的基础。因此，本文试图彻底摆脱现代西方经济学分析框架的束缚，以信息社会经济学这一新的经济学理论体系及其分析方法为基础，致力于展示经济运行模式的深刻转变，揭示其对价格地位、性质、决定因素与变动规律等的冲击，并以此构建一个适应新的经济运行模式的全新价格理论。同时，通过有效揭示经济运行模式的转变对价格性质、决定因素与变动规律的冲击状况，本文还得以清晰表明西方经济学价格理论的缺陷所在及其产生原因。

---

① 稍微深入一点的分析可以看到，张五常的价格管制理论，实际上是针对现代社会特有的常规性政府干预，试图以价格管制失败的具体案例，说明更为一般的政府干预失败。由于其不知道政府干预是现代社会的特有产物，更不懂得不追溯价格管制的产生原因会使其特有的现代性消散，使其研究的价格管制现象已非现代社会特有的政府干预现象，进而使其在把握价格在现代社会的性质时，实际上什么也没有说。除了增加了一个诸如灯塔的故事、蜜蜂的故事一类新古典经济学陈词滥调的案例外，对于揭示新经济运行模式下的价格性质，以及对于进一步把握现代社会价格管制及更为一般的政府干预性质，仅仅留下额外的、需要扔弃的理论垃圾。

② 参见肯尼思·阿罗：《信息经济学》，何宝玉等译，北京经济学院出版社1989年版，前言。

一、经济运行模式的转变及其对价格的
理论与现实意义的冲击

在目前的经济学中，价格一直被认为是经济学的核心和基础。甚至在目前居于经济学主流地位的现代西方经济学中，作为其核心基础的新古典经济学，也在相当程度上可以归结为价格理论。但是，信息社会经济学的研究发现，自 18 世纪工业革命以来，现实社会的经济运行模式，已经发生了翻天覆地的转变，并导致现实社会的各种经济事物——包括商品及其价格的性质、作用与决定因素等——已经面目全非。就价格的地位而言，在经济运行模式转变的冲击下，价格已沦落为边缘配角，不再有资格成为经济学的核心与基础。仅仅因为在经济运行模式转变的初期，新经济运行模式的性质特征尚未充分显露，面对徐徐拉开的新社会的大幕，现代西方经济学缺乏足够敏锐的鼻祖们，未能及时洞察，无从了解这种深刻的转变，也无从把握这种转变对价格性质、地位等各种经济事物的冲击，致使其在试图描述价格的性质、地位等时，难以摆脱工业革命以前的历史背景的束缚，只能得到已经过时的认识①。而其现代的传承者们，也未能与时俱进，难免沿袭其先驱的思路，沉溺于过去的记忆，不仅无法察觉到价格的地位、性质与决定因素等早已今非昔比，却依然维护、甚至强化价格的地位，使其与现实渐行渐远②。

从信息社会经济学的角度看，为阐明价格的性质、变动规律及其决定因素等的嬗变，需要首先了解，经济运行模式究竟发生了什么迄今不为人知的重大转变，进而了解其对价格的理论与现实地位，形成了怎样出人意料的冲击。本文这一部分，将致力于此。

根据信息社会经济学的研究，以 18 世纪工业革命为标志，伴随着知识涌

---

① 参见袁葵荪：《经济学理论的批判与重建》，经济科学出版社 2009 年版，第三章第一、二节。
② 参见袁葵荪：《经济学理论的批判与重建》，经济科学出版社 2009 年版，第三章第三节。

现速度由"慢"到"快"的转变①，社会经济运行模式发生了前所未有的深刻转变，由工业革命以前那种以固定的资源、采用固定的生产技术或方式、循环往复地生产固定产品的模式，转变为工业革命以后的、以不断变化的资源、采用不断变化的生产技术或方式、生产日新月异的产品的过程。

经济运行模式的这一转变，对社会经济事物的性质、类型及其间联系等形成了巨大的冲击，使人类社会的经济活动的性质与规律，有了划时代的改变。这一转变的本质特征，不仅在于它大大提升了社会的生产力水平，更在于它使生产力的性质发生了根本性改变，导致社会跨入了一个全新的时代，不再是传统社会的延续，或者不是一个生产力水平更高的传统社会，而是通过脱胎换骨的转变，与传统社会分道扬镳，成为一个全新的社会。在这一全新社会里，经济活动的基本内容、基本性质与基本规律均与过去截然不同。

就对价格地位的影响而言，在经济运行模式转变的冲击下，一个突出的后果是，社会经济活动主要目标发生了根本性改变，导致价格过去具有的核心地位被颠覆，不再是社会经济运行的关键角色，也彻底丧失了在经济学理论中的核心和基础地位。从以下几个方面，可以看到这样的颠覆性改变：

（一）对达到社会经济活动的核心目标，价格不再具有关键作用

价格在现实经济生活与经济学理论中的地位，取决于它对现实社会经济活动的核心目标及经济学中心议题的影响。如果它对达到经济活动核心目标有决定性影响，对研究经济学中心议题具有关键性作用，价格自然在经济活动中有着不可或缺的重要地位，并应该成为经济学的基础与核心；如果对达到经济活动核心目标缺乏决定性影响，对把握经济学核心议题无关紧要，价格就没有理由在现实经济生活与经济学中占据核心地位。

以工业革命为标志，社会经济运行模式的转变既改变了经济活动的目标，

---

① 在信息社会经济学里，知识涌现速度的"慢"与"快"有特定含义，前者指新知识的出现是偶然的或意料之外的，不会进入人们的预期，工业革命以前的社会具有较多的这一社会的特征；后者指新知识涌现具有持续性，是一种常态，已纳入人们的预期，当代社会已经基本具有这一社会的特点。

也改变了经济学的中心议题，导致价格在工业革命前、后的地位迥异。

在工业革命以前，由于难以有新知识出现，社会经济活动只能以既定不变的资源、按既定不变的生产技术或方式、循环往复地生产固定不变的产品。在这样的社会里，各种经济事物及其之间的联系大致稳定。此时，社会能够或最值得关心的目标，主要与既定资源配置效率相关，体现为如何使既定资源得到最优配置，或使其最优配置状况得到有效维持等。至于如何通过知识增长提高社会生产力水平、获取更多的新资源以持续改善社会的经济状况等，虽然现在看起来更有吸引力，却因为当时的社会很难出现新知识，难以成为现实的社会经济目标。

纵观数百年甚至上千年的长期历史，即使仍可捕捉到生产力状况改善的迹象，但这样的变化是如此缓慢，很难在一代人或几代人的时间内体会到，以致对变化或改善的希望，通常只能寄托在童话幻想之中。此时，能够留给社会追求的目标，就只能集中到如何使既定资源得到最优配置，或者在受到一些偶然因素的干扰，使经济活动偏离最优配置状况时，如何进行相应调整，使其恢复到原有的或新的条件下的最优配置状况。

同时，在这样的社会里，由于时间的无限性，有充分时间进行经验或试错，既定资源通常可以自动得到最佳利用或配置，难以看到进一步改善的希望，本质上不需要经济学，专门研究经济问题的经济学因此没有存在的必要。但如果因为其他种种原因，能够产生描述此时经济活动状况的经济学理论，此时经济学的主要研究议题，也只可能是作为此时社会主要经济目标的既定资源的最优配置状况，使得此时的经济学可以归结为资源配置经济学。

就如何达到与维持既定资源的最优配置状况这一社会目标而言，可以认为价格具有极其重要的意义。这是因为，首先，为达到这一目标，需要有衡量资源配置效率的简明标准，以判断资源配置效率的高低，说明哪种情况资源配置效率高、哪种低，是否达到了效率最高的配置状况等。此时，价格可以在一定条件下提供这样一个衡量标准，使其在现实经济活动和经济学理论中，占据核心地位。比如，如现代西方经济学认为的那样，在所谓市场经济体制的条件下，价格是否达到一般均衡状况，可以成为判断既定资源是否得到了最佳配置的标志。这至少在理论上，使价格能够起到衡量资源配置效率状况的判断标准的作用。

其次，价格不仅在所谓市场经济体制下，可以成为资源配置状况的衡量标准，还可以在这一体制下，成为保障达到这一目标的有效工具。比如，在适当的社会规范约束下，如西方经济学家崇信的那样，依靠自由市场价格机制对供求关系的调节，如果忽略可能的时间限制等，理论上可以自动达到既定资源的最优配置，使这种资源最优配置状况具有一定的稳定性保障。甚至，还可以想象通过对供求关系的主动调控，能够加快价格调节过程，有效促成资源最优配置目标的实现，强化稳定性保障。

从上述两个方面看，至少在所谓市场经济体制下，准确把握均衡价格的决定因素与机制，也就意味着把握住了此时经济运行状况的关键。作为资源合理配置状况的反映指标与导引，以及作为达到资源最优配置状况的工具与保障，价格自然在实现社会目标过程中扮演着关键的角色，构成社会经济运行的核心和基础。再考虑到社会实际上存在的经济体制，与这种理论假设中的市场经济体制存在较多的共同点，价格作为衡量资源配置效率的核心指标，以及达到资源最优配置状况的保障，其重要性，就具有相当可靠的现实基础。

同时，在可有可无的、以既定资源的配置状况为主要研究议题的经济学中，虽然从价格均衡角度研究资源配置状况未必是唯一的选择，但至少是相当便捷、现实可行的选择，事实上也是经济学家迄今几乎唯一的选择。因此，对资源配置状况的经济学研究，也顺理成章地以价格作为其核心内容和基础，使价格问题成为此时经济学应当关心的核心问题。围绕价格这一核心，此时的经济学将致力于考察价格的决定因素与变动规律，阐明其与资源配置状况的关系及其影响机制等。容易看到，在目前流行的西方新古典经济学中，尤其是在更为严格的一般均衡理论中，价格即具有至高无上的核心地位，使得其本身甚至也可以简单归结为价格理论。之所以如此，自然在于这类经济学基本上属于工业革命以前那种社会的经济学，具有此时经济学的本质属性。

由此可见，在工业革命以前的社会，无论在实践中还是理论上，价格都可以具有不可或缺的重要意义。

但在工业革命以后，情况发生了根本性的变化。由于新知识的涌现已经是常态，社会经济活动利用的生产知识体系将不断变化，社会生产能够利用的资源、能够采用的生产方式以及能够生产的产品等也会不断变化，各种经济事物及其间联系将因此处于持续的变化过程中，产生了从前难以想象的、可在一代人的时间内识别的、常规性经济发展现象。

此时，一方面，由于新知识持续涌现，不断开发出来的新资源、新生产方式，使得资源利用效率的衡量标准不再确切，导致既定资源最佳配置等原有目标不再有确切含义，无法成为明确的社会目标，甚至因为缺乏衡量资源配置效率的标准，而失去意义。另一方面，即使不考虑资源合理配置目标不确切的问题，相比于如何能够不断创造和利用新的资源、采用新的生产方式、生产新的产品，以满足社会不断变化的需要的目标，既定资源合理配置状况的目标已经相形见绌，至少不再能成为社会关心的核心目标。因此，作为社会经济活动的指南，社会目标不可避免地需要有根本性改变。以获取新资源为核心内容的经济发展或知识增长，此时已经变得更为引人注目，势必取代既定资源合理配置，跃升为此时社会最重要的追求目标。

同时，工业革命以后，持续的变化使经济活动不再处于最佳状态，会导致层出不穷的、有待解决的新问题。这些问题往往来不及得到有效解决，使得专门的经济学研究首次被赋予了重要使命，要求其准确描述经济发展过程，及时有效解决发展过程中出现的种种问题。因此，经济学的重要性产生了。但此时社会经济活动的主要目标，已经由既定资源的最优配置，转变为经济发展或知识增长。因此，经济学此时应该以把握新资源创造或经济发展的性质、决定因素与规律等为己任，致力于研究和处理与经济发展相关的现实问题，体现为以新资源创造或经济发展为中心议题的发展经济学。并且，由于既定资源最优配置与资源创造或经济发展议题的不相容性，新的发展经济学与资源配置经济学也不相容，无法继承，只能另起炉灶，呈现为全新的理论范式。

围绕资源创造或经济发展这一主题，此时，经济学的内容框架，将以经济发展及其决定因素为起点和中心展开，主要关心经济发展的性质、决定因素与规律，以及新资源创造会产生怎样的后果，等等。而且，对于是否有利于达到经济发展或知识增长这一新的社会目标而言，价格及其形成机制已经没有了确切的影响或作用，不再具有判断标准的功能，也不再具有明确的重要性。即使其仍然可以对经济发展有一定的间接影响，也仅仅是众多间接影响因素之一，能够发挥影响的空间也很有限，至少不再拥有曾经的具有关键重要性的影响，没有理由成为经济活动的核心和基础。因此，随着资源最优配置目标的退位，价格及其形成机制曾经具有的基本功能，已经丧失意义，其在经济学中的地位自然会出现大逆转，由此前经济学的核心和基础，沦落为边缘配角。而且，在工业革命以后的现实经济活动中，其他各种重要的现实经济问题也多与新资源创造相关；价格则因为与资源创造或经济发展关系不大，或没有可把握的确切与直接的联系，对处理这些现代社会的问题也难有帮助。

比如，在现代社会里，发展中国家能否、在什么时限内、以什么方式赶上发达国家或消除与发达国家的发展差距？应该是极其重大的现实经济问题。对此，以价格理论为基础和核心的西方现代经济学，虽然也勉强构建出了五花八门的经济增长理论，至今却并未有效解决上述问题，也未体现出能够有助于促进发展中国家取得成功经济发展的任何迹象。相反，在完全没有价格理论掺和的情况下，信息社会经济学的研究已经证明[①]，只要致力于消除其知识传播体系与发达国家的差距，理论上，任何发展中国家均可保证在两代人左右的时限内，消除与发达国家的经济发展差距，与之并驾齐驱。信息社会经济学的这些成果，不仅有效解决了有关发展中国家成功经济发展的基本问题，还凸显出由于价格对经济发展状况没有决定性影响，因此对有效解决发展中国家的经济发展问题无所助益。

总之，在工业革命以后，价格对此时的经济发展或知识增长目标不再具有决定性影响。即使在所谓市场机制条件下，价格仍然具有一定的影响知识增长的作用，如价格的获取需要竞争，而知识增长应该是有助于竞争力增强的因素之一。但这种影响也只是多种非关键影响之一，不仅非价格竞争影响的领域不断扩大，还存在着不涉及竞争的领域，使价格竞争影响的领域大幅度缩小。而且，即使对价格竞争能够影响的领域，其影响也受到不断变化的

---

① 在袁葵荪的《经济发展的基本模式——经济学的现代基础》（中国人民大学出版社 2009 年版）一书中，从第一章到第八章即是这样一种证明。另参见袁葵荪：《经济学理论的批判与重建》，经济科学出版社 2009 年版，第五章第三节。

社会规范体系状况的制约，使得价格竞争本身的影响力大打折扣。因此，价格与经济发展的相关性微弱，不具有其曾经与资源最优配置那样密切的联系，其在现实经济活动或在经济学理论中的核心地位，也一去不返了。

（二）对达到经济稳定与公平分配等次级目标，价格的影响力与重要性也被严重削弱

除了达到和维持社会主要目标以外，经济稳定与公平分配构成了两方面的次级目标。对这两方面有重要影响的因素，即使不再具有核心地位，也会在经济活动与经济学中占有不可忽略的一席之地。在工业革命以前，价格对这两方面目标也有很重要的影响，但随着社会经济运行模式的改变，这两方面目标的性质、内容与决定因素等，也发生了根本性改变，使得价格的影响力大为削弱，进一步抹杀了价格的重要性，使之不再有举足轻重的影响。

就经济稳定目标而言，根据信息社会经济学对经济波动模型的新研究①，在工业革命以前，引致经济波动的因素主要是外在偶然因素的变化，如自然环境的变化、战争与偶然的技术变化等。此时，在市场经济体制的环境下，价格机制对经济波动的模式具有决定性影响。如首先可以作为对外在因素的变动的响应，使经济状况偏离原有的均衡状况，继而又促使经济状况逐步调整到新的最佳均衡状况，完成一轮经济波动。因此，无论这类由外在偶然因素引起的变动是否值得专门的经济学关注，但只要试图描述这样的波动模式，或者试图尽可能平抑这样的波动，价格都可以发挥关键性作用，使价格具有举足轻重的重要性。

但在工业革命以后，出现了一种新的引致经济波动的常规性决定性因素，即新知识的持续涌现。由于持续涌现的新知识的冲击，一方面，经济活动必然处于不断变化之中，促使现有的社会经济关系逐渐变得不适应；另一方面，在这些不适应产生和积累的同时，又激发经济社会产生出各种调整恢复的力量，以消化或克服这些不适应。由于冲击的不可预期性，以及社会应对调整

---

① 参见袁葵苏：《经济发展的基本模式——经济学的现代基础》，中国人民大学出版社2009年版，第十章；《经济学理论的批判与重建》，经济科学出版社2009年版，第五章第二节。

力量的被动性，社会经济关系的适应性调整难免具有滞后性，不足以充分及时化解冲击引起的不适应，不适应状况就会加重。当这种不适应状况严重到一定程度后，调整的压力将急剧增大，不适应的性质特征也会有更清晰的显露，不仅有效地应对调整措施更易搜寻，用于应对调整的力量也会急剧增强，使得经济关系的不适应状况更容易改善。因此，工业革命以后的经济波动，可以归结为这种经济关系适应性状况的改善与恶化交替出现的模式，本质上体现为经济活动变化的持续性与经济关系调整的滞后性相互作用的结果。

在这样的波动模式中，经济波动状况，将取决于持续涌现的知识引致的冲击状况与应对调整力量相对强弱的变化。由于价格在这两方面没有明显的重要影响，不是经济波动关键的、可调控的决定因素，顶多具有一些尚不明朗的、局部的、次要的影响。就此而言，价格对于经济稳定问题不再具有举足轻重的重要性。

就公平分配目标而言，为考察价格对达到公平分配目标的作用，需要首先明确衡量分配合理性的标准。

什么是公平合理的分配方式？能否或如何实现公平合理的分配？这是一类悬而未决的古老问题，与分配合理性的衡量标准有关，迄今的经济学理论一直未取得可靠的研究结果。根据信息社会经济学的新研究，分配合理性的判别标准，取决于一定的分配方式是否有助于达到或维护此时的社会目标[①]。依据这一研究成果，分配合理性的判别标准具有历史性，社会目标不同，分配公平的判别标准也不一样。

比如，在工业革命以前，分配是否公平合理，主要取决于分配方式是否有利于达到或维持既定资源的最优配置。而在工业革命以后，分配合理性的判别标准就在于是否有助于经济发展或知识增长。

就此而言，迄今的经济学理论之所以难以确定分配合理性的判别标准，原因就在于其缺乏历史性，试图寻求的是超越历史的永恒标准，而分配方式作为达到一定社会目标的工具，其合理性却具有历史性，会随着社会目标的变化而变化，根本不存在迄今的经济学试图寻求的永恒不变的判别标准。

---

① 参见袁葵苏:《经济发展的基本模式——经济学的现代基础》，中国人民大学出版社2009年版，第九章。

信息社会经济学认为，理论上，分配方式属于社会规范体系的一部分。谁？凭借什么？可以获得多少社会产品？基本上是由相关社会规范决定的。因此，为使得分配方式有助于社会目标的实现，本质上需要的是相关社会规范具有合理性。在现实社会中，对涉及商品经济活动的部分，价格会直接影响到收入分配的状况。即：谁能够通过社会交换获得价格的认可，也就直接获得了由价格代表的分配份额。因此，价格看起来是影响社会分配状况的因素之一，与分配是否合理多少有一定相关性。

但在工业革命前、后，由于社会经济运行模式与社会目标的不同，价格实际上产生的影响也不同。在工业革命以前，价格对于达到公平分配目标至关重要，而在工业革命以后，价格的重要性大大减弱。

在工业革命以前，社会规范体系基本上稳定不变。虽然社会规范是决定分配方式的根本因素，在表面上，价格看起来更像是主要的可变因素。至少对涉及商品经济活动的分配，基本上是直接通过价格、按照既定社会规范的相关规则进行的。并且，此时的社会规范通常处于稳定的最佳状态，使得从有利于达到和维持资源最佳配置目标的角度看，由其决定的分配方式也基本上是合理的。因为此时的经济利益虽然由于具有较强的不可分享性，使得在此时的分配方式下，利益的对立和冲突较为尖锐，但就其具有的可行性保障而言，有关分配方式基本上是无可替代的，因此有理由认为其具有充分的合理性。此时，价格可以被当作对商品产出的贡献标志，对价格来源或贡献大小的认定，可以成为获取分配权利的基本依据，使得价格对于达到公平分配目标至关重要。

正由于此，早期的政治经济学即以价值理论为核心内容，致力于研究价格背后的决定因素，试图说明谁应该凭借什么、应该获得多少，以及什么是合理的分配方式等。比如，在劳动价值论里，通过有限排除法，作为决定商品价格变动中枢的价值，被归结为抽象的人类劳动时间。据此，商品价值应该全部归属于付出劳动时间的劳动力，而仅仅只能得到其中部分价值的分配方式自然不合理。供求均衡价格理论则不加论证地主观认定：价格可以归结为资本、劳动与土地等几种资源投入的贡献，产品就应该在这些资源的拥有者之间，根据各自的贡献大小进行分配。尽管这些理论看起来相互对立，各自强调的不过是影响价格的众多决定因素的不同部分，并因为在工业革命以前近乎凝固的社会里，价格决定因素虽然有很多，但其种类基本不变，相互之间也存在着稳定联系，可以通过其中一种或几种因素来有效代表其他因素的影响。因此，在仅限于说明价格数值大小时，它们都保有一定的合理性。

当不同政治经济学派别试图通过追究价格的决定因素，为其主张的合理分配权利提供依据时，即使它们势不两立，却有着一个鲜明的共同点，即：对价格的贡献，意味着对社会分配神圣不可侵犯的索取权。因此，这些派别的分野，不在于质疑通过价格本身代表分配权利的合理性，而是对体现价格的决定因素或其来源的不同认定。当它们着眼于用不同的价格决定因素作为全部决定因素的代表时，就因为他们赋予的价格作为贡献标志的特征，使得其由于认定的是不同的决定因素，也由此认定了不同的公平分配标准，从而成为针锋相对的分配理论。而它们对价格的共同依赖，则凸显出了价格或与其相关的价值对于分配方式的重要性，使价格势必成为此时的政治经济学或分配经济学的核心与基础。

但在工业革命以后，由于社会目标转变为知识增长或经济发展，合理收入分配的标准也具有了不同的内容与决定因素[①]。首先，分配方式是否合理，已经取决于其是否有助于知识增长或经济发展。无论实际分配还是合理分配的标准，都将主要根据对知识增长的贡献确定。其次，社会规范体系一方面已经处于持续变化之中，使其对分配方式的决定性浮出水面，恢复为分配方式主要的决定因素。另一方面，社会规范不再具有最佳性，意味着分配方式也具有非最佳性，如何改善分配方式才真正成为需要解决的问题。

此时，价格不再应该成为分配依据，原因有二：

一方面，在高度社会化的生产中，已经不再有产品归属的自然依据，使得任何个人的贡献都不具有无可辩驳的先天独享特权。尤其作为知识产品，任一产品均由众多知识构成，任一新知识相对于历史积存的知识都显得分量很轻。因此，作为社会共同产品，每个单独成员也有不可被他人或社会整体

---

① 参见袁葵苏：《经济发展的基本模式——经济学的现代基础》，中国人民大学出版社 2009 年版，第九章。

剥夺的享受权。分配的合理性因此成为关键，需要根据对社会整体运行状况的各方面影响综合确定。

另一方面，此前的价值理论将价格作为分配依据的理由，实际上也直接利用的是既定社会规范的规定，未考虑大家并未意识到的社会固定目标的影响，难以否认实际上并不存在无可争辩的天然归属权。

因此，在社会目标与社会规范不再固定的一般情况下，不再考虑社会产品的天然归属权，认为其分配依据应该取决于对社会目标的贡献的认识，也就有了毫不逊色的支撑理由。

由于分配方式的合理性，现在应该归结为社会规范的合理性，并未体现出与价格有什么不可忽略的关系，意味着为达到公平分配，应该直接设法通过调整社会规范来调节分配状况，而不是依赖价格的决定因素是什么。比如，在现代社会，虽然社会化生产的产品比重大幅度提高，并仍然首先通过价格进行分配，但因为直接通过价格进行的分配未必有助于新的知识增长或经济发展目标，就出现了所谓的社会再分配现象。而且，再分配在社会经济生活作用的日益强化。这一现象，即表明在分配问题上，社会已经感到，仅仅依据对价格的贡献来决定分配格局的规则，并不合理。因此，对价格的贡献不再是理所当然的分配依据，也不能再听任其发挥作用，而是需要采用与价格无关的再分配措施加以修正。而且，作为社会化生产或知识的产物，对商品价格的贡献力量不限于具有垄断权的知识的生产者，如果仅仅以价格作为贡献标志，将会忽略不具有垄断权的知识的贡献者的贡献，使其理由不再充分。

由此可见，在工业革命以后，即使价格仍然保有对分配的一些非直接影响，也由于其对分配的影响是其背后的社会规范的影响的体现，不再具有过去的神圣性，表明价格以前体现的影响力不过是假托社会规范的名义。一旦其不再能够假托社会规范的名义，其影响力将被根本性削弱。如此一来，合理分配目标的达到不仅不再依赖价格的作用，反而需要设法限制价格发挥作用。

总之，在工业革命以后，价格失去了此前在分配领域具有的意义，不再是准确把握分配关系的关键因素。甚至旨在阐明商品价格归属的价值理论，也失去了曾经的重要性①。此时，身为价格理论的西方新古典经济学不仅至今也得不到可以成为共识的公平分配标准，只能引发不同派别永无休止的争论，甚至不得不寄希望于伦理学等，表明其并未有效说明合理的分配方式，自然意味着无法表明价格对于解决分配问题的重要性。与此不同，信息社会经济学则在根本不涉及价格的情况下，得到了可望取得共识的清晰公平分配标准。

值得一提的是，价格影响力在工业革命后的淡化，不仅是理论分析的必然结果，在实际经济活动中，也同样明显。比如，在工业革命以前，个体为了尽可能有助于自己利益的最大化，也需要以蕴含各种信息的有效价格为工具，较多注重自己有限资源的合理配置。在此时的社会经济活动中，无论是生产者还是消费者，都拥有有关产品性能与成本等的充分信息。因为作为价格接受者，直接关系着自己的收益和获得效用状况，需要关注价格的状况，并主要依据相关商品的价格做出生产与消费的决策，确定自己的行为选择，使得价格在商业活动中至关重要。

而在工业革命以后，对于实际经济活动中依赖市场交换、以盈利为直接目标的经济活动参与者而言，自然会注重成本收益的价格核算，看起来似乎应该极其重视价格问题。但即使对这一类与价格关系最为密切的经济活动参与者，社会经济运行模式的改变，也使得价格的影响虽然仍然随处可见，其影响力并不具有关键意义也同样明显。

这是因为，对此时的生产者或企业而言，其生产运营更为重要的是产品、技术及生产管理方式的创新。虽然进行成本收益核算、了解到影响价格的因素及价格变动特点，以预测价格可能的变动方向，增加可预期性，仍然是企业或其他机构的运营管理的重要任务，但是，根据自己及产品的特点，尽可能获得更多的知识信息，通过创新来持续提高生产效率和产品竞争力，则是其更为关键的任务。如果企业高层管理决策者主要满足于预测影响供求关系的因素或测定供求价格的弹性，而不是聚焦于生产效率提高和产品竞争力增

---

① 即使价值理论试图说明的是所有制不当，在工业革命以后也完全不必借助于价值理论，即可说明资本主义规范体系的不当及其更为深刻的不当原因，并更有依据地说明什么是合理的社会规范体系。

强的创新，其企业被淘汰将在所难免。相反，只要创新能力与效果突出，即使价格管理与成本收益核算比较粗糙，也未必成为致命缺陷。

同样，对消费者而言，其交易过程更多体现为"探索－赌博"的过程，重要的也在于信息获取。即在收入提高、面对层出不穷的新消费品涌现时，需要通过品牌、广告等收集各种信息，了解这些消费品的效用，以及如何使其消费更有助于能力提高。其消费决策较少基于机会成本的理性价格计算，较多基于感性直觉及所获取的相关信息，是持续非均衡格局中的赌徒与探索者，而非一般均衡最优格局中的被动接受者。此时，价格在消费决策中的作用越来越弱，掌握的信息状况则对其消费决策有比既定价格越来越大的影响。

综上所述，在不同历史背景下，经济运行模式不同，蕴含的社会经济活动目标将不同，由此导致价格具有不同的重要性。在现代社会，由于社会经济目标的转变，价格已经不复昨日的辉煌。无论对把握现代社会经济运行的状况，还是在经济学的理论分析中，价格都已经丧失了过去那种核心和基础的地位。虽然在一些对精确性要求不高的非关键领域，价格可以有一些马虎的应用，使得价格理论还有一些不太至关重要的意义，也仅仅需要对影响价格的新因素及其变化状况问题有所关注，不再涉及分配的天然依据及经济运行状况等问题。而在不容许马虎的严格理论分析中，价格的意义已经一落千丈，本身不再值得过多关注，价格理论也无足轻重。此时，即使需要对供求关系一些马虎的研究，其内容也不再是传统的，而是诸如影响供求关系变化的因素的状况，以及在持续变化的条件下，供求关系及其变化本身有什么新的性质与规律。

二、经济运行模式转变对价格形成基础的冲击

在经济运行模式转变的冲击下，价格淡出了经济学理论和现实经济活动核心领域，但仍然保有一定的实际意义，使得我们仍然需要了解，在新的经济运行模式下，价格的决定因素及其性质与变动规律是否有什么相应的改变。为此，需要在新的经济运行模式基础上，首先考察价格形成基础受到的冲击，

为揭示价格决定因素等的转变奠定必要基础。

商品价格形成的基础，主要体现为作为交易标的物的商品本身的性质，及其交易者的行为模式等的状况。这些方面的改变，将导致商品价格决定的因素、机制及其表现不同。从信息社会经济学的角度看，经济运行模式的转变，对商品价格形成基础带来了很大的冲击，导致商品的性质及交易者的行为模式都出现了根本性改变：

（一）商品性质的改变

商品性质的转变，可能是令迄今研究价格的经济学家感到最为匪夷所思的事情，但在经济运行模式转变的冲击下，的的确确发生了。作为交换标的，商品本身的性质无疑与交换价格直接相关。不同性质的商品进行交换时，其价格形成可能有不同的决定因素与规律。

为说明简简单单的商品还会出现性质的改变，需要从了解商品的本质特征开始。从信息社会经济学角度看，本质上，包括商品在内的所有社会产品，都是人的知识的体现，可以归结为人类社会拥有的相关知识的集合。比如，一把斧子，虽然在一定条件下可以理解为相关原料、工具与劳动力投入的产物，但若追溯这些投入物成为斧子产生要素的源头，仍然会发现其不过是关于需要投入什么原料、需要利用什么工具的知识，如何能够获得这些原料与工具的知识，以及如何利用这些原料和工具生产出合格的斧子、如何培养与利用能够有效掌握和利用这些知识的劳动力的知识。这些知识是保证有效获得相关原料与工具、有效利用具备相关能力的劳动力，并保证利用其成功生产出斧子的先决条件。不具备这些知识，不可能生产出斧子；一旦充分有效掌握这些知识，成功生产出斧子就不在话下。就此而言，充分掌握有关知识，是成功生产出斧子的充分必要条件。因此，我们有理由将一把特定的斧子，认定为如何获得能够生产出斧子的原料、如何将其加工为斧子等相关知识聚集而成的产物，或者是这些知识的凝结物。

依其聚集的知识的不同传播状态或性质，产品大致可以分为相应的三种类型：

在一个极端，产品体现的知识集合，基本上是已经得到充分传播的知识。这样的知识集合早已产生，并在相当长期内，其内容和作用预期不会变化。此时，这样的知识集合可以固定依托一些物质性产物，仿佛已经附体其上，不仅可以由这些物质产物代表，甚至可以理解为已经转化为这类物质产品。而且，因为其与附着物之间的紧密联系，相随于附着物的不可分享性等物质属性，滋生出相应的不可分享性等性质，表现出物质产品的属性。比如，如何加工制作青铜斧子的知识，包括识别、开采、冶炼青铜的知识，生产与此相关的各种工具或装备的知识，以及斧子有何功能的知识等，与青铜斧子本身长期紧密相连，使青铜斧子成为这各个生产环节不变知识的代表或凝结。这类凝结着固定不变知识的产品，可以称其为纯粹的物质产品。

在另一个极端，产品体现的知识集合基本上都未得到充分传播，其内容和作用预期会发生变化，甚至本身可能因为新知识的出现而遭到淘汰。这类知识不再与特定的物质性产物有稳定联系，以无形、无天然度量性的、可分享的知识面貌出现，体现为独立的知识形态。比如，各种技术专利、诀窍、点子创意等。它们通常未得到充分传播，也不与特定的物质性产物有确切联系，尚未凝结成特定的物质产品，具有无限的可分享性，可以称其为纯粹的知识产品。

处于两个极端之间，则是包含传播状况不同的知识，具有不同可分享性、居于各种中间状态的知识产品。现代社会的产品，基本上可以归结为这类中间状态的知识产品。这些产品分别具有不同程度的物质产品与知识产品的属性。如大宗矿产品具有相对较强的物质产品属性，较弱的知识产品属性。其包含的未充分传播的知识偏向于不改变其功能或使用价值，主要体现为提高其生产效率的技术知识等。而手机、电脑与芯片等产品则相反，具有相对较弱的物质产品属性，较强的知识产品属性。其包含的未充分传播的知识偏向于改进功能或使用价值等，也易于出现产品本身的更新换代。总体来说，可以根据产品体现的知识集合中包含的非充分传播知识的成分状况，将所有产品大致划分为知识性不同的产品，或者内含知识传播的充分程度不同的知识产品。

按照如此划分，信息社会经济学发现，由于经济活动模式转变的冲击，在工业革命前、后不同的经济运行模式中，商品的性质有很大改变。主要体现在：在工业革命以前，商品基本上属于典型的物质性产品，或者完全由长期稳定不变的、充分传播的知识凝结的产品。而在工业革命以后的现代社会，不仅出现了越来越多的独立形态的知识商品，使得商品脱离了工业革命以前的物质属性极端，商品总体上也逐步转变为未充分传播知识成分越来越多的知识性商品。此时，商品的物质属性逐步削弱，知识属性日渐增强，知识本性得以凸显，甚至只能概括为知识商品，不再能归结为物质商品。这一转变，致使其价格的性质与决定因素等也将随之发生根本性变化：

在工业革命以前，由于生产知识长期不变，构成商品的知识均具有稳定不变的性质、种类与效用，并得到了充分传播，相互之间还具有稳定联系，使得此时的商品基本上可以归结为典型的物质性商品，很少存在独立形态的知识商品。此时，虽然商品可以归结为相关生产知识的集合，但其内含的知识均已得到充分传播，可自由分享，不具有排他性，本身也不具有可交易性，无法成为独立的商品。同时，其中一些知识难免与一些物质产物联系在一起，使得其可分享性受到相关物质产物有限性的一定限制，不再能够无限分享，并因此得以借助与特定物质产物的稳定联系，具有了一定的排他性权利，成为具有不可分享性的物质性商品。

比如，在生产知识长期不变的条件下，虽然斧子的生产知识基本上已得到充分传播，但一把斧子的生产需要获得的全部知识中，难免存在着一些知识，如体现有关知识的工具、原料与具备相关技能的工匠等，其分享受到这样那样的限制，成为不具有可分享性的瓶颈资源。一旦斧子代表的知识集合中产生了一定的分享受到限制的瓶颈知识，在其他知识不变且可分享时，斧子作为有关知识的一个整体产物，就因为这些瓶颈资源的有限性，也具有了相应的有限性与不可分享性，转化为相应的可排他性占有的物质性产品。一旦这种排他性占有获得社会规范的承认，就可以成为一种商品，可以交易。

此时，在交易中，对其中那部分因不可分享而拥有的排他性占有权利的知识的排他性权利的承认，就体现为商品的价格，使商品的价格体现为不可分享的知识垄断权的反映。

但在工业革命以后，由于新知识的持续涌现，使得商品包含的知识集合中，越来越多的部分不再有充裕的时间保证得到充分传播，尚处于传播过程中，使得商品具有了传播状况不同的知识成分，不再如过去那样都是得到充分传播的知识。在此情况下，商品的性质发生了改变。

一方面，纯粹物质性商品大致消失，独立形态的知识商品则已经成为商品中不可忽略的一部分。在新知识持续涌现的条件下，几乎所有的商品都包含着新的、尚未充分传播的知识，只是不同的商品包含的未充分传播知识的成分有多有少而已。因此，仅仅包含已充分传播的知识的趋于逐步减少甚至消失。同时，由于未充分传播的知识越来越多，这些传播过程中的知识即使未与具有有限性的物质捆绑在一起，其可分享性也因为尚未充分传播而受到一定限制，使其能够凭借这种限制形成一定的排他性占有权，以没有物质外壳的独立知识形态成为商品，导致独立形态的纯粹知识商品出现，并越来越多。而在此前，独立形态的知识因为充分传播可以自由分享，无法具有排他性占有权，无法成为独立商品。

另一方面，随着商品包含的未充分传播的知识越来越多，长期不变的有用知识越来越少，即使很多商品仍然具有相当的物质性成分，仍然具有一定的物质产品的外表，也会越来越难以体现为与特定物质产品具有固定联系的产物。此时，商品与物质性瓶颈资源的关系越来越不稳定，不再能由其充分代表，由此暴露出知识产品的本质，其可分享性等知识特性得到恢复。当其包含的未充分传播的知识成分达到一定程度，就只有将其还原为不同状况的知识产品，才能把握其本质特征。而在根据物质产品的性质来把握这些商品的性质时，难免具有片面性，难以成为商品性质特征的准确概括。因此，商品现在越来越多地需要恢复为知识产品的本真形象，只能归结为传播状况不同的各种知识的集成体。

商品性质的这一转变，对于价格的形成或决定而言，具有重大意义。因为，涉及不具有天然度量性、可分享性与无形性等的知识商品的交易，与具有天然度量性、不可分享性与有形性等的物质商品相比，价格的性质、决定因素与变化规律会发生根本性改变。

如上所述，一旦将商品理解为知识的集合，商品的价格就可以理解为其内含知识的垄断权。随着商品的知识性逐步提高，商品价格作为内含知识垄断权的体现，其性质也会出现相应的转变，将由凭借与特定物质性瓶颈资源的稳定联系而具有不可分享的知识垄断权，转变为凭借未充分传播性而获得的不可分享性的知识垄断权。至于价格决定因素与价格性质的这类改变，将在本文接下来两部分分别加以考察。

（二）交易者行为模式的改变

交易者的行为模式，构成制约经济活动者交易行为的内在约束。因此，交易者行为模式不同，价格形成的基础可能不同。由于经济活动模式转变的冲击，在工业革命前、后，交易者的行为模式有很大改变，主要体现在由"完全理性"或"有限理性"模式，逐步转变为"探索－赌博"模式。

在工业革命以前，由于有关知识的充分传播，可以认为交易者是现代西方经济学中的理性人，或是总能保证成功达到"满意"目标的有限理性人，其行为方式基本上符合所谓的"完全理性"或"有限理性"模式。即，为达到一定目标，人们将要寻求并且总是能够寻求到"最佳"或"满意"的行为方式。此时，商品的性质种类、供应和需求的状况等长期不变，社会经济活动的目标比较确定，社会经济事物及其联系的类型、性质通常稳定不变。因此，在确定的条件下，通过反复进行的交易活动，凭借充分的试错与经验过程，交易双方均能够充分获取有关商品的成本、效用及供应与需求等状况的充分信息，可以根据自己的状况，理性地进行交易。而且，在这样的条件下，为了达到一定目标，可采用的方式大致是不变的。在这些方式中，总是存在相对"最佳"或"满意"的一类。因此，在充分长的试错或经验时间里，人们能够通过获取的相关充分或必要信息，清楚了解这些方式与目标的关系，从而总是能够将其中的"最佳"或"满意"的方式找出来。这样的行为模式具有保证成功的特点。

但在工业革命以后，首先，商品性质种类的不断变化，使得交易双方不再能够如过去那样，获得有关商品的性质种类、成本与效用、供应和需求的状况等的充分信息，还使得这种持续的变化性为意识反映，进入了社会的预期，导致人的行为方式发生了重大变化。此时，人的行为不再具有"完全理性"或"有限理性"这类保证成功的模式，人已经转变为想方设法获取信息的探索者，或者是依据所获取的信息进行赌博的赌博者。其次，由于相关知识来不及充分传播，交易双方势必存在知识差异。不仅消费者之间、生产者之间存在知识差异，供求双方之间也存在知识差异。这种差异还并非西方经济学的信息不对称那样的差异，可能来不及或无法通过设计激励合同等方式加以及时充分消除。这样的行为模式受到很多复杂因素影响，如知识的变化与差异状况、社会规范的变化状况等，不具有可预期的、明确简单的规律。因此，交易双方之间不仅不限于理性博弈，更主要体现为不带有理性色彩的赌博，其行为方式大致可以归结为"探索－赌博"模式，而且不能保证成功，可能导致既非"最佳"也非"满意"的失败结果。

如后所述，交易者行为模式的这种转变，与商品性质的转变一样，都将使得工业革命以后的价格决定因素与性质等，发生出人意料的改变，基本与新古典经济学等价格理论的描述无关。

三、经济运行模式转变对价格决定因素的冲击

经济运行模式及价格形成基础的转变，给价格决定因素带来了巨大的冲击。一方面，即使原有的一些价格决定因素仍然保有一定的影响，其影响的方式与性质也会发生重大变化；另一方面，一些新性质的价格决定因素产生了，意味着价格形成已经受到与过去不同的力量支配，导致价格决定因素与机制面目全非。

在工业革命以前，大致如现代西方经济学的均衡价格理论所描述，商品主要具有物质性，其价格形成基本上是以那种完全理性的行为模式为基础的。此时，商品价格的决定因素大致可以归结为影响供求关系的因素。

这是因为，对于商品的需求者来说，在效用既定的条件下，有理由认为其购买行为符合边际效用递减原理，可以如西方经济学那样，用一条向右下方倾斜的需求曲线概括其消费行为。同样，对于商品的生产者而言，一条向右上方倾斜的供应曲线可以概括其生产行为。因此，交易能够在充分反映商

品的效用及供求状况等的充分信息的确定条件下进行，具有可预期的明确、简单的规律，价格本身则可以归结为供求关系达到均衡时的价格。

而在工业革命以后，由于失去了完全理性的行为模式这一基础，加之商品的知识性达到一种不可忽略的程度，其供求曲线将失去支撑，无法保障均衡价格的形成，现代西方经济学的均衡价格理论将因此失效。

就商品具有的不可忽略的知识性的影响而言，一方面，知识的生产是一次性的，难以像多次重复生产的物质产品那样，确定成本的多少；更为关键的是，知识具有的可分享性，其使用规模的扩大基本上是通过分享来实现的，而分享的成本与生产成本不相关，大致意味着边际生产成本几乎为零，或可以忽略不计。因此，对于知识而言，不再存在均衡价格理论所描述的、向右上方倾斜的供应曲线，或其供应价格与知识的生产或分享成本基本上无关，应该是由其他因素决定的。另一方面，商品的知识性及知识的可分享性，使其在相当程度上不需要重复购买，因而不存在相应的边际效用，或者边际效用为零，难以形成由边际效用递减决定的需求曲线。因此，简单的商品供求关系难以说明其价格的形成，商品价格也不再能够归结为供求平衡的结果。

而且，商品的知识化，还使其交易不能够在买方充分了解交易标的的性质或效用后进行（甚至卖方也未必充分了解），只能在购买者信息很不足的条件下进行。因为一旦买方充分了解了相关知识的内容，就意味着其实际上已经获取了这些知识，无须再通过交易或支付代价来获取这些知识。更何况，对方是否通过交往获取等也难以确切判断。因此，购买需求必然更多受到其获取的不完整的知识信息的影响，甚至因为这些信息是如此不足，使交易相当于赌博，其付出的交易价格则相当于赌注。而需求的赌博性难免对需求策略产生不可忽略的影响，使赌注与通常理解的交易价格可能具有的不同决定因素。此时，商品需求取决于消费者的知识或信息，使得广告及销售方的营销策略等成为需求与价格的决定因素；如此一来，其价格就没有理由会是由供求曲线得到的均衡价格，影响供求关系的因素即使仍然保有对价格的影响力，其影响也大大弱化或变形，不复过去那种确切无疑的关键地位。

同时，知识的交易方式也与物质产品有明显区别。由于知识产品的权利更容易拆分，围绕其的交易常常容易涉及不同权利，而不是商品整体的所有权的交易。既然针对特定知识商品的交易的权利可以不同，达成的交易价格也可以不同。

而从行为模式变化的影响看，交易者的行为模式不同于完全理性模式，其交易行为就可能与理性人不一样。

比如，在"探索－赌博"模式中，交易过程不再能够保证成功，而是有可能成功，也有可能失败。因此，一方面，交易者知道其信息不能保证成功，所以在面临无法根本性克服的不确定时，只能以更多赌博的心态进行交易，使得其交易决策只能是赌博，也更容易放纵自己的好奇心与冲动，不会，也无法像理性人那样去精确计算得失。另一方面，交易者将更努力地致力于获取有关知识信息，而不是专注于成本收益核算等。而且，其获取知识信息的行为，也因为难以具备相关成本收益的充分信息，本身也是一种赌博行为，使得价格的性质与决定因素等，势必会因此出现根本性改变。

总之，现有经济学从供求关系认定的价格决定因素，均是以工业革命以前的经济运行模式为基础的，依赖充分理性、充分信息，以及资源、生产技术、产品的固定性等性质。在工业革命以后，经济运行模式转变使得不再存在如此简明确切、能够有效阐明问题的供求曲线，不仅原有价格决定因素的性质发生重大变化，也不可避免地出现很多新的价格决定因素。这些新的影响知识价格的因素不再如此前那样固定不变，而是具有了持续变化的新特点，并越来越多地占据了价格决定的主导地位，导致价格决定因素呈现出全新的格局。

下面，我们拟考察三类比较有代表性的新性质价格决定因素，以展示经济运行模式的转变，给价格决定因素带来的冲击：

（一）知识的使用价值与传播状况

知识的领先地位与其传播状况的变动状况，通过对有关知识的自然垄断状况的影响，构成一类比较突出的知识价格决定因素：

首先，包含特定知识的商品交易价格，必然受到该知识的领先程度或过时状况的影响，使得相关知识的领先程度或过时状况成为其价格的决定因素。

这一影响体现在，知识领先地位的变动，会通过对其使用价值的影响，导致其自然垄断权或相关商品价格的变动。这是因为，具有一定先进程度的知识，如果在一定社会环境条件下具有一定的、由价格承认的垄断权，那么，在其先进程度下降时，其使用价值也会下降，影响着社会对相关产品的需求，使其因为需求降低而导致垄断权或价格相应下降。

在现代社会，持续涌现的新知识的冲击，导致已有知识领先程度不断降低，可能不断面临被淘汰的可能。这使相关商品的使用价值不断降低，通常会使其价格有相应下降。比如，手机、电脑这类知识更新较快的产品，如果体现其知识内容的配置不变，就可能会因为其内含的知识领先程度明显下降而显得过时，导致其价格相应下降。

知识的领先程度的变化对价格的这种影响，已经在现实中有多方面的体现。会计记录上的无形损耗，是这类影响的一种经验体现。因为无形损耗实际上与功能本身无关，表明的主要是随着相关知识的过时，即使产品没有任何有形损耗，其特定功能本身的重要性也会下降，因此用价格表现的重要性下降。相比之下，在工业革命以前的经济运行模式条件下，因为有用的知识通常不会过时，这一影响不存在，自然不会成为影响价格的因素，产品因此也只有对本身功能有影响的有形损耗，没有无形损耗。产品生命周期理论，是未完全受到新古典经济学思想禁锢的西方经济学家们，凭借其经验得到的认识，表明的也主要是产品价格与其内含知识过时状况的关系。

由此可见，只要商品体现的知识组合中包含领先程度具有变化性的部分，其价格就会随着这一部分知识领先程度的下降而出现相应下降，该商品体现的知识组合中包含易变部分越多、变化速度越快，其价格下降的可能性与速度也越高。

其次，知识的传播状况，是另一个比较突出的价格决定因素。

在新的经济运行模式中，由于知识来不及充分传播，知识得以通过影响其传播状况的因素，成为影响相关商品价格的基本因素。因此，知识传播状况及其相关的影响因素，就成为知识商品自身价格的决定因素。

知识传播状况虽然不直接影响使用价值，但却直接影响相关知识的垄断权或价格。就交换价格本质上是人与人之间交换关系一种体现而言，知识的传播状况不同，交易双方知识差异不同，相关知识的专享权状况也不同，其价格自然会不同。因为知识若要进行交易，其必要前提是拥有专享权，而传播状况决定了其拥有者的专享权或交易资格的状况。特定知识传播越广泛，其拥有者的专享权越弱，价格就越低，即使其领先程度不变；反之，扩散范围较小的知识，专享权相对较强，价格自然可以相对较高。因为在生产商品的知识不断变化时，新的生产知识往往来不及自动充分传播，商品生产存在着知识门槛，不是任何打算成为生产者的人都可以随时成为合格的生产者，只有拥有必要知识的人才具备生产相关商品的能力。同时，生产者之间也出现了生产知识的差异，一些生产者可能掌握了较多的新生产知识，能够以更高的效率或更低的代价生产出更高质量的产品，另一些生产者可能来不及掌握新的生产知识，其产品生产就可能效率较低，代价更高，或质量较差，缺乏竞争力。

知识传播状况的影响虽然较多涉及从商品供应方面影响知识的垄断权或价格，但也不能完全归结为供给方面的影响。比如，在商品供应处于刚性饱和的情况下，知识的扩散只能影响商品价格而不是供应量。

容易看到，上述因素无疑构成包含领先程度不稳定的、未充分传播的知识的商品价格最基本的决定因素。从这些因素还可顺带表明：独立形态的知识商品的价格具有独特的决定因素，基本上与物质商品价格的决定因素没有什么共同点，依托的是知识自身的先进程度，以及在传播途中各种妨碍或影响其自由分享的自然与社会因素。与之相比，过去的供求或成本与效用等因素作用已经变化，无法代表这些新因素，使得过往的、类似新古典经济学描述的价格形成机理不再有效。因此，当今的经济学家虽然看到了知识成为商品，并在现实经济活动中有重大影响，绞尽脑汁却始终无法将其有效纳入经济分析[1]。究其原因，就在于他们受到其历史局限性的限制，不知道知识在不同经济运行模式中有不同商品性。在工业革命以前，知识均已得到充分传

---

[1]　即使对新古典经济学核心理论的最终完善具有决定性贡献的肯尼斯·阿罗，也针对试图构建专门的知识或信息等的价格理论的努力，因为找不到切入点而不得不承认，在西方经济学框架内，"把信息作为一种经济商品去构造它的一般理论困难重重，并且，至今仍然难以捉摸"（阿罗，1989：前言）。

播，无法具备商品性，不会有价格；仅仅在工业革命以后，由于知识来不及得到充分传播，才依托各种影响其自由分享的因素具备了商品性，能够有价格，并使这些影响因素成为其价格的决定因素。当其试图不加区分、统一描述知识在不同经济运行模式具有的经济作用及价格决定因素与机制等时，尤其在无意识中屡屡受到工业革命以前的社会背景制约时，自然会徒劳无功。

除此之外，知识的使用价值，也因为涉及需求的规模与刚性或强度，决定着自然垄断权的大小。由于知识创造的一次性及赢者通吃的特点，这一影响得到强化，创造者易于因此获得很大垄断权而一夜暴富。而在此前，这种瞬间暴富只能通过权力更迭才能实现。

（二）社会规范

社会规范对价格的影响，主要体现在对商品排他性占有权，以及交易规则与交易方式等的影响，属于从人为或社会的角度，影响知识的垄断权从而影响相关商品价格的因素。社会规范不同，就意味着商品的排他性占有权不同，交易规则与方式不同，价格形成有可能会有不同的结果。

比如，经济体制不同，同一商品的价格会不同。在传统的计划经济体制下，商品的价格会与传统市场经济体制下的价格相差很大。在西方经济学的一般均衡理论描述的那种传统市场经济体制里，商品价格是由供求双方之间的均衡状况决定的。而在标准的计划经济体制下，同一商品的价格，将取决于中央计划者的认知。由于这两种体制中价格的决定方式迥异，加之知识的排他性占有权等不同，除非碰巧，其数值没有理由吻合。

又如，即使在所谓的市场经济体制下，如果对商品产权的界定不同，或者对交易者行为权利的规定不同，都会影响到价格形成的结果。上述影响都不能归结为供求关系的影响。

类似地，所谓政府的宏观经济政策，由于直接影响交易者的行为，自然也会影响到价格的形成。当政府放松或抽紧银根、改变税收水平或结构时，不仅同一商品的价格水平难免发生难以用通货膨胀率排除的变化，不同商品之间的价格结构，也难免出现变化，使得这些所谓的政府宏观经济政策构成难以排除的、价格决定的实质性因素。而国际贸易与投资政策的变动，也会直接引起相关商品价格的变动，使其成为价格直接决定因素。这些影响中无疑越来越多地包含着对知识的排他性占有权等的影响，不能完全归结为供求关系变化的影响。

不仅如此，由于经济运行模式转变的冲击，在工业革命前后，由于社会规范体系的性质、内容与表现形式都发生了根本性变化，使其在价格形成过程中扮演的角色有根本性转变，已经由工业革命以前的潜在决定因素，转变为工业革命以后不可忽略的现实决定因素。这里，我们简略考察在经济运行模式转变冲击下，社会规范性质的改变，如何使其成为现代社会里价格决定的新因素：

首先，社会规范的目标由促成和维护既定资源的最佳配置，转变为促成和维护经济发展。

在信息社会经济学里，社会规范指的是：为达到一定社会目标而形成的、用于约束人的社会行为的一套规则体系[①]。这一定义与西方经济学有关制度的定义不同。二者的主要区别在于：信息社会经济学特别强调了有关规则的目标性，即规则是为达到一定社会目标而形成的，在不同历史条件下，社会目标可能不同。因此，信息社会经济学的定义不仅能够适应不同的社会，尤其为评判社会规范的合理性提供了明确的衡量标准。西方经济学由于其内在的历史局限性，它的相关定义基本上不提及目标，只注重说明制度是一种规则，实际上在无意识中假定了既定资源的最佳配置为永恒不变的唯一目标。因此，西方经济学的定义只能用于工业革命以前的社会，不适用于工业革命以后的社会，更使得社会规范合理性的评判缺乏明确的衡量标准，始终无法形成逻辑严谨的制度理论。

信息社会经济学认为，在经济运行模式转变的冲击下，工业革命前后的社会目标发生了重大改变，由既定资源的最优配置，转变为经济发展或知识增长，社会规范的目标自然也由促成和维护既定资源的最佳配置，转变为促

[①] 信息社会经济学的这一定义与西方新制度经济学关于制度的定义看起来类似，实际上存在本质差别。关于这一差别及其重大意义，可参见袁葵荪：《经济发展的基本模式——经济学的现代基础》，中国人民大学出版社2009年版，第七章第一节。

成和维护经济发展及其相关目标。既然试图促成和维护的目标不同，自然意味着社会规范的性质已经有了根本性改变，不仅会具有不同的内容，其是否合理的判断标准也将截然不同。比如，在工业革命以前，社会规范是否合理，取决于其是否有利于促成和维护既定资源的最佳配置；而在工业革命以后，社会规范是否合理，取决于其是否有利于经济发展。

其次，社会规范由长期稳定不变，转变为持续变化。

在工业革命以前，由于交易行为长期重复，很少变化，经过长期的试错调整，这些社会规范可以具有最佳内容与形式，并保持基本长期稳定，难以变化。而在工业革命以后，新知识的持续涌现，使得经济活动与经济行为持续变化。作为社会对现实经济活动需要的反映，为尽量保持对变动中的现实经济活动的适应性，社会规范也需要持续的改进或变化，并因此会因为来不及成熟完善，不再具有最佳的内容与形式，总是存在着可改进的空间，因此更需要不断变化。

再次，社会规范的表现形式发生变化。

按照信息社会经济学的划分，以其约束的经济行为的重复性不同，社会规范大致可以划分为三个层次：一是针对长期重复经济行为的社会规范，如文化习俗、意识形态、价值观与道德观等；二是针对重复次数中等的社会规范，如法律与规章制度等；三是针对重复次数很不足的经济行为，如政府的经济政策等[①]。

信息社会经济学认为，在工业革命以前，由于交易行为长期重复，很少变化，第三层次的社会规范基本上没有存在的必要，在此基础上形成的社会规范以第一层次为主，辅以第二层次的社会规范。但在工业革命以后，新知识的持续涌现，使得经济活动与经济行为持续变化，为尽量保持对现实经济活动的适应性，第三层次的社会规范已经成为必要，并随着经济活动变化性的逐步增强，成为其地位不亚于其他层次的新类型的社会规范。与此同时，第二层次社会规范的地位也逐步上升，第一层次社会规范的地位则相对下降，

---

① 关于此种划分内容与性质的更详细的介绍，可参见袁葵苏：《经济发展的基本模式——经济学的现代基础》，中国人民大学出版社 2009 年版，第七章第二节。

使得三种层次社会规范的地位得以并驾齐驱①。

社会规范性质的上述变化，使得在社会经济运行模式转变后，具有新性质的社会规范必然构成价格决定新的重要因素。

在工业革命以前，由于商品的物质性，使得排他性占有权简单明确，可以稳定不变；经济活动的重复性也使得交易规则与方式能够达到最佳状况，也基本上稳定不变，本身并不构成一种变量，无法通过自身的变化引起交易价格的变化。这样的社会规范只是交易状况的潜在决定因素，不是现实的价格决定因素，或者不会成为影响价格的显性因素。

同时，作为稳定的最佳社会规范，其不仅已经为交易者充分适应并内化，能够无意识地遵守，使其感到无所羁绊，致使在感觉上，会觉得交易似乎没有什么外在的约束。此时，价格可以认为是在这种长期不变的规范下，由其他一些因素、按一定方式决定的，仅仅具有此时交易规则的深深烙印。

比如，现代西方经济学的一般均衡理论，就展示了在其有意或无意设定的、接近工业革命以前社会规范条件下，价格决定的因素与过程。

但在工业革命以后，商品的知识化，其排他性占有权易于变化，需要通过社会规范不断加以调整；交易规则与方式也再难以达到最佳状况，需要不断适时改进。为了适应经济活动的持续变化，社会规范体系由长期的稳定不变，转变为持续变化的状况，影响凸显，构成现代社会新的价格决定的关键变量。

社会规范的变动，主要涉及权利界定或行为奖惩的变动，势必引起相关行为的改变。在不同的社会规范约束下，交易的内容与方式因此不同，使得交易结果明显受到规范状况的影响，导致社会规范本身成为一种新的影响价格形成的经济变量，显现出过去被隐藏的决定价格的作用。尤其是，在商品已经转变为不同传播状况的知识集成体的条件下，知识赖以成为商品的排他

---

① 社会规范表现形式的变化，可以顺便解决西方经济学至今悬而未决、争论不休的所谓"政府与市场关系"的难题。因为，只要考察考察所谓"政府"与"市场"的概念，就可以看到，西方经济学家通常使用的所谓"市场"与"政府"概念并不清晰。如果设法尽量澄清其含义，则可以大致将所谓"市场"理解为特定的第一、二层次社会规范的组合，"政府"则类似于第三层次社会规范的代表。因此，"政府"既非反对政府干预的自由主义者主张的不必要，也非政府干预拥护者认为的必要，而是在工业革命以前不必要，在工业革命以后必要。

性占有权状况，直接受到知识产权等社会规范状况的支配。知识产权等赋予的排他性占有权不同，作为知识集成体的商品的价格自然不同。如果产权界定比较清晰、合理，知识产品的价格就会较明确地依据知识的传播状况与使用价值或效用决定。但若产权界定并不清晰，甚至明显不合理，有关知识产品的权益明显得不到合理的保护，其价格决定就会受到更多与此不同的规则影响，体现为该知识的拥有者会根据权益人自身及其环境的状况制定出五花八门的定价策略，也使得如此形成的价格没有确切的规则。总之，无论产权清晰与否、合理与否，只要对产权的界定不同，价格通常也会不同。使得知识产权的界定状况等社会规范这类以人为方式影响排他性占有状况的因素，与知识的传播程度与领先地位这类影响知识排他性占有的自然因素一样，成为此时支配商品价格形成直接的决定因素。

就此而言，社会规范的变化性使价格成为规范的结果，或者使交易价格还原为规范的产物。工业革命以前的价格决定模式是自然或固定的最佳社会规范的体现，工业革命以后的价格决定模式则是变动中的非最佳社会规范的体现。

（三）货币

货币作为交易价格的衡量基准，其本身交换价值的变动，以及其作为交易媒介对经济活动的影响，会构成对价格的实质性影响。而且，不同于前两类因素的影响主要针对部分商品，价格衡量基准的变动，不仅针对具体的部分商品，还会导致商品整体价格水平的变动。

货币对价格的影响，可以通过货币供应量的变动得到体现。在具有工业革命以前历史背景的西方经济学等中，货币供应量变动对价格的影响通常被理解为只是一种面纱。即，随着货币供应量的变动，价格水平会有相同比例的变动，但这种变动可以通过所谓通货膨胀率有效消除，使其影响不是实质性的。但是，根据信息社会经济学提出的新货币理论[1]，在经济运行模式

---

[1]　参见袁葵苏：《经济学理论的批判与重建》，经济科学出版社 2009 年版，第五章第九节，以及本书第四章第一节。

转变的冲击下，货币的性质已经发生了根本性转变，使其供应量成为一类新出现的、不具有确切影响、不再能利用通货膨胀率有效排除的价格决定因素。

在工业革命以前，货币多用特定物质性商品充当，具有稳定的交换价值与最低水平的持有成本率。货币商品与各种商品及其之间联系的稳定性，使其可以稳定地表现其他商品的交换价值。而且，利用充当货币的特殊商品的物理属性，还可以得到其他商品的交换价值的数值刻度。如此一来，无形的交换关系就稳定附体于该特定商品，使虚无缥缈的社会交换关系得以转化为可计量的数据。此时，货币最多只会通过自身价值的变化，影响商品的价格水平，不会影响商品本身的内容、结构及其价格的结构。而且，货币自身价值的变化及其对商品价格水平的影响，可以通过通货膨胀率有效排除，使得货币对商品价格的确没有实质性影响，可以理解为单纯的面纱，交易本身也类似物物交换。

但在工业革命以后，随着经济运行模式的转变，货币本身的性质发生了革命性变化，不再是一种单纯的面纱，而是对商品价格等有不可排除的实质性影响的因素。

一方面，从货币持有成本率的角度看，货币供应量的变动，会通过对货币持有成本率对经济活动便利程度的影响，导致知识增长状况的不同变化，进而直接引起新的知识商品产生，以及已有商品内含知识先进程度及扩散状况的变化。这不仅导致价格水平的变动，还会影响到商品的价格结构变动，使得货币成为影响商品价格的实质性因素，不再仅仅是一种简单的面纱。

另一方面，随着社会化程度的充分提高，纸币与电子货币等信用凭证在交换价值变动的适应性方面，以及在使用方便程度方面的持有成本充分降低，最终得以淘汰此前的商品，取而代之占据货币宝座。一旦货币脱离商品货币的形式，由纸币等信用货币充当，其内在的交换价值只能体现相关政府机构等发行者的社会信用，主要取决于政府的货币政策等，可以主动变化。这使其作为一种衡量商品交换价值或价格的价值标准，无从附体于特定商品，无法依托物质商品的物理性质作为基准，其本身的交换价值也脱离与有形物质商品的联系，不再稳定不变。

　　而且，根据信息社会经济学的相关研究，货币自身交换价值的变化，可以通过单位货币的购买力代表的社会整体商品组合的份额变化得到体现，却不能通过通常的所谓通货膨胀率指标有效排除①，使得货币对价格的影响已经不同于此前的"面纱"式影响，而是成为影响包括商品价格在内的经济运行状况的实质性因素。

　　在以这样的货币来衡量或表现商品的交换价值或价格时，一边是交换价值不断变动的商品，另一边是交换价值同样不断变动的货币，二者的变化也没有理由同步或协调，使得商品的价格不仅会因为商品交换价值的变化而变化，更会因为价格用其标示的货币本身交换价值的变化而变化。货币性质这两方面变化结合起来，就构成了影响商品价格的新性质因素。

　　因此，在现代社会，商品交易也不再能够归结为简单的物物交换，而是有货币参与其中的新性质的交易。货币也不再完全是"面纱"，而是成为商品价格不可排除的重要影响因素。

　　从上述三种新因素的性质与影响，不难看到，这些新的因素不仅在现代社会占据着价格决定的主导地位，而且与传统经济学关注的供求关系基本无关，难以勉强归结为与供求关系相关的因素，从而使价格的决定因素发生了翻天覆地的变化，必须在新的经济运行模式基础上重新加以认识。

四、经济运行模式转变对价格性质与变动规律的冲击

　　经济运行模式转变对商品价格形成基础及价格决定因素的冲击，势必引起价格的性质与变动规律等出现根本性改变，使其与迄今的经济学提供的认识大相径庭。一方面，新性质的价格决定因素的产生，会赋予价格新的性质

---

　　①　在现代社会，所谓通货膨胀率，记录的只是部分确定种类的商品组合价格水平的变动，通常偏重于针对稳定的物质性商品，只能反映这部分商品价格的变动水平，不仅基本排除了不稳定的知识性商品的价格变动，也排除了价格结构的变化，具有严重的片面性。因此，理论上，作为统计依据的那部分商品组合的价格水平，不是商品劳务种类结构不断变化导致的整体价格水平与结构变动的准确反映，不具有反映现代货币内在价值变动的有效资格。如果将其用作衡量货币内在价值的指标，将使货币内在价值的变动得不到准确反映。参见本书第四章第一节。

与变动规律，并使以前的价格决定因素的影响或者淡化，或者有所改变。另一方面，价格决定因素本身由固定不变到持续变化的转变，甚至意味着价格决定方式与机制等更深层次的重大改变，也势必体现为价格的性质与变化规律的深层次变化。

为了表明经济运行模式转变的确给价格性质与变化规律带来了不可忽略的冲击，这里，我们仅仅从以下两方面，简略展示价格性质与变化规律有什么新的变化：

（一）价格变动中心或价值实体不复存在

在目前的西方经济学中，通常认为：价格存在着一个如均衡价格那样的中心，使得价格总是围绕其来回波动。在工业革命以前的经济运行模式中，这样的认识或许有一定理由。但在工业革命以后，由于经济运行模式转变的影响，商品的价格变动中心及其背后的价值实体已经不复存在，大多数商品价格唯一可清晰体现的变动规律是单调下降，而不是围绕某种中心波动。此时，来自西方经济学的这类认识已经不再符合现实，理论上也失去了基本的依据。

在工业革命以前的社会里，由于各种经济事物的性质作用及其之间的联系基本上稳定不变，各种商品的价格也依据确定的决定因素得以保持相互之间的稳定比例。此时，可以认为存在着价值或均衡价格这样的中心，使价格在受到一些偶然或暂时因素的干扰、偏离均衡价格的位置时，会在固定的价格决定因素支配下，围绕其波动，最终或者恢复为原有的均衡价格，或者达到新的均衡价格。

至于这种波动中心的决定，则因为各种商品的价格及相互之间的稳定比例关系，可以从不同的角度加以确定。比如，在此前具有西方经济学传统的价格理论中，分别从各自角度出发，提出了生产费用论、边际效用理论，以及综合考虑供求两方面影响的一般或局部均衡价格理论等，认为价格波动中心由生产费用、边际效用，以及供求双方的力量对比等决定。从单纯的价格数值决定的角度看，这些貌似相互对立的理论实际上并无根本性差异，均可较好描述价格决定，并因为其相互关系的稳定性而可以互相代替，体现为从不同角度对同一事物的描述。其差别仅仅在于强调的角度等不同，导致对贡献因素或价值归属的认识不同，并因此涉及分配合理性而有阶级性的不同，进而由于阶级性的敏感性而显得尖锐对立。

但在工业革命以后，各种经济事物的性质作用及其之间的联系不再稳定不变，商品的知识化及其价格决定因素的变化，使得价格不再存在均衡价格或价值这类价格围绕其变动的中心。

从前面考察的价格决定的三种新因素来看，价格中心已不再具备存在的基础：

首先，在现实中，作为现代社会主要的价格决定因素，由于特定知识领先程度的下降与知识传播范围扩大都具有明显的不可逆性，在不考虑货币自身价值的变动时，基本上只能导致商品价格的单调下降，不会再恢复为原有的水平，更不会使价格围绕某种中心上下变动。这意味着只要商品价格体现的主要是其内含的知识的价格，就不存在价格能够围绕其波动的中心。而唯一能够由如此决定因素导致的明确的价格变动规律，也仅仅是随着其内含的知识的领先程度下降及传播范围的扩大，任何特定商品的价格都会呈现出逐步下降的趋势。在现实中，商品种类更新换代现象的日益增强，在理论上，所谓"摩尔定律"及"产品生命周期理论"的提出，都是这一规律及其日益强化的表现，使得即使假想的价值中枢在逻辑上也难以成立。再考虑到新商品的出现难免会挤压原有商品在商品各种加权总量中的份额，即使物质性较强、内含知识的垄断权不会明显下降时，也意味着在不考虑货币自身价值的变动时，在长期中，特定商品价格的单调下降应该是一种必然趋势①。

其次，从社会规范这类新的价格决定因素，仍然看不到存在价格变动中心的明显理由。因为社会规范取决于社会对社会经济状况的认识，除了由专

---

① 威廉·诺德豪斯对照明价格的研究（参见戴维·沃尔什：《知识与国家财富——经济学说探索的历程》，曹蓓等译，中国人民大学出版社 2010 年版，第 24 章），提供了这一规律的难得案例，表明在采用类似将社会整体商品组合的份额作为单位货币价值的衡量标准时，特定商品价格将遵从单调下降的规律。这样的经验证据虽然因为不在西方经济学的处理能力范围内，既无法有效纳入西方经济学的理论框架，也无从得到有效解释，因此如麦洛所说（参见戴维·沃尔什：《知识与国家财富——经济学说探索的历程》，曹蓓等译，中国人民大学出版社 2010 年版，第 264 页），其虽然充满启发性，却难以完全成型。但在信息社会经济学的分析框架内，却可以得到充分预言和有效解释，至少不会是新奇或难以理解的现象。

利权保护期限等体现的对特定知识的权利保护会逐步放松这一较弱的趋势外，就只有激励知识创新与传播这类间接导致知识商品性减弱的影响，本身没有其他更明显确定的变动方向或路径。因此，考虑到认识本身的不确定性，除了存在一定的使其逐步下降的较弱机制之外，社会规范对知识商品价格的影响总体上是不确定的，也是不断变化的，不存在驱使价格走向某一确定位置的明显力量。

再次，从货币这一新的价格决定因素，同样看不到存在价格变动中心的任何理由。

如前所述，货币对价格的影响，主要是通过持有成本率对知识增长的影响，以及通过货币本身价值的变动来体现的。前一方面的影响通过持有成本率的降低，有助于知识增长，只会强化特定商品价格单调下降的趋势，后一方面的影响取决于货币本身价值变动的状况，也不足以保证商品价格变动存在确切的中心。

而且，从后一方面的影响看，在长期中，以名义 GDP 增长体现的货币自身价值基本上趋于下降。而货币自身价值之所以会呈现下降的趋势，基本上是因为需要迟缓一些重要大宗商品的价格下降速度，而非逆转价格持续的下降，以维持经济运行的稳定性①。因此，货币本身价值的下降有时虽然有可能暂时减缓商品价格下降的趋势，从长期看，并不会根本性改变由前两种价格决定因素决定的价格下降趋势。更何况，货币自身价值下降的必要性，本身就表明商品价格下降趋势的不可阻挡，甚至可以因此成为名义商品价格整体呈现单调下降趋势的主要标志。

当然，由于合理货币政策易于导致以传统的所谓通货膨胀率衡量的物价稳定，难免掩盖这类通货膨胀率衡量不到的货币贬值，使得其标志的商品价格下降趋势也难以被察觉到。因此，货币自身价值的下降，表面上会对前述商品价格单调下降的趋势起到一定的对冲作用，使得易于出现仿佛存在价格变动中心的假象。既然如此，只要认识到传统的所谓通货膨胀率的不合理性，即可了解到这样的价格变动中心，不过是采用不合理的通货膨胀率指标来衡

---

① 参见本书第四章第一节。

量货币价值变动时引起的假象，并不具备赖以支撑的可靠基础①。

由此可见，只要这些新的价格决定因素对价格形成具有主导作用，就可以认定价格变动中心的确不复存在。而唯一可清晰体现的变动规律就是在货币价值保持不变时，商品价格会单调下降，并不是围绕某种中心上下波动。

尽管如此，价格的单调下降规律也不会简单呈现。

首先，这一规律只是知识等新的决定因素的影响结果，只能在这些因素成为主要决定因素、其影响占据足够重要地位后，或者在这些因素占据主导地位的领域里，才能得到充分体现。在此之前，以及在知识等新的决定因素未占据主导地位的领域，其可能得不到充分体现。

其次，这一规律难免被一些假象掩盖。比如，一些同名商品的内容已经有了变化，实际上不再是同一商品，其价格变化体现的已是不同商品的不同价格，而不是同一商品的价格变化。又如，受到前述货币价值变动因素的影响，再加上商品种类的不断变化，名义商品价格的变化规律也可能不再呈现为简单的单调下降趋势，而可能受到这些因素的干扰，呈现出不同的变动现象。

最后，即使在单调下降过程中，虽然趋势不可抗拒，也会因为影响因素因时因地不同，使其下降有短期的迟滞或延缓，甚至呈现出波动下降的形态。

此外，换一个角度也可以看到，如果价格存在确定的变动中心，就意味着这一中心是由持久不变的固定因素决定的；还意味着，这些持久不变的固定因素，也持久不变地占据着价格决定因素的主导地位。因此，在经济运行模式冲击下，由于价格决定因素的持续变化已经成为常态，影响价格决定的持久不变因素的影响力已经不可避免地弱化，价格的变动中心自然也不复存在。

总之，价格决定因素的变化，会由于其特有的性质，赋予价格本身以新的性质，使价格再无过去那样的变动中心，价格变动也不再呈现为围绕确定中心来回波动的规律。此时，价值或均衡价格这类价格变动中心已经失去意义。即使在理论上，可以根据每一时点瞬间具有的确定的决定因素，勉强认

---

① 如石油、矿产及农产品等物质性较强的大宗商品有可能表现出会存在一定的价格变动中心，并体现出一定周期性波动的现象，即属于此类由合理货币政策引发的假象。

定此瞬间存在相应的价值或均衡价格这类价格会围绕其变动的中心，也因为每一瞬间的这种中心都不同，使得有理由认为价格的变动并不具有趋向某一确定价值中心或均衡位置的性质。因此，了解这种某一瞬间存在的价值或均衡价格，不过是暗中假定了决定因素不变，因此既无理论意义，也无现实意义，并在事实上无法把握或确定，相当于没有。

那么，在价格决定因素发生变化，以致变动中心不再存在时，价格具体是如何形成的呢？在现代社会，商品作为不同传播状况的知识的集合，其价格及其变动状况受到繁复多变的众多因素影响，是纷繁复杂的社会关系结构的一种体现，因此具有强烈的历史性，除了对于一些价格决定因素相对稳定的商品，可能在价格决定因素相对稳定的时期内，得到效果不能充分保证的一些近似价格决定法则，一般没有确定不变的法则可遵循。这种历史性意味着，一方面，价格的形成，是其形成时所处社会经济关系的产物，受到此时社会经济状况的影响，并会随着社会经济状况的变化而不断变化。因为特定时期的社会经济状况既决定着商品内含知识的扩散与领先状况等，也决定着作为商品的知识的商品性，如谁拥有该知识的支配权、受益权等，使得在不同社会规范状况下，同样的知识会形成不同的价格。比如，在不同的知识产权构建的独享权结构这类人为架构中、在不同效率的知识传播体系这类自然的架构中，同样的知识会因为商品化程度、分享权利与传播难易状况的不同而形成不同的价格。另一方面，这些因素的变化则因为可能具有的不同路径依赖，使得价格的变化会受到过去历史传承的影响。比如，当新的替代性商品出现时，其定价可能参考被其替代的旧商品在整个商品结构中的地位。

既然价格形成并不遵循确定的法则，如此形成的价格就不是天赋永恒的，受偶然因素很大影响，具有相应的不确定性，并非神圣不可动摇，也没有什么非得如此的特别理由，甚至谈不上是应该的。它只是可改变的出发点，因此具有许多颠覆性的特征：如不满足一价定律，由于成本制约作用的弱化，有可能面粉价格超过面包价格，等等。只要看看现实中使用的五花八门的定价策略，即可理解这些现象不足为奇，十分正常。

（二）价格的合理性被诱发

在目前流行的经济学中，价格不存在合理与否的问题。比如，在主流的西方经济学里，价格通常被理解为均衡价格，根本不涉及合理与否的问题。即使非均衡价格，也都存在着走向均衡的动力，同样不存在合理与否的问题。但是，在现实经济生活中，人们却难免感到存在着诸多价格不合理的现象。比如，房价的不合理、医药价格的不合理等等。面对这些明显与理论解释冲突的现象，人们或者直接否定这种不合理，并以原教旨的西方经济学理论，反复阐明经过市场自由交易形成的价格的合理性。或者，避而不谈理论的得失，仅仅默认价格的确不合理，并因为缺乏理论依据，只能根据这些不知道是否存在不合理价格及其不合理原因的理论，提供应对价格不合理的种种调节措施。如直接管制价格，或设法增减供求，试图使价格达到比较合理的状况。

从信息社会经济学角度看，由于商品交易价格的形成，总是在一定社会规范约束下达成的，因此价格会受到社会规范状况的影响，是社会规范状况的一种反映。如果社会规范本身存在着是否合理的问题，受其支配的价格也就随之存在是否合理的问题。

在工业革命以前，社会规范能够达到有利于资源配置效率最大化的完善程度，可以具有最佳性，也可以认为不存在合理性问题。因此，作为社会规范合理性的反映，此时的价格自然也不存在合理性问题，或者没有理由认为其不合理，无从质疑其合理性。就此而言，此时的价格之所以不涉及是否合理的问题，并非天然与合理性问题无关，不过是因为此时的社会规范存在着尚未被经济学家们意识到的最佳性。

但在工业革命以后，由于经济运行模式转变的冲击，相对于经济发展这类新的社会目标，相关社会规范来不及甚至不可能达到最佳状态，存在明显的可改进空间，意味着此时的社会规范存在着不合理的可能性。而且，由于社会规范的不断变动，使其已经成为价格决定的新因素。因此，不仅社会规范此时已经存在着合理与否的问题，当其加入价格决定因素中时，其本身的合理与否，也难免诱发价格是否合理的问题，使价格具有了合理性这一新的性质。

此时，社会规范的不合理，意味着由其决定的价格也可能存在不合理的问题。比如，造成过分垄断的规范，形成的垄断价格，往往会成为诟病的目标。而完全放任的规范，可能放纵过分的乘人之危的投机，或自然垄断的漫天要价，不利于各种正常的社会目标，也难免令人感到不妥。这些现象均体现为社会规范不当引起的价格不合理现象。更进一步，由于价格的合理性是与社会规范的合理性联系在一起的，只要社会规范存在一定的不合理性，都难免可能导致相关价格的不合理。反过来，社会规范对价格的决定作用，还使得价格的合理性状况成为社会规范合理性的反映。即，被认为是不合理的价格，实际上可能是其背后的有关社会规范不合理的信号或标志。据此，价格也具有了反映社会规范合理性这一新的功能。

比如，就房价而言，在工业革命以前，各种经济事物稳定不变，类似于一般均衡理论的描述，住房作为一种商品，经过充分时间的调整，总是会达到一种均衡价格，不会成为社会关注的焦点。其原因即在于，此时的社会规范是稳定的，也是最佳的。作为最佳社会规范条件下形成的均衡价格，此时的住房价格没有理由不合理，不会成为问题。但在现代社会，由于不完善的社会规范影响，作为对民生影响很大的因素，房价难免出现不合理的状况，引发诸多令社会的不得不严重关切的问题。如一方面很多住房闲置，另一方面很多人因为买不起房而无房可住等。正因为价格可以成为有关社会规范不合理的信号或标志，当高房价引起诸多弊端，被社会广泛认为不合理时，人们也往往容易想到去挖掘隐藏在其背后的土地管理制度不合理、金融信贷政策不合理，以及收入分配与权力分配等的社会规范不合理，等等。

值得一提的是，由社会规范的不完善与不合理导致的价格的不合理，难以简单归结为供求不均衡，或难以用供求关系的状况来解释。阿玛蒂亚·森对饥荒的研究[①]，提供了一个现有经济学家凭借本能经验能够提出的现实案例，比较清晰地表明了这一点。在《贫困与饥荒》一书中，通过对发生在南

---

① 参见阿玛蒂亚·森：《贫困与饥荒》，王宇、王文玉译，商务印书馆 2001 年版。

亚、非洲几次大饥荒的研究，森表明，饥荒并非是可以完全归结为粮食供应不足的问题，很多时候，应该归结为导致权利关系变化的结果，或者其认为的所谓"自由"的缺乏。这样的认识，实际上体现的即是社会规范的缺陷导致的相关价格的不合理。但是，由于缺乏对社会规范体系性质的深入认识，不知道如何评价社会规范的合理性，森认定的导致饥荒的权利变化或相关"自由"的缺乏，未能明确归结为社会规范的不完善与不合理；也未能明确揭示，在社会规范的不完善与不合理情况下，由供求关系自主调节的价格，存在着不合理的问题。因此，虽然森也试图表明，通过改善经济学与伦理学分离的状况以改善权力关系或相关"自由"的状况，可以缓解饥荒及相关贫困问题，却因为其实际上并未准确把握相关状况及其背后的经济学理论认识不合理的原因，使其改善建议未涉及要害，不足以使这类问题得到基本解决。

类似地，货币政策作为影响货币供应量的主要因素，也存在是否合理及合理性程度不同的问题①，使其作为影响现代价格决定的重要因素，也会赋予相关价格是否合理或合理性程度如何的性质。

综上所述，价格不合理是现代社会特有的新现象，体现的是在现代社会里，由于社会规范的持续变化及其导致的不完善性产生的问题，而非既定社会规范条件下简单的供求关系的问题。既然价格的不合理是由有关社会规范不当引起的，那么根本的解决方法也在于探明社会规范的不当之处及其原因，再设法加以改善，而不是将其片面归结为难以说清楚的供求关系的问题，简单地从供求关系调节的角度加以应对。面对专属于工业革命以后的这一新现象，由于奠基在工业革命以前的历史背景之上，具有西方经济学传统的价格理论自然无法正视，也无法系统严格应对。

五、小　　结

（1）经济运行模式的根本性转变，通过改变社会经济目标与经济学中心

---

① 参见本书第三章第一节。

议题，颠覆了价格昔日的至尊地位，将其逐出了经济学理论和现实经济活动核心领域，使其沦落为边缘配角。

（2）经济运行模式的根本性转变，通过价格形成基础的转变，根本性改变了价格的决定因素，不仅开启了阐明知识商品价格决定问题的大门，还使现代西方经济学在此领域的无能及其原因也暴露无遗。

（3）新的价格决定因素对价格性质及其变动规律产生了巨大冲击，不仅表明大多数商品价格唯一可清晰体现的变动规律是单调下降，而不是围绕某种中心波动，还表明价格具有了合理性等新的性质。如此一来，不仅经济学家久已习惯依赖的均衡价格或价值一类价格变动中心，只能黯然退位，对价值实体这类假问题的理论关注也应该终止，也使得价格决定及其变动规律可望得到有效把握的幻象被粉碎。

（4）本文以系统严格的逻辑分析，首次提供了知识商品价格理论的完整框架。但更为重要的是，由于现代经济运行模式的根本性转变，已经促使物质商品这类特殊商品转变为一般化的知识或信息商品，这一新的价格理论也就不仅意味着人们期待已久的知识价格理论，还意味着其并非仅仅是关于知识这类特殊商品的专属价格理论，而是一种能够适应现代社会的、涵盖全部商品类型、更为一般化的价格理论。同时，这一理论也表明了，现代社会的真实价格并不具有现代西方经济学一直以来灌输给世人的形象。

信息社会经济学的汇率理论

　　汇率是什么，其本身及变动是由什么因素决定的？有什么样的性质与规律？如何判断一国货币的汇率水平及其变动的合理性？

　　为阐明这些问题，现代西方经济学提供了众多的汇率理论。比如，从各国货币价值比较角度提出的购买力平价理论、从货币供求角度提出的国际收支理论及市场均衡汇率理论，等等。这些理论虽然貌似能够说明一些个别现象，总体上，却未使上述问题得到明显令人满意的解决，凸显出这些理论存在严重缺陷。本文认为，在现代社会，货币与商品性质发生了根本性变化。由于其深刻的历史局限性，西方经济学的购买力平价等理论，混淆了不同历史时期货币的性质，其对汇率的概念及其本质特征的认识，实际上局限于工业革命以前的社会，难以有效把握汇率在现代社会的决定因素及变化规律。通过揭示工业革命前后社会经济运行模式发生的根本性转变，以及对货币和汇率的概念与性质带来的巨大冲击，可以发现，汇率在现代社会的概念、决定因素及变化规律等，已经出现了鲜为人知的全新变化，要求据此构建一个能够适应现代社会背景的、新的汇率理论。本文拟在一种新近发展起来的、可称为信息社会经济学的货币理论、价格理论与经济发展理论的基础上，通过深入揭示货币与汇率在现代社会的基本性质，重新挖掘汇率的基本决定因素与变动规律，提出一个新的汇率决定理论，为阐明上述问题，开辟新的途径。

一、从购买力平价理论的缺陷谈起

购买力平价理论认为，汇率是两国货币之间的比价，取决于两国货币购买力的比较，并会随着购买力的变动发生相应的变化。

作为现代西方经济学中的长期汇率理论，购买力平价理论具有重大的影响，粗看起来相当符合人们的常识，似乎没有什么毛病。但无论在理论上还是现实中，这一理论却很难以令人满意。

在现实中，这一理论明显存在着无法解释的矛盾现象，即其预估结果与现实不符。从世界银行发布的各年购买力平价国际比较项目的报告可以看到，按照其精心设计的购买力比较统计，依经济发展水平不同，有关购买力平价的各种计算结果，总是存在着与实际市场汇率的系统性偏离①。经济发展水平越低，偏离越大。这一结果至今未得到合理解释，使购买力平价作为长期汇率，明显存在致命缺陷。此外，人们也已经明显意识到，其实际统计计算方法存在很多技术性困难，如统计样本的选择与权重的确定等，均具有无法克服的主观随意性与片面性。

在理论上，人们则已经察觉其依据的理论基础不可靠，如其依赖的货币数量论、一价定律等均与现实严重背离，并忽略了国际资本流动等会影响汇率的许多重要因素，等等。

凡此种种，使得经济学家们不得不抛开这一理论，从不同角度提出了许多汇率理论，试图弥补其缺陷。然而，迄今为止，所有的弥补努力似乎都未见成效，新提出的汇率理论尽管五花八门，其缺陷却未必比购买力平价理论更少，至少难以确认其中哪一种比购买力平价理论总体上更有价值。

本文认为，购买力平价理论的确存在严重缺陷，不堪大任。但更严重的问题还在于，其真正的缺陷在哪里？缺陷产生的原因又何在？并未得到有效揭示。

---

① 参见李翀：《两种国际经济比较方法缺陷性差异的分析》，载《中国经济问题》2005 年第 3 期，第 19 ~ 25 页。

事实上，人们目前看到的购买力平价理论的缺陷，仅限于表面层次，而非本质性缺陷。这使人们无法对症下药，既无法真正弥补其缺陷，也难免重蹈覆辙，使汇率理论的研究陷入一派乱象，无法步入正轨。

依据信息社会经济学的新经济学理论体系，可以看到，购买力平价等西方汇率理论真正的缺陷，体现在其具有深刻的历史局限性，无法有效把握货币的性质、货币价值的决定因素及价值衡量标准。只有克服了这类缺陷，才能够真正弥补这些理论的缺陷，得到能够合理描述汇率的性质、决定因素及其变动规律的汇率理论，结束这一研究领域的乱象，使汇率的经济学研究走上正轨。

根据信息社会经济学的有关研究，以 18 世纪的工业革命为标志，由于知识涌现速度由"慢"转变为"快"① 的冲击，现实社会的经济运行模式发生了翻天覆地的历史性巨变。现实社会的经济事物——包括货币及汇率的性质、决定因素与变动规律等，也已经在不经意间，悄然发生了根本性改变。如果将工业革命以前的社会称为物质社会，将工业革命以后的社会称为信息社会，那么，在这两个具有不同经济运行模式的历史时期，包括汇率在内的各种社会经济事物，应该具有不同的性质与变动规律。

比如，在工业革命以前，新知识的出现具有偶然性，不足以纳入社会的预期，社会各种经济事物及其相互间联系长期稳定不变，社会生产活动体现为以固定的资源、按固定的方式生产固定产品的循环往复模式。而在工业革命以后，新知识的出现已经具有了持续性，并进入了社会的预期，社会经济事物本身的性质、种类及其相互之间的联系，均由稳定不变的状况，转变为不断变化的过程，社会生产活动也转变为日新月异的、以持续变化的资源、按持续变化的方式生产持续变化产品的模式。

既然如此，在工业革命前后，用于描述其性质与变动规律的经济学理论，也应该截然不同。

知识涌现速度及经济运行模式转变，对各种社会经济事物的性质具有颠

---

① 在信息社会经济学中，知识涌现速度的"慢"与"快"经过了专门的界定、有着确切的含义，用于刻画生产力不同发展阶段的基本特征。其详细界定可参见袁葵苏：《科学技术的发展与经济学》，载《四川大学学报（哲学社会科学版）》1993 年第 2 期，第 19～26 页。

覆性的影响。但这一转变或许过于深刻，以致迄今未能被经济学家清晰感受到，也未在现有的主流经济学理论中得到有意识的体现。事实上，由于现代主流的西方经济学发端于工业革命初期，难免对经济运行模式的历史性转变懵然无知，只能以对工业革命以前经济运行模式的经验为认识基础，使其最终只能发展成为具有物质社会属性的经济学。因此，这类经济学具有严重的历史局限性，其对工业革命以前的经济事物的认识即使具有一定合理性，在现代社会也已经过时，不再具有合理性。

现代西方经济学的如此属性及其在现有经济学中的主导地位，难免使现代社会对包括汇率在内的各种经济事物的经济学认识，基本滞留在工业革命以前的物质社会里，无法在现代信息社会具有合理性。

就汇率问题而言，购买力平价理论，即明显是在信息社会特征尚未充分显露的工业革命初期，主要以物质社会经济学的思维方式，通过总结物质社会经济状况的经验认识得到的，使其基本属于物质社会的汇率性质、决定因素及其变动规律的描述。在当时的历史条件下，这一理论存在一定的合理性。但随着此后社会经济运行模式转变的日益加剧，信息社会特征充分显露，汇率的性质、决定因素及其变动规律有了根本性改变，这一理论成立的基础也日渐崩塌，逐渐显露出由其历史局限性引起的种种缺陷，不再是对汇率状况的合理描述。

比如，从购买力平价理论在理论方面的缺陷看，其依托的货币数量论等理论基础，与现代西方经济学理论体系的缺陷同源，明显以物质社会现实为背景，与现代信息社会现实不再吻合。其有关一价定律等多种假定，也仅仅在物质社会具有一定合理性，在信息社会则已经不适用。

又如，从购买力平价理论在现实方面的缺陷看，一方面，其在统计技术上的困难，是因为现代社会各国商品劳务的品种、结构已经具有不同的、持续的变化性，不再具有过去物质社会那种可比性，使得根本无法挑选出能够有效计算购买力平价的商品劳务组合。因此，任何能够具有可比性的商品劳务组合都必然具有片面性，而相关技术性困难不过是这种片面性已经达到极其严重程度的体现，表明其是根本性的，不可克服。

另一方面，其预估结果与现实不符的矛盾现象，也是现代社会才能产生的独特现象。因为在勉强挑选出用于计算购买力平价的商品劳务组合时，作为挑选主要依据的可比性，刚好成为计算出的购买力平价与市场汇率系统性背离的基本原因。从信息社会经济学的价格理论角度，不难看到①，现代社会的商品价格具有越来越多的知识价格成分，体现为相关知识的垄断权。此时，发达国家拥有较多的知识垄断权，在国际的市场汇率中可以得到相当的体现。而在人为计算的购买力平价中，为了得到确切可比较的购买力，只能选择落后国家与发达国家共有的、其内含知识扩散程度较高的商品，使得发达国家的知识垄断权优势，无法在购买力平价中得到有效体现，导致发达国家的垄断权或货币价值被低估，发展中国家货币的价值则有相应高估，从而使这两种汇率出现系统性偏差，两者知识差距越大，市场汇率与购买力平价的偏差也会越大。

因此，购买力平价理论目前体现出来的缺陷，并非存在于所有历史时期的一般性缺陷，而只是存在于现代社会这一特定时期的历史性缺陷，属于其内在的历史局限性的体现，也表明历史局限性的确是该理论的根本性缺陷。

购买力平价理论的这种历史局限性，无疑是与现代西方经济学的历史局限性联系在一起的，自然难以被信奉这一经济学的经济学家们发现，也无法在其现有的理论体系内有效弥补。

既然如此，唯有彻底抛弃现代西方经济学的理论体系，通过经济学的理论创新，发展出能够有效克服历史局限性的经济学理论体系，并在现代社会的背景基础上，揭示社会历史条件发生了什么样的变化，汇率的性质、决定因素及其变动规律又因此受到了怎样的冲击。在此基础上，才可能真正弥补购买力平价理论的缺陷，将对汇率的认识从其历史局限性中解放出来。

本文即试图依托专门致力于克服这种历史局限性的信息社会经济学，通过阐明经济运行模式转变对货币性质的强力冲击，揭示汇率性质因此发生的深刻变化，以重新认识汇率在现代社会条件下的性质特征、基本决定因素与变动规律等，构建新的汇率决定理论。

---

① 参见本书第三章第二节。

二、经济运行模式变化及其对货币及汇率性质的冲击

在购买力平价理论等西方汇率理论中，汇率通常被定义为两国货币的比价。按照这样的定义，货币应该是汇率概念的基础，货币性质的不同意味着汇率的概念可能不同。但不幸的是，货币是什么？有什么样的性质？在目前居于主流地位的现代西方经济学中，却明显缺乏确切可靠的认识①。既然经济学家们不知道货币为何物，当其将汇率认定为两国货币之间的比价时，尽管看似很明确，实际上却仍然不知道汇率究竟是什么，有什么性质与决定因素。这不仅表明如此定义并无确切含义，也意味着购买力平价理论等西方汇率理论建立在不可靠的基础上，难以确信其可以有效把握汇率的性质与变动规律。

由此看来，为真正有效把握汇率的概念，需要首先弄清楚与其密切相关的货币是什么，具有什么样的形式、内涵与性质。

有幸的是，作为摆脱了这种历史局限性的新型经济学理论，信息社会经济学提供了一种确切的、可以据此深入把握其性质的货币基础概念，使我们得以在现代社会条件下展开对汇率理论的有效研究。

在这一节里，本文将首先依据信息社会经济学的货币理论，提供一种确切的货币概念，再以此为基础，深入考察经济运行模式的转变对货币性质鲜为人知的冲击，进而以确切的货币性质为基础，重新确立汇率的概念。在接下来的几个小节里，本文则分别以新的汇率概念为基础，专门考察经济运行模式转变对汇率决定因素及其变化规律的冲击。

信息社会经济学认为，从商品交易中介的角度，在单一社会条件下，货

---

① 虽然在《资本论》（1975）里，马克思开了一个好头，已经相当接近于得到一个确切的货币定义，但后继的经济学家并未沿着其方向进一步走下去，反而在浓浓的历史局限性支配下，偏离了有希望的发展方向。参见袁葵荪：《经济学理论的批判与重建》，经济科学出版社 2009 年版。

币可以定义为充当一般等价物的、持有成本率最低的价值物①。如此定义的货币，在简单商品交易的"商品—货币—商品"模式中，承担着交易中介、定价标准、支付手段与价值储存等货币职能，可以成为理解认识货币在工业革命前后性质变化的起点。

以这一货币概念为基础，可以看到，经济运行模式的转变，对货币性质形成了巨大的冲击，使货币的形式、属性与价值决定因素等，均在工业革命前后出现了根本性改变。

从与汇率相关的角度看，这些变化主要体现在以下三个方面：

（一）经济运行模式的转变对货币形式的冲击

依据信息社会经济学的货币形式决定理论②，货币应该由持有成本率最低的价值物充当。因此，货币形式取决于包括物质商品与信用凭证等在内的各种价值物持有成本率的比较。如果各价值物的持有成本率出现相对变化，持有成本率最低的价值物就可能发生改变，导致货币形式出现相应的转变。

从持有成本率的角度看，如果仅考虑物质商品与信用凭证这两类价值物的比较，在工业革命以前的物质社会，由于价值稳定性与可靠性是决定持有成本率的主要因素，在信用凭证的价值缺乏可靠支撑的条件下，物质商品的持有成本率明显低于信用凭证。因此，只要具备货币产生的条件，货币基本上就只能由物质商品充当。但在工业革命以后的信息社会，由于经济运行模式转变的冲击，二者的持有成本率此消彼长，信用凭证的价值可靠性能够获得足够坚实的支撑，其持有成本率大幅下降，最终会大大低于物质商品，从而取代前者，登上货币的宝座。

在工业革命以前，比较物质商品与信用凭证的持有成本率，可以看到，

---

①　在信息社会经济学里，价值物是所有具有交换价值或交换能力的东西，既包括商品，也包括信用凭证等。持有成本率则体现为单位货币引起的在商品交易中涉及货币在获取、携带、鉴定、储存、运输、分割等环节及持有期间的价值变动等方面的持有成本。参见袁葵苏：《货币理论的批判与重建》，载《经济评论》2000年第1期，第54~60页。

②　参见袁葵苏：《货币理论的批判与重建》，载《经济评论》2000年第1期，第54~60页；《经济学理论的批判与重建》，经济科学出版社2009年版。

虽然信用凭证在携带、鉴定、储存、运输、切割等环节的成本拥有很大优势，但在价值稳定性，尤其是其中的价值可靠性方面，由于政府政策这类社会规范尚未成为影响经济状况的主要因素，缺乏可靠持续的社会整体信用关系为信用凭证的价值可靠性担保，信用凭证的信用程度较低，导致其在价值可靠性方面的持有成本率极高，易于达到无法为持有者接受的程度。而物质商品则能够在私有产权等简单社会规范护卫下，凭借自身稳定的、可靠性较高的交换价值，将持有成本率保持在一定限度内，从而在社会生产力水平发展到一定程度后，能够为持有者接受。相比之下，物质商品整体上较信用凭证更适合充当货币，后者无法与之相媲美。

此时，在社会生产力发展到一定程度后，物质商品的持有成本率基本上取决于其在携带、鉴定、储存、运输、分割等环节的成本，金银等贵金属则因为在这些环节中具有天然的低成本，得以凭借在这些方面的优势，逐步从众多商品中脱颖而出，最终占据货币的宝座。不难看到，在不同的国家，货币最终都不约而同地由金银充当，原因即在于此。所谓"金银天然不是货币，货币天然是金银"的说法，即是此时形成的对货币这种商品属性的一种经验认识。

即使在局部范围内，存在"交子"一类信用凭证有时能凭借局部信用对价值可靠性的保障，承担货币的某些职能，也因为其依赖的是不具有永续性的非社会整体信用，其承担的货币职能基本上只是偶然的、暂时的，仅限于部分能够保证其价值可靠性的局部场合。

而在工业革命以后，由于新知识持续涌现的冲击，社会经济运行模式的转变，从以下两个方面，使得信用凭证不仅基本消除了与物质商品在价值可靠性方面的持有成本率差距，甚至还具备了一些特殊的优势，叠加其在携带、鉴定、储存、运输、分割等环节巨大的固有优势，为其最终取代物质商品充当货币提供了必然性。

一方面，在社会经济运行模式转变的冲击下，随着经济社会化程度的提高，在一国之内，政府的性质与作用发生了根本性转变[1]，使得信用凭证的

---

① 参见袁葵苏：《经济学理论的批判与重建》，经济科学出版社 2009 年版，第五章第一节。

价值可靠性可望得到大幅提升，有效弥补了这一关键性短板，基本达到了可与物质商品相媲美的程度。

根据信息社会经济学对社会规范的相关研究，此时，社会规范体系的内容与结构受到强烈冲击，使其性质与作用发生根本性变化。社会规范整体上已经由第一层次社会规范独大的状况，跃迁为三个层次并立的状况[①]；作为第一层次社会规范一类传统成规守护者的传统政府，也转变为充当第二、三层次社会规范核心主体的现代政府，成为新型社会规范的代表。

借助现代政府存在的必要性或永续性提供的整体社会信用，信用凭证的价值稳定性可望得到可靠保障，足以与由私有产权等护卫的物质商品价值的可靠性相抗衡，也使其是否与商品有固定联系变得无关紧要[②]。

另一方面，社会经济运行模式转变的冲击，使得商品在充当货币时，易于陷入类似特里芬两难的困境，诱发其价值稳定性出现额外的下降，暴露出致命的缺陷。

这是因为，在持续的经济发展过程中，由于不断出现新的产品，对任何已有的商品而言，其价格总量在社会整体商品组合[③]中的比重或份额，长期来看都会不断下降。更为关键的是，物质商品的价值，难以具有可主动进行适应性调整的性质。

此时，如果货币由特定商品充当，这类商品的价值变动与社会整体商品组合的价值变动难以吻合，在货币供应量需要与社会整体商品交易规模的增长相适应时，或者会因为此类商品的供应量不能满足货币供应量相应增长的要求，使得搜寻货币的环节的持有成本率上升；或者会使其价值出现溢价，

---

① 关于社会规范性质、分类及其随着社会经济运行模式的转变而发生的改变的状况，参见袁葵苏：《经济发展的基本模式——经济学的现代基础》，中国人民大学出版社 2009 年版，第七章第二节。

② 虽然哈耶克（2007）等人极力主张货币私有化，但其信用除非得到具有永续性与整体可靠性的政府支撑，仅仅依赖不具有永续性与整体可靠性的个体信用，无法保证持有成本率处于稳定的低水平。事实上，现有的英格兰银行、美国联邦储备局及中国香港各发钞行等货币发行人看似具有一定私人成分，本质上都具备政府的属性。退一步讲，即使私人货币并不亚于政府货币，作为信用货币，也意味着其信用已经受到充分稳固可靠的社会关系支撑，而非与物质商品的固定联系，从而有力证明了信用凭证的价值可靠性已经不亚于物质商品。

③ 在严格意义上，本文谈及的社会整体商品组合应该是社会整体资产组合，但为方便计，再考虑到其他资产多为商品组合的衍生物，本文仍然采用社会整体商品组合的说法。

脱离其本身商品价值的支撑，导致其价值因此易于出现额外的波动，不再能够保证稳定，意味着其价值稳定性方面的持有成本率上升。而且，商品种类与其间关系的变化性越强，其价值不稳定性也会相应上升。

因此，为避免陷入这种类似特里芬两难的困境，需要超越商品属性对货币性质的限制，寻求一种既能保证满足货币供应量相应增长的要求，又能最大限度降低价值稳定性环节持有成本率的价值物，来替代商品充当货币。

作为纯粹社会关系体现的信用凭证，在其价值可靠性得到社会规范必要支撑后，由于其价值能够通过政府货币金融政策主动进行适应性调整，刚好能够满足这样的要求。其具有的适应性调整的能力，不仅能够充分保证满足货币供应量相应增长的要求，也可以不引起额外的价值不稳定，从而能够有效摆脱类似特里芬两难的困境，克服商品货币具有的致命缺陷，使其在价值稳定环节的持有成本率可望低于物质商品，将其原有的相对于物质商品的短板转化为优势。

而当信用凭证在价值稳定性与可靠性方面达到甚至超越了物质商品之后，其原有的在携带、鉴定、分割、储存、运输等环节具有超越物质商品的、无可比拟的巨大成本优势，更是锦上添花，使得信用凭证的持有成本率大幅度下降，必然会当仁不让地替换物质性商品，登上货币宝座。因此，随着经济发展模式的转变达到必要的程度，货币形式无一例外地会发生根本性改变，不再能够由固定商品充当，甚至不再能够由与特定商品保持固定联系的信用凭证充当，只能由纯粹的信用凭证充当①。

既然在信息社会，货币必然会不可抗拒地转变为不具有物质外壳的信用凭证，就表明货币本质上不是商品，其作为独立社会关系体现的特点也初步浮现，从需要依托物质商品的假象解脱出来，恢复为纯粹社会关系独立形态的本来面目。并表明，货币曾经与物质商品的紧密联系，无非是过去保障价值稳定性这一环节持有成本率的一种方式而已，现在已经过时。

也许，货币在信息社会暴露出来的非商品这一本质属性，会使习惯于物质社会经济学思维的人感到难以接受。面对货币由信用凭证等非商品事物充

---

① 在国家间，体现货币与商品挂钩的布雷顿森林体系的崩溃，成为商品货币使命最终不得不终结的标志。

当的事实,这些人可能会执着地认为,这不过表明信用凭证只是贵金属一类特定商品的代表,其本身并无价值,仅仅是代表其背后的贵金属在承担货币职能。却不曾细想,是否任何无价值的东西都有资格代表贵金属商品去承担货币职能;如果本身没有充分价值,无价值的信用凭证凭什么可以代表有价值的贵金属。

(二) 经济运行模式的转变对货币属性与价值决定因素的冲击

在不同经济运行模式下,一国货币的性质会发生根本性改变,不仅其属性在国内国际不同场合出现分化,其价值与决定因素也会出现分化。

1. 货币属性的分化

在工业革命以前,商品具有物质性,其种类与相互之间的联系基本稳定不变,无论在对内还是在对外交易时,货币均主要由物质商品充当,具有确切的物质商品属性。此时,货币的价值取决于充当货币的物质商品的价值,受到私有物权的保护,可以如此时物质性商品的价值一样,通过该商品的成本、需求或者二者的综合等方式来决定。同时,货币与各种商品之间均存在固定联系,可以互相代表,使一国货币也具有代表任何一种商品及其整体商品组合的性质,也使其天然可以成为世界货币。

但在工业革命以后,经济运行模式的转变,导致现代政府的产生、货币形式及商品的性质、内容与结构发生转变,使一国货币的属性在国际国内的不同场合,出现了重大的、至今仍然未被经济学家察觉的分化。

在一国之内,由于经济运行模式的转变,货币已经由信用凭证充当,其价值主要取决于政府货币政策等社会性因素,使得在一国之内,至少在表面上,货币脱离了商品属性的外表,恢复为纯粹的社会关系。

在国际之间,由于一国政府信用受到国界藩篱的限制,仅限于国内。因此,在国际经济交易中,一国货币的信用与价值,难以得到该国政府信用的充分支撑,只能依托其国内购买力代表的国内商品组合,以此商品资产组合代表的身份,在国际交易里体现出相应的信用或价值,并由此使得货币属性出现对内对外的分化。对内，货币不再保留其商品属性，而是具有独立社会关系代表的属性；对外，则依然保留了浓厚的商品属性，不具有在国内那种独立社会关系代表的属性。只不过，其商品属性的支撑此时不是来自个别特定商品的价值，而是来自该国整体商品组合在国际经济领域里的交换价值，体现为该国社会整体商品组合的代表。

2. 货币对内对外价值的分化

如前所述，在工业革命以前，货币价值均取决于其作为商品的价值，没有对内对外之分。但在工业革命以后，一国货币在国际国内属性的分化，使其价值也出现了对内对外的分化。

如果将一国货币承担国内商品交易中的货币职能时的交换价值，称为货币的对内价值，承担国际商品交易职能时的交换价值，称为货币的对外价值，那么，这一分化体现为：

在一国之内，由于经济运行模式的转变，货币已经由信用凭证充当，这使其价值脱离了物质商品的束缚，具有了独立的价值决定因素，不再取决于特定物质商品的价值，而是来自赤裸裸的政府信用，基本上取决于政府的金融货币政策规范及其他经济社会政策、各层次社会规范及广泛的社会经济关系、甚至社会经济状况等。即使货币表面上可以由有私人成分的机构发行，如英格兰银行与美联储等，也不难看到其背后的社会规范的作用。

这些因素将支配着货币的对内价值，或者决定其国内购买力的大小与变化，还使其具有可以主动进行适应性调整的性质。即使在其最初的价值形成时，可能会通过与特定商品挂钩的方式，使其看起来与商品相关，但随着经济发展的深化与金融货币政策等的变化，信用凭证自身价值的可调节性的优势逐步彰显，使得在充分久之后必然与初始定价脱离联系，不再与特定商品有明确的挂钩关系。

此时，货币作为单纯的、背后没有物质商品支撑的信用凭证，就不再是表面上的，而是实质性的。其价值也将理直气壮地体现为政府相关金融货币政策的结果，暴露出曾经隐藏在与商品挂钩背后的社会关系，不仅在形式上，更在内容上进一步表明其不同于物质商品，是独立的社会关系的体现。

不过，在一国之内，这种货币的价值虽然受货币政策决定，却是通过其在国内的购买力体现的。由于不同商品之间的联系不再稳定，不能相互代表，购买力作为具有整体性的事物，此时明显不能如物质社会那样，通过其购买的单一商品或部分商品组合的状况来体现，而是只能通过对一国整体商品组合的购买状况——如社会整体商品组合的一定份额——来体现，使单位货币的对内价值或购买力，体现为本国整体商品组合的一定份额①。

与此同时，商品价值或价格本身的性质也发生了根本性改变。随着商品逐步知识化，特定商品的价值越来越多地体现为该商品内含知识在国内的垄断权②，使单位货币在国内的价值或购买力，也主要体现为国内知识垄断权的一定份额，其份额的大小，则主要取决于政府金融货币政策等。

通过其购买力体现出来的货币的对内价值，此时也不再具有天然客观的度量特征，只能主观赋予一定量纲，如人民币的元、角、分等。货币对内价值的这种性质，不仅更明确地反映了货币的交换价值作为一种交换关系只是社会关系的体现，还因为其包含的垄断权等内容本身不具有天然可度量性，进一步表明以其作为度量标准形成的价格，并非通常数学里能够满足度量空间条件的度量，并不适用于通常的数量分析方法。

在国家间，一国货币的对外价值，取决于其代表的商品组合在国家间的价值。作为商品的对外价值，其取决于该商品组合内含的知识集合在国家间的垄断权。由于知识的扩散状况及社会规范的不同，这一垄断权与该商品组合内含的知识在国内的垄断权不同。因此，虽然对内对外价值体现的是同一知识集合的垄断权，但因为涉及的是不同领域或场合，无论是由其扩散、过时状况决定的自然垄断权，还是由社会规范等决定的人为的垄断权，二者的决定因素都不同，使这两种价值不同。由货币政策等赋予一国单位货币的一定国内交换价值或购买力，仅仅体现为其国内购买力代表的该国商品资产组合的一定份额，并不能代表其在国家间的垄断权状况。

此时，在知识来不及得到充分传播的情况下，只要知识传播不均衡，特

---

① 正是购买力含义的这一变化，可以将本文构建的现代社会的汇率理论，视为以工业革命以前的历史背景为基础的传统购买力平价理论的现代扩展。

② 参见本书第三章第二节。

定知识在一国之内与国家之间的扩散状况或垄断权不同，就可能导致一些知识的垄断权在国内外存在差异，使得一定单位的一国货币的对内对外价值出现差异。

比如，一些知识在国内可能因为充分传播等，其垄断权丧失，成为自由或沉淀知识，不再具有对内交换价值，不构成相关商品价格的影响因素。因此，货币的对内价值或购买力只涉及在国内有垄断权的知识的价值，不涉及已经在国内得到充分扩散、丧失了垄断权的自由或沉淀知识，意味着货币的对内价值不包含这些自由知识的垄断权。但这些国内的自由知识在国外可能未得到充分传播，仍然具有一定的垄断权。其作为国内整体商品组合的一部分，因此仍然具有对外交换价值①。此时，一国货币的对外价值涉及的垄断权范围较其对内价值更广泛，将高于对内价值。或者反过来，一些知识的对外价值已经灭失、但对内价值却得以保留，就将使一国货币的对外价值涉及的垄断权范围较其对内价值相对狭窄，因此低于对内价值。

同样容易理解的则是，由于自然与社会条件不同，同样的知识在不同国家的垄断权不同，也会使一国货币的对内对外价值出现差异。

既然一国货币的对内对外价值有不同决定因素，就意味着即使货币的对内价值没有明显的变化，其对外价值也可能发生变化。或者，货币的对外价值即使没有明显的变化，其对内价值也可能发生变化。

总之，知识涌现速度的转变，导致知识垄断权难免存在对内对外差异，将使一国货币价值因为定值范围不同而出现对内对外的分离，也使一国货币不再必然是世界货币。

一国货币对内对外价值的这种区别非常重要，是准确理解汇率性质的关键。尤其在将汇率理解为两种货币的比价时，涉及这一比价究竟是货币对内价值的比价、还是对外价值的比价。如果忽视这种区别，就难以排除理解不当的可能性，使汇率概念得不到准确把握。事实上，现有汇率定义之所以不合理，其原因正在于此。

---

① 这种状况通常会出现在发达国家与发展中国家之间，实际上也大致是导致发达国家货币的市场汇率高于通常计算的购买力平价、而发展中国家货币市场汇率低于购买力平价的基本原因。

（三）经济运行模式转变对汇率概念的冲击

货币对内对外价值的分化，意味着将汇率简单理解为两国货币之间的比价时，是极不严谨的。虽然在一定条件下，这一简单定义仍然可能具有一定合理性，但在另一些场合，会因为其适应性不复存在，就不再合理。

为了得到严谨的汇率定义，有必要从"本国商品—本国货币—它国货币—它国商品"的国际商品交易模式出发，进行专门的考察。

从上述交易模式可以看到，两国货币之所以需要交换，最终是因为需要进行两国商品的交换。至少在货币已经由信用凭证充当的情况下，由于支撑本国货币信用的政府信用受到国界的限制，单纯的货币交换完全没有意义。

因此，在这一模式中，两国货币之所以能够以一定比例相交换，是因为各自代表着本国一定的商品组合，使得两国货币之间的交换，本质上是各自代表的商品组合之间的交换。其交换比价，自然取决于各自代表的商品组合在国家间的交换价值，或两国货币的对外价值。

这意味着，虽然在货币的对内对外价值相同时，可以马马虎虎将汇率理解为两国货币的购买力之比，但只要货币的对内对外价值有别，汇率就应该是两国货币对外价值之比，而不能是其对内价值的比价。就此而言，有理由将汇率定义为两国货币对外价值之比，或者两国货币各自代表的商品组合在国家间的交换比价。

如此得到的汇率定义明显比较严谨，至少不再是单纯经验感觉的产物。如果采用这一定义，将可以完全避免将汇率简单定义为两种货币的交换比例时的含混不清，并在货币的对内对外价值可能有别时，避免误将货币的对内价值作为汇率决定的基础。尤其是，可以将这一新的汇率定义，视为社会经济运行模式转变对汇率概念冲击的结果。

比如，在工业革命以前，由于知识通常会得到充分传播，商品基本上具有物质性，其价值不必归结为知识的垄断权，可以不考虑国际国内不同场合知识垄断权的差异情况。此时，货币的对内对外价值合而为一，通常可归结为同一商品的价值，汇率定义就可以简化为单纯的两种货币的比价。或者，还可以如购买力平价理论那样，认为这一比价体现为对同一组商品组合的购买力之比，甚至认为是同一种商品的含量之比，如土豆含量、汉堡包含量与含金量之比，体现为土豆平价、汉堡包平价、金平价或金汇兑平价等。这种简化虽然理论上并不严格，却也基本合理。相反，此时若一味坚持使用严格定义，不仅过于烦琐，也显得迂腐。

但在工业革命以后，情况就出现了变化。由于货币的对内对外价值出现分化，分别具有不同的属性，也具有不同的决定因素，如果不将二者区分开来，继续沿用两国货币的比价这一简单定义，就可能因为不清楚是怎样性质的两种货币，盲目从货币对内价值角度出发，将汇率理解为货币对内价值之比。如此一来，也就容易仅仅从货币对内价值的角度，去挖掘汇率决定的因素及变动规律，描述汇率本身的决定状况；而无法从货币对外价值的角度，依据货币的商品属性，去描述汇率本身的决定，发现汇率决定的因素与变动规律。因此，抛弃对汇率概念简单马虎的定义，采用上述严谨的新定义，是经济运行模式转变引起的新要求。

总之，在现代社会背景下，为排除可能产生的误解，有效把握汇率的本质特征与合理概念，据其深入挖掘汇率的性质及其决定因素，探索其变化规律等，就不能再沿用在工业革命以前看来问题不大的简单汇率定义，而必须强调货币对内对外价值的分离，将汇率重新定义为两种货币的对外价值之比，或者更严谨的，两种单位货币各自代表的资产组合的国际交换价值之比。

此外，从这一新的汇率定义，可以更具体看到购买力平价理论的性质及其缺陷所在：

一方面，购买力平价理论的汇率定义并未区分货币的对内对外价值，使其实际上认定的汇率体现为两种货币对内价值之比，从而仅仅适用于物质社会，而在现代信息社会不再准确，使其与市场汇率存在系统偏差。

另一方面，在购买力平价理论里，汇率的决定及其变动通常是通过物价指数体现的，但由于物价指数在现代社会存在严重的主观性与片面性，使其不仅意味着该理论本身不够严谨，还使其实际统计计算方法体现出难以克服的技术性困难。

因此，这一理论是典型的物质社会汇率理论，仅仅在物质社会具有一定的严格性与合理性，在现代社会不再存在合理性。

三、汇率在现代社会的决定因素

汇率一旦被确认为两国单位货币代表的商品组合在国家间的交换比价，这一新的定义立刻就凸显出，汇率本质上是两种特殊商品的交换价格。其特殊性体现在，交换标的是两组不同的商品组合，即各国单位货币代表的本国整体商品组合的一定份额，而不是一件单独的商品。因此，汇率的变动主要取决于两方面因素：一是各国货币的对内价值，它代表着一国单位货币代表的本国整体商品组合的份额，或者该份额商品组合的商品数量多少，因此对汇率有相应的决定性。二是各国货币的对外价值，决定着各自代表的商品组合份额的国际交换价值，其变动也将引起汇率的变动。

在不同历史条件下，汇率决定因素的性质与影响有很大差别，汇率的变动也因此呈现出不同的性质与规律。

在工业革命以前，一国货币基本上由物质商品充当，其对内对外价值也基本一致，均取决于该物质商品本身的价值。此时，汇率可以如西方经济学的购买力平价理论描述的那样，理解为单纯的两国货币购买力或对内价值的比价，也可以如金本位体系及金汇兑本位体系那样，由各种货币的含金量之比决定。

在工业革命以后，持续涌现的新知识带来的经济事物本身及其相互关系的变化性，使汇率本身及其决定因素都处于变化之中。此时，由于一国货币的对内对外价值已经不同，汇率只能归结为两国货币对外价值之比。汇率的决定因素自然应该归结为分别影响一国货币对内与对外价值的两大类因素。

本文将分别从这两方面，考察工业革命以后汇率的决定因素及其影响。由于汇率这两方面的决定因素极其复杂，加之处于不断变动中，限于本文容量，本文仅限于对主要影响因素的一些显著变动状况的把握，满足于揭示汇率的一些显著变动，以展示沿信息社会经济学的思路，可望取得怎样的成效，而不是给出对汇率决定因素及其变动规律系统全面的把握。

（一）影响货币对内价值的因素

在影响货币对内价值的众多因素中，货币供应量的变动应该是其中比较突出的一种。在其他条件没有明显变动时，货币供应量的一定增加，通常意味着一国货币对内价值的下降，即单位货币代表的商品组合在一国整体商品组合中的份额下降。

同时，影响货币供应量的因素也很多，不仅涉及政府金融货币政策，还涉及广泛领域的社会规范及客观经济环境的状况。但就显著性及可操控性而言，政府货币政策无疑是其中影响比较突出、具有可操控性的一个。为简化分析，本文仅限于考察政府货币政策的影响。

在现代社会条件下，信用凭证独具的可主动调节的优势，使其可以通过货币政策，来调节货币供应量的变动，进而调节单位货币的购买力或其对内价值。

在现代西方经济学里，对货币政策有关影响已经有大量研究，但均不得要领。这些研究大致体现为两大类不同的认识：一类可以由传统货币数量论代表，认为货币政策的影响可以通过对物价指数的统计得到的通货膨胀率体现出来，仅仅是一种中性的"面纱"，不影响实际经济状况，使得货币政策的影响是中性的，没有实际意义。另一类则以传统凯恩斯理论为代表，认为货币政策是非中性的，至少在短期内可能影响到就业等实际经济状况。

在信息社会经济学货币理论里，货币政策的影响本质上不同于西方经济学的理解，有不同的影响机制与效果。信息社会经济学认为[①]，货币政策导致的货币供应量的变动，是影响其他商品价值的实际因素。其作用主要是通过对货币持有成本率的影响来达到的，仅限于持有成本率能够起作用的领域。对于与持有成本率无关的经济事物，比如，由其他因素导致的经济波动与充分就业等问题，主要需要其他的方式来解决，货币政策的影响能力有限，仅仅能够起到有限的辅助作用，不能充分有效地承担起解决这些问题的重任。

---

① 参见本书第三章第一节。

　　因此，货币政策主动调控的确存在一定的必要性，可以用于使货币的持有成本率维持在稳定的最低水平，以有利于知识增长。这基本上是货币政策唯一能够发挥有效作用的合理目标，体现了货币政策内在的客观要求，也表明货币政策受到实际经济因素的制约，不可以随心所欲。

　　基于此，货币政策对货币供应量及其对内价值的影响，可以依其对持有成本率的影响是否有利于知识增长的性质，大致分为两类：一类是有效针对合理目标导致的货币对内价值的变动，另一类则是未能有效针对合理目标导致的货币对内价值的变动。

　　在工业革命以后社会产品持续更新变化的条件下，对合理货币政策目标的追求，通常会使货币供应量逐步增长：

　　如果新知识导致新的商品出现，意味着此类商品将在总的商品价格中占有一定份额，原有的其他商品占有的份额相对减少。在货币供应量不变时，除非新产品占有的份额刚好与老产品消失的份额相同，原有的产品的价格通常都会出现相应的下降，导致所谓的通货紧缩。同样，如果新知识导致原有产品生产效率提高而使得其产量提高，在保持货币供应量不变时，如果没有抵消此类商品增加的因素，也会引起商品价格的普遍下降，同样意味着信用紧张、利率上升，以致持有成本率不令人满意地上升，影响知识增长。

　　此时，货币供应量的增加有利于保持货币持有成本率稳定的低水平，有利于知识增长，因此有必要充分发挥信用货币供应量可主动调节的独特优势，使其有利影响充分发挥。这就意味着，为了达到货币政策合理目标的要求，会促使货币当局增加货币供应量。再考虑到缺乏提升货币对内价值或保持对内价值不变的客观必要性，使得在如此货币政策目标的影响下，单位货币对内价值总是会随着持续的知识涌现而持续下降。

　　货币政策对货币供应量及其对内价值的这类影响，虽然原本倾向于使名义货币的对外价值相应下降，却因为其对知识增长有促进作用，同时存在着使其对外价值上升的影响，可能在一定程度上抵消原本的下降，甚至使其上升。至于最终效果，取决于这两种影响的力度对比。

　　同时，无论各国货币政策决策者是否意识到，货币政策合理目标的上述要求，构成了货币对内价值下降幅度的一种限制。因为超过上述要求的对内价值变动幅度，会导致持有成本率变动过大，对保持稳定的低水平持有成本率或知识增长目标无好处。

货币政策对货币供应量及其对内价值的另一类影响，主要是受现代西方经济学误导，为促进充分就业与平抑经济波动等不应有目标而调控货币供应量产生的影响。这部分影响可能包括中性的面纱影响，也包括一些非中性影响。但由于其不是致力于保持货币持有成本率最低，使得对于知识增长而言，这种非中性影响是不必要的，还可能不利于知识增长，使其在原本可能导致货币对外价值下降的基础上，还可能有额外的下降。其不利影响的成分比重越高，下降的幅度可能越大。即使其中的紧缩政策可能引起其对内价值上升，进而引起对外价值上升，也会由于此时非中性的经济影响总是负面的，难免抵消其原本的对外价值上升。

货币供应量变动引起的单位货币对内购买力的变动，主要通过货币政策这两部分性质不同影响的成分比较来体现。在货币政策促使同样的货币供应量增加的情况下，一国货币政策依其合理性成分的不同，对汇率有不同的影响。如果一国货币政策致力于合理政策目标成分相对较多，将在促使去货币对内价值下降、从而对外价值下降的同时，也存在相应的促使其货币汇率上升的影响，使其对外价值的下降会得到相应的抵消；相反，如果致力于合理政策目标成分相对较少，将促使其货币汇率有更多的下降。这一点只有从货币对外价值的角度，才能认识到，从货币对内价值的角度看不到。

（二）影响货币对外价值的因素

作为商品的一类，单位货币代表的商品组合，其对外价值是由其内含商品价值的决定因素决定的。根据信息社会经济学的价格理论，该商品组合在国际市场上的交换价值，应该取决于其内含知识在国际市场上的垄断权，而非在国内市场的垄断权。

从垄断权本身的性质来看，这种垄断权与该国知识体系在国际上的地位有关，其变动主要取决于两方面因素：一是知识的变动，二是社会规范的变化。

一国知识的变动主要体现为由本国新知识的创新与新分享的国外已有知识，以及本国已有知识在国际上的扩散与淘汰。前者会带来知识垄断权的增强，后者则导致知识垄断权的减弱。

一国的社会规范决定着该国知识垄断权的格局。如果其社会规范出现变化，就可能导致国内知识垄断权格局变化，进而引起国际知识垄断权的格局发生相应变化，使得本国知识垄断权相对增强或减弱。

考虑到社会规范变化的影响主要涉及垄断权格局的变化，相对复杂，也比较次要，为了突出重点，本文将在稍后涉及此因素时，对此一并考察。这里，则主要考察新知识产生状况对一国知识垄断权及汇率的影响。

从知识垄断权角度看，一国新知识的产生，在未得到充分传播之前，可能会形成一定的自然垄断，意味着本国货币代表的商品组合的知识垄断权相对增强，倾向于提升本国货币的对外价值。即使新知识来源于国外已有知识的扩散，也意味着国外的知识垄断权减弱，本国知识垄断权相对增强。同样，随着国外新知识的产生，以及本国已有知识的扩散与淘汰，都意味着本国的知识垄断权减弱，国外知识垄断权相对增强。

这是因为，在一国之内，当名义货币供应总量不变时，其单位货币代表的整体商品组合的份额不变。由于本国新增加的知识会带来价格的额外增加，使原有知识在国内的垄断权相对下降或灭失。但在国际上，这些原有知识的垄断权依然保持，不会因此下降或灭失。这意味着，在国际市场上，本国货币代表的商品组合的知识垄断权增强，或本币对外价值上升。

因此，一国货币对外价值的变动，会受到其知识增长状况的决定性影响。知识增长状况不同，商品组合及其知识垄断权状况会不同。两国知识增长的相对变化状况，则成为影响汇率及其变动状况的基本因素。

虽然各国知识增长状况一般难以进行精确的量化衡量，不能用于直接给出精确的汇率值，但如果两国知识增长状况出现显著差距，或知识差距出现比较明显的趋势性变化时，以致能够对差距变化方向进行显著性判断时，知识增长速度相对较快的国家，其货币汇率也会相应上升。

知识增长及其差距的这一影响是基本的、不可抹杀的。如果有效排除货币的"面纱"影响，汇率的长期变动基本上可以用知识增长状况的相应差异来解释。即使被货币与其他因素的影响抵消，其影响未能被反映出来，或者指标本身存在问题，使其未被充分反映，这样的影响也客观存在。

因此，即使一般性地比较知识增长速度的快与慢，可能比较困难，但如果在一些特殊条件下，能够进行一些有意义的显著性比较，那么，就可以根据这些显著的知识增长速度差异，揭示相应的汇率变动状况。显著的知识增长速度差异，会导致显著的汇率变动；不显著的知识增长状况差异，也会意味着同样不显著的汇率变动要求。

比如，以发展中国家与发达国家之间的比较为例。依据信息社会经济学的研究，在目前存在明显的发展中国家与发达国家之分时，由于知识传播相对于知识创新更容易，发展中国家易于借助这一独特优势明显缩小与发达国家的知识差距。因此，在发展中国家经济发展较快时，其货币汇率的上升，将呈现为一种趋势性规律。尤其是，只要发展中国家的经济发展能够得到经济学理论的合理指导，使其步入发展正轨，其内在优势必然发生作用，也必然能够预期其与发达国家的经济发展差距可以在有限时间内消除[①]，因此，在此期限内，其货币汇率的上升可以进行确定性预期。

同样，在不同发展中国家之间，也因为与发达国家的差距缩小速度容易不一致，意味着其间知识差距会逐步扩大，而使相关国家货币汇率出现趋势性变动。

而在发达国家之间，由于知识增长状况的差异不太显著，通常来不及得到及时体现，本身也具有随机性，使其影响也混迹于随机因素之列。除非其出现知识差距持续的明显变动，其货币汇率很难出现由此导致的显著的趋势性变动。

更进一步，知识增长状况本身还可以归结为其他一些因素影响的结果，这些因素自然也构成影响汇率的因素。如果能够有效把握知识增长的决定因素，就可能在不同国家的这些决定因素出现显著的变化差异时，对相关国家

[①] 信息社会经济学的相关研究已经证明，理论上，只要能够致力于知识传播体系的现代化，在现代社会，任何发展中国家均可在两代人时间左右的时限内，消除与发达国家的经济发展差距，与其并驾齐驱。参见袁葵荪：《经济发展的基本模式——经济学的现代基础》，中国人民大学出版社2009年版，第八章。

的知识增长速度进行一些明确的比较判断。

比如，根据信息社会经济学的经济发展理论①，至少对发展中国家而言，其知识增长的决定因素基本上可以概括为人的能力、国际经济联系与社会规范三大类，使这三大因素成为其汇率决定的根本因素。即使对发达国家而言，这三大类因素的概括性虽然可能有所减弱，也会构成其知识增长最为突出的决定性因素。因此，这些因素的明显改善，即意味着相应整体资产组合的知识水平明显上升，或者相关货币的潜在价值上升。

值得强调的是，知识增长状况对货币对外价值变动的影响，虽然是实质性的，却因为现代西方经济学的历史局限性，基本上未被现有汇率理论认识到，因此其是被此前的汇率理论排除在外的新的影响因素。这意味着，如果深耕这些因素，就可望大大拓展对有关汇率决定及其变动状况的把握。

很明显，汇率上述两大类决定因素只是比较具有代表性的、显著的两种，不是全部系统全面的影响因素。但它们或者是现有汇率理论完全认识不到的重要因素，如知识增长差距；或者虽然为现有汇率理论所涉及，如货币政策的差距，却有着与现有汇率理论中不同的意义与性质。就此而言，表明信息社会经济学的认识与现有经济学截然不同。如果能够沿着这一方向进一步发掘，将使我们能够更有效地把握汇率的决定因素。

四、汇率变动的特点与规律

汇率决定因素的性质及其变动等状况，支配着汇率的变动趋势或规律。在物质社会与信息社会，汇率决定因素的性质有很大差别，汇率变动也因此呈现出不同的性质与规律。

在物质社会，各国整体商品组合主要由物质性商品构成，货币由黄金等物质商品充当，其与商品组合的关系比较稳定。作为两国固定商品组合的比价，汇率可以如西方经济学的购买力平价理论描述的那样，由各自货币购买

---

① 参见袁葵荪:《经济发展的基本模式——经济学的现代基础》，中国人民大学出版社 2009 年版，第五、六、七章。

力比价或含金量之比决定。

此时，很少存在导致汇率变动的因素。即使偶有变动，也可以归结为不同商品价格之间的变动，或类似金本位及金汇兑本位体系中货币的含金量相对变动等。

同时，由于汇率及其变动的决定因素简单确切：一方面，在常态下，两国货币的购买力或含金量比例大致稳定，使得汇率基本上稳定不变，或具有确切稳定的变动中心，其常规性变动，基本上体现为围绕购买力平价或含金量比例一类变动中心上下波动。另一方面，变动中心本身的变动很少发生，是非常规性的。变动中心偶然的变动，体现为购买力平价或含金量比例的变动，易于得到准确判定与预测。

在信息社会，持续涌现的新知识，使汇率的决定因素处于持续变化之中，不仅会涌现出新的汇率决定因素，即使原有的汇率决定因素，也会具有新的性质与影响机制，使汇率及其变动呈现出与过去截然不同的特点。从本文前面揭示出的两大类新性质决定因素，即可看到汇率及其变动规律等一些不为人知的新特点：

（一）新的汇率决定因素使汇率出现新的变动趋势

从前述新的决定因素看，在存在明显的发展中国家与发达国家的区别时，以及在货币政策合理目标尚未被经济学家或决策者把握时，可以看到汇率变动可能存在两种新的趋势。

一种情况是，在存在明显的发展中国家与发达国家之分时，由于知识传播相对于知识创新更容易，容易出现与发达国家知识差距明显持续缩小的发展中国家，使得发展中国家的货币汇率容易呈现出持续上升的趋势。

如前述，当知识差距出现比较明显的趋势性变化时，如果忽略货币政策对货币对内价值的影响，汇率会出现相应的趋势性变化。知识水平提高较快的国家，或差距与发达国家缩小的发展中国家，其货币汇率易于上升，呈现为一种趋势性规律。

从迄今为止的现实看，如果能够排除货币供应量变动的影响，日本二战后的发展、"亚洲四小龙" 20 世纪 60 年代以后的发展、中国改革开放以来的发展，以其二战后最为显著的知识增长或经济发展，必然伴随着此期间最为显著的货币升值。

而如果仅仅在发达国家之间，则因为不存在导致知识差距显著变动的必然原因，很难出现知识差距的明显变动，其货币汇率也很难出现由此导致的趋势性变动。

另一种情况是，在货币政策合理目标尚未被经济学家或决策者把握时，货币政策制定的盲目性，使得不同国家货币政策的合理性容易出现显著差异，货币政策明显更合理的国家，其货币汇率容易呈现出持续上升的趋势。合理的货币政策的影响，不能通过所谓通货膨胀率排除；不合理的货币政策的影响，则在相当程度上易于为通货膨胀率排除。

从目前的现实状况看，货币政策合理性的差异主要可能产生于两个方面：

一方面，由于现代西方经济学未能揭示货币政策的合理目标，其目前的主导地位，使经济学家及政策制定者并不知道持有成本率最低原则的要求。因此，各国货币政策没有可依据的确切标准，不可避免地具有盲目性，难免偏离这一基本的合理性要求，使不同国家的货币政策可能对基本目标有不同的偏离。比如，受现代西方经济学的影响，经济学家及政策决策者往往将刺激经济增长、充分就业、保持经济增长稳定等其他目标，盲目认定为货币政策应该追求的主要目标，并根据自己对这些目标不同而盲目的理解，制定相应的政策措施，因此在不同程度上会偏离应有的合理目标。一旦其与合理政策目标的偏离出现差异，就意味着各国货币对内价值的变动不一，并引起相关货币对外价值变动的差异，使货币政策相对合理的国家的货币汇率易于上升。人们熟悉的通货膨胀率的差异引起的汇率变动，会在一定程度上显示此种情况产生的可能性。

另一方面，即使信息社会经济学的相关理论成果能够得到充分扩散，使各国货币政策均能够明确有效地致力于追求合理目标，但各国对什么是持续稳定最低水平理解不同，或者致力于稳定的低持有成本率的政策可能有多种，使各国可能采用的货币政策不同，其对知识增长的影响就有可能不同。再加上各国经济环境不同，尤其如发展中国家与发达国家相比，其经济发展状况有很大差异，必然会使同样的政策效果可能不同。只要货币政策的这类差异足够显著，就可能引起相应的趋势性汇率变动。货币政策差异在不同经济状况及以不同货币理论为依据的国家之间的影响，比具有相近经济状况与货币政策理论依据的国家之间有更明显的影响。这一点，不仅对发展中国家汇率变化规律的把握的意义较大，还可能成为发达国家之间汇率出现趋势性变化的重要原因。

不难看到，引起上述趋势性变动的因素，不仅是长期汇率的影响因素，也是短期汇率的影响因素。只要这些因素有差异，汇率就迟早会有相应变动，不会固定不变。即使差异不确切，变化中的差异却是确切的。不确切的差异只是表明变动规律的不确切，可能体现为类似无目标、无方向的随机游走。

从影响汇率的上述因素看，虽然难以准确把握其变动状况，但据其辨识一些重要的变动方向与特征，还是有可能的。即使变动方向及其大小的辨识并不全面，但在其决定因素的变动足够明显时，仍然可以得到一些值得把握的变动规律与特征。尤其是，这些新的汇率决定因素的揭示，意味着对汇率性质及其变动规律可以有更为深刻的认识，并会因为其前所未有的深刻性，使更多汇率问题得到合理解释。即使其是局部性的，具有时效性，也具有重大现实意义。因此，沿此方向的深入探索，有助于掌握更多有意义的汇率变动规律。

（二）不再存在确切的均衡汇率与变动中心

均衡体现的是具有固定影响的多种固定决定因素的综合效果。所谓均衡汇率，依赖的是汇率理论对汇率具有固定不变的决定因素的假定。在物质社会，对均衡汇率的考察可能具有一定的合理性。但在现代信息社会，汇率决定因素本身及种类、结构、性质等的不断变化，使得汇率变动在不同时刻受到不同力量的支配，意味着均衡汇率存在的基础彻底崩塌。此时，在某一时刻，支配汇率决定的力量虽然会要求汇率变动走向一定的均衡状态，但在这一均衡还来不及达到时，支配力量在下一时刻的变化，又会要求汇率变动掉头奔向新的均衡状况。而在新的均衡状况尚未达到时，又可能因为支配力量的再次变化，使汇率变动不得不转向另一种新的均衡状况。如此等等。因此，汇率决定因素的变化性，决定了现代社会的汇率根本不具备达到均衡状况的条件，也意味着，试图构建均衡汇率理论的任何尝试，都不可能获得成功；已经构建出来的均衡汇率理论，则无一例外地不具有现实合理性。

同时，既然不再存在物质社会那种确切的均衡汇率，当然也不存在汇率将围绕其变动的变动中心。

更进一步，汇率决定因素的变化性，不仅使得所谓的静态均衡不再存在，也不会存在所谓的动态均衡。甚至如混沌、耗散结构一类稳定状态，也无法形成。因为这类稳定的结构状态也依赖主要影响因素类型的固定性，使其如常规均衡一样，仅仅在非常苛刻有限的条件下，有一些近似的合理性。

不难看到，即使如前述那样，能够揭示出汇率决定的两大相对稳定的因素，也会因为这两大因素本身的变化性，使其不会导致均衡汇率。而其带来的趋势性变动压力，也不意味着可以存在所谓动态均衡汇率。

这是因为，上述两大汇率决定因素只是众多决定因素中比较突出、易于揭示的一部分，并且只是在特定条件下相对显著的部分，不能充分代表全部的决定因素。而且，即使仅就这两种因素而言，由于其相对差距本身也在持续的变化之中，难以将其当作支配汇率变动的固定因素。

因此，上述两大汇率决定因素带来的趋势性变动压力，仅仅意味着出现了相关调整要求。在其他影响因素不变时，其影响力虽然总会得到现实体现，但这种压力能否、何时、可能会得到什么性质与多大程度的体现，也具有很大的不确定性，基本上无法把握，使得其导致的趋势性无法体现为固定的动态均衡路径。再加上现有汇率的初始值本身可能不恰当，需要调整，使得汇率的初始值不仅不能成为分析决定因素变动影响的可靠出发点，反而成为一个干扰这种分析的重要因素。而这种持续变动过程中的调整迟滞性，更意味着决定因素不断变化，其影响错综复杂、方向力度均不确切，且处于不断变化之中，根本无法形成固定的所谓均衡汇率等一类汇率变动中心，自然没有理由出现所谓的动态均衡。

总之，决定因素的变化性，使得汇率变动不再存在确切的均衡汇率与变动中心，也不会体现为动态均衡。

（三）汇率及其变动合理性的判断标准改变

与确切均衡汇率与变动中心的丧失相关的是，不再能将是否接近均衡汇率作为是否合理的判断标准，据此判定某一汇率值是否合理。此时，汇率的合理性问题依然存在，只是不再能将均衡汇率作为判断标准，而必须寻求其他判断依据。

依据信息社会经济学的经济发展理论，在现代社会，由于经济发展或知识增长是社会经济运行应该追求的核心目标，因此，汇率及其变动是否处于合理状况，取决于是否有利于知识增长，而不是某种固定的中心值或均衡值。这提供了判断汇率及其变动合理性的新标准，由此可以表明：只要引起汇率变动的因素合理正常，有利于知识增长，由其决定的汇率及其变动就是正常合理的。

比如，一旦汇率发生了某种变动，通过追溯变动的原因，如果引致变动的原因来自货币政策性质变化的差异，那么，当货币政策差异来自本国货币政策偏离持有成本率的合理目标，其汇率变动就是不合理的；如果来自本国货币政策趋近持有成本率的合理目标，其汇率变动就是合理的。

同样，如果引致变动的原因来自本国知识垄断权变化的差异，那么，垄断权不合理的改变引起的汇率变动就是不合理的，其汇率变动就是合理的；如果引致变动的垄断权变化是不合理的，其汇率变动就是不合理的。

汇率变动的这一特点，还使得可以通过对不满意的汇率变动原因的追溯，确认货币政策与相关知识垄断权状况等方面的缺陷，以助其有效弥补。

五、小　结

囿于其深刻的历史局限性，现代西方经济学未能有效把握货币与汇率在现代社会的基本性质，使其对现代汇率的概念、决定因素及其变动规律的认识陷入歧途。通过阐明经济运行模式的转变对货币及汇率概念的深刻影响，信息社会经济学重新提供了一个符合现实的汇率定义。在此基础上，信息社会经济学以严格的逻辑分析，不仅揭示出迄今尚未被认识到的、更为深刻的汇率决定因素，表明此前曾经被意识到的一些影响因素具有不同于现有认识的性质，还展示出由这些新的汇率决定因素导致的汇率变化规律的新特点，由此使有关汇率研究得以纳入全新的理论框架。

根据这一理论框架，首先，在工业革命前后，由于社会经济运行模式的根本性转变，货币的性质发生了重大变化，导致一国货币的对内对外价值出现分化，也使现代社会的汇率不能再简单定义为两种货币的比价，只能理解为一国单位货币代表的社会整体商品组合一定份额的对外价值，或者两国单位货币代表的商品组合的国际比价。

其次，汇率的决定因素大致可以划分为两大类：一是影响货币对内价值的因素，主要体现为各国货币政策以持有成本率为目标的状况。二是影响货币对外价值的决定因素，主要体现为由人的能力、国际经济联系及社会规范体系决定的知识增长状况。

最后，根据上述决定因素在现代社会的性质，表明汇率的变动不再具有确切的均衡汇率一类变动中心，仅仅在某些特殊条件下可能存在一些局部的、有明显时效性的趋势性变动。并且，衡量汇率及其变动是否合理的标准，也不再取决于是否偏离所谓均衡汇率或变动中心，更主要只能根据引致这些变动的因素是否有利于知识增长来加以判断。

经济发展方式转变的新视角：
经济学理论的根本性转变

一、引 言

以 GDP 为追求目标的经济发展方式存在严重的缺陷，已经难以持续。在如此经济发展方式下，经济发展通常被理解为以经济增长为核心内容的过程。但在经济增长过程中，易于出现越来越严重的环境恶化、资源枯竭等问题，并达到社会难以承受的程度，显示如此经济发展方式已经走到了尽头。

现有经济发展方式的不可持续性虽然已经被社会强烈意识到，刻不容缓地转变经济发展方式也早已经成为社会共识。但是，严重的问题却在于，现有经济发展方式的缺陷究竟是什么？经济发展方式应该朝什么方向转变？以及什么是可行的、能够保障有效转变的途径与措施？却成为一道道解不开的难题，在理论与现实中都带来了极大的困扰。

在现实中，为促使经济发展方式转变，早在十几年前，我国就试图以经济结构调整为主攻方向，促使经济发展方式的转变。然而，这一转变过程却显得极为困难。

在理论上，经济学家虽然对此进行了大量研究，却均不得要领，未取得任何实质性突破，更未提供可靠的转变措施。究其原因，在于迄今的研究始终缺乏可靠的经济学理论依据，既未能真正揭示现有经济发展方式的本质缺陷，也无从提供对症下药的解决方案。

容易看到，迄今为止，经济学家事实上仍然不知道现有经济发展方式的真正缺陷及其产生的原因，也难以确认发展方式转变的合理方向，更无从提供对症下药的有效措施。经济学家的有关认识，也仍然停留在经验感觉层面上，除了与非专业人士一样简单列举现有发展方式存在的种种恶果，进而认为需要转变经济发展方式，并应付性地提出一些效果不明的应对措施，并未显示出经济学家的专业优势。这种无所作为，直接意味着在面对现有经济发展方式的恶果时，社会事实上得不到有效的经济学理论指引，只能依靠本能感觉应对处理，深陷盲目状态而无所依据。如此窘境固然应该令经济学家汗颜，更主要的还表明经济发展方式转变的前景堪忧。

本文认为，经济发展方式及其转变面临的困局，直接源于经济学有关理论进展的匮乏，体现了经济学对经济发展性质的无知。而理论进展的匮乏则源于经济学现有基本理论存在深刻的历史局限性。

由于这一局限性，目前的经济学无法准确把握现代经济发展的本质特征与规律，难免误导现实经济发展过程，使其偏离经济发展的合理轨道，形成不合理的发展方式。经过一定时期的积累，必然引发诸多困难，直至最终突破社会能够承受的临界点。不仅如此，面对现有经济发展方式的沉疴痼疾，目前的经济学理论也难以准确把握其性质及产生原因，有效阐明合理方式的内容、特点与决定因素。其仅凭感性经验提出的应对措施，也只能是盲目瞎碰，不仅不能保证对症下药，对经济发展方式的有效转变无济于事，还可能产生更多的严重扭曲。就此而言，现有经济发展方式及其转变面临的困境，基本上可以归结为现有经济学理论的困境，或者源于目前居于主导地位的现代西方经济学的本质缺陷。

有鉴于此，为有效破解经济发展方式转变的困局，经济学理论脱胎换骨的改变是当务之急。本文即试图以经济学理论的根本性转变为出发点，依据一种可称为信息社会经济学的新经济学理论，首先致力于揭示经济发展的本质特征、现有经济发展方式的缺陷与成因。在此基础上，本文进一步阐明：现有经济发展方式的缺陷在于由现代西方经济学导致的知识增长方式的盲目性。因此，经济发展方式的转变应该体现为由盲目的知识增长转变为自觉的知识增长，保障经济发展方式转变最根本的措施，则在于经济学理论的彻底转变。

二、经济发展的性质特征

作为一种重起炉灶的研究，信息社会经济学认为，现有经济发展方式及其转变面临的困境，直接源于现有经济学理论未能准确把握经济发展的本质特征。

在目前居于经济学主导地位的现代西方经济学中，经济发展的概念实际上一直未能得到有效澄清[①]。在其有关分析中，并未进行过严格甄别，而是马马虎虎地将经济发展理解为以经济增长为核心内容的概念，其据此提出的经济增长模型，也被浑浑认作是经济发展模型。

早期的西方经济学家曾经简单地将经济发展理解为经济增长。后来，从经验角度，现代西方经济学家也感到经济发展难以等同于经济增长，但苦于不知道二者的性质及差异所在，只能从经验感觉出发，通过添加一些其他内容等方式，对经济增长进行了一些明确或不明确的补充或修正。如认为经济发展等于经济增长＋结构变化，或者经济发展等于经济增长＋结构变化＋可持续性＋分配公平＋人的发展，等等。这些补充或修正并未严重动摇经济增长的核心地位，使经济发展概念迄今未能摆脱以经济增长为核心内容的形象。

对经济发展概念的如此认识状况，至少存在两方面问题。首先，无论其对经济增长的认定还是后来进行的补充或修正，并非源于严谨的理论分析，而是凭借感性经验得到的，因此缺乏可靠的理论依据，仅仅体现了低层次的感性认识，难以确保合理性。其次，迄今的有关补充或修正事实上也并未使人感到满意，继续的补充或修正仍然在持续，至少还看不到已经确定的迹象，使得这一概念至今仍然处于变化之中，既不确定，也不明确，无法成为一个

[①] 参见袁葵苏：《经济发展的基本模式——经济学的现代基础》，中国人民大学出版社 2009 年版，第三章第一节。

适用于严格理论分析的确切稳定概念。

以如此概念为基础，难以认为经济发展的内涵得到了准确把握，也难以认为其可以为经济发展提供合理引导。

事实上，本文的分析表明，正是对经济发展概念把握得不严谨，引致经济发展及其方式偏离了合理的方向。因此，有必要彻底抛弃现代西方经济学的这类概念，在新的经济学理论基础上，重新把握经济发展概念的内涵。

信息社会经济学以专门的理论分析，确认经济发展本质上应该归结为知识增长[①]。为此，本小节将首先对这一认识及与此相关的经济增长等概念进行辨析，以澄清经济发展目标，为准确把握现有经济发展方式的性质、促成经济发展重归合理轨道，有效摆脱目前的困境，奠定必要的基础。

（一）知识增长与经济发展

信息社会经济学认为，经济发展这一概念，原本体现的应该是现代社会致力于持续改善整体经济状况的意愿或社会目标，或者实现这类目标的过程。

在工业革命以前那种基本停滞或稳定的社会里，由于很少可以有变化，社会经济活动所利用的资源、生产的产品及生产方式也基本稳定不变。除了尽可能使既定资源得到和维持最佳利用，社会经济整体的持续改善或经济发展难以成为社会明确的主要目标。仅仅在工业革命以后的现代社会里，持续的变化打开了持续改善的希望大门，社会整体的持续改善或经济发展才得以成为社会主要的追求目标。作为持续变化的产物，这样产生的改善意愿本身不具有固定不变的内容，其性质较难把握，在现代社会初期很难被精确概括，只能笼统地借用经济发展这一术语来表达。就此而言，经济发展也可以理解为对不明朗的社会主观改善意愿或目标的一种通俗表达或初步概括。既然在工业革命以后的社会，经济发展才具有了突出的地位，可以将其理解为现代社会条件下特有的社会目标。

信息社会经济学认为，经济发展目标作为一种社会认识，其内容受很多

---

① 参见袁葵荪：《经济发展的基本模式——经济学的现代基础》，中国人民大学出版社 2009 年版，第三章第二节。

因素影响，有很大主观性，也具有可错性，还处于不断变化之中，难以通过确定其具体内容的方式进行概括。即使我们能够设法确定目前的社会希望达到什么具体目标，但社会未来可能希望争取怎样的改善，或者可能实现怎样的改善，却是我们无法预测的。

尽管如此，信息社会经济学认为，作为现代社会的特有产物，经济发展目标也会具有其独特的、可把握的性质，进一步概括其本质特征仍然是可能的。如果能够把握引起其具体内容变化的决定因素，就能够在相当程度上把握改善的必要条件，为达到希望的改善创造条件。从这一角度出发，信息社会经济学根据信息社会的特征，看到了隐藏在各种看似主观的改善意愿背后的知识增长这一共同特点，并最终将经济发展归结为知识增长。

信息社会经济学将经济发展归结为知识增长主要有两方面的理由：

一方面，虽然社会未来可能希望有怎样的改善，或者可能实现怎样的改善是我们无法预测或无法把握的，但我们可以把握或预测的不变内容是，这些改善都需要新知识来实现。作为在现有经济状况下尚未实现的改进，无论我们希望借经济发展之名进行的改善具有什么具体内容，无论其是否具有主观性，甚至是否合理，其达到都需要通过某些变化来实现，而在这些变化的背后，就是相应的知识变化或知识增长。或者说，这样的经济发展基本上都只能通过相应知识增长来达到，以其为必要条件。如果没有必要的知识变化，任何改善都是不可能的。

另一方面，任何对经济状况有影响的知识增长，本身也意味着生产条件、方式与结果的某些变化。只要这样的知识增长引起的经济状况的变化是有意义的，是社会认可的，这样的变化也就属于经济发展。因此，在适当限定条件下，知识增长也是经济发展的充分条件。

这两方面理由充分表明，经济发展本身只能由知识增长引起，既以知识增长为内容，也以其为前提或保障。因此，将经济发展归结为知识增长，是由理论分析得到的逻辑结论，不再是想当然的产物。将其作为理论研究的出发点，可以保障理论分析的逻辑性与现实性。

一旦将经济发展归结为知识增长，就意味着不仅任何真正的经济发展均可归结为知识增长，任何有意义的知识增长也都可以归结为经济发展；相反，任何无法归结为知识增长的目标，或者任何与知识增长有别的目标，都无法归结为真正的经济发展，也必然不是所希望的经济发展。

（二）经济增长与经济发展

经济增长极易被当作等同于经济发展的概念，但二者实际上存在本质差异。一般而言，经济增长既不会必然体现为经济发展，也不是经济发展的必然结果。

从经济增长的理论含义看，其指的是 GDP 等的增长，而 GDP 本身不过是一种交易价格的总量。在不同社会条件下，这样的交易价格总量的增长具有不同的性质与意义，与经济发展的关系并不确切，甚至不具有确切的经济学含义。

在工业革命以前，社会经济活动的内容和性质都比较稳定，社会产品的类型、效用及其相互关系也相当稳定，经济增长可以在相当程度上体现既定产品产出规模的变化状况，或者经济福利的变化状况。一方面，依托对个人充分理性的假定，交易价格总量可以构成社会交易商品总规模很好的近似度量[①]；另一方面，社会总产品虽然既包括可以用价格衡量的部分，也包括不能或不能恰如其分地用价格衡量的部分，但由于交易品与非交易品间关系此时相当稳定，交易商品的总规模可以成为社会总的经济福利很好的近似度量，使得社会经济状况的一定改善可以由交易价格总量的增长代表。据此，从经济发展体现为经济状况改善的角度看，可以将 GDP 的增长马虎地理解为经济状况的改善。如果将经济发展概念也用于表示此时经济状况的改善，也可以大致认为 GDP 的增长此时与经济发展有一定稳定联系，能够在一定程度上代表经济发展。

但是，在工业革命以后，社会经济活动的内容与性质已经处于持续变化之中，社会产品的类型、效用及其相互关系不再如过去那样稳定，经济增长也就不再能够成为经济发展的有效代表。一方面，持续的变化摧毁了充分理

[①]　这需要假定具有一定的合理的货币体系状况。

性的基础，个体来不及准确判断特定商品对自己的效用或可能由其获得的满足程度，使得即使对交易商品，交易价格也不再是其效用的很好度量。因此，交易价格总量的增长不再能够充分或恰如其分地衡量由交易商品体现的社会改善或经济发展状况。另一方面，交易品与非交易品间关系的不稳定，使得交易价格总量即使是对交易商品效用的很好度量，也不能代表对非交易品效用的很好度量，不再是对社会总的经济福利很好度量。此时，特定经济活动是否能产生交易价格，会产生怎样的交易价格，既与经济活动本身的性质有关，也与交易的制度结构有关，还与货币体系等的状况等有关，使交易价格总量不再成为衡量经济状况的很好指标。

由此可见，在工业革命以后，交易价格总量的一定增加不一定代表经济状况有相应的改善；反过来，经济状况的一定改善，也不一定表现为交易价格总量的相应增加。因此，经济增长与经济发展的联系受到根本性动摇，使得经济增长既不是经济发展的必要条件，也不是经济发展的充分条件，不再能够成为经济发展的同义词。

从知识增长的角度，可以更明确看到经济增长与经济发展的本质差异。

经济增长基本上是由影响交易规模的因素决定的。这些因素可以包含知识增长，也可以包含与知识增长无关的因素。如可以与有关事物的供求关系有关，也可以与有关产品的可交易性有关，还可以与交易价值的衡量标准有关。如此等等。比如，个体为达到自身获取交易价格目标，可以通过设法通过知识增长更有效满足社会或其他个体目标的方式，也可以采用坑蒙拐骗、强取豪夺等多种再分配方法来达到。因此，在不同环境条件下，由于引起经济增长的因素不同，一定的经济增长率可以体现一定的知识增长，也可以不体现知识增长；可以体现较多的知识增长成分，也可以只体现较少的知识增长成分，甚至带来负的知识增长。

知识增长有自己完全不同的决定因素[1]。对于一定的知识增长而言，它所导致的经济关系与经济事物的变化，可能引起产品的类型、供求关系与可

---

[1] 比如，根据信息社会经济学的相关研究，发展中国家的知识增长主要取决于人的能力、国际经济联系与社会规范体系等三大因素。参见袁葵荪：《经济发展的基本模式——经济学的现代基础》，中国人民大学出版社 2009 年版。

交易性的变化，从而引起交易价格总量的变化或经济增长率等的变化。但是，二者间的关系并不确定，一定的知识增长既可能导致交易价格总量的增加，可能引起一定的经济增长率；也可能导致其下降，导致负的经济增长率。既可能使其有较大幅度的增减，也可能使其增减幅度较小，还可能使其并无增减，具体结果取决于多种因素，难以确定。尤其在现代社会，知识状况已经成为经济状况的主要内容或标志，知识的非天然度量性使得其本质上不能够用交易价格总量有效度量。

比如，一项新技术可能因为使相关产品生产效率提高，成本降低，从而既可能促使该类产品的交易价格总量下降，也可能促使其交易价格总量上升，与所谓价格弹性的变动状况有关。更关键的是，其对交易价格总量的影响首先取决于该技术的产权状况。对其的占有控制状况不同，对 GDP 的影响将不同。这使其影响可有可无、可大可小，并不确定。

因此，在现代社会条件下，如何获取交易价格与如何获得知识增长基本上是两个不同的问题。经济增长与经济发展之间没有确定的联系。可以将经济发展归结为知识增长，却不可以将其归结为经济增长。或者说，将经济发展归结为知识增长有充分理由，将其归结为经济增长却缺乏理由。经济增长不仅无法成为社会改善意愿的全面准确概括，也缺乏确切的经济含义。通常认为的经济增长与经济发展之间的联系，源于人们不了解经济增长与知识增长的关系，将其不分场合地盲目等同起来。

当然，在特定条件下，经济增长也可能与经济发展有这样那样的联系，可能在某些时候能够体现某些具体的改善目标实现。但这样的联系既不确切，也不稳定，还得不到保证。其能够有助于改善的目标既非社会希望并可能改善的全部目标，也非永恒目标。即使经济增长可以通过知识增长来实现，可以包含一定的知识增长成分，但由于二者之间并不必然具有确定联系，对这一目标的促进是否会促进知识增长，以及会具有怎样的促进效果，均是不确定的。此时，其究竟具有什么样的经济意义，其性质或包含多少经济发展成分，已经变得不确定，基本上取决于其包含的知识增长状况或经济增长方式。如果一定的经济增长是由一定的知识增长带来的，这样的经济增长就意味着一定的经济发展；如果其不包含知识增长的成分，这样的经济增长就与经济发展无关。

（三）资源配置效率提高与经济发展

资源配置效率提高是另一种与经济发展似乎相关的概念。严格意义的资源配置效率提高，需要以既定不变的配置效率标准为基础，也要求资源的类型及其效用保持不变。按照这些要求，将不容许出现新资源，也不容许现有资源的性质及其之间关系发生变化，因此与以知识增长为本质特征的经济发展根本冲突。因为在可能出现新知识的情况下，资源的类型会发生相应变化，已有资源的效用及其相互关系也会发生变化，衡量配置效率的固定标准将不复存在，资源配置效率的提高也将无从谈起。此时，如果坚持将其作为社会追求目标，就意味着必须以放弃知识增长为前提。或者说，根据其严格含义，资源配置效率提高与经济发展互不相容，不能归结为经济发展，也不应该成为现代社会追求的目标。

尽管如此，在现实中，似乎存在着明显值得追求的资源配置效率提高的现象。然而，深入的分析可以表明，这些现象并非严格意义的资源配置效率提高，并非资源的类型、效用与配置效率标准不变条件下的现象，更多属于一种知识传播现象，即在持续的知识增长条件下，来不及充分传播的知识得到了更广泛的传播。

这样一种资配置效率提高，只是持续知识增长的一种附带产物，可以理解为知识增长的一个组成部分。因为只有在持续的知识增长条件下，才可能出现由于新的有意义的知识来不及充分传播的现象，出现普遍持续的资源配置优化的空间。如果没有持续的知识增长，即使暂时存在通过提高资源配置效率改善经济状况的可能，这样的改善也仅仅是一次性的，程度也有限；只要有充足时间，已有知识就可以得到充分传播，或者资源总是会自动得到最优配置。一旦达到最优配置之后，就再无改善配置效率的空间。就此而言，即使这种不严格的资源配置效率提高可以理解为知识增长的一个组成部分，也只是很不完整的组成部分，与整体的经济发展存在很大差别，而且衡量标准也比较模糊，不能成为替代整体知识增长或经济发展的、需要全力争取的社会基本目标。

综上所述，将经济发展归结为知识增长，意味着经济发展本质特征得以成功揭示。本文接下来就将以信息社会经济学的经济发展概念为基础，考察有关经济发展方式的性质与成因。

三、现有经济发展方式的性质及其危害

一旦确认经济发展应该归结为知识增长，就容易发现，现有经济发展方式本质上是一种盲目的知识增长方式，这是隐藏在其诸多恶果后面的根本原因。

经济发展方式大致可以归结为两方面内容：一是表现为社会主观认识的经济发展目标，它指引着经济发展的努力方向；二是客观上实际支撑这一目标的社会规范体系，包括文化观念、法律制度与政府政策等。作为带有一定强制力的有支配力的认识，社会规范体系通过一定的奖惩规则，约束社会成员的行为，促使其选择有利于特定社会目标的行为，以达到相关社会目标，因此直接决定着经济活动追求的现实目标与方式。

现有经济发展方式的盲目性体现在，无论是主观的经济发展目标，还是客观支撑这一目标的社会规范体系，其明确追求的目标均指向其他目标，未专门针对知识增长。这些目标既可能包含一定的知识增长成分，也可能不包含；包含的成分可能比较多，也可能比较少。更主要的是，其与知识增长之间并不存在稳定的联系，因而对其的追求能够达到怎样的知识增长效果，具有很大不确定性，取决于各种各样的偶然因素。

就社会目标而言，在现有经济发展方式中，经济活动实际追求的目标比较混乱，大致体现为经济增长与资源配置效率提高等多种目标的混合。

在目前的实际经济活动中，社会意识浸透了经济发展是经济增长的观念，经济增长状况大致是社会评价经济发展状况的主要标准。在人们的日常观念里，在决策层的官方文书中，以及在相关媒体，自觉或不自觉地将经济发展与经济增长二者等同起来，是相当普遍的现象。只要涉及经济发展状况，就势必谈及 GNP 或 GDP 及其增长状况。几乎从未有不提 GNP 或 GDP 及其增长状况，或者从未有不以其为核心的情况，甚至认为离开这一状况是不可思议的。

比如，在衡量一个国家经济运行状况的好坏时，或者在谈及发达国家与发展中国家的差别时，包括评价各级政府的政绩时，主要是由 GNP 或 GDP 的状况——如人均 GNP 或 GDP 及其增长率的高低——来判定。甚至，在衡量经济运行状况是否稳定时，也主要是由 GNP 或 GDP 的波动，而不是以经济关系的紊乱状况为衡量标准。

此外，在不同场合，间或也会涉及资源配置优化与一些体现经验之谈的其他目标。

从现实社会规范体系的性质看，在现有经济发展方式中，其指向的目标也大多是 GNP 或 GDP 及其增长率，以及资源最优配置等。即使有时也指向知识增长，但知识增长既非其明确的目标，更非主要或核心的目标。

社会规范体系大致可以区分为两个层次的内容：一是以市场交易价格机制为代表的社会规范，大致体现为使"看不见的手"起作用的自由市场体制，与工业革命初期时的社会规范体系较为接近；二是在此基础上产生的修正性规范，如政府的干预政策等。它们是基于社会对市场交易价格机制缺陷的认识，致力于弥补其不足的社会规范。前者最初凭借有利于资源最优配置目标的名义而受到支持，但本质上更倾向于经济增长目标；后者则大多属于 GNP 或 GDP 及其增长率导向的。

市场交易价格机制只承认对交易价格或 GNP 的贡献，使人们对自身利益的追求只能通过对价格承认的追求来实现，因此直接指向经济增长目标与既定资源配置效率提高。在这一机制下，一项经济活动是否有价值，不在于其是否有利于经济发展或社会财富的增加，而在于其是否导致 GNP 增加，或引起的交易价格是多少。因此，无论个体自己有什么追求目标，通常都只能通过设法满足社会或其他个体需求的方式，通过对交易价格的获取，来实现自身的目标，使个体或社会的行为直接指向交易价格的获取。

在如此机制下，知识增长虽然可能得到一定的促进，但只是受到激励的因素之一，不代表这一机制可能产生的全部影响，更不能保证其始终居于主导地位，究竟会受到什么样的激励是不确定的。而且，其对知识增长的激励也存在很大的局限性。既不能保证知识增长可以得到全面的激励，也不能保证得到充分的激励。能够得到怎样程度的激励，取决于相关知识增长在获取交易价格时能够起到的作用。不能成为获取交易价格手段的知识增长，得不到这一机制的激励；作为获取交易价格手段不充分的知识增长，激励也会不充分。

尤其是，在现代信息社会条件下，市场交易价格机制相对稳定，难以与时俱进。一方面，随着社会经济活动的不断变化，信息社会因素的增强，越来越多的经济活动不受价格机制支配，或者以获取价格为目标的交易活动在整个社会经济活动中的比重相对降低；另一方面，价格信号将更加弱化或混乱，传递的信息准确性也大大下降；加之知识增长的决定因素本身此时也更加多变并难以厘清，受到市场交易价格机制激励的知识增长既难以保证充分，也更难以确定。

修正性社会规范大致用于弥补市场交易价格机制的不足。随着社会经济的不断发展变化，市场交易价格机制的局限性增大，适用范围日益缩小，需要越来越多地构建修正性社会规范加以弥补，使得二者此消彼长；加之修正性社会规范的变化性，使得在现有经济发展方式下，社会规范体系支撑的目标更主要取决于修正性社会规范的性质。

然而，决定这些修正性社会规范的因素，主要来自人们对经济发展性质的认识，以及对市场交易价格机制在满足经济发展需要时的不足的认识。这些认识基本来自经验感觉。既然社会认识中充斥着对经济增长的认定，这些修正性社会规范针对的目标也基本限于经济增长目标。因此，在现有经济发展方式中，据此构建的修正性社会规范目标大多将经济增长作为追求目标，也可能将提高资源配置效率等作为目标，但难以将知识增长作为主要的明确目标。

综上所述，现有经济发展方式追求的目标主要指向经济增长等目标，未专门针对知识增长，并常常背离这一目标，使知识增长实际上处于盲目状态。

现有经济发展方式的这一盲目性，具有非常严重的后果，不仅使经济发展达不到应有的状况，甚至使经济运行不能正常维持。

首先，盲目的知识增长方式将严重阻碍经济的发展，使其达不到应有状况。

现有经济发展方式在知识增长方面的盲目性，使社会未能专门针对知识增长目标，导致知识增长的决定因素得不到充分具备，或者不能充分发挥作用，使其得不到充分推动，达不到应有状况。

这是因为，现有经济发展方式针对的是经济增长等目标，有关社会努力更多注重的是充分发挥经济增长决定因素的作用。这种对经济增长等目标的追求，即使还可以导致一定的知识增长，也会因为知识增长必然得不到直接、合理和全力的推动，难以处于最有效的状态，其效果只能被动地取决于与其他目标的相关性。即使在最好的情况下，知识增长也只能听任自发因素支配，难以达到可能的状况。

更为严重的是，这样的发展不足由于是隐含的，难以被社会充分认识到，可能达到相当严重的程度，造成长期持续的危害。

比如，根据信息社会经济学的相关研究①，如果充分发挥知识增长决定因素的作用，摆脱盲目性，在两代人左右的时间内，发展中国家应该足以消除与发达国家的发展差距。但由于迄今的发展未有意识地致力于促使知识增长，具有盲目性，致使二战以来，虽然早已超过两代人的时间，发展中国家与发达国家的差距却没有显著缩小。而且，从理论上看，相对于发达国家，发展中国家由于资本等经济增长决定因素总是均处于劣势，如果追求的是经济增长，也意味着全面消除与发达国家的差距只能是天方夜谭。

如此状况，对发展中国家而言，无疑是一种社会从未意识到的、但更为严重的危害。

其次，盲目的知识增长方式将引致诸多社会难以承受的恶果，严重妨碍社会经济的顺利运行，甚至使其不能正常维持。

在信息社会条件下，随着社会主观能动性增强，对经济发展的主动追求成为必然。在知识增长具有盲目性的条件下，由于自觉或不自觉地以经济增长等为主要追求目标，加之知识增长本身的决定因素难以得到明确把握，而

---

① 参见袁葵苏：《经济发展的基本模式——经济学的现代基础》，中国人民大学出版社 2009 年版。

决定经济增长的因素似乎易于把握，其效果或作用看起来比较明显且确切，有关促进措施或者只能根据人们所认识到的经济增长的决定因素，通过增强这些因素以推动经济发展。因此，决定经济增长的因素将得到强化，决定知识增长的因素则只能自发产生，易于受到相对忽略，使经济增长率中的知识增长成分受到根本性弱化，甚至不如"看不见的手"这一自发机制。

与此同时，由于缺乏必要的自动矫正机制，对容易操作的决定因素的主动追求，导致在偏离知识增长合理轨道的方向上越滑越远，不可避免地引发诸多社会难以承受的恶果：

1. 引致严重的资源枯竭问题

在现有经济发展方式下，产出被认为是由资源投入带来的，以大规模增加资源投入以换取产出的大规模增加，被认为是实现经济增长简单易行的有效模式，必然受到现有经济发展方式鼓励。

这种大规模资源投入需要消耗相应的不可再生或难以充分再生的资源。增加产出，意味着必须增加这些不可再生或难以再生的资源的消耗，也意味着当产出规模达到一定限度时，这些不可再生或难以再生的资源必然枯竭。当它们或其替代品的供应不能得到有效保证时，经济增长甚至现实经济运行将受到威胁，不具有可持续性，形成资源枯竭的危机。因此，资源枯竭是现有经济发展方式的必然后果。

目前，这样的后果已经成为现实的困扰。在世界范围内，也产生了对有关资源供应的巨大影响，引起诸多方面的问题。

2. 带来严重的环境恶化问题

在现有经济发展方式下，以大规模资源投入换取大规模产出增加的生产方式，除了不可避免地引起资源枯竭外，还难以避免地会引起环境恶化的问题。

在现有经济发展方式下，发展状况主要由 GDP 衡量，至于这种经济增长对社会有什么意义，为什么要追求它，或者人类社会在其他方面的未来会怎么样及该怎么样，就可能被忽略。

比如，适宜的环境这类涉及人类生存一类问题，也因为难以计量或难以由经济增长体现，容易遭到遗忘甚至排除。即使不利于此的活动，只要能够得到 GDP 的承认，也容易受到鼓励。有利于此的努力则因为得不到 GDP 的承认，反而难以得到有效激励。

此时，与大规模投入与产出相联系，难免大规模利用各种自然资源，包括森林、土地、空气与水等自然资源，也意味着废水、废气、废料及废旧产品无止境产生，达到难以被自然界消化的程度，导致对自然生态环境的无止境改变，如果不能及时设法抵消这些影响，就会形成生态环境危机，导致对人类生存环境的严重破坏。

虽然这些影响甚至威胁到人类生存这类根本性目标，避免这些影响却未必有利于经济增长目标的实现，因此很难存在纠正的必然机制。当经济增长目标得到足够努力的推动时，环境恶化也就具有必然性。

3. 恶化社会公平状况

在现有经济发展方式下，由于经济增长目标在于可计量的产出增长，经济分配机制只承认对 GDP 产出增长的贡献，不考虑其他不体现为 GDP 的后果。当经济发展目标被固化为这类僵化的、冷冰冰的目标时，分配是否平等，就因为对价格或产出增长的贡献关系不大，不在分配机制的考虑范围，分配的不平等及其无限扩大将难以避免。

此时，由于只注重可以得到 GDP 承认的产出，而人不是经济增长的决定因素，有关促进经济增长率的措施更注重已有资源的利用而不是能力培育。在价格机制具有神圣性的条件下，也不会通过致力于知识增长提供合理分配的能力基础，以及致力于构建合理分配的矫正性规范，至少由能力差异引起的分配问题的恶化将难以避免。

尤其是，在现代社会，一方面，价格已经越来越多地具有了信息垄断权的成分，信息垄断权的差异就意味着分配的差异或不平等。而信息竞争的赢者通吃的性质，使得信息垄断权的分配可以极端不平等。另一方面，经济关系的不合理程度提高，导致贡献因素不平等分配程度提高，也会加剧分配的不平等程度。

因此，现有经济发展方式决定的分配机制难免导致分配不平等。只要这一机制的神圣性不被与时俱进的限制，加之根据现有经济发展方式的目标，难以构建起与这一目标关系不大的合理分配的矫正性规范，以缩小分配的平等性，这样的分配不平等就容易达到不利于经济发展的程度，转变为不公平。并且因为难以根本性遏制，难免突破社会能够忍受的临界点。因此，社会公平状况的恶化是以经济增长为目标必然导致的结果。

4. 经济增长难以持续

在现有经济发展方式下，经济发展被归结为经济增长，发展的主要动力常常被归结为决定经济增长的内需、外需与投资这三大因素。据此，对经济发展的推动状况，也被归结为这些经济增长的决定因素的增强状况。

但是，由于前述恶果已经积累到严重的程度，致使按现有认识能够采取的促进经济增长的措施均不可再使用。

总之，在现有经济发展方式下，诸如此类的问题因为不会直接影响经济增长目标的达到，甚至是其必然产物。人们有理由对其视而不见听而不闻，不管不顾，也没有理由和依据去构建矫正机制，其最终突破社会能够承受的底线势所必然。

四、现有经济发展方式形成的原因

具有如此缺陷的现有经济发展方式为什么会形成？又是如何形成的？信息社会经济学认为，经济学主流理论的状况对此起到了决定性的作用。

在现代社会，经济学作为社会相关的专业或理性认识，构成了相关社会主流认识的基础或核心。比如，什么是经济发展？其决定因素是什么？什么样的经济行为有利于经济发展？应该构建什么样的社会规范体系？等等。经济学理论决定着社会对这些问题的认识，支配着对特定经济行为的价值判断，是决定经济发展方式的根本因素。经济发展方式实际上体现的，正是主流经济学对有关经济发展问题的认识。

就现实经济发展方式的决定而言，除了现实社会的客观要求之外，难以想象还有比经济学理论更有力的支撑力量。如果得不到主流的经济学理论认可，社会将很难确认严格追求什么样的目标，并为达到这样的目标构建支撑它的社会规范体系，现有经济发展方式就不可能形成。即使因为其他因素形成了，在其诸多严重恶果暴露之后，也会因为缺乏理论支撑难以维持。

容易理解，在出现资源枯竭、环境恶化等恶果后，为什么社会仍然会维持甚至扩大导致这些后果的经济活动？直接原因就在于它能够使相关经济活动从事者获利。而相关生产者之所以能够凭此获利？自然在于相应规范安排的激励或其未得到及时调整。至于为什么相应规范安排会具有如此性质，或为什么得不到及时调整？则是因为社会未认识到需要调整或不知道怎样有效调整，更进一步，是因为它们受到主流经济学理论的支撑，使相关调整缺乏有效理论依据或指导，无法有效调整。就此而言，作为现代主流经济学理论，现代西方经济学对现有经济发展方式的形成具有决定性作用。

从现有经济发展方式的形成过程，可以更具体看到西方经济学理论在不同历史条件下的演变，是如何影响着经济发展方式的形成，并使其最终演变为现有的经济发展方式，表明了经济学理论对经济发展方式具有的决定性作用。

根据信息社会经济学对经济史与经济学说史的研究[1]，在工业革命以前，社会更容易倾向于追求达到与维持现有资源的最优配置状况。经济发展或知识增长是偶然的，不构成社会追求的主要目标，处于一种自发的状态。与此同时，在稳定的环境条件下，资源最优配置目标通常也能够自动达到，不需要有意识地追求，也不需要专门的经济学。此时，原本无所谓什么经济发展方式，但若非得按目前的眼光概括其经济发展方式的特征，也可以将其界定为自发的知识增长方式。

工业革命以后，知识增长具有了持续性，经济持续改善的大门洞开，开启了经济发展这一可追求的社会目标，并要求取代资源配置成为社会主要目标。此时，为了应对经济发展引起的大量经济问题，如应该追求什么样的经

---

[1]　参见袁葵荪:《经济学理论的批判与重建》，经济科学出版社 2009 年版，第三章。

济发展目标，如何追求等，社会主观能动性开始显现，经济学作为一门专门学科应运而生。以经济学理论的发展演变为标志，社会对经济发展的性质及其决定因素等的认识也逐步演化，使经济发展方式由最初没有理论支撑的自发的知识增长方式，逐步转变为目前这种具有不恰当理论依据的盲目知识增长方式。

从这一角度看，以 20 世纪 30 年代大危机为界，伴随着现实经济发展与主流经济学理论的演变，可以将现有经济发展方式的形成过程划分为两个阶段：

从工业革命到 20 世纪 30 年代大危机，是经济发展方式形成的第一阶段。在这一阶段，西方经济学作为一门专门学科，正式产生，并经历了由不成熟的发展经济学逐步蜕变为严格的、以新古典经济学为代表的资源配置经济学的过程。

这一经济学最初是应经济发展的需要而产生，致力于把握经济发展的性质、特征与规律，解决经济发展过程中产生的各类问题，可以称为发展经济学。但在这一阶段，具有现代特征的经济发展尚处于初期，其性质、特点与规律来不及充分显露，或者尚未如今天这样突出。因此，没有理由期望经济学家会足够敏锐，可以抓住经济发展目标的本质特征，准确把握经济发展的性质、特征与规律。与非专业人士一样，西方经济学家此时也未能透过表面的变化发展，抓住知识增长这一核心内容，只能更多听任混沌朦胧的经验感觉，将各种社会产品的产出数量增长，简单归结为经济发展，转而以探索产出增长的性质和原因为己任。

早期的西方经济学家大致概括出三种引起产出增长的因素，即分工、资本等生产要素等投入的增长、与提高资源配置效率。而在随后的研究中，仅仅通过阐明"看不见的手"的机制，在如何提高资源配置效率、达到产出最大化的研究方向取得了突破性进展。同时，在发展初期缓慢而持续的变化中，已经涌现出的前所未有的非最佳均衡状况，使得追求优化已有资源配置，成为值得期待的现实目标。这促使西方经济理论对经济发展的研究，逐渐转向资源配置经济学。与此同时，对经济发展的研究因为久无进展，逐渐被淡忘，使得这一阶段的西方经济学逐步清除了最初尚存的发展经济学色彩，最终演变成为以新古典经济学为代表的、比较纯粹的资源配置经济学。

西方经济学理论在这一阶段的演变过程，对此时形成的经济发展方式产生了重大影响。

最初，主流的西方经济学理论尚具有一定的发展经济学色彩，基本上将经济发展理解为产出增长，虽然其认识并不确切，多少还留下了可以继续思考的空间。而在转变为比较纯粹的资源配置经济学后，关心的目标转变为资源最优配置。与此相应，由于无法继续关注经济发展问题，难免搁置对什么是经济发展问题的思考，对经济发展的认识就只能停留在混沌状态。

新古典经济学对资源最优配置目标的认定，以及对似乎有利于达到这一目标的"看不见的手"的推崇，使社会致力于构建的，是以市场交易价格机制为核心的社会规范体系，形成了带有此时特点的自发知识增长方式。

具有讽刺意味的是，此时的社会规范体系的初衷虽然是为了达到资源最优配置目标，实际上更主要支撑的却是经济增长目标。因为在现代社会条件下，并不存在衡量资源配置效率的确定标准，资源最优配置目标实际上无从谈起，甚至并不存在。在这一规范体系下，生产者无法清楚知道其生产活动对社会的直接意义，只能对价格做出反应，或者受价格机制指引，追求交易价格的获取，直接促进的更多是经济增长。同时，随着西方经济学最终成为资源配置经济学，以及资源配置效率提高对产出增长的作用，加之知识增长本身也属于产出增长的源泉之一，使得此时即使还未有后来那样明确的经济增长概念，也为以后将经济发展归结为经济增长，或者为自发的知识增长走向盲目的知识增长埋下了伏笔。一旦重启对经济发展问题的关注，势必沿袭这一认识。

而且，在此阶段，虽然社会主观能动性已经开始体现，社会也并不特别在意什么是经济发展的问题，但这一规范体系也存在着推动知识增长的动力，使其通过竞争机制可以获得持续的推动力量。但在这样的规范体系下，知识增长并非唯一受到推动的结果，也非直接希望达到的目标。仅仅受到与知识增长有一定相关性的市场交易价格机制被动推进，既不被排斥，也未得到特别关注，处于持续的自发状态。甚至因为不排除知识增长，能够使得此时的经济发展处于较少干扰的、自发的知识增长状态，成为前所未有的黄金岁月的深层次基础，为推崇其居于合法地位提供了暗中帮助。

此外，这一阶段的社会规范体系具有很大的局限性，其社会规范体系的最佳性也意味着僵化，在持续变化的现代社会必然会积累起越来越多的不适应。一旦经济到发展一定阶段，这种不适应会引起很多问题，难以持续。20世纪30年代的大危机即是其引起的严重问题之一。它预示着，以简单的自由市场交易机制为主的社会规范体系必须改变，经济发展方式的第一阶段已经走到了尽头。

在第二阶段，经济发展已经达到了一个更高的程度，需要社会更积极发挥主观能动性加以应对。作为经济领域里的专业认识，经济学理论对包括经济发展方式在内的各种问题的认识，具有了更为重要的支配地位，成为决定社会行为的基本指南。但是，作为成熟的资源配置经济学，西方新古典经济学不适应变化社会的性质也充分暴露。以20世纪30年代大危机为标志，面对经济活动已经加快的持续性变化，其推崇的自由放任的社会规范体系显得过于僵化，难以适应现实，引起了越来越多和越来越严重的问题，明显深陷困境，必须进行根本性变革。作为其理论基础的新古典经济学，也明显与现实越来越背离，达到了无法视而不见、听任其独尊的程度，走到了必须变革的十字路口。

在这一阶段，经济学的变革主要体现为，从以前单一的新古典经济学居主导地位的理论体系，转变为精神分裂症式的新发展阶段。即，一方面，由于其缺陷及其性质仍未得到充分认识，新古典经济学的核心理论并未受到根本性动摇，并得以在自身发展逻辑驱动下，得到进一步完善；另一方面，在新古典经济学与现代持续变化的社会现实严重背离的情况下，同样由于未认识到其资源配置经济学的本质，无法针对这一本质缺陷取得有效突破，只能针对观察到的不适应，依托一些含混的认识，通过塞入一些与之存在逻辑矛盾的现实因素，进行局部性的修正。作为这种修正的结果，形成了一大堆与核心理论不相容、在逻辑上注定无法完善的修正理论。比如凯恩斯理论，发展经济学与新制度经济学等相关理论。这两大对立的发展方向，使现代西方经济学的理论体系由具有统一逻辑体系的理论，裂变为两大互不相容的部分，包括可以具有严格逻辑的新古典经济学理论，以及无法具有严格逻辑的修正理论，最终成为无法具有严格逻辑的"大杂烩"。

经济学理论的这一裂变，尤其是修正理论的兴起，对这一阶段经济发展方式的转变产生了决定性影响：

首先，修正理论导致了目标的转变。

以凯恩斯理论为代表的修正理论在寻求经济波动原因时，依据此时已经建立起来的 GNP 统计体系，建立起投资与国民收入之间的表面联系，使资本等资源投入与经济总量联系起来。这一进展意味着在经济增长的决定因素方面取得的突破，使经济增长成为可以主动操控的目标，为正式将经济发展归结为经济增长寻求到了支撑，重新燃起了对搁置已久的经济发展问题的热情。在此基础上进一步提出的经济增长理论，与此前有关国民收入统计体系与方法的发展一道，更是直接将经济发展理解为经济增长，或是经过一定限定的经济增长。这不仅使社会开始更多关注经济增长目标，还因为经济增长易于度量，比资源最优配置更容易主动操控、也更明确，使其终于正式登上前台，成为此时主要的社会追求目标，并产生了广泛的社会影响，形成了目前唯经济增长独尊的社会认识。

当然，由于既定资源配置效率提高的作用无法被有依据的否定，加之其可以体现为经济增长，虽然更多时候不得不潜居幕后，其地位仍然得到相当保证。并因为人们不知道其与前一目标存在相当冲突，使得二者相安无事地并存。此外，由于修正理论不严谨的性质，可能凭借不同的经验感受引入不同的社会目标，使得此时的社会目标总的说来比较混乱多变。

其次，修正理论要求更多体现社会的主观能动性，导致对社会规范体系的重大修正。

修正理论是为弥合新古典经济学与现实的背离而产生的，对僵化的"看不见的手"这一机制的修正，也主要遵从修正理论的认识。通过引入现实因素，确认政府经济干预的必要性，修正理论打破了社会规范体系的固定性，使其可以针对变化的目标，而其支撑的目标自然更多转向修正理论认定的目标。因此，在修正理论影响下，社会规范体系产生了巨大变革，不仅其明确支持的社会主要目标由资源最优配置转变为经济增长，其性质也发生了深刻的变化，由以"看不见的手"为核心的、僵化的市场交易价格机制转变为允许政府干预的、可以主动调节的社会规范体系。

此外，新古典经济学理论以其理论体系的逻辑优势，仍然不顾现实地强力支持市场机制，使这一机制成为虽然不免怀疑或诸多诘难，仍然被认为是神圣的，得以成为社会规范体系的一部分；而缺乏逻辑严格性的各种修正理论的各行其是，使各种互不相干或互不相容的社会规范并存，使得此时的社会规范体系也具有混乱不定的特点。

总之，随着西方经济学修正理论的发展，由于其仍然未能发掘出改善背后的知识增长因素，难以充分认识经济发展的性质及其根本决定因素，也未能清晰地意识到自己的这种无能，只能盲目依托混杂着经验感觉的朴素而肤浅的认识，不仅使现代经济发展的主观能动性可能背离知识增长越来越远，也难以如由自发性产生的盲目性那样得到自动修复或矫正。在其支配下，经济发展方式就由早期自发的知识增长方式，正式转变为盲目的知识增长方式。并因为其基本上不具有自动矫正能力，难免沿着背离知识增长的轨道越走越远，达到难辞其责、不可原谅的程度，再次错过回归正道的机会。而这一次错过就不再是可以原谅的。

由此看来，现有经济发展方式的盲目性，有着根深蒂固的原因，应该归咎于居于主导地位的西方经济学理论的影响。如果主流经济学的发展有另一条不同的路径，比如当经济学最早就选择了向信息社会经济学的发展方向，社会追求的就可能是不同的目标，现实社会规范体系就未必会在最初选择构建神圣不可侵犯的私有制，后来也不再可能走向从经济增长角度修正市场交易机制的变种。

五、经济发展方式转变的目标方向

从信息社会经济学的角度看，既然现有经济发展方式的本质缺陷，在于其知识增长方式的盲目性，转变的合理方向，就在于将其转变为自觉的知识增长。

不同于盲目的知识增长方式，自觉的知识增长方式具有以下特点：

（一）经济活动明确以知识增长为目标

自觉的知识增长将以知识增长为明确目标。这不仅体现在社会的认识中，还体现在社会拥有有效衡量知识增长状况的指标体系，以评判推动经济发展的努力是否合理，或有多大的合理性。这种认识的明确程度，足以使社会能够清晰辨明知识增长与其他看似接近的目标的差异。

比如，即使经济增长与资源配置效率提高与知识增长可能有这样或那样的相关性，也能够根据对知识增长性质的清晰认识，发现它们不能保证不偏离知识增长，不能保证对知识增长的充分促进，因此，不能以这些目标为努力方向。

又如，在目前致力于经济发展方式转变的努力中，有一种影响很大的认识，是试图通过转变经济或产业结构来达到转变经济发展方式的目标。如针对资源枯竭、环境恶化等问题，试图采用产业政策等手段，促进所谓节能环保、高新技术等产业的发展，以缓解或避免现有经济发展方式的弊端。

但是，只要充分把握知识增长目标的性质，辨明知识增长与经济结构转变的关系，就易于发现，所谓经济结构转变是未明确认识知识增长目标的产物，最多属于治标不治本的措施，难以推动有效的知识增长目标，并非经济发展方式转变的合理方向。

这是因为，一方面，由于缺乏判断合理产业结构的标准，难以确定真正合理的产业结构目标，即使在有关产业政策作用下，能够达到预定的产业结构，也未必意味着经济发展方式的盲目性真的有了令人满意的转变，或者现有经济发展方式引致的各种恶果能够得到彻底克服。

另一方面，即使不考虑是否能够确定合理产业结构目标的问题，也未必能够保证真正达到预定结构转变目标。因为以发达国家的样本确定的所谓节能环保、高新技术等产业的达到，需要以必要的知识增长为基础，在未致力于具备相应的知识增长条件时，仅仅依靠产业政策等的刺激，也难以真正实现这样的结构转变，更可能带来扭曲。尤其在这样的产业政策被予很大决定性时，可能放大盲目性，引起严重误导并延误应对。

此外，在确定的产业结构目标下，结构转变将是一次性的，容易形成僵化的产业结构，难以适应变化的条件，至少在一定时期后，所谓高新产业或环保节能产业有可能成为新的落后产业或高耗能污染产业，还可能诱发更严重、也更困难的问题。

（二）知识增长目标得到社会客观经济机制的强力支撑

自觉的知识增长除了明确以知识增长为目标外，还应该得到社会规范体系直接的强力支撑，使有助于知识增长的行为成为最有利于社会成员自身的行为。在这样的经济机制下，有助于知识增长的行为将得到有效刺激，不利于知识增长的行为将得到有效抑制。对知识增长的有利程度越高，对社会成员也越有利。

在社会客观经济机制的强力支撑下，知识增长目标可以得到有效的保障。如果得不到这样的支撑，就可能沦为空中楼阁。比如，在现有经济发展方式中，对科学技术的重要性，实际上社会早有认识，呼声很高，但由于缺乏社会规范体系的强力支撑，实际上并未成为经济发展方式追求的核心目标。

（三）具备可靠的经济学理论基础

自觉的知识增长具备经济学理论的更深层次的支撑。

经济学理论的重要性在于，作为理性认识，在现代社会，它是社会认识的基础，是社会行为的指南。实际上，知识增长是否是盲目或自觉的，根本差异就体现为是否具备合理的经济学理论基础。能够得到理论支撑，知识增长的性质就有了质变，从感性过程转变为理性过程。

只有当经济学理论准确揭示了知识增长性质、特征、规律与决定因素，知识增长目标才能够得到充分的维护，不断变化的社会规范才能够始终针对知识增长，尽可能充分保证不偏离这一目标，使知识增长得到最有效的促进。

如果不能得到明确可靠的经济学理论的指导，知识增长就只能奠基在感性认识的基础上。一方面，即使凭借感性认识知道经济发展是知识增长，社会也可能无法有效把握知识增长的性质、特征、规律与决定因素。在面对经济增长及资源配置效率提高等目标诱惑时，就可能难以彻底排除其干扰，易于无意识偏离知识增长。另一方面，如果得不到清晰的理论认识保驾护航，仅仅凭借感性认识，难以轻易判断什么样的行为真正有利于知识增长，也难以据此构建有效支撑知识增长目标的社会规范体系，使知识增长缺乏坚实的自觉性保障。

当然，即使得到明确可靠的经济学理论的指导，仍然可能产生不利后果。因为理性认识也难免有误判，但这是知识的可错性导致的不可避免的后果，是其他知识增长方式同样不可能避免甚至更难避免的后果。毕竟就认识的可靠性而言，理性认识有更坚实的基础。而且，此时的矫正可以得到明确的知识增长目标支持，而不似现有经济发展方式下即使从经验感觉认为需要矫正，也因为缺乏明确目标只能盲目矫正。

六、自觉的知识增长方式的合理性

自觉的知识增长方式的上述特点，使其拥有相对于盲目知识增长方式的诸多优势，可以成为经济发展方式转变的合理方向。

（一）使经济发展能够达到应有的成效

自觉知识增长方式的首要意义，在于摆脱盲目性后，经济发展会展现出惊人潜力，取得此前人们不敢想象的成就。

根据信息社会经济学的相关研究[1]，由于存在盲目性，发展中国家目前的经济发展基本上未达到应有的成效，而且差距相当惊人。自觉的知识增长直接针对社会最关注的经济状况的改善，不再假道经济增长或结构转变这类扭曲的替代品，使决定知识增长的各种因素能够充分发挥作用，既可以达到

---

[1]　参见袁葵荪：《经济发展的基本模式——经济学的现代基础》，中国人民大学出版社 2009 年版。

无法用经济增长体现的改善，还可以使经济增长能够体现的改善更好达到，确保任何发展中国家都能在两代人的时间内消除与发达国家的差距。

容易看到，在以经济增长为代表的盲目的知识增长过程中，决定因素主要归结为投资量，对经济发展的主动推进也主要体现为促进投资的增长。但从知识增长角度看，投资既非知识增长的必要条件，也非充分条件。即使投资增长对知识增长能够起一定作用，这一作用也是次要的，其效果并不确定，与投资内容与投资方式等相关，难以使决定知识增长的各种因素充分发挥作用，无从保证充分的知识增长。

而在自觉的知识增长过程中，就发展中国家的情况而言，知识增长的主要决定因素是人的能力、国际经济联系与社会规范。对其经济发展的主动推进，主要体现为缩小或消除这些因素与发达国家的差距，基本与投资量无关。在这样的努力中，既不存在资本积累那一类不可逾越的障碍，使有关差距可以充分缩小或消除；也不似资本积累那样需要逐步增加，可以使发展中国家取得跨越式发展，充分体现落后国家的后进优势。只要根据其决定因素充分促进，这些因素的差距均可以在两代人的时间内得以消除。

（二）避免由盲目性引起的各种困难

自觉的知识增长不是致力于追求各种特定的替代目标，而是致力于解决各种社会需要解决的问题，具有解决困难问题的内在机制，尤其不会为了一些替代目标而不顾一切。

一旦经济发展方式转变为自觉的知识增长方式，对特定经济活动就不会只关心其达到预定目标的状况，而会从全面改善的角度，同时关注其可能导致的其他方面的种种影响，并设法及时消除其中的负面影响，使得由盲目的知识增长方式引致的各种恶果容易避免或克服。

当社会目标转变为知识增长后，虽然知识的可错性仍然可能引起种种不利后果，但这些后果明显与知识增长目标不符，得不到维持，更不会有使之继续恶化的有意识主动支撑，容易被社会极其敏感地纳入需要解决的问题范围内。至少在认识到其他方面的负面影响时，不会对其负面影响不管不顾。

因为避免和消除各种不利后果，本身就属于知识增长，这在很大程度上意味着由替代目标可能引起的弊端的温床被捣毁。

比如，在现有经济发展方式中，由于经济增长是以既定资源按既定方式获取既定产出的模式，必然导致所谓资源枯竭与环境恶化问题。这种必然性既直接与不合理的经济增长等目标有关，还因为在出现资源枯竭环境恶化后，由于有效理论依据或指导的缺乏，相应的规范激励得不到及时有效调整。

而在自觉的知识增长方式下，知识增长作为社会追求目标，寻求的是社会状况的整体改善。此时，产出增长的意义不再完全受价格评价影响，还受各方面非价格评价影响，社会将更关注其究竟能够起到怎样的改善作用。如果出现了明显的资源枯竭与环境恶化等社会不希望看到的后果，产出增长就不会继续成为社会不管不顾的追求目标。

此时，如何转变目标，避免和消除这些恶果，就成为社会的内在要求，使这些恶果的产生、持续与恶化不再成为必然。

同时，通过知识的更均衡充分的增长来消除这些恶果，也会直接成为社会追求的目标。因为从知识增长角度看，这些问题基本属于缺乏充分知识增长引起的后果。既定资源只是既定知识的代表，其枯竭意味着缺乏足够的新知识来取代原有的知识，或者缺乏能够更有效利用这些知识的知识；环境破坏则意味着其产生的负面后果未有充分及时的准确认识。因此，二者均可以归结为知识增长的结构失衡或不够充分的问题，需要通过更均衡充分的知识增长来解决。

总之，避免与消除资源枯竭与环境恶化等问题，应该是自觉知识增长方式的内在要求。

又如，从社会分配难以调节的不合理看，虽然我们的现代社会一直高度关注社会分配的合理性问题，并竭力促使其尽量公平，但其仍然时时恶化，难以见到明显的成效。如此事与愿违的结果，实际上是现有经济发展方式的必然结果。只要这一发展方式继续保持，这一问题的改善就是难有希望的。如果转变为自觉的知识增长方式，这一千古难题将能够得到有效解决。

在自觉知识增长方式中，一方面，在知识增长的决定因素中，人的能力的作用空前提高，决定经济增长的各种其他因素——如资本、物质资源与权力地位等——的作用大大下降，使得分配凭借贡献决定时，分配标的与机制会发生根本性变化，分配标的可能包括更广泛的内容，分配差距将主要体现为知识差距与创新贡献的差距。

另一方面，当分配差距主要受知识与创新贡献的差距影响时，在相当程度上，可以通过教育等措施使存量知识得到充分传播，避免由于存量知识差距引出的分配差距。分配标的的广泛化，也会弱化分配差距的不公平性。加之在适当规范下，这样的差距更容易带来共赢，尤其有利于社会底层，是不容易遭到诟病的收入差距，容易得到社会认同，会使其不公平性大大弱化。此外，即使有人因为获取知识能力太低下而导致其收入过分低，也会因为全社会能力的提高更快，以及这类人会逐步减少，不仅可以越来越轻易地弥补，这样的弥补还不会引起经济秩序的扭曲。如此性质的分配机制，构成了现代社会公平的坚实基础。

由此可见，自觉的知识增长方式不仅本身会追求合理的分配状况，也具备分配公平的现实机制，存在着弥补分配不公平的内在矫正机制。不似盲目的知识增长方式既缺乏公平机制，也缺乏矫正机制，可能使分配不公平无限制恶化。

再如，在现有经济发展方式下，支撑我国过往经济增长源泉似乎已经枯竭，新的增长源泉却未出现，这一问题与资源枯竭、环境恶化一起，使人们认为经济发展面临着所谓的可持续性问题。

然而，对于自觉的知识增长方式而言，根本不存在缺乏所谓经济发展源泉的问题。因为在自觉的知识增长方式下，经济发展的源泉来自人的知识创新，随着创新者的日益增加，创新条件与能力的逐步改善，新知识的源泉不仅不会枯竭，还会日益扩大，使得经济发展实际上具备取之不竭的源泉。再考虑到充分的知识增长会改变经济活动对资源、环境的影响，可以减缓甚至消除这些困难，为解决已经产生的困难提供了广阔的空间，根本不存在人们目前关心的所谓经济发展的可持续性问题。

从自觉的知识增长方式角度看，所谓经济发展的不可持续性问题，实际上是混淆了经济发展与经济增长的结果，只有在现有经济发展方式以经济增长为目标时，才会因为经济增长的决定因素性质，存在不可持续的问题。因此，严格看来，所谓经济发展可持续性的问题，实际上只是经济增长或现有经济发展方式的可持续问题。

总之，自觉的知识增长基本以知识创新为基础，致力于改善或解决各种困难问题，不仅能够避免由背离知识增长而产生的各种不必要困难，有效地解决目前由盲目的知识增长导致的种种问题；还能够明确考虑与防范由于知识的可错性、知识增长的速度与结构等引发的问题。这样内在的拒斥性，使之具有根本不同于以经济增长为目标的经济发展方式的性质。除了避免和克服现有经济发展方式的恶果，并因为对现有经济发展方式各种恶果的不相容性，以及对其性质有深刻认识，自觉的知识增长方式还是解决目前未看到的问题的基础，能够尽量避免产生更多的问题，至少使盲目性不再起破坏作用，使经济发展更为顺利。因此，对于自觉的知识增长方式而言，现有经济发展方式的弊端不再是经济发展必然的副产品。

自觉的知识增长不仅具备上述优势，同时还具备现实的可行性。这体现在，由于目标与社会规范均主要由社会主流认识决定，只要作为社会主流认识核心的经济学理论有恰当的改变，经济发展方式中的目标与社会规范体系均可有相应的转变，自觉的知识增长方式也是可以期望的，至少不存在不可克服的障碍。信息社会经济学的产生，即是这一可行性的充分保障。此外，即使发展方式的转变难免引起利益再分配，可能暂时引起某些利益群体的损失，也因为知识分享的普世利益，容易根本性克服利益集团的影响，使自觉的知识增长方式得到社会一致赞同。

综上所述，自觉的知识增长之所以有理由成为经济发展方式转变的合理方向，不仅在于逻辑推断，更在于其在现实中拥有相对于现有经济发展方式的诸多优势，不仅能够更好发挥和体现经济发展的潜能，还能够避免盲目知识增长方式的弊端、有效摆脱其目前面临的困境。

如果不转变为自觉的知识增长方式，将只能继续维持目前不合理的增长方式，不仅无法有效摆脱盲目知识增长方式的困难，转变发展方式也只能是空谈。即使自觉的知识增长也不能完全避免不利后果，如由于知识的可错性、知识增长不够充分及时或结构不完善等引起的问题，不仅其未必能够被盲目知识增长方式避免，也未必比其更严重。而且，与现有方式因为背离知识增长而产生的恶果相比，这些不利后果有性质方面的本质区别，程度也不同。至少，不会产生由背离知识增长而产生的恶果。

更何况自觉的知识增长方式存在着内在的恶果纠正机制，其目标包括克服经济发展中可能出现的任何问题，而且任何这样的困难也仍然只能通过知识增长来解决，难以通过其他方法解决，从而使已经出现的恶果的消除存在相当保证，不至于不可遏制地恶化。因此，作为社会不断改善的愿望的体现，自觉的知识增长是最有效的经济发展方式。这不仅是转变经济发展的要求，也具有客观必然性。

七、经济发展方式转变的措施

经济发展方式转变的合理方向，应该体现为由盲目的知识增长方式转变为自觉的知识增长方式。这样的转变具体涉及经济发展目标的转变，以及实际支撑这一目标的社会规范体系的转变。更为根本的转变，则应该体现为经济学理论本身的转变，即将支撑目前盲目知识增长方式的西方现代经济学理论，转变为支持自觉知识增长方式的经济学理论。

如前所述，形成现有经济发展方式的基本原因，在于西方经济学理论的影响。如果缺乏经济学理论的彻底转变，任凭现代西方经济学继续盘踞主流经济学的地位，即使根据经验感觉认识到现有经济发展方式存在严重缺陷，需要转变，也会由于西方经济学观念长期潜移默化的影响，难以彻底消除对经济增长目标的眷念，难以明确认识到应该追求的经济发展目标是什么，更难以为合理的经济发展目标提供有依据的社会规范体系的支撑。总之，只要作为行为指南的经济学理论没有彻底转变，就难以有效转变经济发展方式，或者只能使得现有经济发展方式以改头换面的形式继续危害社会，或者只能依托本能感觉构建新性质的盲目知识增长方式，以不同的方式危害社会，甚至可能南辕北辙、陷入更加险恶的歧途。

那么，是否存在可供选择的、能够支撑自觉知识增长方式的经济学理论呢？从目前情况看，答案是肯定的。信息社会经济学即是能够胜任经济学理论彻底转变的合适选项。

深入的研究可以表明，现代西方经济学理论之所以只会促成盲目的知识增长方式，是因为其具有"知识涌现速度不快"这一基本前提，属于工业革命以前那种社会的经济学，不能适应现代社会，具有深刻的历史局限性。既然这一历史局限性是由其基本前提决定的，为了能够支撑自觉的知识增长方式，摆脱盲目的知识增长方式，经济学理论就不能具有这样的基本前提，而应该具有鲜明的、不同于"知识涌现速度不快"的基本前提。就此而言，以"知识涌现速度迅速"为基本前提的信息社会经济学理论，可以避免这样的历史局限性，应该是顺理成章的选择。

容易看到，信息社会经济学是以"知识涌现速度迅速"为基本前提的经济学，致力于在"知识涌现速度迅速"条件下提供对现代经济活动性质、规律与模式的系统描述，其核心议题即为知识增长，具有鲜明的、以现代社会为基础的特征，属于现代社会的经济学。

如果以这一经济学理论作为理论依据，知识增长将直接被认定为经济发展目标，并会为构建支撑这一目标的规范体系提供坚实的理论基础，充分保障知识增长方式的自觉性，确保经济发展方式的有效转变。即使其具体转变仍然需要相当艰难的探索，但理论基础的具备，将使这些探索不再无所依据，不再具有难以克服的困难，需要的仅仅是付出足够的努力，使经济发展方式的转变问题可望迎刃而解。

比如，就经济发展目标的转变而言，根据信息社会经济学的认识，一方面，通过了解经济发展应该归结为知识增长的严格依据，可以强化对知识增长目标的认定，排除西方经济学根深蒂固的影响，认识到知识增长是具有理论依据支撑的经济发展目标，而非经济增长那种仅仅根据简单经验感觉随意认定的目标，使经济发展的知识增长本质能够得到更加自觉或鲜明的把握。

另一方面，以信息社会经济学为基础，可以清楚了解经济增长和资源配置效率提高等其他目标的性质，认识到这些目标基本源于简单的经验感觉，是没有依据的，属于西方经济学能力不足、无力把握经济发展目标的产物，与知识增长存在本质差别，存在深刻的缺陷。这将有助于将经济增长等目标与知识增长严格区分开来，排除它们对知识增长目标的干扰。

此外，在信息社会经济学的基础上，根据新的经济学理论揭示的知识增长的基本决定因素、性质与规律等，势必重新构建反映知识增长状况的指标体系，用以衡量或反映经济发展状况。现有的以 GDP 为核心的衡量经济发展状况的指标体系，则会遭到抛弃，从而使知识增长真正成为可以直接追求的、获得充分保障的经济发展目标。

当然，与经济增长目标相比较，知识增长目标的衡量指标明显不同。经济增长由于本身是数据，可以用简单的单一统计指标衡量。由于知识的非天然度量性，知识增长本身不是数据，不仅没有单一统计指标来衡量其状况，通常还不能进行直接衡量，只能借助其主要的决定因素的状况，进行大致的间接衡量，其衡量更多具有定性而非定量的特点。这样的差别，可能使习惯西方经济学思维的人认为经济增长似乎是更实用的目标，难以割舍。但问题在于，经济指标的合理性首先要求的是准确性，换言之，能否具备数量指标的简洁易得性，不是衡量指标合理性最重要的标准。尤其对于注定不能数量化的对象，勉强度量只能意味着扭曲。

总之，如果信息社会经济学居于主流地位，此前对经济发展的认识就无处容身，此前认定的经济增长等目标将难以立足，知识增长将成为社会自觉性更强的追求目标。

又如，对社会规范体系的转变而言，信息社会经济学认为，社会规范体系只是为达到一定社会目标的一种工具。在设法促成其转变时，信息社会经济学特别强调社会规范体系与社会目标之间的紧密联系，要求首先确认社会目标的状况，以便根据二者间的联系，确立明确的规范绩效评价标准，为构建新的社会规范体系提供指南。

据此，在现代社会条件下，信息社会经济学认为，合理的社会规范体系必然以促进知识增长目标为己任，其规范绩效评价标准应该以是否有利于知识增长，或者以对知识增长目标的促进力度来判断。

与信息社会经济学截然不同，由于西方经济学家不了解现代社会规范体系的性质、作用、表现形式、决定因素与演变规律等，缺乏对社会规范与目标之间关系的明确认识，西方经济学无法从工具的性质角度，将绩效衡量与社会目标联系起来，以对目标实现的贡献状况来衡量其合理性或优劣绩效。

由于不知道应该怎样确定衡量社会规范体系优劣的绩效标准，这一经济学只能凭借天赋人权等潜意识的信仰，盲目地依据对配置资源效率的影响来确定暗含的衡量标准，将是否是完善的市场体制，作为衡量规范绩效的标准。这不仅使其缺乏可甄别的机会，当其并不合理时，难以提示社会进行必要的修正；也使其无法自觉遵守贯彻，难免产生混乱，甚至有时糊里糊涂地将经济增长状况当作衡量标准。

在如此情况下，现代西方经济学既无法真正了解现有社会规范体系的缺陷何在，也缺乏对什么是合理规范的清晰认识，使有效推进社会规范体系的合理转变无从谈起，难以确保知识增长目标得到社会规范体系有效支撑。

就此而言，如果能够以信息社会经济学为依据，以是否有利于知识增长为明确的社会规范绩效评价标准，再据此构建社会规范体系，将一改社会规范体系无所依据的混乱局面，有效转变现有经济发展方式中的社会规范体系，使知识增长目标得到自觉而坚实的支撑。一旦如此，合理社会规范体系的成功构建不仅指日可待，还可以摆脱简单或纯粹的意识形态之争的形象，使其成为经济学的研究内容。

作为适用于不同历史条件下的经济学理论，以信息社会经济学取代现代西方经济学虽然势在必行，却需要思维方式的巨大转换。对于习惯于传统思维方式的人来说，穿越思维方式的鸿沟涉及非常广泛的潜意识的影响，非常困难。为了跨越其间的鸿沟，促成这样的转变，需要采取以下措施：

首先，需要深刻认识现代西方经济学的性质，破除对它的盲目崇拜。

虽然现代西方经济学的缺陷已经越来越明显，由于其影响根深蒂固，很多人不仅对其盲目尊崇，甚至认为其是现代自然科学那样的放之四海而皆准的永恒真理。这一状况，使得即使在西方经济学家内部也多存怀疑，仍然难以根本动摇其主流经济学的地位。

然而，对西方经济学的盲目崇拜，主要源于人们对西方经济学性质缺乏充分了解，尚未充分意识到其本质缺陷所在。根据信息社会经济学的研究[①]，西方现代经济学存在深刻的历史局限性，在工业革命前的传统社会也许有一

[①]　参见袁葵荪：《经济学理论的批判与重建》，经济科学出版社 2009 年版，第三章。

定适应性；而在工业革命以后的现代社会里，由于经济事物及经济运行基本规律均已发生重大转变，这一经济学已经完全过时。这样的历史局限性，使其不仅无力承担经济学在现代社会的基本使命，无法具备准确把握现代社会经济性质、规律与特征的能力，还是造就现有经济发展方式盲目性的元凶，使发展方式的转变深陷困境的罪魁祸首，若不彻底抛弃，代之以能够准确把握现代社会经济运行规律的新经济学理论，就不可能真正转变为以知识增长为目标的经济发展。

因此，如果能够深刻认识西方经济学的这种历史局限性，破除对其根深蒂固的盲目信任，激发对经济学变革急迫性的感受，对于经济学理论的更新换代至关重要。

其次，需要推广普及信息社会经济学，充分了解其在理论逻辑与对现实的适应性方面拥有的全面优势。

相对于现代西方经济学，信息社会经济学在理论逻辑与适应现实方面拥有强大优势。这样的优势使其必然能够有效解决前者不能解决的诸多重大理论与现实经济问题，也使前者仿佛能够解决的几乎所有问题，能够得到更合理的解决，从而奠定了全面淘汰后者的基础。

这样的优越性体现在①：

在逻辑上，信息社会经济学是严格遵循"知识涌现速度迅速"这一前提的理论体系，可以具有严谨的逻辑。现代西方经济学的理论体系作为一个整体，则是由两大对立的理论部分混杂在一起的综合体，一部分严格遵守"知识涌现速度不快"的前提，可以具有严格的逻辑；另一部分则不严格遵守这一前提，不具备严格的逻辑。因此，从整体上看，这一理论体系注定无法具有严格的逻辑。

在适应现实的能力方面，作为"知识涌现速度迅速"这一前提的逻辑推论，信息社会经济学与现实天然吻合。而在现代西方经济学理论体系中，严格遵守"知识涌现速度不快"这一前提的部分与现代社会现实严重对立，无法相容，根本不具有适应现实的能力；另一部分虽然加入了某些对现实的承

---

① 参见袁葵荪：《经济学理论的批判与重建》，经济科学出版社2009年版，第三章。

认，表面上拉近了与现实的距离，却并非真正地与现实吻合，因为其对现实的承认是通过塞入逻辑矛盾实现的，只是一种假象，经不起深究。

尽管具有西方经济学无法比拟的优势，信息社会经济学却面临不为人知的尴尬局面，使其优势无从发挥。如果信息社会经济学的分析方法和基本内容能够为经济学家充分了解，其与现代西方经济学之间在理论和现实方面的巨大反差，将形成鲜明的对比，可望大大减少思维方式转换的困难，推动经济学家了解这一经济学在理论逻辑与对现实的适应性方面的全面优势，并强烈感受到经济学理论更新换代的必要性。尤其是，信息社会经济学体系的基本成熟，以及信息社会经济学的巨大优势形成的吸引力，也意味着存在巨大的发展空间与机会，有助于使经济学家彻底转变思维方式，义无反顾地抛弃长期信奉的现代西方经济学，以信息社会经济学为依据来应对各种理论与现实的挑战。

因此，设法推广普及信息社会经济学，充分了解其在理论逻辑与对现实的适应性方面拥有的全面优势，对促成经济学理论的有效转变，非常关键。

再次，需要加快研究资源由西方经济学向信息社会经济学的转移，从广度和深度两方面进一步拓展信息社会经济学的研究。

信息社会经济学的理论体系已经基本成熟，足以有效承担经济学的基本使命。但由于研究力量有限，信息社会经济学目前的研究还只能集中于一些基本的重大问题，因此需要从广度和深度两方面进一步拓展。这不仅是解决现实经济问题，体现经济学基本使命的需要，还能够强化其优势与西方经济学的鲜明对比，尽快实现经济学理论的更新换代。

当然，思维方式的转换存在相当大的困难，经济学理论的时代更替未必能够一蹴而就，但新、旧两种经济学优劣的强烈对比，至少使得新经济学的充分扩散与拓展不再存在不可克服的困难，只要经济学家能够静下心来认真研究对比，这样的时代更替也充满指日可待的希望。

八、小　结

（1）现有经济发展方式的本质缺陷在于其是盲目的知识增长方式，这种盲目性是引致目前经济发展过程出现诸多恶果的直接原因，也是现有经济发展方式不可持续的直接原因。

（2）现有经济发展方式的形成及其难以转变的根本原因，应该归咎于现代西方经济学的影响。作为以资源配置经济学为核心的现代西方经济学，其存在深刻的历史局限性，属于工业革命以前那种社会的经济学，已经不能适应现代社会。

（3）经济发展方式的合理转变，应该体现为盲目的知识增长转变为自觉的知识增长。这一新的方式具有诸多优势，不仅能够激发经济发展超乎想象的潜能，其对现有各种恶果的内在排斥性，更使避免现有经济发展方式目前面临的各种困难，成为题中之义。

（4）有效转变经济发展方式的基础和保障，在于经济学理论的根本性转变。这需要自觉以新的经济学理论体系为指导，确立新的经济发展目标与社会规范体系。只要经济学理论能够有效转变，经济发展方式目前面临的诸多问题将迎刃而解。信息社会经济学提供了这样的新理论。

第五节
中国什么时候才能和美国一样发达?

中国什么时候才能和美国一样发达? 对这类问题, 国人想必都会感兴趣。因为它关系着国人现实生活的富足状况能否达到可与美国相媲美的水平, 或者更狭隘一点, 它还关系着我们的民族自豪感或自尊心。

这一问题无疑应该由经济学家来回答。然而, 令人奇怪的是, 尽管其并非经济学家可以不屑一顾的小问题, 尽管今天居于主导地位的现代西方经济学受到广泛推崇, 貌似繁荣发达, 却似乎完全漠视这一问题。一方面, 如果遵循西方经济学家对经济发展及其决定因素与衡量标志的理解, 清楚回答这一问题看起来应该很简单, 不费吹灰之力; 但另一方面, 对这样一个既不难回答、又应该回答的问题, 经济学家却集体失语。

不难看到, 在目前的主流经济学里, 通常将经济发展理解为经济增长; 在更为专门的学术研究中, 则多将其归结为 "经济增长 +"。同时, 经济学家倾注了大量研究资源, 用于预测各国的长、短期经济增长率, 以及如何影响这样的经济增长率。如果这些研究有些许意义, 回答 "中国什么时候才能像美国一样发达", 实际上只需要举手之劳。但问题在于, 在现实中, 我们就是看不到经济学家关于这一问题的只言片语, 更不用说对之的专门研究。

那么, 为什么会出现这种特别奇怪的现象? 原因其实很简单, 因为现代西方经济学根本不是一种合格的经济学, 在其工具箱里, 缺乏可用来有效分析处理上述问题的必要工具。如果按其现有分析工具, 上述问题本可归结为初等数学里的 "追赶问题", 将很容易得到答案。但问题在于, 这样得到的答案通常非常荒谬, 西方经济学家自己也会觉得无法置信。

本文认为，由于现代西方经济学存在着深刻的历史局限性，本质上，已经无法具备有效处理现代经济发展中各种问题的能力。上述问题作为现代经济发展过程中的一个核心问题，本身容不得半点马虎与含糊，使之成为一种有效甄别经济理论真伪的试金石。因此，在面对重大现实经济问题时，这一试金石就非常鲜明地表明，现代西方经济学已经丧失应对能力。

尽管如此，这并不意味着这一问题有多么高深难解，仅仅意味着现代西方经济学家没有能力回答。一旦代之以一种新的、可称为信息社会经济学的经济学，这一问题将迎刃而解。

根据这种新的经济学，有足够可靠的理论依据可以表明：不仅仅对中国，而且对任何一个发展中国家，无论其目前有多么贫穷落后，无论其与发达国家有多么大的发展差距，只要其有效致力于知识传播体系的现代化，均有可能在四五十年内，完全消除二者之间的差距，与那时的发达国家并驾齐驱。

通过仔细甄别，信息社会经济学表明，经济发展实际上与经济增长无关，只能归结为知识增长。再通过比较发达国家与发展中国家的知识增长状况，信息社会经济学认为，二者之间经济发展的差距，应该归结为知识传播体系的差距。在此基础上，发展中国家的经济发展的基本模式应该归结为知识传播模式。信息社会经济学发现，更进一步，发展中国家的经济发展状况完全由其人的能力、国际经济联系与社会规范体系三大因素决定；其与发达国家的差距，也完全可以归结为这三大因素的差距。因此，中国作为发展中国家，能够在什么时候赶上美国，完全取决于什么时候能够消除这三大因素方面的差距。如果中国在这三大因素方面始终存在与美国的差距，无论 GDP 及其增长状况怎么样，中国就始终只是落后于美国的发展中国家；如果中国能够充分消除这三大因素的差距，其经济发展水平就没有任何理由会落后于美国。或者，美国人能够以什么效率从事什么经济活动，中国人也能够以相当的效率从事类似的经济活动，其生活水平或经济发展水平就没有什么理由会低于美国。

在深入研究了经济发展这三大决定因素的性质之后，信息社会经济学发现，对任何发展中国家，只要采取适当的方式，在两代人左右的时间内，这三大因素的差距完全有可能充分消除。这无疑是一个极具震撼力的结论：对任何一个发展中国家，无论其目前与发达国家有多么大的发展差距，均有可能在四五十年内，完全消除二者之间的差距，与发达国家并驾齐驱。这一结论对任何一个发展中国家都有效，自然对中国也有效。而且，既然中国目前已经发展到相当程度，其与发达国家的差距消除时间，自然可以更短。

当然，这一结论提供的只是一种理论上的可能性。如果相关国家未能以适当方式致力于消除三大差距，其经济的成功发展也没有保障。正如在现实中，二战以来，已历经三代人以上的时间，虽然发展中国家均以极大的努力追求经济发展，却在现代西方经济学误导下，致力于刺激投资等，不知道应该专注于消除三大因素的差距，事实上偏离了经济发展的正常轨道，使得其经济的发展难以成功。

值得一提的是，信息社会经济学的这一结论，不仅明确回答了"中国什么时候才能和美国一样发达"的问题，事实上还提供了应该怎么做的指引。而且，从这一角度，还使西方经济学家为什么总是回避回答这一问题的奇怪现象，终于有了注解。

第四章

现代西方经济学理论的清理

GDP 及其增长：是经济学的
伟大发明还是理论乌龙？

一、引　言

现代西方经济学将 GDP 这一社会产品产出的价格总量，认定为衡量社会产品产出总量的有效指标，并借助其主流经济学的地位，使之受到社会的广泛崇信，甚至将其誉为 20 世纪最伟大的发明之一①。与此同时，GDP 增长则被认为是衡量产品产出增长等状况的当然指标，并常常当作经济发展这一被寄予着社会美好愿景的社会目标的同义语，成为支配现代社会经济运行方向的基本指南。

现代西方经济学的这类认识，在经验感觉上似乎有着较强的支撑。因为从现实角度看，GDP 的增长，似乎意味着收入的增长，从而经济状况的改善

---

① 比如，美国经济学家萨缪尔森和诺德豪斯在他们著名的教科书《经济学（第 19 版）》中，就认为国内生产总值是"20 世纪最伟大的发明之一"。并认为仿佛卫星能探知整个大陆的天气情况一般，GDP 也可以显示一国的经济全貌。参见保罗·萨缪尔森、威廉·诺德豪斯：《经济学（第 19 版）》，萧琛主译，商务印书馆 2013 年版，第 391 页。又如，美国商务部《国内生产总值：20 世纪的一个伟大发明》的报告，更是以官方名义直接认定 GDP 是 20 世纪的一个伟大发明。转引自洛伦佐·费尔拉蒙蒂：《GDP 是个什么玩意儿：GDP 的历史及其背后的政治利益》，刘路、赵蔚群译，台海出版社 2015 年版，第 58 页。

或发展。能够达到一定的 GDP 增长率，也似乎意味着有比较令人满意的经济发展状况。尤其在 GDP 增长率较高时，容易感到比 GDP 增长率较低时，产出似乎增长更多，发展似乎更快。而在以一定的汇率进行各国人均 GDP 比较时，只要差距足够大，人们也容易看到，人均 GDP 水平较高的国家，经济发展水平往往较高。反过来，经济发展似乎也离不开 GDP 的增长，持续而显著的经济发展似乎总是伴随着持续的 GDP 增长。因此，从实际的经验感觉出发，人们总感觉二者存在密切的联系①。甚至，往往将其间具有统计学意义的相关性，认作逻辑学意义的因果性。

凭借二者之间仿佛笃定的相关性的诱导，GDP 及其增长受到西方经济学家们百般信赖与宠爱，被置于显耀的地位。但令人极其惊讶的却是：在专业的理论层面上，GDP 及其增长是否真的具有人们想象的意义，却并不存在任何可靠的依据。而且，对其究竟具有怎样的含义与性质，除了似是而非的经验感觉，见不到这些经济学家对其最低限度的专门考证，甚至也见不到试图对此加以严格论证的专门努力，使现代西方经济学的相关认识看起来更像是一种主观臆想。

考虑到作为社会目标，GDP 及其增长已经构成引导现实经济运行的核心指南，如果其仅仅是西方经济学家的一种主观臆想，就难免与社会应有的经济发展目标存在偏差，从而可能对社会造成灾难性的后果。如此后果存在的可能性，难免令人倍加担忧。

事实上，随着现代经济发展过程的持续，人们同样也已经越来越多地从实践经验中感受到，对 GDP 的追求，似乎会导致诸多明显背离经济发展原意的结果，使人感觉 GDP 的增长不一定意味着经济发展②。

当然，尽管存在着对 GDP 性质意义越来越多的质疑，与西方主流经济学

---

① 比如，在国内的一部发展经济学教科书中，作者虽然感受到经济发展不一定就是经济增长，却坚持认为经济增长是经济发展的必要条件，并认为"没有发展的增长"是可能的，但"没有增长的发展"是难以想象的。参见马春文等：《发展经济学（第二版）》，高等教育出版社 2005 年版，第二版前言。

② 洛伦佐·费尔拉蒙蒂的《GDP 是个什么玩意儿：GDP 的历史及其背后的政治利益》一书，即提供了众多这类感受中的一种。大多数的西方发展经济学教科书，通常也或多或少会提及 GDP 作为社会追求目标显露出来的缺陷。比如，在国内，郭熙保的《经济发展：理论与政策》（中国社会科学出版社 2002 年版）一书，就列举了 GDP 指标在衡量一国实际经济状况时存在的多方面缺陷。

对 GDP 性质含义的认定一样，这些置疑在理论上也未得到明确澄清，使其仅仅限于一种经验感觉，并不足以动摇西方主流经济学的认识。

既然如此，设法严格甄别 GDP 的性质含义，以及其增长与经济发展的真实关系，早已具有刻不容缓的必要性。这不仅在人们对 GDP 及其增长性质含义的认识可能有误时，有助于避免现实经济发展受到 GDP 及其增长目标的误导；即使 GDP 及其增长指标真的能够准确衡量经济发展状况，也能为人们摆脱此前的盲目性，坚定其信仰，提供可靠的理论依据，还能够避免对迄今经济学家们专业能力的质疑。

但是，由于存在不为人知、极其深刻的历史局限性[1]，现代西方经济学并不具备基本的能力，来有效处理现代社会各种经济问题。正是因为这一历史局限性，使得现代西方经济学难以有效把握 GDP 及其增长的性质、含义与决定因素，自然也无法指望能够在其分析框架内，有效澄清二者之间的确切联系。有鉴于此，为准确把握 GDP 的性质含义，以及其增长与经济发展的真实关系，就必须跳出现代西方经济学的分析框架，以经济学理论及其分析方法的根本性创新，从全新的视角加以严格审视。

幸运的是，近年来，经济学领域已经发展出一种可称为信息社会经济学的全新理论体系，能够有效克服现代西方经济学的历史局限性，为严格分析 GDP 及其增长与社会产品产出状况及经济发展的真实含义，准确把握二者之间的联系，奠定了可靠的理论基础。

依托这一崭新的经济学理论体系及其分析方法，本文将在其经济发展理论、经济波动理论、货币理论、价格理论等的基础上，以严格的理论分析表

---

① 根据新近的经济学说史理论研究，现代西方经济学存在严重的历史局限性，体现在其主要以工业革命以前的传统社会（简称物质社会）为背景，最多能够用于处理那时的经济问题，在工业革命以后的现代社会（简称信息社会），则不再具备处理现实经济问题的能力，已经全面过时。其全部的内容大致可分为两大部分：一是以新古典经济学或一般均衡理论体现的、能够具有严格逻辑性的纯理论；二是主要致力于修正弥补纯理论的修正理论，或者是纯理论以外的全部理论。前者虽然可以具备严格的逻辑，却只适用于工业革命以前那种长期停滞不变的社会，根本不具备处理现代社会不断变化中的经济事物的能力，因此与现代社会的现实严重背离。后者虽然致力于弥补纯理论与现实不符的缺陷，貌似与现代社会的现实接近，却因为未能针对纯理论的真正缺陷，无法具备严格的逻辑，因而充满内在逻辑矛盾，不是合格的经济理论，更无法真正具备处理现代社会经济事物的能力。参见袁葵苏：《经济学理论的批判与重建》，经济科学出版社 2009 年版，第三章。

明：从 GDP 的含义与性质看，其与社会产品的总产出有截然不同的含义，并不具有现代西方经济学灌输给世人的、令人们信以为真的性质。前者属于交换价值的总量，取决于货币的供应量；后者则体现为使用价值的总量，取决于社会的知识状况，二者不能混为一谈。类似地，依据严格的理论分析，经济发展应该被归结为知识增长，取决于社会知识增长的决定因素。GDP 增长则只是货币供应量增长的产物。

更进一步，通过确立明确的、不再与商品挂钩的纯粹信用货币的价值含义，以及其价值决定因素与衡量标准，信息社会经济学得以表明，GDP 增长率本质上取决于货币供应量的增长状况，应该归结为传统通货膨胀率在现代社会里的延伸，可用作衡量现代社会货币价值变动状况的有效指标，更适合称其为现代通货膨胀率。至于人们目前使用的传统通货膨胀率概念，则只是工业革命以前的社会历史背景的产物，虽然在当时的社会能够用于准确衡量货币价值的变动状况，但在工业革命以后的现代社会里，因为其只能由部分固定商品组合的价格水平变动状况决定，具有日益严重的片面性，因此不再能够成为货币价值变动状况合理的衡量标准，最多可以理解为现代通货膨胀率中，以目前的统计方式能够记录到的显性部分。而所谓实际 GDP 增长率，则几无确切含义，最多可以认作现代通货膨胀率中、未能被现有统计方式记录到的隐性部分。

因此，GDP 增长与经济发展虽然表面上看起来有相当密切的联系，却有着截然不同的性质含义，并不具有西方经济学家想象中的相关性与确切联系。其貌似具有的密切联系，不过意味着在经济发展与现代通货膨胀率之间，存在一种并不确切的伴生关系，使得经济发展常常与货币供应量增长形影相随。如果据此将二者混淆起来，将使人类社会的经济发展受到严重误导。

通过彻底揭示 GDP 及其增长的本来面目，澄清其与社会产品产出状况及经济发展之间的真实关系，消除现代西方经济学制造的这一影响，使经济发展能够回归正常的轨道，是本文的目标所在。

二、GDP 的含义、性质，以及与社会产品或财富的区别

按照西方经济学家通常的定义，GDP 是在一定货币供应条件下、用市场

交易价格衡量的、在一定时期内、剔除了重复交易的经济交易规模的一种总量，或是在一定时期内各种经过市场交易的商品劳务产出的价格总量。

从 GDP 的起源看，其原本是为了衡量社会具有财富性的社会产品产出状况而设计出来的[1]。这一概念也因此被赋予国民收入等含义。在西方经济学家眼里，GDP 的提出相当成功，解决了如何衡量社会产品产出状况的重大问题，因此算得上 20 世纪经济学的一项伟大发明。

在现实社会里，社会财富是什么，其总体上的多寡、丰足状况如何，涉及社会经济活动的努力方向或指南。如果真的能够设计出这样一套指标，可以对社会具有财富性的产品产出状况进行准确衡量，提供对社会经济活动的合理引导，就的确意义非凡，无愧于"伟大发明"这一称号。

那么，GDP 真的能够如西方经济学家想象的那样，是能够有效衡量社会产品产出状况的可靠指标吗？

直接从社会产品总量及其市场交易价格总量的基本含义与性质，可以看到，二者实际上具有截然不同的含义与性质，是完全不同的事物，不存在可有效反映彼此状况的密切联系。

具有财富性质的社会产品，主要通过有关产品的种类、结构、质量等具体内容，能够以其基本功能满足社会的实际需要，本质上是使用价值的体现，体现的是人与物之间的关系。

一定的社会产品要成为社会财富，需要具备一定的功能或使用价值，与是否具有交换价值无关。能够具备有用的功能或使用价值的产品，即使没有交换价值，如广为传播的自然科学知识，也是名副其实的社会财富；不具备有用的功能或使用价值的社会产品，即使具有了一定的交换价值，如比特币，也算不上真正的社会财富。

因此，从社会整体角度看，社会产品或财富的丰足状况，应该由其提供的使用价值数量、品种多寡与结构令人满意的程度等来体现。尽管其使用价值数量、品种多寡与结构令人满意的程度等至今仍然缺乏精准的衡量标准，但只要提供的使用价值数量、品种相对较多、结构令人满意程度相对较高，

---

① 参见洛伦佐·费尔拉蒙蒂：《GDP 是个什么玩意儿：GDP 的历史及其背后的政治利益》，刘路、赵蔚群译，台海出版社 2015 年版。

就意味着社会产品或财富较多，较富足。提供的使用价值数量、品种相对较少，结构令人满意的程度有限，就意味着社会产品或财富较贫乏。

GDP 则如西方经济学家的规定，体现为以交换价格衡量的有关商品劳务的总量，本质上是一种交换价值的总量，体现的是人与人之间的交换关系。虽然，交换价值多以使用价值为依托，往往承载着一定的使用价值，却不能认为交换价值的状况能够成为使用价值的有效代表。

比如，仅仅具有使用价值而不具有交换价值的社会产品，不会纳入 GDP 的法眼。即使能够纳入 GDP 统计的社会产品，其交换价格的大小，也与其具有的使用价值大小缺乏相关性，使得能够纳入 GDP 统计的全部商品劳务的交换价格总额，没有理由与其具有的使用价值总和大小（如果能够有使用价值总和的客观衡量指标）存在相关性。尤其是，具有特定使用价值的固定产品，其交易价格会因时因地不同而发生变化，并且这种变化在长期中也不存在绕其上下波动的变动中心①，更是使用价值与交易价格无关的明显标志。

事实上，即使在现有的西方经济学中，交换价值与使用价值无关，也属于无可非议的常识。虽然由于其价格理论的历史局限性，这些常识无法以严格的理论分析为依据，但人们通常会以实际的经验案例表明，使用价值大的商品，不一定价格高，而使用价值不大的商品，反而可能价格较高。比如，不能认为比特币的价格代表着其使用价值的多少；也难以认为比特币价格的升降，意味着其使用价值的升降。

尽管如此，在涉及 GDP 的含义时，西方经济学家却似乎忘记了自己的经济学早就认同的常识。

根据信息社会经济学对现代社会商品使用价值及价格决定因素的认识②，无论是从个别商品或部分商品组合角度看，还是从社会全部商品总和的角度看，商品的交换价格与使用价值都有不同的决定因素，使其变化不可能存在稳定的联系，因此无法相互代替或代表。

从个别商品角度看，至少在现代社会，作为知识成分越来越浓厚的现代商品，其使用价值的获取，取决于相关的生产知识；而其交换价格，则主要

①② 参见本书第三章第二节。

决于相关生产知识的垄断权状况等因素。

具有一定使用价值的社会产品是否能够成为商品，成为商品时其价格的高低，主要取决于相关生产知识的垄断权及其强弱变化等，与这些知识的扩散、过时或领先程度及相关社会规范等的状况相关，基本上与这些知识或产品具有什么样的使用价值没有确切关系。即使这些知识或相关产品的使用价值不变，其垄断权也会因为相关知识的扩散、过时或领先程度及有关社会规范的变化而出现升降。

社会全部商品的价格总量虽然与个别或部分商品的价格决定因素不同，但与体现使用价值的社会产品总产出之间，也同样不可能存在稳定的联系，无法相互代替或代表。

产品的总产出本身体现的是使用价值总量，主要取决于有关社会生产知识体系的状况；而这些产品的价格总量体现的是交换价值总量，基本取决于作为价格衡量标准的单位货币的内在价值或有关货币供应量①。

决定因素的不同，意味着二者的变化受到不同因素支配，变化规律不同。因此，用市场交易价格衡量的社会产品的产出总量或 GDP，就只是其交易价格的总量，其与社会产品产出总量本身之间，存在着类似交换价值与使用价值之间的差别，并非性质相同的事物，没有理由将二者等同起来。

当然，在理论上，性质不同的事物也可能因为其间存在稳定联系而可以互相代表，能够以自身的度量去衡量与其存在稳定联系的其他事物的状况。但这种代表或衡量是有前提的，需要保证其间联系的稳定性与确切性等，至少不能随心所欲。

上述简单的分析已经表明，GDP 与社会产品产出不仅性质不同，其间也不存在确切稳定的相关性，应该足以说明二者的确不能相互替代。在此条件下，如果仍然要将 GDP 用作社会产品产出总量的衡量标准，无疑需要更加无可辩驳的可靠依据，表明作为交换价值总量的 GDP，的确与作为使用价值的社会产品总量之间，存在着上述分析未能发现的、稳定而确切的联系。而且，如此也意味着，西方经济学家早前认同的"交换价值与使用价值无关"，是

---

① 这一点将在后文里得到重点揭示。

毫无依据的认识。

值得关注的是，在此情况下，西方经济学家可能凭借什么理由，将性质看似如此不同的两种事物紧密地连接在一起，使 GDP 能够被认定为社会产品产出的有效衡量标准的呢？

如果我们充满好奇心并满怀期待，试图了解西方经济学家做出了怎样卓绝不凡的努力，成功完成了这一极其艰难的任务，那么，等待我们的将是大失所望。因为，当我们仔细去梳理西方经济学家是如何信心满满地、将 GDP 确立为社会产品产出衡量标准时，却发现他们事实上什么也没做，仅仅在提供了 GDP 的定义后，甚至未做出任何明确的申明，就直接将 GDP 当作社会产品产出的衡量标准。

仔细分析可以发现，在迄今负有解释责任的西方经济学教科书中，既未认真专门考察过 GDP 的性质含义，也未严格阐明，作为交易价格总量的 GDP，凭什么可以成为衡量产品产出状况的有效标准。

比如，在曼昆的《宏观经济学》这部西方流行的教科书中，GDP 被称为给定时期内一个经济体生产的所有最终产品和服务的市场价值[1]，然后，在未做进一步解释说明的情况下，甚至未直接申明其可以成为社会产品产出总量的衡量标准，就直接将其用作这样的指标。

类似地，在萨谬尔森和诺德豪斯在著名的教科书《经济学（第 19 版）》（商务印书馆 2013 年版）第 338 页中，除了给出 GDP 是"一国在一年内所生产的最终物品和劳务（啤酒、轿车、摇滚音乐会、旅行等）的市场价值总和"的定义之外，也同样不加说明地直接用作社会产品产出状况的衡量指标。

而在萨谬尔森曾经广泛流行的经济学教科书的一个较早版本里，多多少少透露出一点西方经济学家行为如此古怪的玄机。在该书（1976 年第十版）中，对类似的"国民净产值（NNP）"定义的表述，即为：国民净产值或其技术上的名称"以市场价格来计算的国民收入"，可以被定义为社会最终产品的流动量的货币价值总和 [引自萨谬尔森：《经济学》（上册），商务印书馆 1979 年版，第 253 页。着重号为原文所加]。在这一表述中，萨谬尔森专

---

[1] 参见 N. 格里高利·曼昆：《宏观经济学（第五版）》，张帆、梁晓钟译，中国人民大学出版社 2005 年版，第 19 页。

门以重点符号强调的是其产出总量的含义，却暗中借此相对弱化甚至抹去了更为关键的"市场价格总和"与"货币价值总和"的含义。由此，萨缪尔森明白无误地表明，其之所以将 GDP 含义理解为产出总量，只是源于其主观上更看重定义中包括的产出总量的成分，而执意忽略了客观上更关键的"市场价格总和"或"货币价值总和"的成分，而之所以会如此，或许是因为后者与其主观想象不吻合。

这意味着，当西方经济学家将 GDP 认定为社会财富的衡量标准时，根本未加专门考察，也没有诉诸任何理由来说明其具有什么样的合理性，仅仅以含糊其词的方式，直接引入并采用了这一标准，仿佛其是不证自明、天经地义的。

据此，我们有理由猜测，西方经济学家不仅并未就其对 GDP 性质意义的认定，提出任何可靠的理论依据，甚至并未进行谨慎严格的专门研究，来证明其认定的合理性。这一状况，对于自诩具有严谨科学性的现代西方经济学而言，令人啼笑皆非。但更为重要的是，如此一来，表明西方经济学家提供的 GDP 不具有其想象的合理性，从而使自以为已经成功解决了社会产品产出指标这一重大问题的幻想，濒临破灭。

按理说，西方经济学家规定的 GDP 定义，本身是相当严格的，具有确切的含义，本质上应该是有关商品劳务产出总量的一种市场交易价格的总和，而非商品劳务本身的总量。尽管 GDP 的含义如此明白无误，其与商品劳务产出总量的区别也相当清晰，令人惊奇的是，在实际把握 GDP 的含义时，西方经济学家整个群体的理解却出现了偏差，普遍偏重于强调它是一种商品与劳务的产出总量，进而倾向于将其与社会财富、社会福利等具有使用价值意义的产出拉近关联，却有意或无意识地忽略了它只是商品劳务产出总量一种用货币衡量出来的价格总量，而非产出总量本身。将这样一种与使用价值无关的概念，随意指认为描述社会实际产品产出状况的核心指标，西方经济学这一做法，看起来的确令人匪夷所思。

从信息社会经济学角度看，在 GDP 与社会产品或财富的真实含义及其性质差别如此分明而且广为人知的情况下，西方经济学家竟然可以将二者混为一谈，除了表明他们本身的确特别在意如何解决使用价值的衡量问题之外，就只能归结为现代西方经济学具有的深刻的历史局限性。这样的历史局限性，限制了它的认识能力，使现代西方经济学本质上不具备准确理解经济发展这一现代社会特有现象的能力，无力应对与经济发展相关的经济问题。但是，其主流经济学地位带来的压力，又迫使其不得不担负起描述经济发展状况的使命，使其为避免尸位素餐之嫌，只能病急乱投医，仅仅凭借感觉与想象，从表面现象出发，在既不能准确把握 GDP 的性质，又不知道如何衡量产品产出状况的情况下，用容易统计的产品产出的市场交易价格总和，来冒充产品总产出本身，使得产品总产出原本的使用价值含义，与 GDP 具有的交换价值总量的含义胡乱混淆起来。

不难看到，商品劳务产出的实物总量提供的使用价值，体现着能够满足的社会需要状况，是社会经济发展真正需要追求的目标，的确需要寻求一种衡量其整体状况的指标，以便将其作为社会的行为指南，为社会经济发展提供明确的方向。

但在此时，一方面，社会产品作为使用价值的体现，缺乏天然衡量标准，直接衡量的确太复杂、太困难。由于不同商品劳务性质不同，还可能不断变化，其产出缺乏统一的衡量指标，实在难以加总。虽然人们殚精竭虑，却始终无法得到有效的衡量标准。因此，在面对如此急迫需要解决的重大问题时却束手无策，的确易于诱使人们病急乱投医。另一方面，在受到历史局限性的限制时，西方经济学家只能习惯于其并不严谨的思维方式，既想不到需要严格甄别 GDP 的含义，也不清楚其与商品劳务的实物总量的使用价值之间的真实关系，仅仅感觉到 GDP 与商品与劳务的实物总量和种类似乎有一定关系，加之其或许还认为交易价格本身有一定的反映需求的成分，而与使用价值多少有一些关系，便在未深思熟虑的情况下，违背了交换价值与使用价值无关这一源自朴素经验的基本经济学常识，将其混同起来，用作衡量社会商品与劳务总量的一种替代品。因此，将 GDP 赋予其无法具有的含义，虽然盲目，却也并非西方经济学家有意为之，或许算是其情急之下的无奈之举。

既然 GDP 不具有人们想象的意义，并非社会产品产出状况的准确反映，如果将其作为社会经济活动的追求目标，难免带来严重危害社会状况的种种弊端，导致经济运行的结果南辕北辙。

比如，仅仅凭借经验事实，人们现在已经强烈感受到，GDP 只能涉及与交易相关的经济活动成果，使其即使涉及的的确是社会财富，也意味着其仅仅只能涉及社会全部财富中的一部分，而会使与交易活动无关的产出部分被排除。如家务活动及各种公益活动等不以交易为目的的活动，虽然不被 GDP 纳入，其创造的却的确是必不可少的社会财富。而即使 GDP 能够涉及的交易活动，其产出的也未必是无可争辩的社会财富或福利。如毒品交易及与各种可能导致 GDP 增加的人为灾害相关的交易等。

又如，即使一些可以算作财富的产品，也能够具有交换价格，可以纳入 GDP 统计，却由于存在不能被交易活动纳入的负面的外部效应，如资源枯竭，生态环境恶化与社会分配失衡等，或者存在不能被交易活动纳入的正面的外部效应，如生产率提高的外溢效应等，可能使 GDP 对社会财富有不可忽视的扭曲，或者实质性夸大，或者实质性缩小实际的社会财富状况。

因此，对 GDP 的追求，可能导致有益的社会财富生产活动受到抑制，不利的社会活动反而得到激励。

不仅如此，如果试图将 GDP 作为概括经济运行状况的基本指标，用于把握或了解经济运行状况，会因为其既不能够有效用于经济发展状况横向的国际比较，也不能有效用于一国之内不同时期经济发展状况的纵向比较[1]。在据此指导经济政策制定时，无法如人们希望的那样，准确反映一国经济全貌，反而会使经济活动决策者误判情势，将经济运行引入歧途。

比如，对发展中国家而言，信息社会经济学的发展经济学已经证明[2]，任何发展中国家——无论其与发达国家存在多大差距，理论上，均可在两三代人的时限内，消除与发达国家的经济发展差距。但自二战以来，虽然各国均有意识地致力于经济发展，但迄今却少有成功者。不仅绝大多数发展中国家似乎依然看不到何时能够与发达国家并驾齐驱的前景，即使存在少数几个成功者，经济学家们也并不知道其成功的秘诀何在，使其成功经验难以得到

---

① 参见袁葵苏：《经济增长率：它的性质、预测方法及若干启示》，载袁葵苏：《经济学理论的批判与重建》，经济科学出版社 2009 年版。该文的一个缩写稿曾经以《经济增长率新探》为标题发表于《经济学家》1999 年第 5 期，第 55～61 页。

② 参见袁葵苏：《经济发展的基本模式——经济学的现代基础》，中国人民大学出版社 2009 年版。该书的大部分内容都致力于证明这一结果。

效法或复制。究其原因，GDP 指标的误导难辞其咎。因为，GDP 或交易价格总量增长不仅不同于社会产品产出总量增长本身，更不具有人们想象的经济发展意义，若将其作为引导经济运行的指南，不仅达不到希望的经济发展状况，还可能后患无穷。

又如，在发达国家致力于维护经济稳定时，其政府决策者往往将 GDP 当作判断经济运行状况是否稳定、是否需要干预，以及如何干预的基本判断指标。但由于这类指标并非社会产品产出状况的准确反映，使得相关决策者实际上无法据此作出对症下药的干预。因此，迄今为止，不仅基本上没有什么证据，可以确认有关干预是有效的；甚至，还有证据表明，其干预本身，也构成了引起经济不稳定的干扰因素①。

既然 GDP 只能给我们描述不实的经济运行图景，指引错误的方向，自然不应该成为引导经济运行的合理指南，理当予以抛弃。但作为时下制定经济政策状况依赖的最为主要、方便的指标，一旦真的将其抛弃，是否会使我们失去指南而手足无措呢？答案是否定的。

虽然 GDP 是一种方便衡量的数字，貌似迎合了人们急迫为经济发展目标寻求一个易于把握的简单指标的需要。但面对必须解决的重大问题，重要的是准确把握问题的实质症结所在，以便对症下药，拿出能够有效解决问题的办法。此时，最为关键的是指标本身的准确性或合理性，是否便于处理则不那么关键。虽然在准确性能够得到确保的条件下，越便于处理越好，但在简单的指标不足以具备必要的准确性时，以牺牲准确性为代价单纯追求简便，就更不可取。尤其作为社会基本的行为指南，社会目标的稍许偏差，都可能导致"差之毫厘谬以千里"这类难以承受的结果。

因此，既然 GDP 存在严重偏差，针对的不是原本的衡量对象本身，勉强使用，将使有关衡量本身失去意义。为简便性而牺牲对事物本质特征的合理把握，无疑是理论研究的大忌，不仅根本不能有效化解危机，更难以将其认

①　2008 年的美国金融危机，即是典型的由政府经济政策导致的经济不稳定现象。而在政策失误的背后，则是现代西方经济学的误导作用，这种误导即与将 GDP 增长作为调控主要目标有关。参见本书第四章第二节。

作是伟大的发明①。

事实上，失去这类有严重偏差指标的指引，并不比保留这些指标时更糟糕，反而为探索合理的目标扫除了障碍。而且，唯有彻底排除这些肤浅且无效指标的干扰，才有助于获得有关社会经济状况真正清晰完整的图像、确切明亮的灯塔，使政策制定者能够准确判断经济运行状况的得失，更可靠有效地引导经济向着应有的经济目标发展。

值得一提的是，虽然从产出结果的角度，难以通过数量加总的方式衡量整体经济状况，但在信息社会经济学中，由于有效揭示了经济发展的决定因素，使其得以另辟蹊径，从结果的决定因素而不是结果本身，发掘出可靠的衡量标准，足以有效反映经济发展各方面的情况，使缺乏合理指标的问题得到有效解决。至少，相比现代西方经济学毫无依据的衡量标准，根据经济发展决定因素的状况，来反映结果本身的情况，应该是一种实质性的进展，使现实经济运行终于可以具备可靠的指南。

不难看到，在人们试图用 GDP 引导社会决策时，主要涉及经济发展与经济稳定问题，希望借助 GDP 来概括把握经济运行的整体状况，制定相应的运行目标与调控对策。但 GDP 的本质特征，使其不具有承担此任的能力。信息社会经济学通过对经济发展与经济稳定等的性质与决定因素的有效揭示，据此发掘出有效的衡量指标，能够相当精准地描述和把握实际经济发展与经济运行稳定性的总体状况，不仅可以对纵向与横向的经济发展状况，进行西方经济学家不敢想象的精准比较，还能进行发展前景的有效预测，为作出合理有效的经济决策提供可靠的依据或指南②。

比如，关于发展中国家的经济发展问题，在信息社会经济学的经济发展理论中，通过将经济发展合理归结为知识增长，信息社会经济学确认人的能力、国际经济联系与社会规范三大因素，是决定发展中国家经济发展或知识增长的充分必要条件，使得可以绕过直接衡量产出增长状况的困难，根据其

---

① 这种现象，或许如同经济学领域大多数政策研究建议一样，西方经济学家往往只顾提建议，却绝不涉及采纳建议的后果，已经成为其根深蒂固的习惯或传统。

② 参见袁葵苏：《经济发展的基本模式——经济学的现代基础》，中国人民大学出版社 2009 年版，第八章；《经济增长率新探》载《经济学家》1999 年第 5 期，第 55～61 页。

三大决定因素的状况，来反映经济发展的整体状况。

以知识增长及与其决定因素相关的指标作为新的灯塔，信息社会经济学立刻在发展中国家的经济发展问题上取得突破性进展，使西方经济学家认为不可能破解的发展之谜①，即发展中国家能否赶上发达国家、可望采取什么措施、在什么时限内赶上发达国家等经济发展的三大关键问题，在理论上得到了根本性解决。最终表明：只要发展中国家有意识致力于消除其与发达国家在经济发展三大决定因素方面的差距，任何发展中国家，无论其与发达国家存在多大差距，均可在两代人左右的时间内，保证消除其发展差距。

由此可见，相比于 GDP 及其增长一类指标，有关知识增长决定因素的指标，凸显出其在指导解决有关经济发展重大问题上的巨大优势。

而且，相比 GDP 增长，有关知识增长的指标，不仅能够对经济发展状况进行精准可靠的横向与纵向比较，清楚表明一国经济发展整体的相对状态、深层次差距及需要弥补的短板所在等，还能够有针对性地提供解决措施与指引，确保经济发展能够达到可行的合理状况。尤其是，有关知识增长的指标因为直接与三大决定因素的作用或使用价值联系在一起，容易受到合理性与否的关注，不易如 GDP 增长那样脱离合理性的视线，使其存在内在的自动纠偏机制，防止对社会合理目标的偏离。因为知识作为财富的代表，其不仅本身天然具备避免 GDP 的各种弊端的性质，也因为知识本身具有的察觉和解决问题的功能，即使可能因为知识的可错性或不完备性而引起一些不令人满意的影响，也存在着内在的自动矫正机制②。

如此不同的影响，意味着与 GDP 及其增长一类指标相比，有关知识增长决定因素的指标，将引导社会经济运行步入合理的发展轨道，成为顺利的经济发展过程；如果受到 GDP 增长目标的影响，则将使得社会经济运行陷入歧

---

① 比如，金德尔伯格和赫里克在《经济发展》（张欣译，上海译文出版社 1986 年版，第 2 页）一书中，就曾声称："任何人自称完全理解经济发展，或者自命发现了揭开'那个'经济增长秘密的'那个'线索，很可能是个傻子或江湖骗子，或两者兼而有之"，并认为这一怀疑态度"不大可能受到责难"。又如，在《发展经济学的革命》（上海三联书店、上海人民出版社 2000 年版）一书中，詹姆斯·A. 道就在其一篇文章中多次强调（第 3 页、第 5 页、第 19 页），经济发展不存在普遍适用的模式、发展理论或通用规则。
② 参见本书第三章第四节。

途，难免面临着灾难性的后果。因此，即使有人还会因为先入为主的观念，认为二者性质、含义与决定因素的不同，并不妨碍 GDP 增长的合理性，那么，分别以二者作为行为指南可能得到的如此不同的后果，应该在终止这种冥顽不化的认识时更加有力。

又如，关于经济波动问题，现代西方经济学由于无力准确把握现代经济波动的性质原因，只能借助 GDP 等无效指标，困扰于是萎缩还是在膨胀，是需要刺激还是需要紧缩这类的问题，或徘徊于所谓经济增长与通货膨胀之间的两难选择。

信息社会经济学利用其致力于处理现代社会经济问题的天然能力，得以离开 GDP 等错误指标的指引，通过定性分析准确把握经济波动的表现、性质与原因，构建起新的经济波动模型[①]。

信息社会经济学认为，现代社会的经济稳定状况，不能用源自 GDP 增长率的萎缩还是在膨胀这类肤浅指标准确描述，而是需要能够反映经济关系不适应性的积累状况等深层次定性指标来揭示。在这样的指标基础上，针对不同性质的经济不稳定的原因，信息社会经济学能够帮助有效提供精准应对的措施。即使据此提出的仅仅是初步的应对措施，也因为具有严格的理论依据，使其至少应该是有的放矢，不仅能够使此前的盲目调控转变为有依据的调控，也表明根本不需要、也不应该采用与 GDP 相关的指标[②]。

总之，无论在处理什么现代经济问题时，信息社会经济学提供的相关指标，虽然并非简单的数字指标，不似数字指标那样便于处理，但由于其在准确性方面不可比拟的优势，使其远比西方经济学此前采用的与 GDP 相关的数字指标更为精准有效；也意味着，离开 GDP 等指标的干扰，社会经济运行状况可以得到更为可靠的把握与合理引导。

综上所述，本文这一部分说明了，作为全部社会产品交换价格总量的GDP，具有交换价值总量的性质，与具有使用价值特征的社会产品产出本身的

---

① 参见袁葵荪：《经济发展的基本模式——经济学的现代基础》，中国人民大学出版社 2009 年版，第十章；《经济学理论的批判与重建》，经济科学出版社 2009 年版，第五章第二节。

② 参见袁葵荪：《经济发展的基本模式——经济学的现代基础》，中国人民大学出版社 2009 年版，第十章；《经济学理论的批判与重建》，经济科学出版社 2009 年版，第五章第二节；以及本书第四章第二节。

总量截然不同。二者有不同决定因素与变化规律，是两种根本不同的事物。因此，GDP 实际上根本不具备西方经济学家想象的意义，其对 GDP 含义不负责任的错误解读，已经诱人误入歧途，从而对人类社会发展造成危害。当然，现代西方经济学之所以如此，应该并非其有意为之，而是由于其深刻的历史局限性所致，反映了其别无选择的尴尬处境，再叠加其缺乏严谨思维传统的结果。

三、GDP 增长及其与经济发展的区别

在现代西方经济学里，由于 GDP 已经被等同于具有财富性的社会总产品或总产出，也就难免一错再错，将 GDP 的增长，顺势认定为社会总产品或总产出的增长，甚至还赋予其一个更具诱惑性的名字——经济增长，将其与体现改善愿望的经济发展概念联系起来，使得对 GDP 的认识谬误得以进一步扩展。

由于西方经济学迄今的主流经济学地位，一旦其认定 GDP 增长与经济发展的如此联系，就难免使其浸透社会的经济思维，将 GDP 增长当作经济发展的核心内容或者代表，使之成为现代社会经济活动追求的基本目标与行为指南，深刻地影响并塑造着现代社会的经济运行基本模式。

但是，本文对 GDP 含义的严格甄别，已经表明其与社会总的产品产出状况意义不同，不能成为其有效代表。因此，GDP 的增长，也就可能并不具有西方经济学家想象的意义。至少，将其作为社会总产品或财富的增长或经济发展的代表，也就同样毫无依据。而 GDP 增长与经济发展之间究竟存在什么样的关系，能否如人们想象得那样密切相关，应该是有待澄清的重大问题。

为此，本文这一部分主要从二者决定因素的不同，阐明经济发展与 GDP 增长的区别，为下一部分彻底澄清二者之间的关系奠定必要的基础。

（一）经济发展及其决定因素

在现代西方经济学中，经济发展是一个从未得到确切界定的概念。虽然现在的西方经济学家也大多意识到经济发展与 GDP 增长不同，却因为缺乏确

切的经济发展概念，无从把握经济发展的性质特征，无法知道二者的实质性区别所在，致使其易于将二者盲目等同起来。既然如此，西方经济学家自然也无法致力于经济发展决定因素的专门考察，使其对经济发展决定因素的认识，只能是空白，也因此不得不倾向于以看起来容易把握的 GDP 增长的决定因素，作为经济发展的决定因素。

信息社会经济学通过专门的考察，首先确立起确切的经济发展概念，具备了有效发掘经济发展决定因素的基础。

信息社会经济学认为，经济发展应该是社会改善目标的一种概括，也是达到这一目标的过程。因此，经济发展不仅涉及通常理解的社会产品的增加，更直接针对深层次的社会需要，体现为以无止境的使用价值增长，来尽可能满足不断变化的社会需要。而通常理解的社会产品概念，发源于物质社会，更倾向于注重可用于满足特定社会需要的特定物质性产品，未能明确针对一般化的社会需要，容易忽略随着社会的不断变化而涌现出来的、新性质的社会需要与新性质的社会产品，难以及时充分反映社会改善目标的内容。

比如，在物质社会条件下，社会经济关系通常具有某种最佳性，本身不会被当作社会产品，其改善也不会成为社会需要的内容。而在现代社会，由持续涌现的新知识导致的经济活动的变化性，使得社会经济关系不再具有最佳性，存在着不断改善的需要①，也使其本身及其改善状况有资格成为社会的产品。但如此变化在未被社会充分揭示或意识到时，相应社会关系及其改善等可能不被理解为社会产品，使得社会习惯性理解的社会产品的增加，仅仅涉及用于满足既定社会需要的部分物质性产品，未能概括全部的社会产品。

因此，从满足社会需要的角度看，经济发展包括了比通常理解的社会产品增长更多的内容。而且，这一概念与使用价值增加的性质基本吻合，可以简单概括为使用价值增长，体现为提供了更多的使用价值与功能，并且与是否增加交换价值没有直接关系。经济发展的如此含义，表明其即使有时涉及交换价值的获取，最终目标也不是为了获取交换价值，而是为了获取使用价

---

① 关于社会经济关系在物质社会具有最佳性及其在现代信息社会具有非最佳性的原因，类似于信息社会经济学中与之相关的社会规范的最佳性与非最佳性，其论述可参见袁葵苏：《经济发展的基本模式——经济学的现代基础》，中国人民大学出版社 2009 年版，第七章第二节。

值。与此相比，对 GDP 增长的追求即使有时涉及使用价值的获取，最终目标也不是为了追求使用价值的增长，而是为了交换价格的增长。

更进一步，根据信息社会经济学的研究，经济发展这一改善目标，最终可以归结为知识增长[①]。因为从信息社会经济学界定的知识增长的含义看，在满足不断变动的需要时，只要具备相应的知识增长，就能够带来社会财富与产品产出的相应变化，提供用于满足各种社会需要的使用价值。反过来，与使用价值相关的社会产品产出的变化及社会关系的相应改善等，基本上也取决于相关知识的变化，可以体现为知识的增长或变化。因此，用知识增长来概括社会需要的变化或改善或经济发展，既具有必要性，也具有充分性，理论上存在可靠依据。

按照如此确立的经济发展概念，信息社会经济学已经表明[②]，知识增长或经济发展的决定因素，可以归结为影响知识创新和传播的因素。这些因素比较广泛，既涉及如人的能力、社会规范与社会经济联系等比较明确的因素，也包括机遇与心理等不太确切的因素。并且，在不同条件下，其决定因素会有所不同。

在物质社会，偶然因素这类不可控因素对知识增长状况的影响很显著。在向信息社会转变时，职业创新者产生与生存的自然与社会条件，对于能否有效跨过相关门槛非常关键。而在现代信息社会，发展中国家与发达国家经济发展的决定因素也不同。

就现代的发展中国家而言，其经济发展的决定因素相对简单，其知识增长过程基本上可以归结为来自发达国家已有知识的传播过程，因此其决定因素可以充分概括为人的能力、国际经济联系与社会规范体系三大类因素。只要能致力于改善这些因素，就能保证有效促进知识增长或经济发展。

对于发达国家而言，其经济发展更多依赖自主创新，决定因素相对比较复杂，难以如发展中国家那样简单归结为少数几个因素，但人的能力、国际

---

① 参见袁葵荪：《经济发展的基本模式——经济学的现代基础》，中国人民大学出版社 2009 年版，第三章第二节。

② 参见袁葵荪：《经济发展的基本模式——经济学的现代基础》，中国人民大学出版社 2009 年版，第四章第一、二节。

经济联系与社会规范三大因素至少是其最为重要的影响因素。

（二）GDP 增长的决定因素

不同于经济发展的决定因素，关于 GDP 增长的决定因素，现代西方经济学有着多方面的研究。但由于这一经济学存在的历史局限性，使其并不具备必要的能力，能够对作为现代社会特有经济事物的 GDP 增长进行有效研究。因此，其对 GDP 增长决定因素的相关研究，也不足信。

现代西方经济学对 GDP 增长决定因素的研究，主要是从两个角度进行的。比较主流的角度，是集中认定投资或资本积累是 GDP 增长主要决定因素，并通过统计分析加以验证。这一角度的研究，可以称为投资决定论。另一个相当突出的角度，则大致源于对前一角度的反思，主要基于对投资决定论的怀疑，试图将经济制度、社会文化等，认定为 GDP 增长的决定因素。

作为西方经济学主流的各种经济增长理论，如哈罗德－多玛模型、索洛模型及各种新增长理论模型，基本上都将投资或资本积累作为了 GDP 增长的主要决定因素。但随着其研究的开展，这些理论也都暴露出严重的缺陷，印证着资本决定论认识的不合理。

比如，其中具有一定逻辑严格性的索洛新古典增长理论，虽然从认定投资或资本积累是 GDP 增长决定因素的角度出发，考察了投资或资本积累决定 GDP 增长机制。但由于其逻辑相对较严格，具有比较纯粹的物质社会经济学的属性，使其揭示的 GDP 增长机制实际上具有不为人知的反面含义。这体现在，在物质社会特有的一般均衡条件下，它否定了投资增长以及 GDP 增长的可能性，表明不可能会有持续的 GDP 增长；也意味着，GDP 增长仅仅发生在资源配置未达到均衡的短暂时间内。因此，这一增长理论本质上是一个否定一般均衡条件下 GDP 可能增长的理论，而非人们想象的那样是 GDP 如何增长的理论。作为一种以一般均衡理论为基础的理论，它否定了投资增长或资本积累在一般均衡条件下的可能性，也否定了以一般均衡理论为基础的经济理论分析处理 GDP 持续增长问题的能力，更因为其本身是这样的理论，使其实际上无法成为成功认定投资或资本积累是 GDP 增长决定因素的理论。

又如，虽然人们认为索洛模型对 GDP 内生增长可能性的否定，蕴含着 GDP 的持续增长源自外生的技术进步，由此导致了罗默等人提出的技术进步具有内生性的所谓新增长理论，认为投资蕴含的具有报酬递增或外溢效应的技术进步，使投资似乎具有促使 GDP 持续增长的作用。但后文更为深入的研究可以表明，即使技术进步作为知识增长的一部分，表面上看起来可能与 GDP 持续增长有比较密切的联系，本质上，这种联系也仅仅源自技术进步可能引起的货币供应量的增长，使技术进步及蕴含它们的所谓投资，也不足以引起 GDP 的增长状况。更何况，如果深入考察罗默等人提出的所谓内生增长理论，可以发现其本身缺乏逻辑严格性，是在一般均衡条件下，考察不可能产生的投资的作用的理论，属于典型的以物质社会经济学处理信息社会特有事物的矛盾产物，并非合格的理论，自然也无法成为支持投资作为 GDP 增长决定因素的理论依据。

至于哈罗德－多玛的经济增长理论，作为脱胎于凯恩斯宏观经济分析的简化结果，与西方各种宏观经济模型一样，基本上依赖一些似是而非的假设，如假想的生产函数或 IS、LM 曲线等。因此，与这些所谓的宏观经济学一样，缺乏严格可靠的依据①，实际上也经不起仔细的推敲，使其既不足以胜任严格理论分析的重任，同样也不足以成为对 GDP 持续增长决定因素的有效揭示。

事实上，各类西方经济增长理论认定的所谓投资对 GDP 增长的作用，大都源自人们先入为主的想象，在逻辑上站不住脚；其能够得到的客观依据，主要来自统计学里的相关性分析，而非逻辑学里的因果分析。从理论上看，相关性分析虽然有助于提供有关启示，其推断的可靠性与因果分析仍然有质的差距，使得将投资作为 GDP 增长决定因素的理论依据不足为信②。

---

① 参见本书第三章第一节。

② 世界银行的经济学家们认为，资本积累作为 GDP 增长最为重要的源泉，已经成为发展经济学的共同智慧的一部分，并认为对资本作用的不时质疑靠的是直觉，不能动摇把经济增长与投资等联系在一起的大量证据（参见赛义德·尤素福、约瑟夫·斯蒂格利茨：《发展问题：已解决的问题和未解决的问题》，载杰拉尔德·迈耶、约瑟夫·斯蒂格利茨：《发展经济学前沿：未来展望》，本书翻译组译，中国财政经济出版社 2003 年版，第 162～191 页）。但信息社会经济学的研究已经表明，投资本身只是背后的知识增长的结果，不能成为独立的自变量，更不会成为引起 GDP 增长的原因（参见袁葵荪：《资本与经济发展的关系新论》，载袁葵荪：《经济学理论的批判与重建》，经济科学出版社 2009 年版，第五章第五节）。而反观尤素福等人所说的所谓"把经济增长与投资等联系在一起的大量证据"，主要是一些并不严谨的相关性分析的结果，其可靠性并不比直觉更值得信赖。

而且，从实际经验方面，人们也发现，投资对交易规模以及 GDP 增长的影响也并非如想象的那样，未必真会引致确定的 GDP 增长，使得依靠资本投入不仅不能保证得到预想的结果，还会导致众多预想不到的恶果。现代西方经济学中那些从不同角度，分别将经济制度、社会文化等认定为 GDP 增长决定因素的研究，基本上也多是因为从实际经验方面，感受到资本决定论并不具有合理性，才试图另辟蹊径，进而发掘出了制度、文化等资本投资以外的影响因素①。

对于这些试图否定资本决定论的另一角度的研究而言，虽然因为资本决定论的缺陷日益明显，使得致力于此的西方经济学家越来越多，并形成了与投资决定论分庭抗礼的明显潮流，以致其兴起状况本身成为资本决定论不可信程度的一种标志。但是，其对 GDP 增长决定因素的相关认定，理由也并不充分。无论是诺思代表的新制度经济学对制度决定作用的强调，还是韦伯代表的对文化观念决定作用的强调，都不仅在理论上，还是在实际经验中，会呈现出这样那样难以克服的缺陷，难以认为其认定比资本决定论的认识更可靠。

事实上，作为具有浓厚资源配置经济学特征的现代西方经济学，其本质上要求资源、产品及其生产方式不能变化。因此，至少在达到均衡状况后，如索洛的新古典经济增长模型表明的那样，不会有投资增长的可能性，也不会存在 GDP 增长。这使得这些试图否定资本决定论的另一角度的研究，只要还受到现代西方经济学基本框架的约束，就难免陷入从不变假设出发去描述变化现实的死结。在其未能意识到自身陷入的这种死局时，虽然挖空心思试图解开这一死结，却因为根本不可能有所作为，只能抓住一些虚幻的救命稻草来聊以自慰，无法理会其合理性何在。

总之，由于其具有的历史局限性，西方经济学在分析 GDP 增长决定因素时，无论从什么角度出发，均无法具有客观的理论依据。

与其相比较，信息社会经济学则从 GDP 增长与货币供应量的关系出发，以客观的理论分析，证明了交易货币的供应量，应该是 GDP 增长唯一的基本决定因素。

---

① 参见詹姆斯·A. 道等：《发展经济学的革命》，黄祖辉等译，上海三联书店、上海人民出版社 2000 年版。

本文认为，可能影响商品交易价格总量增长的因素，大致可以归结为两类：一是作为商品价格衡量标准的货币本身内在价值的变化。二是作为衡量对象的商品本身状况的改变。如商品的品种、数量与结构等的变化，以及相关的商品生产方式、技术与社会需求的改变等。

进一步的研究则可以发现：其中，由货币供应量增长导致的、作为价格衡量标准的货币内在价值变化，是商品交易价格总量变化的充分必要条件；至于商品本身的品种、数量与结构等变化状况，则主要影响局部的商品价格或价格结构，对商品价格总量基本没有影响，最多只能带来一些非实质性的暂时扰动。因此，GDP 增长的决定因素，实际上仅限于货币本身内在价值的变化。

从交易角度看，充当商品交易媒介的交易货币的供应量，与商品交易价格总量之间，应该存在着一定的稳定联系。如果商品交换都是通过货币媒介进行的，一定的商品交易总额，或 GDP，就需要一定的货币量来支撑；或者，一定的用作交易媒介的货币量，只能够容纳一定的 GDP。

即使在现实中，交易货币的供应量与商品交易价格总量之间的联系是一个可变区间，二者之间未必存在严格的一一对应的关系，只能体现为一种大致的递增函数的关系，但只要一定的货币供应量能够容纳的交易价格总量不是无限的，理论上就有理由认为，二者之间的稳定联系是存在的，使得在不考虑货币流通速度与内生货币①或储藏货币变动等的影响时（即使这些因素，也可归结为货币供应量的状况），交易货币供应量的增长，应该成为 GDP 增长的决定因素②。

---

① 内生货币的概念在此主要是从持有成本率角度进行的界定，指的是由于持有成本率变动导致的、由经济内在机制自动而非货币管理机构提供的货币。

② 总的货币供应量包含对 GDP 增长有决定性影响的交易货币，也在一定条件下（如用于资产交易的货币供应量能够比较规范、使其与用于商品劳务交易的货币供应量能够有比较稳定的可把握的关系时）可以理解为 GDP 的决定因素。但是，在总的货币供应量中，大致可分为用于商品市场与资产市场的两类。而在目前的条件下，用于资产市场的货币量占据主导地位，远远多于用于商品市场的货币量，使得商品市场的交易货币仅仅是其中很小的一部分。加之货币政策的盲目性，货币供应未受到合理约束，一定货币供应量中有多大部分会用于商品市场，缺乏规律，存在很大的不确定性，甚至使其可能被资产市场的货币量波动淹没。因此，一般来说，货币供应总量的决定性更难以确定，也很难有效把握。也正由于其难以把握，以致其对 GDP 增长的影响似乎不明显，难以被人们意识到，也难以得到明确揭示。

容易理解的是，类似西方货币数量论的描述，在现代社会货币由信用货币充当的条件下，如果实物商品供应需求状况不变，交易货币供应量的增长，势必引起货币内在价值的下降，导致 GDP 出现相应的增长。交易货币供应量增长多，GDP 增长也多；供应量增长少，GDP 增长也会比较少。类似地，如果交易货币供应量不增长，GDP 也无法增长；交易货币供应量负增长，GDP 则只能负增长。

因此，在商品实物供应状况大致不变的条件下，其交易规模或名义 GDP 的增长或变动，基本上可以归结为交易货币供应量的增长或变动。

与此同时，货币供应量与商品交易价格总量之间的稳定联系，还使商品本身的产出状况无法成为影响商品交易价格总量的实质性因素，使得即使在商品实物供应状况变化的条件下，社会商品交易价格总量或名义 GDP 的增长或变动，仍然只能归结为交易货币供应量的增长或变动，意味着货币供应量增长实际上还是 GDP 增长状况唯一的决定因素。

以商品实物供应与交易量增长的状况为例，容易看到，即使因为投资增加、技术进步、社会化程度提高及需求改变等因素，的确可能引起商品供应及交易状况的变动，看起来可能导致商品供应量或交易需求增加，进而导致商品交易价格总量的变动。

但问题在于，只要货币供应量与商品交易价格总量之间存在稳定联系，只要用作交易媒介的货币供应量能够容纳的交易价格总量不是无限的，全部商品交易价格总量的增长，仍然应该受到交易货币供应量的制约，在长期中必须得到交易货币供应量相应变化的支撑。或者说，如果没有交易货币供应量增长的允许，新增加的商品引致的新的成交价格也不可能引起 GDP 总量的增长。

此时，无论商品实物供应与交易状况因何变动，只要货币供应量不变，随着实物交易量的增长，为了维持其与不变的货币供应量之间的适应或匹配，以保持商品交易价格总量的稳定，在理论上，就只能通过原有的其他商品交易价格总量的相应下降，来抵消或消化新增商品交易带来的交易价格增量。这将使得新增商品交易的影响，最终仅仅体现为商品价格结构的变化，而不是商品交易价格总量的变化。

由此可见，商品交易价格总量或者 GDP 的变化，仅仅取决于货币供应量的变化状况。或者说，交易货币的供应量，才是真正决定 GDP 增长状况的因素。离开货币供应量的增长，不会有 GDP 增长；而货币供应量的增减，也必然会导致 GDP 的相应增减。因此，GDP 增长并非西方经济学家以为的那样，既不是由投资带来的，也不是由需求拉动的，甚至不是人们以为索洛模型暗含的技术进步导致的，只能源自有关货币供应量的增长，也表明作为商品交易价格总量的 GDP，具有不同于个别商品价格的性质与决定因素。

值得一提的是，虽然信息社会经济学将 GDP 持续增长归结为货币供应量增长时，依据的是客观的理论分析，不同于西方经济学关于 GDP 增长原因的认识主要来源于主观想象，但由于西方经济学长期灌输给人们的认识，加之其缺乏对货币价值及其衡量标准、物价指数或通货膨胀率的合理认识，目前的经济学家们仍然可能对信息社会经济学的上述结论产生疑问。

其中，最大的疑问可能体现在：西方经济学家们可能认为，前面涉及的 GDP 增长基本上是所谓名义 GDP 增长，虽然货币供应量增长的确会引起名义 GDP 增长，但其影响不是实质性的，可以通过所谓物价指数或通货膨胀率加以有效排除。因此，如果利用物价指数或通货膨胀率进行调整，可以得到所谓的实际 GDP 增长。在西方经济学家看来，这种实际 GDP 的增长，是在商品价格水平不变的条件下得到的，已经排除了货币供应量增加引起的价格水平上涨的影响，因此，这种增长应该与货币供应量增长无关，可以成为商品实物产量净增长的准确反映。

从信息社会经济学的角度看，上述疑问源自工业革命以前的物质社会经济学的思维。由于这些经济学家既不了解通常所谓物价指数或通货膨胀率在现代社会的性质，也不了解现代信用货币的价值决定及其衡量标准，其在此基础上形成的疑问，也因此并不合理。

通过发掘现代信用货币的价值决定及其衡量标准，澄清所谓物价指数或通货膨胀率在现代社会的性质，不仅可以表明这些疑问的失误所在，还会使货币供应量增长对 GDP 增长的决定性得到更为严格的证明。

在本文的附录里，通过对现代社会信用货币性质的专门考察，信息社会经济学首次针对不再与商品挂钩的单纯信用货币，提供了其价值的表现形式、决定因素及其衡量标准的确切认识，填补了经济学在这一方面的理论空白。

根据本文附录提供的研究结果，在严格认定货币价值及其衡量标准之后，根据新的价值定义，不仅可以从另一个角度直接表明，名义 GDP 增长率完全取决于由货币供应量决定的货币价值变动状况，与实际产品产出总量的状况无关。而且，通过对现代西方经济学中的所谓物价指数或通货膨胀率性质的揭示，信息社会经济学还表明，作为专门用于反映货币价值变动状况的统计指标，西方经济学家目前采用的所谓物价指数或通货膨胀率指数，需要以其采用的统计样本的不变性与可比性为基础，仅仅适用于工业革命以前那种社会。在现代社会，这类指数具有越来越严重的片面性，已经不具有西方经济学家想象的性质意义，不再能够充分有效反映货币价值变动或贬值的状况，也不再能够据其有效排除货币供应量对 GDP 增长的影响，还使所谓实际 GDP 增长无法成为具有确切含义的经济指标，更无法成为实际产品产出总量增长的反映。

据此，信息社会经济学认为，名义 GDP 增长率更适合用作衡量货币价值的变动状况，可以将其称为现代通货膨胀率。此时，如果勉强认为传统的通货膨胀率是货币价值变动状况的一种体现，其能够体现的也只是现代通货膨胀率中的一个片面而不确切的部分，并因为其能够被现有片面统计方式记录到，可以将其大致称为现代通货膨胀率中的显性部分。而所谓实际 GDP 增长率，不仅不是实际产品产量增长状况的反映，也只能归结为现代通货膨胀率中片面而不确切的部分体现，并因为其无法被传统的通货膨胀率统计记录到，可以将其大致归结为现代通货膨胀率中的一个隐性部分。

总之，只要对现代社会货币价值含义的有关确认具有合理性，在现代社会，已经没有理由认为，可以通过传统的物价指数或通货膨胀率，来排除货币供应量增长对 GDP 增长的决定性影响。这使得 GDP 增长率纯然只是货币供应量增长的结果，与实际产品产量的增长或经济发展基本上无关。或者说，将 GDP 增长归结为货币供应量增长的结果，可以得到客观理论依据的支撑，将其归结为经济发展则毫无理论依据。

综上所述，信息社会经济学对 GDP 增长决定因素的揭示，使 GDP 增长的经济含义与本质特征终于得到明确，表明其仅仅意味着交易货币供应量增加，只是可用于准确衡量现代通货膨胀率的指标。由此，其与经济发展性质之间的根本性差异得以突出显示，表明 GDP 增长并不具有财富或使用价值增长的意义，与经济发展是完全不同的两种经济事物，有性质不同的变化规律，更没有理由通过一定的修正，就能够成为经济发展状况的有效反映。因此，基本上可以据此断定，不能将 GDP 增长与经济发展混为一谈。

四、GDP 增长与经济发展的联系及其性质

根据对 GDP 增长与经济发展概念与决定因素的严格甄别，二者应该是截然不同的两个概念，根本不能混为一谈。但疑惑仍然存在。至少坚信 GDP 增长能够反映产品产出总量增长状况的西方经济学家可能质疑，尽管二者的差别看似言之凿凿，为何从现实经验看，二者似乎形影相随，常常同向而行。

的确，在现实中，显著的经济发展似乎总是伴随着显著的 GDP 增长，人均 GDP 较高的国家往往都是经济发达国家，使得经济发展与 GDP 增长看起来具有相当密切的联系。

既然存在这种如此密切的联系，即使并未在理论上得到可靠的支撑，也难免引起人们关于二者密不可分、相互间可以有效替代的遐想，诱使其将二者等同起来。

尤其是，经过现代西方经济学的长期熏陶，人们已经习惯于将统计学中的相关性启发，等同于逻辑学里的因果性判断，这使其易于将 GDP 增长与经济发展间的密切联系，作为二者等同的铁证，并由此培育出对 GDP 及其增长根深蒂固的尊崇，甚至转化为盲目的信仰。

再考虑到信息社会经济学的拨乱反正至今鲜为人知，使得西方经济学家想象的 GDP 及其增长的意义即使漏洞百出，却均未得到有效清算。在此情况下，如果仅限于阐明二者性质与含义的不同，而未充分揭示为何人们会强烈感受到二者密不可分，就难免使人心存疑虑，并在不清楚如何有效衡量经济发展状况而手足无措时，仍然倾向于将易于把握的 GDP 增长，作为不易刻画的经济发展的替身，认为其至少在相当程度上可以代表经济发展。

因此，为了解开来自现实经验的疑惑，彻底终结关于 GDP 及其增长的认识谬误，阻断其对现实经济发展的严重危害，就必须设法澄清 GDP 增长与经济发展之间似乎存在的这些说不清、道不明的密切联系，以旗帜鲜明地表明：尽管二者之间的确具有密切的关联性，看似密不可分，也根本不具有西方经济学家目前想象的意义。

通过前文对 GDP 及其增长性质的考察，以及后文附录提供的货币价值及其衡量标准，可以表明：GDP 增长作为交换价值总量的增长，仅仅是由货币供应量增长引起的，本质上应该归结为现代通货膨胀。而经济发展体现的是使用价值的增长。因此，GDP 增长与经济发展之间的关系体现的不过是现代通货膨胀与经济发展之间的关系。虽然这已经使二者之间的联系有所明确，使我们能够意识到其与西方经济学家的想象大相径庭，但其间的联系究竟如何？具有怎样联系机制？仍然未得到充分揭示。尤其是，这样的联系可能具有什么样的意义？为何会达到看似形影相随的程度？仍然有待进一步的澄清。

在本文以下的部分，我们拟通过对 GDP 增长机制的深入考察，揭示隐藏在二者之间看似密切联系背后的性质特征。一方面，表明二者之间的确可以呈现出相当密切的联系：即，为了保障经济发展的稳定性，常常需要适当增加货币供应量，使 GDP 通常会伴随着经济发展而呈现出持续的增长。另一方面，通过对这种联系的性质及其机制的揭示，说明导致其间联系的因素既很不确定，也并非不可或缺，使这种联系的确只是一种形影相随的关系，只能归结为一种不确切的伴生关系，不具有通常想象的近乎因果决定性的相关性。因此，GDP 增长既不能借助于与经济发展的这种伴生关系，成为反映经济发展状况的有效标志，更无法成为有效推动经济发展的工具。二者之间的这种关系，也由此成为即使密切相关也无法具有逻辑因果性的典型案例。

如前所述，GDP 增长源于交易货币供应量的增长，或者不那么严格地，源于货币供应量增长。因此，现实中 GDP 的持续性增长，仅仅意味着货币供应量的持续增长。那么，货币供应量为什么会伴随着经济发展而出现持续的增长呢？促成这种伴生关系产生的因素或机制又是什么，以致人们如此易于将二者混为一谈呢？

本文认为，在现代社会，货币供应量主要取决于政府货币政策等人为因素，其增长的原因大致可归结为三方面因素：

首先，货币发行者将增加货币供应作为一种敛财的手段，在一定条件下可能出于私利，通过增加货币供应来满足自己的需要。

其次，经济运行存在着客观的需要，要求货币发行者在一定条件下，通过增加货币供应量，来维持或保障经济运行过程的稳定与健康。

再次，货币发行者虽然致力于满足经济运行的客观需要，但可能因为认识不当，使其决策为满足一些不合理的经济要求，不恰当地增加了货币供应。

从这三方面因素看，虽然历史上的确出现过货币发行者出于敛财的目的，增加货币供应量的状况，但在现代社会，由于货币发行基本上应该属于现代政府的职能①，而现代政府的性质②，使其通常不应该再具有借货币发行敛财的动机，使得这一因素在理论上基本上可以排除。因此，现代社会货币供应量之所以会出现持续的增长，只能归结为后两方面因素。

从经济运行的需要看，在现代经济发展过程中，由于不断出现的新知识，的确存在着要求货币供应量持续增长的客观需要。这种客观需求带来的压力，构成了货币供应量伴随经济发展而持续增长的基础。

在经济发展过程中，不断出现的新知识，会使商品生产的品种、数量及其结构，不断发生变化。一方面，会有新的产品不断出现，而一些已有产品，则可能被淘汰。另一方面，即使对已有产品而言，也可能出现一些产品的供应增加，另一些产品供应减少的变动。在交易货币供应量不变时，商品品种、数量与结构的变化，可能对作为交易媒介的交易货币供应，形成一定的压力，促使其供应量发生相应变动。

比如，新产品的出现，意味着增加的新商品交易，势必占用部分交易货币量。此时，如果交易性货币供应总量不变，只要在商品成交价格总量与交易货币供应总量之间存在某种稳定联系，原有商品交易可用的货币媒介量就

---

① 参见本书第三章第三节。
② 关于现代社会政府的经济作用，可参见袁葵荪的《政府经济理论的批判与重建》一文，该文曾以《信息社会经济学挑战现代经济学——政府经济理论的批判与重建》为标题，发表于《经济学家》1998第4期，第10～19页、第126～127页，并收入袁葵荪的《经济学理论的批判与重建》（经济科学出版社2009年版）一书。有关问题的一个不同角度的深入研究，还可参见袁葵荪：《经济发展的基本模式——经济学的现代基础》，中国人民大学出版社2009年版，第七章。

必然减少，导致原有商品交易的价格总量倾向于相应下降。即使原有商品交易的实物量可能下降，但只要这种下降不足以抵消相关交易货币量的下降，原有商品交易整体价格水平也难免下降。

同样，当一部分商品实物量供应增加，而其价格下降不足以抵消实物交易量的增加，使这部分商品的交易价格总量可能上升时，其需要占用的交易货币量也会增加，同样会导致其他商品交易价格总量相应下降。

一般而言，在交易货币供应总量不变时，由于新知识的迅速涌现，经济活动状况不断变化，商品的品种、数量与结构也会不断变化，要求商品的价格结构做出相应调整，以保持商品交易价格总量不脱离交易货币供应总量的制约。此时，新品种商品的出现，部分商品的交易价格总量增加，都会因为需要保持全部商品的交易价格总量不变，要求另一部分商品的交易价格总量相应下降。

然而，交易价格总量面临下降压力的那部分商品，可能在经济活动中居于特殊地位，对国计民生影响较大。当其在面临一定价格下降压力时，可能意味着相关社会经济关系会受到某些影响，需要及时有效地应对调整。如果相关适应性调整不及时，并且不断积累到一定程度，就可能触碰到社会容忍的底线，引起社会的一些难以承受的困扰。

比如，这些商品的生产者可能因为种种原因来不及调整应对，出现通常被冠以生产过剩或经济危机名称的不稳定现象，意味着经济运行与发展过程可能受到严重干扰，甚至停顿，或者引起经济运行秩序一些社会希望避免的动荡，超出了社会的承受意愿。

又如，相关商品价格调整的压力，难免从多种角度导致货币需求与货币价值的波动，直接影响社会经济交易的成本，意味着货币持有成本率可能因此上升，加剧经济运行秩序的紊乱，酿成难以承受的经济不稳定。

面对由经济发展导致的价格结构变化引起的这样一类经济不稳定现象，难免引起加以平抑的强烈要求，需要社会针对不同的经济不稳定状况，或者经济关系不适应状况，采取各种各样的应对调整措施，加快对经济关系的适应性调整，尽量缓解经济不稳定状况。

在此情况下，既然经济不稳定的直接原因，在于部分商品价格下降来不及得到适当消化调整，那么，适当增加交易货币供应量，以暂时减缓这部分商品价格下降的压力，或许是可以采取的应对措施之一。

虽然通过货币政策增加货币供应量可能有利有弊，但如果能够将其控制在合理范围内，使得由此引起的货币贬值利大弊小，货币供应量的增加，就可能成为应对调控经济关系的合理选择。

就本文能够考虑到的情况看，货币作为一种交易媒介，其供应量增长的有利影响，主要体现在货币供应量的增加，能够缓和一些关系社会民生的重要商品价格下降的幅度，为生产者应对适应价格结构变动，提供缓冲时间。

其不利影响，可能体现在两方面：

一方面，主要是通过货币持有成本率的变动，可能导致交易成本的提高，产生对现实经济运行状况的实质性影响。

另一方面，货币供应量的增加导致的货币贬值，可能提高经济活动状况的不确定性，影响人们对未来经济状况的心理预期，从而影响人们经济行为选择的困难及经济秩序的不稳定性，对现实经济运行状况产生一些间接影响。

从前一方面看，只要货币供应量增加能够遵循货币政策的合理目标，使货币持有成本率稳定维持在一个较低水平，这一方面的负面影响就不复存在，反而意味着是一种有利影响。

从后一方面看，只要货币供应量增加遵循货币政策的合理目标，贬值将在合理范围内，仍然可能使经济活动的不确定性尽量降低，也意味着比不增加货币供应量时反而有所改善。

因此，只要遵循货币政策的合理目标，使货币持有成本率能够稳定维持在一个较低水平的范围内，货币供应量的增长就可能利大弊小，成为一种应对相关价格结构变化的、代价较小的合理选择。

如此一来，在现代社会，由于经济发展可能经常性地导致价格结构出现此类变化，也就需要经常性地增加货币供应量，以维持稳定的低持有成本率水平，缓和价格结构的变化速度与幅度。这一状况，为货币供应量的常规性增长提供了可能性，意味着经济发展可能持续性地需要 GDP 增长，使 GDP 增长成为与经济发展形影相随的伴生现象。

经济发展的需要，是导致货币供应量可能持续增长的一个客观因素。除此之外，货币发行者对这一客观需要的主观认识状况，则会构成另一个可能推动货币供应量增长的影响因素。

一方面，至少在目前的情况下，即使合理目标的压力，可能多多少少会被货币管理者感受到，但由于现有西方经济学理论的缺陷，货币政策决策者可能并不清楚货币政策的合理目标，使得货币供应量增长不完全来自经济发展的要求。比如，受到现代西方经济学的误导，货币政策可能主要致力于追求刺激需求、推动投资等非合理目标，使得实际的货币供应量可能明确偏离经济发展的要求。

另一方面，即使能够有意识遵循货币政策的合理目标，由于对货币供应需要有怎样的增加，也可能缺乏精准的把握，难免认识不同，对客观需要有不同的偏离，仍然可能影响到货币供应量的增长状况。

因此，由于现代西方经济学的误导而形成的认识偏差等，也是导致货币供应量增长的一个难以避免的客观存在的因素。即使这类因素并非经济发展的客观需要，也可以归结为经济发展引致的伴生因素。

据此，我们有理由认定，经济发展或知识增长，的确可能导致 GDP 的持续增长，使其与经济发展形影不离。这也是就我们目前的认识所及，能够看到的唯一合理的、决定 GDP 增长的客观因素。

如此结论，表明 GDP 增长的确可以与经济发展关系密切，并足以达到形影不离的程度。尤其在长期中，全新类型的产品增长是不能屏蔽的现象，知识增长对货币供应量增长的要求，也就是必然的和持续性的，并且没有理由加以限制。由此，GDP 随着经济发展而增长就几乎具有必然性。

经济发展对 GDP 增长的这种影响，揭示了二者之间可以呈现形影相随的密切关系的原因，使二者之间长期以来似是而非的联系终于可以得到澄清。

尽管如此，从经济发展对 GDP 增长的上述影响及其影响机制看，即使知识增长与 GDP 增长之间的确存在密切的联系，二者之间的联系也既不稳定，更不确切，根本不同于西方经济学家通常想象的相关性。即使经济发展常常需要货币供应量增长，但这种需要并非不可或缺，也会受到种种因素的不同影响，使得 GDP 增长既无法成为反映经济发展状况的准确标志，帮助政策制定者引导经济走向预定的经济目标；也无法成为能够有效影响经济发展的决定因素，无法通过对 GDP 增长的促进来推动经济发展的进程。

不难看到，经济发展对 GDP 增长的影响，主要在于经济发展引起的价格结构变化可能达到了社会难以承受的程度，使得货币供应量的增长可能成为一种有效的措施，以平抑价格结构引起的经济波动。

在这样的影响过程中，经济发展会导致怎样的持有成本率及商品价格结构变动状况，最终可能引起怎样的 GDP 增长，取决于多方面的因素，既与经济发展本身的状况有关，也与其他种种影响因素有关，存在很大的不确定性：

首先，在经济发展过程中，经济发展可能引起怎样的价格结构变化，这些价格结构的变动是否可能引起社会难以承受的经济波动，是否需要设法加以平抑，是不确定的。

由价格结构变化引起的需要平抑的经济不稳定，只是这些经济不稳定中的一类。如果需要平抑的经济不稳定，并非由于价格结构变化引起，这样的经济不稳定，就不一定需要通过货币供应量增加来加以缓和。仅仅在需要平抑的经济不稳定是由价格结构变化引起，才有明确的可能，需要通过货币供应量的增长来平抑经济不稳定，并由此导致 GDP 的增长。

其次，即使在价格结构变化引起的经济不稳定的确需要平抑时，货币供应量增加也只是可供选择的备用措施之一。是否需要通过货币供应量怎样的增长来加以缓和，是不确定的，取决于与其他备选措施之间的利弊比较。因为平抑价格结构变化的方式可以有多种，如果其他的措施也能够加以充分，甚至更有效地缓解，就不一定需要采用增加货币供应量的方式。

最后，即使增加货币供应量可以成为有效的调节措施时，一定的经济发展状况会要求怎样的货币供应量增长，会因为各种因素的影响，还是不确定的。而且，是否需要在什么时候进行怎样的调节，仍然是不确定的。

一方面，即使货币供应量的增长的确是有助于经济稳定的有效措施，本身可能也需要其他措施的适当配合，如事先的信息疏通、预警，经济关系与相关社会规范的调整这类实质性的调节措施，以及临时性的需求刺激等短期政策干预措施等。这使得一定的经济不稳定可能需要的货币供应量增长，同样存在天然的不确定性，取决于能够采用的配合措施的状况。

另一方面，货币供应的增加，有很大成分来自决策者对这种需要的主观感受。面对同样的增加货币供应量的要求，是否选择增加货币供应量，什么时候需要增加，增加多少，不仅因为能够采用的配合措施不同，还因为相关认识不同，使得实际可能增加的货币供应量不确定。

比如，至少在目前，由于现代西方经济学的误导，决策者可能偏离货币政策的合理目标，而偏离的不确定性，会带来货币供应量增长的不确定性。即使信息社会经济学的研究成果得到了充分推广，使得货币政策决策者能够充分把握货币政策的合理目标，也可能并不清楚需要增加多少货币供应量。

此外，由于经济不稳定及价格结构的变化原因是多方面的，性质可能每一次不同，不一定会重复，也使增加货币供应量的要求不确定。而且，导致货币供应量增加的因素很多，除了经济发展之外，还存在其他一些内生和外生因素，可能会引起货币供应量增长。这些其他因素决定的货币供应量的增长也会导致 GDP 增长，但与经济发展或知识增长无关，并使经济发展与 GDP 增长之间的联系，也增加了相应的不确定性。

仅仅从上述几方面，即不难看到，一定的经济发展虽然对 GDP 增长有决定性的影响，可能要求货币供应量的增加，但诸如上述各种影响因素的存在，使得经济发展对 GDP 增长的最终影响很不确定，也不存在保证一定的经济发展必然导致一定 GDP 增长的确切机制。在一定的经济发展状况下，如果引起的价格结构变化要求较高的交易货币供应量增长，就容易导致较高的 GDP 增长。如果引起的价格结构变化不需要较高的交易货币供应量增长，就可能只会引起较低的 GDP 增长。甚至，可能没有 GDP 增长，或者出现负的 GDP 增长[①]。

反过来，GDP 增长虽然可以源于经济发展或知识增长的需要，但也并非经济发展必需。毕竟，经济发展或者知识增长的决定因素主要是人的能力、社会规范与社会经济联系状况，决定 GDP 增长的货币供应量增长只是影响经济发展的次要因素。没有货币供应的适当增长，有时可能使知识增

---

① 比如，经济学界时常提到的日本在 20 世纪 80 年代"失去的十年"，尽管从 GDP 增长的角度看，日本经济增长几乎停顿，但从经济发展或知识增长的角度看，其并未显著低于其他发达国家，或是与之出现了明显差距，而是基本与其他发达国家同步。这一案例说明，即使有显著的经济发展，也不一定会体现为 GDP 增长。

长不顺利，给知识增长带来一些小麻烦，但绝不能阻止知识增长。而货币如果能有合理的增长，也仅仅能使知识增长避免一些小麻烦，并不构成知识增长的根本性决定因素。因此，与一定的 GDP 增长并存的，可能是较快的经济发展，也可能是较慢的经济发展，甚至可能没有经济发展，取决于经济发展主要决定因素的状况，与此时 GDP 增长的状况关系不大。这使得 GDP 增长的状况，没有理由成为经济发展状况的准确反映①。而且，一旦直接将 GDP 增长当作追求目标，试图通过促进 GDP 增长来推动经济发展，就可能无法将 GDP 增长约束在满足经济发展的要求范围内，导致与经济发展无关的结果，甚至还可能因为干扰了经济发展主要决定因素的状况，危害正常的经济发展进程。

由此可见，即使经济发展的确是影响 GDP 持续增长的基本因素，即使二者之间貌似存在密切的联系，也仅仅意味着不确切的伴生关系，并无可以相互代替的决定性，与人们通常的理解大相径庭。

综上所述，信息社会经济学以严格的分析，揭示了经济发展可能引致货币供应量持续增长，或者 GDP 持续增长的机制，表明作为现代社会版的通货膨胀率，GDP 增长率与经济发展之间的确可以存在很密切的关联。但同时也表明，这种关联不过是现代通货膨胀率与经济发展的关系，只是具有很大不确定性、意义甚微的伴生关系，与人们通常想象的相关性相去甚远。因此，GDP 增长远不能成为反映经济发展状况的有效标志，更不可用其充当追求经济发展目标的工具。

至此，既然在理论上已经清楚表明，GDP 及其增长与社会真实产品的总产出及经济发展之间，存在着根本性的区别，也找不到一点可靠依据，来表明有理由将二者混为一谈，现代西方经济学制造出来的有关 GDP 及其增长的真实含义与性质，基本上就已经得到澄清。

---

① 当然，如果因为 GDP 增长源于经济发展的需要，试图在其仅仅源于经济发展的条件下，将其当作经济发展状况的一种反映，那么，也应该明确，这种反映仅仅是经济发展状况很不确切的部分反映，并非其全面准确的反映。

五、小　结

GDP 只是社会产品总产出的交换价值总量，并不是社会产品总产出本身，不能被认定为社会产品或财富的代表。GDP 增长更不是经济发展，本质上仅仅是货币供应量增长的结果。按照信息社会经济学确立的纯粹信用货币价值及其衡量标准，在现代社会，名义 GDP 增长率可以归结为传统通货膨胀率的现代拓展；适用于工业革命以前的传统通货膨胀率，则已经过时，只能反映越来越小的部分商品组合的价值变动状况，不能反映单位货币价值代表的社会整体商品组合份额的价值变动状况；并因为其能够被目前采用的具有片面性的经济统计方法感受到，最多可以称其为现代通货膨胀率中的显性部分。而所谓实际 GDP 增长率，则因为无法被现有经济统计方法感受到，最多意味着其属于现代通货膨胀率的隐性部分。因此，作为现代社会的通货膨胀率，虽然 GDP 增长的确与经济发展有密切联系，但这种联系与人们通常理解的具有因果性色彩的相关性不同，既不确切，也不稳定。这使 GDP 及其增长不能成为描述经济运行状况的有效指标，既无法有效展示经济发展前景、预警经济运行状况；也不能准确诊断社会经济运行状况存在的问题，提供有效解决措施；更不能将其作为推动经济发展的工具。相比之下，通过对经济发展的性质与决定因素的揭示，信息社会经济学可以提供更加有效而可靠的指标，以描述经济发展状况，预警经济波动状况，指引经济发展方向并有效推动经济发展。

附录：纯粹信用货币价值的表现形式、决定因素及其衡量标准

在现代西方经济学里，通常试图利用传统的物价指数或通货膨胀率，来剔除单纯货币供应量增长或货币价值变动对名义 GDP 增长率的影响，得到一

个所谓的实际 GDP 增长率指标。西方经济学家认为，这一指标能够有效反映社会产品产出总量的增长状况，可以成为准确衡量经济发展状况的核心指标。

那么，西方经济学家的上述认识合理吗？容易看到，在其认识中，涉及对现代社会货币价值的表现形式、决定因素及其衡量标准的认识，也涉及对西方经济学中物价指数或通货膨胀率的性质含义的认识。因此，西方经济学家上述认识的合理性，取决于对这一系列问题的认识的合理性。

但问题在于，在现代西方经济学中，对这一系列问题的认识基本上含糊不清，并不明确，理论上实际呈现为一片空白，使得西方经济学家的前述认识缺乏可靠的合理性基础。因此，为准确判断西方经济学家前述认识的合理性，需要事先填补对现代社会货币价值的表现形式、决定因素与衡量标准的理论空白，并澄清所谓物价指数或通货膨胀率在现代社会里的性质含义。

就其原本的含义而言，货币价值应该体现为其购买力，或其能够交换到的商品的能力。理论上，这种购买力或交换能力可以表现为三种形式：一是对单一商品的购买力；二是对部分商品组合的购买力；三是对社会整体商品组合的购买力。其中，对社会整体商品组合的购买力具有普适性，是货币价值的一般性体现，适用于各种社会条件。而对单一或部分商品组合的购买力，则具有特殊性，只有在某些特定的社会情况下，才可能成为货币价值的准确体现。

那么，货币价值在不同历史条件下会具有什么样的表现形式？其决定因素及衡量标准如何？尤其是，现代社会单纯的、不与商品挂钩的信用货币，其价值具有怎样的表现形式、决定因素与衡量标准？

在工业革命以前，由于货币由单一商品充当，现代西方经济学尚能依托该商品的价值决定因素及其衡量标准，提供对货币价值决定因素及其衡量标准的一定认识。但在工业革命以后的现代社会，由于经济运行模式转变的冲击，货币形式发生根本性转变，由物质性商品转变为纯粹的、不与物质商品挂钩的信用凭证①。此时，货币价值应该具有怎样的表现形式、决定因素与

---

① 在袁葵苏的《货币理论的批判与重建》（载《经济评论》2000 年第 1 期，第 54～60 页）一文中，提供了货币形式决定的基本理论。本书第三章第三节，对货币形式由商品货币到不与商品挂钩的纯粹信用货币的转变，有更深入的分析。

衡量标准？就成为经济学理论里的一片空白。

在现代社会不可避免地涉及这些问题时，由于其深刻的历史局限性，现代西方经济学本质上无力应对，在其主流经济学地位使命的要求下，只能加以胡乱应付，盲目通过传统的物价指数与通货膨胀率等概念，形成了一种暗含的货币价值及其衡量标准。

这种隐藏在潜意识里的货币价值及其衡量标准，实际上是以货币对部分商品组合的购买力作为其价值表现形式，将货币对这种固定商品组合购买力的变化，作为货币价值变化的代表，据此计算出所谓的物价指数与通货膨胀率，使其成为货币价值及其变化状况的衡量标准。

如此形成的货币价值及其衡量标准，在工业革命以前那种凝固的社会里，具有一定的合理性。但在现代社会，由于货币对部分商品组合的购买力，不再是货币价值的准确体现，使得相关物价指数与通货膨胀率具有不可克服的片面性，含义与性质不再确切，其暗含的货币价值及其衡量标准也不再合理。以此为基础，西方经济学只能形成诸多混乱认识，并使相关问题长期得不到有效解决。

信息社会经济学以其天然具备的处理现代社会经济问题的能力，可望提供有关货币价值含义、决定因素及其衡量标准的一般理论，阐明其在现代社会条件下的应有状况，填补现代西方经济学留下的认识空白。

从信息社会经济学的角度看，在不同社会条件下，货币形式不同，货币价值的表现形式、决定因素及其价值衡量标准也不同。

根据信息社会经济学的货币形式决定理论，在工业革命以前的物质社会，一方面，由于商品的性质、种类及相互间联系长期稳定不变，使得单一商品或某类固定商品的组合与社会整体商品组合之间也存在稳定联系，可以成为其有效代表。另一方面，只要以货币为中介的间接商品交换的交易成本，呈现出低于直接物物交换的优势，货币就主要会由某种持有成本率最低的商品充当。

此时，货币的购买力或价值，不仅可以表现为对社会整体商品组合这种一般商品的购买力，同样，也可以表现为能够交换到的某种单一商品、部分商品组合的数量或份额。而且，由于货币本身由单一商品充当，为了简便起见，可以认为此时的货币价值表现为该货币商品的价值，该货币商品的价值决定因素，可以成为货币价值的决定因素，而该商品的某种物理度量，则可认定为货币价值的衡量标准。

货币价值的如此表现形式、决定因素及其价值衡量标准，均可自然形成，不会构成此时需要解决的经济学难题，也使得以此为背景的现代西方经济学即使并未提供专门的研究，并未明确概括出此时货币价值的表现形式、决定因素及其衡量标准，仍然可以蒙混过关。

但在工业革命以后的现代社会，货币形式已经发生了根本性转变，由物质性商品转变为纯粹的信用凭证。此时，货币价值失去了过去那种依托特定商品而具有的表现形式、决定因素及其衡量标准，已经具有了新的货币形式，需要经济学针对新的货币形式，重新认识其价值决定因素与衡量标准。

在工业革命以后，由于不断出现的新知识冲击，新产品不断出现，已有产品的性质质量不断改变，生产效率也持续变化，使其甚至在严格意义上已经成为全新的产品。因此，各种商品本身的性质及其相互之间的联系不再固定，导致货币针对单一或部分固定商品组合的购买力，出现了不可克服的片面性，不再有充分理由代表对一般商品的购买力，无法成为货币价值的准确体现。在此情况下，货币无法再凭借与单一商品或特定商品组合的挂钩，来充分准确体现自身的价值，形成合理的价值衡量标准。

与此同时，我们也能注意到，虽然对单一商品或部分商品组合的购买力，不再能准确体现货币的购买力，但其对整体商品组合份额的购买力，并不受商品性质、种类及其间联系变化的冲击，仍能如以前一样，有效体现货币的购买力。因此，我们只需要将货币对整体商品组合份额的购买力，认定为此时货币价值的表现形式，即可在新的历史条件下，重新准确把握货币价值的决定因素及其价值衡量标准。比如，将影响单位货币能够购买社会整体商品组合多少份额的决定因素，认定为此时单位货币价值的决定因素，并将这一份额的大小，认定为单位货币价值的衡量标准。

不难理解，由于货币价值原本应该体现为对一般商品或整体商品组合份额的购买力，这样一种认定不过是在新的历史条件下，将货币价值由仅仅适用于过去那种特殊历史条件的特殊或简化表现形式，恢复为其在一般条件下原本应有的表现形式。因此，这一认定仅仅意味着价值表现形式的适应性改变，而非价值含义的根本性改变，因为货币价值仍然是通过其对商品的购买力来体现的。

按照这一认定，在某一时段内（比如一年），如果货币单位为"元"，1单位货币购买力代表的，或能够购买的该时段内社会全部商品构成的社会整体商品组合的实物份额，可以表示为

$$\frac{1}{N} \sum Q_i$$

其中，$\frac{1}{N}$表示单位货币此时段内能够购买的社会整体商品组合的份额，Q_i表示其中性质完全相同的一种商品的数量，$\sum Q_i$则表示全部商品数量的集合。

N的大小当然不能随意选择。从单位货币购买力代表的物量的价格看，1单位货币购买力代表的商品的价格为：$\frac{1}{N} \sum Q_i P_i$，这一价格应该等于1元。即

$$\frac{1}{N} \sum Q_i P_i = 1$$

由此得到 $N = \sum Q_i P_i$，或 $\frac{1}{N} = \frac{1}{\sum Q_i P_i}$。即，单位货币在某一时段内代表的份额，应该为此时段内全部商品价格总量的倒数。

据此，单位货币的价值，可表示为 $\frac{1}{\sum P_i Q_i}$。这一份额的大小，可作为货币价值的衡量标准。

如果 $\frac{1}{\sum P_i Q_i}$ 上升，就意味着单位货币的内在价值上升，或货币升值；如果 $\frac{1}{\sum P_i Q_i}$ 下降，则意味着货币贬值。

同时，如本文正文已经表明的，从交易货币供应量与商品交易价格总量之间稳定联系的角度，单位货币价值的决定因素，主要取决于货币政策等决定的交易货币的供应量。因此，虽然在物质社会，货币价值取决于充当货币的商品本身的价值决定因素，使得货币价值决定着交易或流通中的货币量，

但在现代信息社会，则因为通过货币政策等供应的交易货币量都会融入流通中，使得货币的价值反过来取决于交易货币的供应量。

如此确定的货币购买力或价值及其衡量标准，无疑符合货币购买力的本义。这样一种货币价值及其衡量标准，既是具有普适性的、一般条件下的货币价值及其衡量标准，也是在前述几种可能的货币价值表现形式及其衡量标准中，现代信息社会唯一能够适用的货币价值表现形式及其衡量标准。因此，这一明确的货币价值表现形式及其衡量标准，不仅填补了单纯信用货币价值的表现形式及其衡量标准的理论空白，更使得深层次的一般货币价值及其衡量标准得到充分揭示，也为进一步构建现代信用货币的完整理论、阐明与货币价值及其衡量标准有关的经济问题，奠定了必要的基础。

借助上述货币价值概念及其衡量标准，信息社会经济学现在能够表明，由传统物价指数或通货膨胀率暗含的与特定商品挂钩的货币价值及其衡量标准，仅仅适用于工业革命以前那种特殊的历史条件。在现代社会，这样一种特殊的货币价值及其衡量标准，只能引发一些似是而非的混乱认识。而作为现代社会唯一适用的一般化货币价值及其衡量标准，则可以有效澄清现代西方经济学带来的混乱认识，使相关问题可望得到有效解决。

按照西方经济学家对所谓物价指数或通货膨胀率的统计方式的规定，其中旨在体现货币价值变动的物价指数的计算，以帕氏公式 $I = \dfrac{\sum P_1 Q_1}{\sum P_0 Q_1}$ 和拉氏公式 $I = \dfrac{\sum P_1 Q_0}{\sum P_0 Q_0}$ 为基本公式，是指定商品组合在基期与报告期的价格加权比较的结果，取决于样本、基期与权重三大因素的选择。在这三大因素中，纳入相关统计样本的商品种类固定不变，性质不变。每一种商品的权重大致可以由其产量决定，也可以与基期的选择一样，根据具体情况的需要人为确定，但一经选定，也应该固定不变。所谓通货膨胀率，则是不同时期物价指数比较的结果，也依赖对这三大因素固定性的规定。

根据如此规定，为了使物价指数或通货膨胀率能够满足这些规定，就要求资源、生产技术与方式及产品种类均保持稳定。这意味着，如此物价指数或通货膨胀率如果能够准确反映货币价值的变动状况，就具有典型的物质社会属性，只能适用于在工业革命以前的社会，只能反映物质社会的货币价值变动状况。

在工业革命以后的现代社会，由于资源、生产技术与方式及产品种类均具有不可克服的变动性，不仅会使统计样本具有不可克服的变动性，还将导致基期与权重选择的困难，从而使西方经济学里的物价指数或通货膨胀率，不再能够准确反映货币价值的变动状况。

此时，一方面，在商品种类不断变化的条件下，为了保持统计样本在比较期内的不变性，所选的样本就只能是在不断变化的商品中保持固定的那一部分，而非社会商品的全部。满足这一要求的样本，无疑只是全部商品中越来越小的一部分。因此，有关物价指数与通货膨胀率的统计结果就具有不可避免的、越来越大的片面性，只能反映整体商品组合中越来越小的部分的价值变动，无法成为货币价值变动的准确反映。

另一方面，为了使统计样本具有充分的代表性，就只能如西方经济学家通常所做那样，不仅无视同名商品已经发生的质变，也无视商品种类、性质的变化，强行将变化的统计样本当作不变的样本来加以处理，还得依赖对基期与权重难有依据的主观选择。但如此一来，就将使得有关物价指数与通货膨胀率的统计数据失真，只能成为极其缺乏可靠性的马虎统计，本质上根本没有资格成为货币价值变动的准确反映。

虽然在面对这些根本性困难时，西方经济学家绞尽脑汁，提出了五花八门的计算公式，试图通过基期与权重的修改调整等，弥补样本变化性带来的偏差，以尽量靠近现实状况。但问题在于，只要依然沿袭原有的统计思路，就无法回避统计样本的不变性，根本无法通过此类非根本性的改善，实质性弥补统计样本变化性引致的困难，使仍然存在根本性缺陷的这些修正指数，无法成为现代社会货币价值变动状况的准确描述。

因此，传统的物价指数与通货膨胀率不能准确反映现代社会货币价值变动，是其物质社会属性所致，无法改变。

由于其理论体系存在深刻的历史局限性，西方经济学家自然不知道传统物价指数与通货膨胀率的这一性质。当他们利用其修正名义 GDP 增长率，试图剔除单纯货币供应增长对名义 GDP 增长率的影响，以得到所谓的实际 GDP

增长率，用以反映社会产品产出增长或经济发展状况时，结论自然也不再可靠。但这样的企图，对其最终形成有关 GDP 及其增长的幻觉，恰恰起到了至关重要的作用。

既然信息社会经济学已经表明，所谓物价指数或通货膨胀率无法准确反映现代社会的货币价值变动状况，也就根本不可能利用其有效剔除单纯货币供应增长或物价上涨对名义 GDP 增长率的影响。而所谓的实际 GDP 增长率，就只是一个不具有确切含义的假概念[①]，既不可能据其有效反映经济发展或社会产品产出的真实状况，更不可能利用其有效推动真实的经济发展。因此，只要充分了解信息社会经济学揭示出来的传统物价指数或通货膨胀率的性质，现代西方经济学制造出来的 GDP 及其增长的幻觉，就会不攻自破。

除了从物价指数或通货膨胀率本身的性质，表明无法利用其有效剔除单纯货币供应增长或物价上涨对名义 GDP 增长率的影响，直接依据信息社会经济学的货币价值定义，还可以从另一个角度，更严格地得到相同的结论。

不难看到，依据信息社会经济学的货币价值与衡量标准，通过直接比较不同时期单位货币的价值，即可得到货币价值变动状况的表达式：

$$\frac{\dfrac{1}{\sum P_i Q_i}}{\dfrac{1}{\sum P_j Q_j}} = \frac{\sum P_j Q_j}{\sum P_i Q_i}$$

其中，i 为基期的商品类型、数量与价格的状况，j 为报告期或现期的商品类型、数量与价格的状况。

根据这一表达式可得：

$$\frac{\sum P_j Q_j - \sum P_i Q_i}{\sum P_i Q_i} = \frac{\sum P_j Q_j}{\sum P_i Q_i} - 1$$

此式表明，名义 GDP 增长率完全取决于单位货币的价值变动，也因此可以成为反映货币价值变动状况的准确指标。

名义 GDP 增长率的这一性质，从一个新的角度更严格表明，GDP 增长率

[①] 作为西方经济学家人为制造出的一个怪胎，在所谓实际 GDP 增长率指标的编制或计算过程中，也会看到其漏洞百出，能够得到什么样的结果依赖多重的主观臆断，实际上无法进行精确计算。

完全取决于货币价值的变动状况，或者取决于货币供应量的增长率，从而是货币供应量增长的结果。这一结论，与此前从交易货币供应量与交易价格总量相匹配角度得到的结论相契合。因此，虽然名义 GDP 增长率表面上看似既包含货币供应量或货币价值变动的影响，也包含实际产品产出状况变动的影响，实际上，其中的货币供应量具有如此关键的影响，以至于名义 GDP 增长仅仅能够体现其中货币供应量的影响，不具有反映实际产品产出状况影响的功能。

既然如此，当西方经济学家一厢情愿地试图通过传统物价指数或通货膨胀率，剔除货币供应量或价值变动对名义 GDP 增长的影响，以便剥离出实际产品产出状况变动的影响时，难免因为名义 GDP 增长并不包含实际产品产出增长的成分，只能徒劳无功。

不仅如此，在反映现代社会货币价值变动状况时，名义 GDP 增长率，也与传统通货膨胀率在准确性方面存在根本性差别。前者不仅不存在传统物价指数或通货膨胀率统计中的基期与报告期不具有可比性引发的困难，也避免了在样本、基期与权重选择时的主观性与片面性，是具有客观性以及严谨性的合理指标。因此，作为货币价值变动状况的精准表达式，名义 GDP 增长率才应该是反映现代社会货币价值变动状况的合理指标，传统通货膨胀率已经不再是可靠的指标。

为了将名义 GDP 增长率这一货币价值变动状况真正合理的指标，与现代西方经济学中已经不敷所用的传统通货膨胀率相区别，可以将其称为现代通货膨胀率，成为专门用于反映现代货币价值变动率的专有术语。

从这一现代的通货膨胀率概念角度看，可以清楚看到其与现代西方经济学中的传统通货膨胀率的联系，表明在工业革命以前的物质社会，传统通货膨胀率与现代通货膨胀率基本一致。因此，可以将传统通货膨胀率视为在物质社会这种特定历史条件下，一般条件下的现代通货膨胀率的简化或特殊表现形式。其暗含的货币价值变动衡量标准，在工业革命以前的物质社会可以具有合理性。但在现代信息社会，由于传统通货膨胀率具有了片面性，最多只是其涉及的部分商品组合的价值变动不严格的反映，不再能准确反映单位货币价值的变动。此时，因为这种传统通货膨胀率反映的货币价值变动状况，仅限于现有不够严格的统计方式能够记录到的部分，可以将其称为现代通货膨胀率中的显性部分。而所谓的实际 GDP 增长率，则可以理解为现代通货膨胀率中无法由现有统计方式记录到的部分，并因此称其为现代通货膨胀率中的隐性部分。

当然，从传统通货膨胀率角度看，也可以认为现代通货膨胀率并非与其截然无关的新概念，而是传统通货膨胀率在现代社会的延伸或扩展。

由此可见，一旦能够有效填补在货币价值及其衡量标准在理论方面的空白，即可澄清传统物价指数或通货膨胀率的性质，结束此前这一理论空白带来的窘境，进而助力揭示 GDP 增长的本质特征及其与经济发展之间的真实关系。

除此之外，由于货币价值及其衡量标准涉及广泛的社会经济问题，但此前因为缺乏明确货币价值概念与衡量标准，使其往往无从得到有效处理。如长期悬而未决的知识商品价格与货币汇率的决定与变化规律等。既然信息社会经济学现在已经确立了明确的货币价值概念与衡量标准，使其终于能够得到重新认识与有效解决①。而与货币价值及其衡量标准相关的实际经济状况统计、有关货币供应量或价值变动的合理调控，甚至以名义货币为基础的债权债务与契约关系等现实经济问题，现在也均可望纳入经济学能够有效处理的范围内。

---

① 参见本书第三章第三节及本书第三章第二节。

金融危机与现代西方经济学的危机

一、引　言

　　2008 年的金融危机，对现实社会经济各个领域造成了巨大冲击。面对这一次的危机，厘清危机的性质与原因、回答应该如何应对危机，以及如何预警与防范未来的危机，是经济学义不容辞的任务。但是，在此次金融危机中，居于主导地位的现代西方经济学却严重失职。我们既难以以其为基础，提出有效的应对方法，时至今日，也难以根据这一经济学，有效阐明金融危机发生的原因与性质。现代西方经济学在此次危机中的无能表现，是极其令人失望的。然而，此次危机暴露出来的还不仅仅是这一经济学的严重失职。本文的研究表明，在很大程度上，此次危机本身是由现代西方经济学引起的，本质上体现为这一经济学的危机。

　　容易理解，在现代社会里，经济学理论的认识，已经对现实经济运行状况有着很大的，甚至是决定性的影响。如果经济学理论存在缺陷，不仅会妨碍其有效承担义务，还意味着现实社会经济运行可能受到误导，引发各种各样的危机。不幸的是，此次危机正是这样一种由现代西方经济学的缺陷引起的危机。

根据一种可称为信息社会经济学的新经济学理论①，现代西方经济学存在着深刻的历史局限性，使这一经济学对现实经济运行状况与机理的描述基本是扭曲的，由此导致的社会对金融领域经济关系不协调的盲目鼓励和纵容，构成了此次金融危机的基本诱因。因此，此次金融危机带给我们最为重要的教训，是应该彻底抛弃这一早就过时的经济学，并代之以新兴的信息社会经济学。

为准确认识此次金融危机的机理，充分吸取有关经验教训，本文即试图以信息社会经济学提供的经济波动模型为基础②，一方面阐明信息社会经济学对此次金融危机的原因、性质与机理的认识，另一方面清算现代西方经济学的相关认识，揭示由此体现的现代西方经济学理论的危机。

二、金融危机的性质与概念

什么是金融危机？它有什么性质？对这些问题的回答，构成了研究金融危机问题的必要基础。但是，在目前居于经济学主导地位的现代西方经济学中，有关金融危机的概念及其性质并不明确，意味着这一经济学体系实际上并不具备应对处理金融危机问题的必要基础。

作为专门研究社会经济运行稳定性的现代西方宏观经济学，至今并未形成成熟统一的理论体系，只是一堆"大杂烩"，主要包括自由派与干预派两大类相持不下的对立理论③。在描述与社会经济运行稳定性相关的危机问题时，自由派理论认为经济人有充分理性，看不见的手也具有足够的力量，能够保证经济运行基本稳定在最佳均衡状态，理论上既不存在什么经济危机，

① 有关信息社会经济学的分析方法及基本内容，可以参见袁葵荪的《经济发展的基本模式——经济学的现代基础》（中国人民大学出版社2009年版）及《经济学理论的批判与重建》（经济科学出版社2009年版）。

② 参见袁葵荪：《经济发展的基本模式——经济学的现代基础》，中国人民大学出版社2009年版，第十章；《经济学理论的批判与重建》，经济科学出版社2009年版，第五章第二节。

③ 在本文中，为简便起见，我们选择新古典主义的实际经济周期学派作为自由派理论的代表，而以传统凯恩斯学派和新凯恩斯主义经济学代表干预派理论，并用这些理论代表整个现代西方宏观经济学。

也没有理由产生金融危机的概念。在干预派理论里，经济运行可能偏离均衡状态，引起收入或失业状况出现周期性波动，这种周期性波动的谷底，往往被认为是经济危机。然而，干预派理论即使可以有经济危机的概念，其危机概念似乎也不包括同样涉及经济运行状况稳定状况的金融危机。其经济危机状况是用收入或失业波动等指标衡量的，这些指标并不适用于描述通常所说的金融危机的状况。比如，尽管人们（当然也包括经济学家们）普遍承认此次金融危机的确是严重的，甚至格林斯潘还认为它是比20世纪30年代的危机更严重的危机，但如果用相关的收入下降或失业上升等危机指标衡量，此次危机看起来却并不像人们感受的那样严重，未必是一次值得特别关注的危机。因为在此次金融危机中，只有部分国家的GNP有轻微下降，失业率也最多上升几个百分点，远不能与20世纪30年代的危机相提并论。

因此，金融危机虽然是人们熟悉的概念，也是经济活动中常见的现象，但金融危机这一概念目前并无严格界定，也不存在专门的衡量判断方法，并未正式纳入现代西方宏观经济学的理论框架，体现为人们对金融领域出现的一些失常现象的习惯性说法，只能是一种与干预派关注的那种典型型经济危机有别的非典型型经济危机。由于非典型型危机实际上得不到正统理论系统严格的考察，人们既说不清金融危机是什么，也不知道它与通常所说的经济危机有什么联系。有关的研究基本上与主流理论脱节，游离在正统理论框架之外，只能留给非专业作者发挥想象力。同时，预示其可能爆发的征兆自然也难以为主流经济学家注意到，危机爆发也就基本上不存在值得一提的障碍。

信息社会经济学认为信息社会有不同于物质社会的经济波动模式[1]，其对经济运行稳定性的研究，是以信息社会的特点为基础的。按照信息社会经济学的认识，经济危机大致指的是这样一类特殊的经济波动，即由经济活动的变动性与社会经济关系调整的不及时性的冲突引起的、导致严重的、经济

---

① 信息社会与物质社会是信息社会经济学对人类社会历史的一种分期，认为二者经济活动的性质、规律与模式截然不同，不能混淆。关于这种分期的性质与意义的更详细介绍，参见袁葵荪：《经济发展的基本模式——经济学的现代基础》，中国人民大学出版社2009年版，第二章；《经济学理论的批判与重建》，经济科学出版社2009年版，第二章。

运行不能顺利进行的经济波动①。金融危机则是经济危机的一类，是由金融领域的经济关系来不及进行充分调整引起的金融秩序的混乱，可能严重影响到经济运行不能顺利进行。

按照上述定义，危机的界定是根据经济波动的状况决定的，并非所有的经济波动都应该称为经济危机，只有当波动达到一定程度，并导致一定严重后果的波动，才有必要称为经济危机。这是因为，波动本身是不可避免的，而其中大多数波动是可以自行消除的，或者不会有社会难以接受或承受的后果，只有当波动达到一定严重程度，并且可以通过社会的努力来加以避免或缓解，才应该受到社会重视，有必要称为经济危机。从这个意义上看，经济危机应该更多与其后果联系在一起，判断是否发生经济危机也应该与社会直接重视的现象联系在一起。

在现代社会，经济危机可能有很多种类型，不限于西方经济学里的经济周期理论研究的危机，如由生产全面过剩体现的危机或者由凯恩斯的有效需求不足引起的危机（为叙述方便起见，本文暂且将其称为典型型危机）；还包括其他类型的危机，如由分配关系恶化引起的危机、由这类或那类结构性生产过剩体现的危机，以及由信用中介关系等的失调引起的金融危机等（本文暂且将其称为非典型型危机）。在由市场销售决定生产供应的经济体系里，这些非典型型危机虽然也可能因为所带来的经济关系紊乱，最终引起供求关系失衡或断链，但其性质已有所不同。不仅其影响更为广泛，更不确定，还由于作为经常重复发生的具有固定性质特征的危机，典型型危机已经因为社会持续的应对努力而弱化或变性，不再是现代危机的主要部分，非典型型危机已是现代社会最常见、最主要的危机。

根据这样的定义，经济危机的状况应该使用一些与社会经济关系紊乱状况相关的指标来衡量，金融危机则应该用反映金融领域关系不正常的指标来刻画。因此，是否发生经济危机，在理论上不一定与 GNP 等的下降幅度相联系（即使实际上因为 GNP 意味着大多数经济活动的交易从而活动规模，二者经常都有联系）。只有当现有社会经济关系存在严重的不适应变化的状况，

---

① 参见袁葵荪：《经济发展的基本模式——经济学的现代基础》，中国人民大学出版社 2009 年版，第十章；《经济学理论的批判与重建》，经济科学出版社 2009 年版，第五章第二节。

导致社会及经济秩序的不稳定，以致影响到经济发展目标时，才能称为经济危机。或者说，即使有 GNP 的下降等，但只要不需要进行紧急应对，不被认为是灾难性的，就不必认为是经济危机。反过来，即使没有 GNP 很大程度地下降等，但只要出现经济关系严重扭曲，可能引起经济秩序剧烈动荡，以致需要进行紧急应对状况时，如出现一定比重的社会成员的基本水生活平大幅下降或失去基本保障时，都可以认为出现了经济危机。按照这样的衡量方法，此次金融危机尽管 GNP 波动不大，但表现出严重的金融秩序等的严重扭曲，可能引起灾难性后果，达到了需要进行紧急应对的程度，其严重程度的确不亚于 20 世纪 30 年代的危机，仍然可以确认是严重的危机，只不过是无法纳入西方宏观经济学视野之中的一种非典型型危机。

在信息社会经济学看来，现代西方经济学之所以无法得到经济危机及金融危机的合理概念，无法将金融危机纳入其危机模型中，原因在于其存在深刻的历史局限性。

这是因为，包括此次金融危机在内的经济危机是信息社会的特有现象，为把握其形成机理与性质规律，对金融危机的研究应该置于信息社会的经济运行模式基础上。而根据已有的研究①，西方经济学本质上是属于物质社会的经济学，未能意识到应该首先辨析经济运行的背景模式，而是将其对经济危机的研究，基本置于物质社会的经济运行模式基础上。但在物质社会，经济运行通常能够处于最佳均衡状态，经济危机并非需要关注的常态。仅仅在信息社会，才会由于持续的变动，导致经济运行常常会处于波动乃至危机状态。正是由于基础的不合理，现代西方宏观经济学无法有效反映现代社会的现实，难以理解此次金融危机的性质，甚至难以确认危机的存在。虽然其中的干预派能够凭借本能经验，看到一些明显的现实危机现象，却不能全面概括危机现象，只能涉及非常有限的类型，以致不能深刻把握其本质特征，也得不到能够反映危机特征的恰当定义。这使其仍然没有注意到持续调整中由于关系来不及协调引起的非典型型危机，难以将此类实际上很严重的金融危机严格地归为危机，不具备处理金融危机问题的必要基础。

---

① 参见袁葵荪：《经济学理论的批判与重建》，经济科学出版社 2009 年版，第五章第二节。

信息社会经济学对危机概念及其基本性质的认识，提供了对危机本质特征的有效反映，使我们了解到现代西方经济学仅仅能够考虑很有限的一类危机，无法认识到还存在着更广泛类型的非典型型经济危机，而这些非典型危机不仅更重要，更常见，也是性质完全不同的。更为重要的是，信息社会经济学的相关认识还使我们了解到，由于其危机定义不确切，不能反映危机的本质特征，现代西方宏观经济学不可能由此揭示危机的机制与影响，寻求到适合防范与应对危机的措施，使危机可以轻易肆虐而得不到起码的应对。

三、金融危机形成的原因

由于西方经济学迄今对危机类型的认定范围非常狭窄，关于金融危机形成的原因，现代西方宏观经济学的主流理论是无法说明的。不仅在自由派的词典里没有危机的地位，即使在承认危机存在的干预派理论里，危机也仅仅意味着典型型危机，无法纳入金融危机这类非典型型危机，使其对危机原因的解释，很难有效针对金融危机。

信息社会经济学认为，现代信息社会危机爆发的根本原因，在于经济活动变化的持续性与经济关系调整的滞后性相互作用引起的冲突[①]。

在信息社会经济学看来，由于信息社会新的知识技术流持续涌现的冲击，一方面，虽然在特定条件下，经济活动可以处于某种与一定的生产力条件或生产方式相适应的稳定的平衡状态，但在经济活动处于不断变化之中时，针对特定条件的平衡状态可能来不及形成，现有社会经济关系会逐渐变得不适应。随着这些不适应的逐步积累，经济运行存在多方面的失调的可能性。另一方面，在这些不适应产生和积累的同时，社会经济又会激发产生出各种调整恢复的力量，对这种持续性冲击进行应对调整，以消化或克服这些不适应。但这两方面力量是由不同因素决定的，难以处于持续平稳的协调状态，使经济活动来不及得到适应性调整，引起一定的经济波动。随着二者间的不适应

---

① 参见本书第二章第二节。

性的产生、积累、减弱或消除、再产生、再积累、再减弱或消除的轮回，经济运行状况将体现为相应的周期性波动。当这样的波动幅度与范围达到一定程度后，就可能出现供求严重失衡等使经济运行不能正常维持的状况，使社会认为经济运行显得不正常，被认为是要求进行适当调整的经济危机。

在信息社会经济学看来，金融危机体现的是金融领域里的经济关系不协调或不正常突破了一定的界限。具体就此次金融危机而言，从现象上看，此次危机直接源于在低利率及金融市场运行的高效率或低成本的条件下，美国住房抵押贷款市场及其衍生金融市场迅速膨胀，而后随着利率的上升，引发深陷其中的金融机构出现困难，并进而引发整个金融体系及实体经济的危机。因此，对此次金融危机而言，其直接原因看起来是相当明确的，可以简单归结为由房地产信贷及其金融衍生产品引起的信用过度膨胀。然而，是什么导致了信用膨胀到引起巨大危机的程度，则通常被归结为华尔街的过度贪婪，或者被归结为相应监管的缺乏。如果进一步追问是什么激发了人性的过度贪婪，或者是什么阻碍了有效监管，我们就会看到，其根源基本上可以归结为现代西方经济学的误导。

就目前的西方宏观经济学而言，其中的自由派理论无法解释信用过度膨胀的原因，因为它们的基本教义认为经济人有充分理性，既不会产生非理性的过度贪婪，也不会因为理性不足，必须依赖政府监管。在干预派中，虽然承认危机可能因为种种原因产生，认为可以利用政府干预，但其提供的政府干预主要针对需求调控，而不是金融监管，仍然无法解释为什么会需要政府的金融监管。因此，现有西方经济学理论无力揭示缺乏有效金融监管的原因。

信息社会经济学认为，在信息社会，理性的基础——无论是追求最大化利益的完全理性，还是追求满意目标的有限理性——已经动摇或丧失，由此提供了信用过度膨胀达到严重危机程度的可能性。缺乏有效监管，则使这种可能性转变为必然性。而西方经济理论对金融监管的误导，最终构成了缺乏有效监管从而引致此次金融危机的根本原因。

首先，在信息社会经济学看来，现代社会已经是具有变化性的社会，这意味着新的经济活动不断出现。如持续变化的经济活动中的信用经济的扩展，未来收入流的资产甚至证券化，以及更复杂的金融领域衍生产品的产生，就是在社会化程度不断提高、相互联系日益密切条件下出现的创新活动。但是，在信息社会，由于来不及获得充分信息，这些新的活动可能会有什么影响或危害，社会往往来不及了解。由此，可能使经济活动者无法具有必要的理性，行为的赌博性增加，埋下了信用过度膨胀与破裂的现实可能性。

其次，经济活动者理性的不足，固然可能导致信用过度膨胀，但如果能够通过社会理性得到社会规范的制约，仍然可能使信用膨胀受到必要的抑制。比如限制衍生产品市场的发展或进行相应的有意识监管，就可能抑制信用的过度膨胀。因此，信用是否会过度膨胀，还取决于是否能够进行有效监管。但能否进行有效监管，就取决于人们是否知道该监管什么、如何监管等，最终取决于经济学理论能够提供怎样的相关知识。

容易理解，在什么条件下应该进行怎样的监管，基本上只能依赖于现有的知识体系，特别是现有的有关经济理论体系。或者说，监管只是已有知识体系内的监管，无论负有监管职责的决策者多么睿智，其决策通常也都难以完全背离这样的知识体系。从这一角度看，能有怎样的监管体现着社会具备怎样的知识，监管的缺乏也更主要体现的是占主导地位的经济学理论体系的缺陷。即使存在一定的事后看来的真知灼见，只要这些真知灼见不是来自主导理论，其未被有效采纳也是相当自然的，因为难以得到占主导地位的经济学理论的支持，是难以保证得到决策者充分信赖的。因此，此次危机不是由于简单地缺乏监管，并非人们知道怎样进行合理监管而不去进行这类监管，更可能体现的是知识的危机，或者集中体现了现有西方经济学理论不知道监管的意义、必要性，未能提供如何进行有效监管的合理经济理论指导。

既然如此，就此次金融危机而言，西方经济学还难逃促成危机的元凶的责任。

不难看到，面对引起此次金融危机的信用膨胀，就是否应该监管而言，从截然不同的立场，西方经济学两大尖锐对立的派别表现出罕见一致，共同使监管的必要性被排除：一方面，自由派崇信"看不见的手"的力量，不承认人可能是非理性的，不认为人性贪婪包含非理性成分，由市场力量推动的信用膨胀就不存在过度的问题，不必受到限制；因此从是否有利于市场力量充分发挥作用的角度，面对住房抵押贷款市场及其衍生金融市场迅速膨胀这类信用膨胀，自由派得到的将是不需要政府监管的结论。另一方面，干预派虽然认为存在政府干预的必要，但由于其干预仅仅着眼于需求调控，而信用膨胀能够被认识到的作用主要在于刺激需求，这有助于经济的扩张，况且其干预理论也无从处理需求刺激以外的问题，因此从是否有利于增加总需求的角度，面对信用膨胀，干预派更容易倾向于鼓励而不是限制。总之，即使在金融市场的赌性相当明显时，现代西方宏观经济学不仅未能提供如何进行相关监管指导，反而进行了明显的鼓励纵容，事实上封杀了进行有效监管的可能性。

考虑到西方经济学的主导地位及其对决策者的影响，在这两大派别的市场完善的理念以及刺激总需求的理论支配下，决策者鼓励纵容而不是限制衍生市场发展，就属于很难避免的选择，同时也意味着灾难是不可避免的。

事实上，就未能预防危机的酝酿和爆发的原因，美联储前主席格林斯潘也承认他遵循18年的"自由资本主义"指导市场的信条出了问题，格林斯潘说："当时我犯了一个错误，以为以自身利益为中心的各银行和其他企业有能力保护自己股东的利益和公司内部的公正性"①。在此信仰下，认定政府决策者可以比私人企业更好地认识到问题所在，并采取更合理行动是不可思议的。既然如此，危机甚至不应该成为加强监管的理由，因为即使人们知道衍生产品的后果，有关市场机制也能有效限制经理可能有意借信息不对称大捞一把，使私人金融机构的经理能比政府更好地进行管理。而且，政府也没有理由比私人机构的经理更知道哪些该管，该怎么管。正是现代西方经济学的这些认识，阻止了监管者进行有关监管。

因此，格林斯潘的错误实际上难以在主流经济学里被确认为错误，此次金融危机的爆发，暴露的也并非简单的信用过度膨胀或金融监管缺失的问题，既不能归咎于人性贪婪，同样不能简单归结为监管者的失职或无能，只能追溯到现代西宏观方经济学两大派别的基本信念，并由此凸显西方经济理论是诱发此次金融危机的深层次原因，使危机本质上体现为西方经济学理论的危机，是更为深刻的经济学危机。

---

① 《格林斯潘：金融危机让我"信誉扫地"》，载环球网2008年10月25日。

在信息社会经济学看来，现代西方经济学之所以会成为促成此次金融危机爆发的元凶，是与现代西方经济学理论的历史局限性相关的。由于局限于物质社会的经济运行模式，现代西方经济学理论不能准确认识现代社会的经济活动模式，无法真正把握现代社会经济波动的性质、产生原因与模式，因此只能如自由派那样否认危机，或者如干预派那样只看到无关紧要的危机类型，扭曲危机的性质与原因。这杜绝了引导人们尽可能及时有效地认识危机产生的可能性，使得社会难以通过有效调节社会规范避免危机爆发，也使危机的爆发具有必然性。

四、金融危机的防范

信息社会经济学认为，经济危机体现为经济关系不协调引发的严重后果，经济危机的防范就应该着眼于发现各种经济关系不协调，了解其引发危机的可能性，并设法加以化解。作为经济危机中的一类，金融危机的防范将着眼于监测金融领域里的关系不协调状况，并设法消除这些关系不协调。防范的首要任务是预警，即监测是否产生了什么样的不正常状况，并判断其中哪些可能引起严重后果。其次是针对可能引起严重后果的不正常关系，分析其产生的原因，及早采取相应的调整措施加以纠正，将可能产生的危机消除在萌芽之中。很明显，能够进行怎样的防范，主要取决于社会能够得到怎样的经济学认识，尤其是占主导地位的经济学关于经济波动原因的认识。

在信息社会经济学里，由于经济波动以及经济危机的原因已经转变，被归结为经济活动变化的持续性与经济关系调整的滞后性相互作用引起的冲突，因此，需要监测的不正常现象也已经由需求波动状况转变为经济关系的不协调状况。这样的转变体现了经济学知识的有效更新，预警危机的能力也由此大大增强。比如，就此次金融危机而言，面对住房次级贷款的发放已经达到的前所未有的不正常程度，虽然从刺激需求的角度看，这一状况甚至值得赞赏，但只要转变观测角度，转而从经济关系是否协调进行判断，甚至无须专业修养，都易于感受到金融秩序已经处于极不正常的状况，危机即将爆发。

从信息社会经济学的角度看，经济关系不协调的类型很广泛，不限于现代西方经济学可能认识到的典型型不协调，而且非典型型不协调还更多，因此，对关系不协调的预警，仅仅用需求调控的预警指标，是远远不够的，必须根据持续的经济学分析，不断发掘新的预警指标。另一方面，不协调的性质与类型还会不断变化，每一次可能爆发的危机可能都是新的，不一定是过去危机的复发，因此，预警不能完全依靠记录过去危机的病毒库，还应该经常更新病毒库，更必须借助发现新病毒的经济学分析能力。

现代西方经济学由于其认识能力的局限性，其关注的危机是由需求波动引起的，而不是关系不协调。因此，对于更主要的非典型型危机而言，从需求波动角度设计的危机预警指标能够显示的仅仅是危机晚期，或者是危机已经无可挽回地爆发后的现象。这样的预警由于未直接针对原因，难以通过其及早改变诱因来防范危机，甚至可能掩盖危机，事实上未真正涉及危机防范问题。因此，在现代西方经济学的影响下，现代社会不可能形成类似需求波动预报那样专司关系不协调预报的职能机构，对关系不协调的预警与防范只能在缺乏理论指导的情况下盲目进行。即使可能存在一些专门针对关系不协调的预警指标，也是出自本能而非理论，存在因为防范目标不明确而对其性质意义估计不充分的问题。这使得有效的预警只能极为侥幸地依靠非主流慧眼大声疾呼。但这样的大声疾呼因为缺乏理论支撑不仅呼声无力，不易被决策者识别、采纳而产生影响，而且慧眼本身也会因为缺乏判断关系是否协调的标准、不知道何为关系不正常而难以产生。

从预警性质的性质看，不仅判断经济关系是否协调的标准难以确定，由于有效的预警要求形成专司关系不协调预警的职能机构与体系，如何形成专司关系不协调预警的职能机构与体系也相当困难。此时，预警体制的民主性与精英性之间如何权衡，是形成专司关系不协调预警的职能机构与体系中难以解决的问题。在持续变化的条件下，危机通常并非过去危机的简单重复，更多的是非常规或非典型型危机，很容易超出社会主流认识与观念的范围，有效预警容易表现为异端认识。此时，如果没有恰当的民主，异端认识难以得到合理显示，预警会很不充分；民主过分，又存在难以从纭纭众说中及时有效提炼出合理预见的困难。比如此次金融危机，金融衍生市场的膨胀过度及其可能的后果虽然已经有人意识到，但除非碰巧为决策精英清醒意识到，即使这些先见之明本身存在理性依据，也只能成为纭纭众说中之一说，因为通过此时仅有的两大主流经济理论难得取得的共识，已经形成了一种垄断认识，难以受异端影响。因此，如何根据不同历史条件解决这些问题，以形成广泛的、能够适应条件变化的预报体系，至关重要。

同时，由于信息社会经济活动的持续变化，不断会有新的关系不协调产生，预警指标无从预定，只能根据显著性原则无导向进行。这不仅意味着防范是不可完结的工作，需要持续进行，也意味着预警将更多依靠经济学家的分析判断能力，还表明经济学理论的合理性至关重要。比如，判断哪些关系不正常或需要协调，其原因何在，固然需要经济学家根据信息社会的特点，以是否有利于经济发展为标准进行判断，但由于这一标准过于概括，能否有效把握就取决于经济学家的专业素质，以及能够以怎样的能力利用合理的理论与洞察力加以发现和判断。

只要能够成功预警到可能引起严重后果的经济关系不正常，就需要及早采取相应的调整措施加以纠正。由于预警本身带有较大不确定色彩，加之持续变化的条件引起的来不及搜寻和判断什么是合理的调整措施，如何及时获得有效的调整措施仍然是需要关注的问题。比如，就此次金融危机而言，即使从经济关系是否协调的角度发现了信用关系已经过度膨胀，但不能将调整理解为简单地强化监管，只能理解为合理的监管。因为简单的监管未必能避免出现新型的危机，还可能扼杀有益的创新，对于已被揭示的风险也是多余的。问题的关键是如何能得到有关什么是合理信用关系的知识。只要能得到这样的知识，不仅银行和投资者会变得足够谨慎，无须监管也会远离可能给他们带来灾难的金融产品，监管者也更容易知道什么是合理的监管。具体就此次金融危机的防范而言，由于信用膨胀被人们认识到的唯一好处在于一次性增加需求，但实际上这只是凯恩斯主义的偏见，其副作用则在于增加对中介的依赖，导致以金融领域为核心的信用链条高度脆弱化。只要能通过信息社会经济学的知识认识到这一点，通过二者的利弊权衡，就可以知道实际上不应该利用信用膨胀来增加需求，而应该设法加以抑制。如此不仅对真正投资者影响不大，只能影响虚幻的资源配置效率及由财富幻觉刺激的需求，还因为资产价格低有助于投资者的广泛化等，仅仅对真正的投机行为不利。

此外，也可以从防患于未然的角度，采取一定的防范调整措施，筑建相关的防火墙，这自然尤其需要作出合理的前瞻性判断的智慧。

从危机防范可能取得的效果看，虽然根据经济危机产生的原因，危机的爆发因为信息社会的持续变化特征而防不胜防，具有一定的必然性，是不能保证得到预防的，但社会也仍然是可以有所作为并尽量防范的。或者说，危机的预警防范是可能的，其中的一些关系不协调也是可以消除的。至少常规性或典型型危机由于其重复性，将更容易预警，也更容易找到有效的防范与应对措施，是可以得到相当彻底的防范的。因此，难以防范的仅仅是非常规或非典型型危机中的部分，当然这也意味着危机越来越多地是非重复或非典型型危机。而且，虽然非常规或非典型危机不能保证彻底防范，但大的严重的危机因为其预兆强烈，只要不存在过于顽固的经济学教条，以及难以调整的社会经济与政治体制，理论上是可能得到相当有效防范的。当然，考虑到审美疲劳，对非常规或非典型危机的防范越成功，越容易形成权威认识，反过来也容易形成对非主流认识的更有效压制，一旦爆发危机，就可能越严重。

五、金融危机的应对

当未能进行有效防范时，面对危机的爆发，应该进行怎样的应对，就成为关键问题。一般而言，危机爆发后的应对不仅涉及直接地理顺关系这类治本措施，还涉及缓和或消除危机引发的各类严重后果的治标措施，这首先要求对危机的性质特征有足够准确的把握，以便能够对症下药。

就理顺不协调的经济关系这类治本措施而言，与危机防范阶段的任务并无本质差别，可能的不同主要体现在，此时有关经济关系不协调的性质特征可能有更清晰的显现，更有利于对症下药。

缓和或消除危机引发的后果是危机应对阶段的一个新任务。虽然这属于治标的措施，但由于此时的后果已经很严重，迫切要求得到解决，因此仍然属于十分艰难而紧迫的重要任务。

在以市场销售决定生产供应的经济体系下，危机的爆发可能带来多种多样的后果，比如供求关系失衡或断链、收入分配关系恶化、社会信用体系及各种中介关系崩溃，以及其他各领域经济秩序严重失范、甚至生态与社会政治危机等。同时，根据信息社会经济学揭示的波动模型，现代社会的每一次危机都是不同于既往的新危机，其原因、性质都可能不同，后果也可能不同；即使供求关系失衡等经济危机的传统后果，每一次也都可能有新的原因和特点。因此，危机后果的缓和或消除首先需要确认怎样的危机产生了怎样的后果，再根据具体后果的性质采取相应的应对措施。危机及其后果不同，应对的措施也应该有所不同。即使对于治标的措施，也不能盲目地头痛医头脚痛医脚，需要得到合理理论指导，在充分了解危机本身及其后果的条件下进行，以避免其可能的不利后果，否则很容易成为饮鸩止渴。

在现代西方经济学的理论体系中，有关经济危机概念只能来自干预派，针对的只是典型型危机。其能够看到及认为需要解决的后果仅限于供求关系失衡，应对措施也仅仅针对这类后果，并且基本上是以不变的规则模式来应对。即使不考虑来自自由派的诘难，干预派的应对措施不仅难以应对不在其视野范围内的非典型型危机，即使对处于其视野范围内的典型型危机，也存在严重问题。一方面，对于包括以市场销售决定生产供应的经济体系在内的社会化生产体系来说，虽然供求关系失衡的确是众多后果中非常明显且比较严重的后果之一，也是最容易出现的，但毕竟并非全部严重后果，即使作为权宜之计，仅仅针对这类后果的应对措施，难免无视其他迫在眉睫的严重问题。另一方面，作为固定的应对规则，即使曾经有效，但在持续变化的条件下，供求关系失衡的原因和性质也会不断变化，曾经有效的固定规则的适应性也难免会逐步减弱乃至消失。

因此，西方经济学的固定规则虽然易于操作及课堂讲授，但这样的"傻瓜"式规则无法有效应对危机，只能使经济学家蜕变为僵化的程序操作员，丧失经济学家在随机应变方面的独特优势，还可能引发更严重的社会经济问题。

在信息社会经济学看来，即使如供求关系失去平衡这类常见的后果，为了尽量恢复平衡，在不同状况下也应该采取不同措施，追求不同效果。

就此次金融危机而言，即使简单地思考也会想到，应该应对的后果不仅仅是供求关系失衡，更重要的是金融秩序的失常。如果不有效恢复金融领域的正常秩序，听任经济活动的核心中介不能发挥正常功能，包括供求衔接在内的所有经济活动都很难恢复正常。而且，即使对如何通过增加需求以恢复正常的供求关系平衡而言，也应该考虑应该增加的需求能否保证供求关系有效平衡，不增加额外的问题，而不是像现代西方宏观经济学那样，只涉及简单的需求规模的暂时增加而不问后果。

在信息社会经济学看来，在信息社会，供求关系平衡更主要是动态的供求结构平衡。由于经济活动的变化性，即使供求结构最初能够处于稳定的平衡状态，也会因为经济关系的变化而不再平衡，这也意味着供求不平衡本质上是经济关系不正常地积累的结果。此时，虽然存在利用社会的主观能动性加快调整的空间，但若不考虑供求结构的匹配而简单增加需求规模，得到的规模平衡可能是不稳定的，因为其中的某些需求与供应可能是不正常的，是由不合理的经济关系引致的，难以有效维持。因此，合理的供求关系调整应该致力于达到稳定的、供求结构有效匹配的平衡。这就要求清理不合理的经济关系。当然，什么是稳定平衡及如何达到，还需要根据具体情况进行具体研究，但注意到供求关系平衡的稳定性问题本身就开辟了应对供求关系失衡问题的新方向，代表了应对措施的根本性转变。

此外，如果未能采取针对危机原因及其他严重后果的综合治理措施，仅仅采用简单的需求规模增加的应对措施，还可能既未真正解决供求关系的失衡，还引起额外的困扰，并为解决其他问题制造障碍。

如为了有效连接供求链条，还需要供求结构的有效匹配，但单纯的需求规模刺激措施，无非是通过增加财政支出或增加货币供应的方式来增加需求规模。这种单纯需求规模的增加难以保证供求结构的有效匹配，以致谁也不能确定一定的措施会产生什么效果，什么时候产生，效果多大。同时，由其需求刺激措施提供的需求可能不是正常或合理的，会因为得不到合理支撑而难以正常维持，还可能因为其带动的供应可能挤占资源，使得合理供应难以得到保障，或者使合理需求不能通过购买力等合理显示，也使合理供应难以创造合理需求。因此，如此的需求刺激措施具有相当盲目性，具有明显饮鸩止渴的色彩，一旦超过一定限度，势必酿成更严重的危机。

具体就财政货币政策的作用而言，财政支出的增加如果来源于转移支付，可能因为其改变了分配结构而在分配结构不合理时有一定效果。但如果来源于举债，即使不论支出本身的效果，也不仅存在难以持续的问题，还存在如何还债的问题。同样，货币供应增加短期内虽然可能因为种种原因影响需求，但对需求影响的大小和时间长短并不确定，增加的需求的性质也不确定，能否达到预期目标仍然不确定。同时，货币供应增加还可能引起通货膨胀及货币秩序混乱，本身可能意味着社会信用关系的不合理，一旦超过一定限度，更会给社会信用关系带来灾害性后果。

总之，在信息社会经济学看来，为了有效应对危机，重要的问题在于脱离固定的需求调控模式，从信息社会经济学的角度重建干预或规范调整的理论与方法，不仅更直接针对经济关系不协调，应对目标也应该转变为寻求稳定的供求衔接，并随着条件的不断变化，针对特定危机的性质与原因及其具体后果，制定专门的综合治理措施。

六、结束语

本文表明，此次金融危机本质上体现的是现代西方经济学本身的危机，是由于现代西方经济学建立在物质社会经济运行模式基础上，不了解现代社会经济危机的性质，对金融领域的关系不协调鼓励纵容的结果。同时，本文还表明，作为引发此次金融危机的元凶，这一经济学也无力把握危机产生原因，既无从预警防范，更难以有效应对，甚至不能确认危机的存在。因此，此次金融危机带给我们最为重要的教训，是应该彻底抛弃这一早就过时的经济学，并代之以信息社会经济学。

第三节

擦肩而过的遗憾：熊彼特创新理论新评

一、引　言

在目前的经济学界，熊彼特及其创新理论具有十分独特的地位。人们盛赞熊彼特是有着杰出贡献的经济学家，认为他另辟蹊径提出了创新理论，对创新的决定因素、机制与模式进行了开创性的研究，并将这一理论应用于解释利息与利润的性质来源、经济周期产生的原因和规律、甚至有关社会形态演变趋势与规律等问题，为经济学理论贡献了全新的认识。

但是，熊彼特的创新理论是否真的具有人们想象的意义？本文认为，由于创新及其相关问题事实上处于现有经济学视野之外，迄今的西方经济学家本质上无力评估其得失，无从进行有效的盖棺论定；其目前已经得到的认识，均属是非不辨的结果。

本文认为，熊彼特的确做出了与其他西方经济学家不同的贡献。但是，其贡献的性质与意义并未得到人们准确把握：一方面，其真正有一定意义的贡献，事实上并未被西方经济学家认识到；另一方面，其通常被人们盛赞的贡献，却意义有限。

在本文看来，这一尴尬现象，源于现代西方经济学体系分析方法存在的严重的历史局限性。从一种新的、可称为信息社会经济学的角度出发，本文拟对熊彼特创新理论进行重新考察，以准确把握其性质、意义与不足，并进一步揭示其缺陷及其产生原因。

二、被遗漏的精华

本文认为，熊彼特创新理论真正重要的贡献，不在于其对创新的决定因素、机制与模式的描述，更不在于其对利息与利润的性质来源、经济周期产生的原因和规律、甚至有关社会形态演变趋势与规律等问题的独特认识，而是在于，他首次透过现实中日益突出的创新活动现象，看到了与早期传统社会相比，现代社会经济运行模式及其性质发生了根本性转变；也看到了由于这种历史性转变，传统西方经济学已经过时，完全不适用于现代社会。

在其《经济发展理论》一书第一章与第二章中，熊彼特竭力区分了创新活动具有和不具有突出影响的两种社会的经济运行模式，以及其所说的循环流转与创新这两种经济运行模式，并对其进行了相当清晰的比较概括。

在第一章里，熊彼特通过对所谓循环流转模式性质特征的详细考察，提供了对创新活动不具有突出影响的社会经济运行模式的专门描述。在第二章里，熊彼特则通过比较的方式竭力表明，以知识创新为重要内容的现代经济发展过程，已经产生了一种与过去的循环流转状况不同的重大变动。并认为由创新引起的经济变动或经济发展，是"来自内部自身创造性"的一种变动，是"革命性"的变动；不是简单的数据变化，而是质变。而且，是与"我们在循环流转中或走向均衡的趋势中可能观察到的完全不同"的"一种特殊的现象"。由此强调了此时的社会经济活动规律与模式，与过去根本不同，已经具有不同的性质与规律。

熊彼特进行的这种概括与比较，是他殚精竭虑、不厌其烦地专门做出的，却明显遭到后来的经济学家漠视，基本上未被后来的评论家注意到，甚至未予提及。

从信息社会经济学角度看，熊彼特对循环流转与创新这两种经济运行模式的比较概括，正是其理论的精华所在，是其真正有意义的贡献。这一贡献，与信息社会经济学对物质社会与信息社会经济运行模式的概括相当接近。作为信息社会经济学的基础或突破点，信息社会经济学对上述两种社会经济运行模式的概括表明，由于知识涌现速度的转变，大致以工业革命为分水岭，人类社会的经济运行模式发生了深刻却鲜为人知的重大转变。不仅使得人的行为模式发生了深刻的转变，由理性或有限理性等保证成功的模式，转变为结果不确定的赌博模式，使人类行为与一般动物行为模式史无前例地区分开来。而且，现代社会的社会目标也有了史无前例的变化，由既定资源合理配置，转变为新资源创造，进而导致人类社会的经济活动由以既定资源、按既定方式、生产既定产品的循环往复的模式，转变为以不断变化的资源、按不断变化的方式、生产不断变化的产品的持续变化的模式。

信息社会经济学的全部成就，就是以此作为明确的出发点，在揭示上述两种经济运行模式差异的基础上，构建起能够适应现代社会的、足以全面淘汰西方经济学的全新理论体系。

就此而言，熊彼特在《经济发展理论》一书前两章中，以其对这两种社会经济运行模式差异的悉心揭示，以及其达到的如此清晰和高度准确的程度，体现了经济学在当时取得的重大突破。其达到的认识高度，事实上是迄今的西方经济学家尚未达到的。甚至，迄今为止，我们均未发现西方经济学家有接近这一高度的迹象。据此，可以认为这是熊彼特对经济学理论可能的最大贡献，也意味着他是与信息社会经济学离得最近的西方经济学家，是此前所有西方经济学家中唯一可能取得突破、可能推动经济学由此转变为信息社会经济学的经济学家。

不仅如此，由于熊彼特看到了现代社会已经具有全新的性质、规律和模式，与工业革命以前那种循环往复模式的社会截然不同，也下意识地感到了传统西方经济学描述的仅仅是过去那种循环往复的状况，与现实完全不符，以致需要反映这些性质、规律和模式的经济学理论也必须有根本性转变。在此基础上，熊彼特还反复强调，他所研究的经济发展现象是斯密—李嘉图—穆勒所标志的传统意义的经济理论几乎不能做出什么贡献的现象①。这样的突破性认识，也前所未有地接近信息社会经济学揭示的西方经济学的本质特

---

① 参见约瑟夫·熊彼特：《经济发展理论》，何畏等译，商务印书馆 2000 年版，第 67 页。

征，同样为后来的西方经济学家视而不见。

与其形成鲜明对比的是，目前的所有西方经济学家——即使其中对西方经济学持尖锐批评者——均认为，该经济学是类似现代数学、现代物理学那样适合现代社会的现代经济学，即或有缺陷，也非根本性的，可以设法弥补。

根据信息社会经济学对经济学说史领域的最新研究[1]，现有西方经济学最大的失败，或者最为致命的缺陷，就在于其未能看到，在工业革命前、后，社会经济活动的性质、规律和模式已经发生根本性变化，需要经济学理论体系也与时俱进地进行根本性转变。盲目地固守原有的理论体系，实际上使得西方经济学完全过时，最多只能用于描述工业革命以前循环往复的经济活动模式，根本不能用于描述以创新活动为基础的现代社会的经济运行过程，早已应该被彻底淘汰。

对经济学的发展而言，如果能够确认这种社会经济活动规律与模式的不同，并进一步揭示这种不同的原因和性质，就意味着经济学将出现更新换代式的发展。熊彼特达到的开拓性成就，使得这种里程碑式的突破似乎已经呼之欲出。如果循其成果持续跟进，深入考察时代差异产生的根本原因，就可能对其实质性影响有更深入、准确的把握，从而全面更新我们对现实经济运行特征与规律的经济学认识，使经济学的更新换代成为现实。

事实上，以类似的突破为基础，目前的信息社会经济学已经开创出这样的局面，并使得现有经济学不能解决的问题迎刃而解，使其貌似已经解决的问题得到更合理的解决。

因此，熊彼特的上述贡献的确具有重大意义，即使其远未完成经济学的更新换代，这一独具慧眼的贡献，至少在当时提供了经济学理论更新换代的基础和契机。如此深刻的突破，很难认为此前的历史中有其他经济学的理论进展可以与之媲美。

尤其值得称道的是，其他西方经济学家虽然也看到了创新的现实重要性，却囿于历史局限性，闭眼不识已经鲜明呈现的现实影响，未能看到社会经济活动规律与模式的深刻改变，更未看到西方经济学的过时性。但同样身处传

---

① 参见袁葵荪：《经济学理论的批判与重建》，经济科学出版社 2009 年版。

统西方经济学一统天下的氛围中，熊彼特能够凭借其本能感觉，睁眼看到现实，竭力强调此时社会经济活动规律与模式与过去根本不同，强调传统西方经济学已经过时，不能不赞扬其具有其他经济学家望尘莫及的过人敏锐，是此前时代西方经济学体系内无人能及的经济学家。尽管作为被遗漏的精华，其具有革命性意义的重大突破并未被后人意识到，称其创新理论为此前最具有前沿性的经济学理论，也是当之无愧的。

三、功亏一篑的悲哀

如果说，在熊彼特的创新理论中，认识到现代社会经济活动模式的巨大转变，以及传统西方经济学的不适应性，是其真正重要的贡献，那么，人们时常称道其对创新的决定因素、机制与模式的描述，以及其对利息与利润的性质来源、经济周期产生的原因和规律、甚至有关社会形态演变趋势与规律等问题的独特认识，又具有怎样的意义与价值呢？

如前所述，熊彼特对社会经济活动规律与模式发生根本改变的揭示，实际上已经取得了充满希望的突破，提供了经济学顺应时代改变的难得契机，意味着经济学的革命性变革已经起步，只要进一步探索引致这种重大变革的基本原因，即可在此基础上，顺理成章地阐明现实经济运行模式与规律发生的变化及其原因，揭示现代社会的基本经济模式的特征与规律，成功构建新的经济学理论体系，将经济学的新大陆将尽收眼底。然而，令人惋惜的是，就在一座全新经济学大厦的门即将开启之际，熊彼特却戛然而止，置这一充满希望的突破口不顾，掉转脚步，不是致力于继续探索导致社会经济活动规律与模式改变的原因，而是去直接考察创新本身的性质、决定因素与机制，以及其对现实经济活动可能产生的各方面影响。这一方向的转变，使已有贡献未能有后续的纵深发展，仅仅成为一首可能的辉煌乐章的前奏曲。

参照后来的信息社会经济学的成功经验，本文认为，熊彼特的戛然而止，在于其未能抓住社会经济运行模式发生转变的根本原因，可以归结为创新现象背后的创新速度发生了变化，而非创新本身具有的一般功效。这使其无法据此有效把握现代创新本身具有的新特点，充分揭示现代社会经济活动规律与模式的本质特征，只能直接从创新的一般功效，展开对创新影响等的不成功探索。

如果创新本身能够成为现代社会基本特征的代表，或者能够成为传统社会不同于现代社会经济运行模式的根本原因，熊彼特此举也许无可厚非。但问题在于，创新并非现代社会所独有，同时也是传统社会具有的一种活动，其本身及其具有的功效，无法成为传统社会不同于现代社会的根本原因。因此，直接考察创新本身的性质与功效，并不能揭示经济活动模式转变的原因，也不能充分展示现代社会经济活动的独特性质与规律，同样不足以说明传统西方经济学不适应现代社会的原因。

因此，尽管有一个好的开头，熊彼特此后的转向明显是一处败笔。正是这一致命的败笔，使熊彼特最终令人遗憾地与构建一个全新的理论体系擦肩而过。

事实上，创新本身及其功效，与创新速度的变化相比，反映的是创新在两个层次上的性质，不能混为一谈。创新活动是人类社会永恒的现象，构成影响经济活动的因素之一，其在人类社会各个时期均会产生影响。但影响是否突出、具有怎样的性质和类型，则受创新速度的快慢制约。在不同时期，创新速度不同，创新对社会经济运行模式与规律的影响也不同。在创新速度较慢时，创新对社会经济运行模式与规律的影响较小，主要体现在会引起社会经济运行模式与规律的一定扰动；在创新速度加快到一定程度，则可能导致社会经济运行模式与规律的根本性转变。因此，只有从创新速度出发，才能揭示相应社会经济运行的独特规律；从创新本身的功效出发，则无法解释经济运行模式与规律的变化，使特定时期经济运行模式与规律难以得到准确充分的揭示。

在后来的信息社会经济学的发展中，面对同样突出的创新现象及明显与过去不同的经济运行模式，信息社会经济学致力于探索的，正是促使创新具有突出重要性，以致能够对经济运行模式与规律产生重大影响的原因。这一探索发现，是创新速度的改变而不是创新本身的一般功效，才是导致创新能够具有重大影响的幕后推手。进而从创新速度的不同，信息社会经济学得以推导出传统与现代社会不同的经济运行模式与规律，并使能够有效反映二者经济运行模式性质规律的全新理论体系得以呈现。

容易看到，从创新本身及其影响出发，熊彼特虽然也得到了一系列看起来比较新颖的研究结果，但却比较片面与肤浅，其意义相当有限。

比如，熊彼特从创新特点出发，说明利润与利息来源于创新，试图提供有关利润来源的一种新观点，但问题在于，即使不考虑熊彼特的观点是否合理，有关利润来源的说明，其本身的意义也会随着经济运行模式的转变而改变。根据信息社会经济学的研究，在物质社会，有关利润来源的研究主要服务于分配合理性标准的确立，致力于说明分配归属，而这对于信息社会并不重要，因为信息社会有不同的合理分配标准，而且这样的标准已经与包括交易价格的决定及利润来源无关。因此，所谓利润来源问题不过是特定分配规范有什么结果的问题，本身并不固定，其意义不过是相关社会规范意义的体现。

又如，依据其创新理论，熊彼特提供了对经济波动的新解释，认为经济波动是由创新产生的稀疏不均或非均匀分布所致。这样的解释表面上比较新颖，但一方面，其波动状况是由以价格衡量的交易规模来体现的，并非真正有意义的波动，因为这样的波动也可能是由货币状况等其他因素引起的，难以具有确切的经济含义。另一方面，稀疏与分布均匀与否本身难以界定，使其规律难以把握。此外，即使这一含义不确切的波动是由创新本身引起，也因为与知识涌现速度这一基本特征无关，具有超历史的普适性，难以认为其是对现代社会的特殊波动的恰当说明。从知识涌现速度角度看，现代经济波动是变动的持续性与规范调整的滞后性不适应的反映，既与变动的原因、时间、规模分布与影响范围、力度有关，也与适应性调整的有效性有关①。

此外，熊彼特迄今被认为的第三方面的重大贡献，是其对社会形态演变趋势的研究，及其颇能吸引眼球的关于资本主义向社会主义过渡的必然性结论。对此，信息社会经济学认为，这一研究更主要是概念含混的结果。稍微仔细一点的分析可以表明，在熊彼特的这一研究中，所谓资本主义与创新、

---

① 参见袁葵荪：《经济发展的基本模式——经济学的现代基础》，中国人民大学出版社2009年版，第十章。

企业家几乎是同义词，其资本主义会被社会主义替代的真正含义，无非是自发创新将被计划安排创新取代。而且，即使这种意义的取代的依据也未必能站住脚，因为创新作为连接未知世界与已知世界的桥梁，在现代社会也不可能由计划安排主导。

由此可见，熊彼特沿创新本身及其影响的思路进行的发展即使看起来与众不同，其实际意义却非常有限，甚至可以归结为误入歧途的产物。虽然少见多怪的西方经济学家对其创新理论赞赏有加，但除了将其当作一种摆设，这一理论并未展现出什么理论与实际意义。一方面，我们未能见到其对主流经济学有何影响，也始终未能有效纳入主流理论，或者推动主流理论的相应进展以体现其影响，难以确定其与主流理论有何关系，更未看到预期中的经济学更新换代，使其至今游离于主流理论之外、常常为人们忽略。另一方面，这一理论也未能真正成为独树一帜的理论，成为能够解释广泛现象、可继承的、作为现实政策等行为依据指南的系统全面的经济理论，只能成为与其他不当认识并列的一种，既不能成为解决各种现实问题的基础，也不能表明西方经济学不如此的缺陷所在。因此，熊彼特的此类研究至今并未得到有价值的延续，甚至看不到可以将其发展为具有全面解释力的系统理论的前景与有效努力，也无从成为行动指南与政策依据。即使经济学家不愿丢弃，也只能为经济史学家增加一点谈笑之资，使其实际上处于非常尴尬的地位。

总之，熊彼特沿创新本身及其影响这一思路进行的后续研究，虽然突破了传统西方经济学的视野，涉及了其完全无力涉及的知识创新问题，看起来比较新鲜，但其更主要是误入歧途的产物，理论价值远不如对现代社会与传统社会经济运行模式差异的揭示，以及对传统西方经济学已经过时的认识。相对于充满希望的出发点，其后续研究达到的终点，令人难免感到悲哀。

四、买椟还珠的诱因

如前所述，熊彼特创新理论真正有意义的贡献，事实上并不在于其首次提供了一个创新理论，也并不在于其据此从全新的视角提供了对其他若干经济问题的一种独特解释，而是在于其看到了当代社会由突出的创新活动体现的翻天覆地的时代变革，以及这种时代变革引致的与古代社会经济运行规律与模式的根本性区别，并由此要求经济学必须进行更新换代的转变。而且，这样的贡献还是其不厌其烦地努力阐明的，并非其无心插柳的意外收获。

然而，熊彼特创新理论的得失，却被后来的经济学家完全颠倒，酿成一出买椟还珠的悲剧。本文认为，如此悲剧产生的原因，大致体现在以下两方面：

首先，熊彼特本人对模式差异的认识不够透彻扎实，未能为后继者准确认识其贡献提供充分的诱因。

容易看到，尽管熊彼特以令人赞叹的敏锐，感受到现代社会已经与传统经济学描述的过去的社会完全不同，但熊彼特对社会巨变现象的认识，更多源自本能经验或感觉，而非明确的理论判断。这使其认识上的突破还不够扎实充分，仅仅停留在肤浅的现象层次，未能保证进一步挖掘出经济运行模式变化背后的原因。

从后来的信息社会经济学的发展看，变革的原因在于创新速度的变化，与创新本身有什么样的性质和影响关系不大。因为过去也有创新，而创新本身在不同经济运行模式中的性质与影响也没有本质差异，仅仅创新速度的充分变化才可能引起创新性质与影响的改变，进而导致经济运行模式的根本性转变。但这一原因的揭示需要以合理的历史分期为依据。缺乏合理的历史分期标准，将难以准确把握社会变革的原因。而在熊彼特的时代，无论经济学还是历史学，都难以提供这样的标准，熊彼特自己也未致力于对历史分期标准的专门研究，使得变革的原因难以揭示。

扎实性的不足，使熊彼特本人的认识不透彻，未能将源自经验本能的感性认识上升为理性认识，无法支撑起其持续推进认识方面的重大突破，使得最初看起来充满希望的分析戛然而止。加之问题本身的确比较困难，也难免受到物质社会经济学思维方式束缚，因此在又一个关节点受到误导，将信息社会创新活动的新苗头引入了歧途，使其对创新的研究重新滑入旧经济学体系内的研究，导致经济学对现代社会经济问题的探索错失良机。

同样，由于熊彼特的认识只是从经验感觉得到的，虽然意识到西方经济学已经不再具有适应性，却不知西方经济学本质缺陷在于其知识涌现速度慢这一前提的过时性，因此，即使其感受到西方经济学在现代社会的不适应，也说不清其缺陷在哪里。这样的状况，也容易使人们实际上无法重视其对西方经济学性质近乎呓语的独特认识。

其次，由于西方主流经济学偏见根深蒂固的影响，导致后继的研究者本身难以突破理论禁锢，看不到经济运行模式的独特变化及其蕴含的深刻意义，难免使熊彼特的突破性贡献得不到合理的鉴识。

熊彼特真正有价值的贡献，超越了西方经济学的思维方式，具有超前性，其革命性意义难以被受到思维方式束缚的现代经济学家所理解。因此，当熊彼特未能沿其最初贡献的方向顺势而为、彻底动摇甚至颠覆西方经济学的主流地位时，在西方经济学强烈熏陶的条件下，即使后继者能够具备熊彼特那样独特的敏锐，要期望其有效挣脱西方经济学思维的束缚，准确把握熊彼特贡献的得失，也难免显得过分苛刻。

更何况，熊彼特本人其实也未能充分理解其真正贡献的重大意义，以致在最初花很大工夫对现代经济发展过程与此前循环流转过程进行区分后，却并未将这一贡献用于其后来的研究，明显非其后续研究所必须。当其后续研究未将注意力充分集中于创新原因的进一步发掘，仅仅针对看起来相对易于把握的、显得更有诱惑力的创新本身的性质与影响时，虽然也提供了对利息的来源、经济周期波动的原因，以及社会经济形态演变趋势与规律的独特解释，即使这些解释能够在众多解释中独树一帜，也不过在同样缺乏充分依据的众多解释中增加了一种而已。这使其后续研究实际上已经退化为一种片面的、关于创新的内容与影响的创新理论，根本无法说明现代经济运行的整体特征。

熊彼特认识的这种不透彻，难免也在相当程度上误导了他人的认识。既然熊彼特本人对其贡献也缺乏恰当认识，其后续研究也已偏离合理轨道，自然无法给后来者重视其最初贡献的充分启示，诱使后来者更多关注其对表面层次的创新内容与直接影响的研究，难以指望其易于避免重蹈覆辙。因此，熊彼特最初竭力希望表明的贡献被后人忽略，几乎难以避免。

五、小　结

从信息社会经济学达到的认识看，熊彼特创新理论真正有价值的贡献，不在于经济学家目前认为的其对创新本身的内容、机制与影响的揭示，而在于其发现与传统社会相比，现代社会经济活动规律与模式发生了根本性改变，以及由此导致的传统西方经济学的过时。但是，这一贡献至今尚未被经济学家深刻感受到，未能真正把握其具有历史意义的独到之处。

同时，熊彼特的突破还很不充分，仅限于为经济学的更新换代式变革提供了一定的契机，不足以保证经济学理论的重新构建，其存在的严重失误与不足也未被充分揭示。仅仅从经济学说史的角度，其还具有值得一提的价值。

近来发展起来的信息社会经济学的研究揭示，创新在现代社会具有的突出重要性，体现的是史无前例的时代转变，其根本原因在于创新的持续性或速度不同于古代。这种速度的不同，会根本改变人们对未来经济状况的预期，进而影响人们的行为及经济事物性质，导致社会经济运行性质、特征、规律与模式的根本改变。如社会经济活动模式将由以既定资源、按既定方式、生产既定产品的循环往复的模式，转变为以不断变化的资源、按不断变化的方式、生产不断变化的产品的持续变化的模式，并使得人的行为模式由理性或有限理性等保证成功的模式，转变为结果不确定的赌博模式。同时，还会使反映经济活动现实的经济学理论受到巨大冲击，要求更新换代式的改变。

与此相比，由于创新及其影响并非现代社会独有，在古代社会同样存在，创新本身的一般功效与性质特点，不构成现代社会经济运行模式的本质性特点。仅仅从创新本身性质的角度进行探索，或许可以提供一些非本质性特点，但最多成为对创新这一现象的专门研究，不能充分把握其对经济活动真正重大的影响究竟在哪里，不能系统广泛阐明由经济运行模式本质特征决定的性质与规律，不能完整展示现代社会的生产方式与性质规律究竟发生了怎样的整体变化，也不能成为解决各种现实问题的可靠基础，更多只能成为与西方经济学其他不当认识并列的一类。

论西方产业结构理论的缺陷与危害

一、分析引论：产业结构分析与经济学理论

由于克拉克、库茨涅兹及钱纳里等人富有影响力的研究，西方产业结构理论未受到明显的怀疑就得到了经济理论界的广泛认同，成为西方经济发展理论的一个基本组成部分。该理论使人们普遍相信：全部的社会经济活动总是具有依产生的先后顺序划分的三次产业结构，这种产业结构的状况与经济发展状况存在十分密切的关系。即，随着经济的发展，各产业之间的收入或就业比例总会呈现很有规律性的、不可逆的、此长彼消的变化。据此，西方产业结构理论还极具诱惑力的促使人们将经济发展过程归结为产业结构的演变过程，将落后国家与发达国家之间的差距归结为产业结构方面的差距，并进而将产业结构的调整视为促进经济发展的有效途径。在此基础上形成的产业政策，也已成为各国发展政策的重要内容，并对各国经济发展产生了相当深刻的影响。

尽管西方产业结构理论已给出了有关发展状况的一整套引人入胜的描述，也仍然留下了令人难以释怀的疑团：一方面，按照产业结构理论的结果，产业结构演变规律保证了一定的产业结构总是与一定的经济发展状况相适应，产业政策的差别待遇也肯定具有调整产业结构、使之达到目标结构的作用。如果再考虑到结构演变规律看起来已被揭示得如此清晰确切，使合理目标结

构的确定以及合理的产业政策的制定应该不存在根本性的困难，也使成功的经济发展对任何国家说来都应该是指日可待的。因此，只要发展中国家将发达国家的产业结构当作目标结构，再以产业政策来刺激发展不足的产业增长，压缩增长过度的产业，即可达到发达国家的产业结构，也达到发达国家的发展水平。但另一方面，尽管各国发展愿望十分急迫，产业结构理论也已为各国热心接受，在历经数十年的发展之后，发展中国家似乎并未取得理所应有的成功。不仅不存在任何确凿的证据表明致力于结构转换的产业政策已经导致了产业结构的成功转换，带来了普遍而成功的经济发展；甚至无人敢于断言，只要按照产业结构理论貌似极具可行性的指导，发展中国家就会保证取得成功的发展。总之，考虑到产业结构理论所能做出的判断，再考虑到它在各国政策制定中所占据的支配性地位，其理论判断与现实实践结果的巨大反差，难免使人不对其判断以及其理论本身进行怀疑与反思。

更进一步，从理论角度看，西方产业结构理论的结构划分标准是否具有合理性？所谓产业结构的演进规律性质如何？其是否真的存在与经济发展的确切联系？这些问题实际上并未得到澄清，使我们难以轻率认定其研究成果的合理性。

本文对产业结构理论持断然否定的态度。本文的研究表明，看似不容争辩的产业结构理论，实际上是西方经济学的分析传统所具有的深刻历史局限性的产物。这一理论建立在偏见或错觉的基础上，不仅其对产业结构演变规律的总结，并不符合统计规律的基本要求，算不上真正的经济规律，其所蕴涵的产业政策，更是对各国经济发展贻害无穷。由于产业结构理论出自西方经济学的分析传统，对它的否定无法在该经济学框架内进行，本文的分析试图撇开西方经济学的传统知识和分析框架，而依据信息社会经济学的分析方法来进行。

二、产业结构理论的缺陷

从信息社会经济学的角度看，所谓产业结构的变化，反映的是现代社会经济发展过程中经济活动变化状况的一种特殊现象，只能在现代社会背景下得到研究。但产业结构理论的分析出自现代西方经济学传统，不具备分析处理这一现代社会的特有现象，体现为以物质社会经济学的眼光看待信息社会的事物，使其整个分析必然存在致命的逻辑缺陷。

容易看到，西方产业结构理论的研究，主要体现为对产业结构比例的变化规律及其与经济发展关系的概括，这需要以固定的产业概念及划分标准为基础。

在现代经济发展过程中，经济发展或知识增长导致的经济活动变化，当然会使以固定产业划分标准衡量的产业结构发生变化。但是，由于产业结构的变化是由经济发展引起的，那么，随着知识的持续增长，其各个产业的内容、性质也会不断变化，表明在经济发展不同时段，同名产业会具有不同的内容与性质，不具有可比性。

这是因为，经济发展本身意味着经济活动质的内容的改变，即人们不断地从事由新知识要求的、从前未曾有过的新经济活动，不断放弃与旧知识相应的经济活动。随着知识的这种创新、扬弃、再创新与再扬弃过程的反复进行，经济活动的内容也会与以前越来越不同，共同点越来越少，致使在一定时期后，同名产业可能有完全不同的性质内容。

不难看到，在现实中，为体现无法体现在通常的产业结构变化统计中的产业本身的性质内容变化，人们不得不采用意义同样含糊的传统与现代产业之分。如传统工业、传统农业与传统服务业，与所谓现代工业、现代农业及现代服务业之分。而同名的传统产业与现代产业之间的差距，可能比不同名的传统产业或者现代产业之间的差距更大。如传统农业与现代农业之间的差距，就可能比传统的农业、工业与服务业之间的差距大，也比现代的农业、工业与服务业之间的差距大。这一状况，也反映出西方经济学的产业结构概念及其划分标准存在严重的缺陷。

作为一种统计结果，一旦同名产业的内容与范围发生足够大的变化，无法保障同名产业在不同时段具有相同内容与范围，有关产业结构统计指标，就不能满足统计指标本身的同质性要求，不再是合格的指标，不能以其为基础做出统计判断。因此，即使西方产业结构理论依据固定的产业概念及划分标准，概括出一定的产业结构变化规律，这样的规律本身也难以具备确切的含义，使得这样的产业结构变化，不能反过来成为经济发展状况的准确反映。

更为直接的是，从经济发展的角度看，由于经济发展应该归结为知识增长，除非产业结构的变化能够带来知识的变化，否则，无论产业结构有怎样的变化，均与经济发展没有什么关系，无法由此反映经济发展的状况。

但问题在于，作为西方产业结构理论基础的固定产业及其结构分类概念，本质上具有排斥知识增长的性质，不允许知识增长带来的经济活动内容、类别与性质的变化。因此，即使忽略西方产业结构理论的结构概念与衡量指标的不严谨问题，其概括的产业结构比例的变化规律与经济发展之间，也会因为产业结构等概念对知识增长的排斥，无法存在确切的联系。

此时，经济发展虽然可能是引起产业结构变化的原因之一，却既不是唯一的原因，其影响也主要不限于产业结构，而是主要体现为未入西方产业结构理论法眼的经济活动内容、类型与性质的变化。这些变化因为直接涉及知识的变化，与经济发展的联系更密切，也显得比单纯的产业结构比例的变化有更为重要的意义，更能有效反映经济发展的状况。

由此可见，由于其产业结构等概念的不合理，无法将经济发展对产业性质内容的影响有效纳入其研究视野，西方产业结构理论提供的所谓产业结构演变规律并没有人们想象的确切含义，不能有效反映经济发展状况，更没有理由认为可以通过产业结构的变化，来有效推动经济发展。因此，这样的产业结构理论，并不是一种有意义的理论。

西方产业结构理论存在这些缺陷的原因，无疑在于它对所谓产业结构及其与经济发展的关系这类现代信息社会事物的考察，是从物质社会而不是信息社会的角度出发的，使其只能看到根据固定经济活动类型进行的产业划分，也只能看到误用这些划分体现出来的似是而非的规律，看不到由知识增长引起的经济活动状况的真实变化。

三、产业结构理论的危害

由于西方产业结构理论的物质社会属性，即使其概括的演变规律可能体现了经济发展的一定影响，也并不能成为经济发展状况的准确反映，更不能反过来说明，可以通过调整产业结构的方式，来有效促使经济的发展。

但令人遗憾的是，由于理论界未曾认识到该理论的缺陷，使很多经济学家坚信，可以通过对产业结构的主动调节，促使经济的发展。这样的认识对经济发展政策的研究与设计，产生了广泛的影响，曾经在相当程度上体现在人们对大力发展第三产业的热衷追求中，更体现在至今热情不减的对产业政策的重视上。

事实上，既然西方产业结构理论对经济活动结构变化与经济发展关系的描述，并不合理，其派生的产业政策就难以真正有助于经济的发展。不仅如此，容易看到的是，该理论提供的产业政策至少存在以下两方面的危害：

首先，产业结构理论错误地描述了经济活动变化的性质，误导了经济发展的努力方向。

在信息社会经济学看来，经济发展意味着不断地以采用新知识的经济活动取代采用旧知识的活动，因而，只有真正推动这种经济活动的质变，才会真正带来经济发展。但是，产业结构理论提出的产业结构演变规律完全无视经济活动的质变，仅仅着眼于无确切意义的数量比例变化，事实上还规定了各产业的质不能有变化，以使之在不同时期具有可比性。因此，当产业结构理论试图以产业政策来推进结构演进时，它实际上推进的目标就不是知识的更替，不是经济发展，只是原有经济活动类型的数量比例的调整，或者只是不同的既定知识应用范围的调整。当这样的结构演进成为社会的发展目标时，经济发展的努力实质上就被放弃了，经济发展进程难以得到有效推进，顶多成为一种自发的过程。

对经济发展的这种误导或延误是极其严重的，根据信息社会经济学的观点，无论发展中国家与发达国家之间存在多大的发展差距，只要以推动知识增长的方式进行努力，在理论上，这种差距均可在两三代人的有限时期内得到消除。但自经济发展成为世界范围内的热门话题以来，大半个世纪已经过去，我们不仅未能看到发展中国家普遍的成功发展，也未看到这种普遍成功的苗头。这种状况，不能不归咎于在各国经济发展政策中占支配地位的西方经济发展理论的危害，也包括其中的西方产业结构理论等的危害。

其次，产业政策的实施扭曲了经济秩序。

目前的产业政策基本出自西方产业结构理论的影响。这类政策旨在以歧视性的财政、货币、价格及外贸等政策来促成某些产业的扩张或收缩，最终以某种理想的结构比例的达到为目标。就其作用而言，这样的政策自然不会自动地有助于经济发展，还可能对自发的发展过程形成障碍。

一方面，产业政策是以数量比例而不是质的内容为目标的，它提供的激励自然也只是使数量比例变化而非知识增长。因此，其作用也主要致力于将发展的努力吸引到数量比例变动方向上来。

另一方面，无论产业政策的目标能否达到，其后果都意味着增加了发展需要排除的额外障碍。在达到预定目标时，会由于该目标本身与发展目标的不吻合，不仅使目标结构本身成为需要排除的障碍，更应该目标结构的维持构成了持续偏离发展目标的力量，使经济发展甚至达不到自发发展能够达到的程度。在更多的情况下，预定目标本身就是不可实现的，因而在达到之前就会使社会经济陷入各种各样的困境，如通货膨胀、结构失衡、资源枯竭、需求不足以及生态环境破坏等。

此外，如人们已经凭借经验感觉已经认识到的那样，其要求的歧视性政策，难免为非生产性努力或寻租行为提供机会，客观上更会由于要求政府以额外的权力，来激发与发展要求不同的刺激，相当于为经济发展设置了许多额外的障碍。

总之，理论上，我们很难确认以西方产业结构理论为基础的产业政策能够带来什么有利影响，其可能产生的危害却相当明显。

四、结　论

本文认为，社会经济活动的类型固然会随着经济发展而发生变化，但这种变化主要体现为采用新知识的活动类型不断产生，采用已有知识体系的经济活动类型不断被淘汰的过程。因此，对产品或生产活动的分类本质上应该是对其采用的知识的先进程度的分类。至于西方产业结构理论采用的产业结构分类，在物质社会知识固定的情况下，或许是可行的。但在知识不断变化的条件下，因为新知识不一定只能具有以前的知识具有过的特点，不一定能由以前的分类有效包括，因而无论以任何既定标准进行分类，在不同时期都不具有可比性。此时，若要将其强行纳入过去的分类，自然会扭曲社会的认识。因此，西方产业结构理论的产业结构分类不仅不再具有可行性，勉强采用其分类以制定的经济政策，还会带来对经济发展的巨大危害。

盖棺论定：信息社会经济学对
产业政策利弊的评判

产业政策①的存废，近来成为人们关注的热点。这一问题的核心，在于如何评判产业政策的利弊。

本文认为，产业政策利弊的评判，应该以是否有利于经济发展为标准。如果产业政策有利于经济发展，这样的产业政策就是好的，有存在的理由；否则，就应该废弃。

如果知道什么是经济发展，准确把握了经济发展的决定因素，评判产业政策的利弊原本很简单，只是小菜一碟。但是，目前居于经济学主导地位的现代西方经济学，无法确认什么是经济发展，更不可能准确把握经济发展的决定因素，使得原本很简单的产业政策利弊的评判，变得复杂起来。

容易看到，现代西方经济学的上述无能，使得人们无从确立产业政策的评判标准，也无从判断什么对经济发展有利，什么对经济发展不利。因此，无论产业政策的支持者还是反对者，均只能凭借一些似是而非的理由，各执一词，相互争执不休，却无法得出可信的评判结论，使得有关产业政策利弊

---

① 在本文中，产业政策主要指政府为促进整体的经济发展，通过甄选被认为对整体经济发展有重大推动作用的产业，如所谓主导产业或战略新兴产业一类，制定对市场竞争力具有很大影响力的扶持措施，如给予相关企业在税收、补贴、投资与规划等方面的优惠特权，以增强其市场竞争力，希望通过这些扶持措施，使其能够在未来某个确定时期内充分发展壮大，体现对整体经济发展的巨大贡献。

的评判，只能呈现为一片极其混乱的局面。

现代西方经济学的无能，源自其深刻的历史局限性。这大致体现在，该经济学不知道以 18 世纪的工业革命为标志，社会经济活动的性质与规律已经发生了翻天覆地的变化，现代社会的经济目标，已经由早期的资源配置效率提高，转变为以知识增长为核心内容的经济发展。虽然号称现代经济学，这一经济学实际上却始终沉溺在工业革命以前的社会里，只能反映这一早已逝去的社会的经济活动状况，对现代社会经济活动的性质与规律，则一无所知①。因此，只要听任这样的经济学继续占据主导地位，有关产业政策的利弊，势必永无澄清之日。

幸运的是，一种新出现的、可称为信息社会经济学的经济学，通过确立明确的经济发展概念、阐明其决定因素，提供了评判产业政策利弊的确切标准，可望使产业政策利弊评价的问题迎刃而解。

从信息社会经济学角度看，评判产业政策优劣的先决条件，首先在于弄清楚什么是经济发展，以奠定评判的基础；其次，需要找出经济发展的决定因素，以便根据产业政策对这些决定因素的影响，判断其最终对经济发展的利弊影响。

在信息社会经济学里，经过严格的理论分析，已经确认经济发展应该归结为知识增长，而非现代西方经济学无端揣测的"经济增长"或"经济增长 +"等②。与此同时，根据对发展中国家性质特征的深入研究，已经严格证明其经济发展状况主要取决于人的能力、国际经济联系与社会规范体系三大决定因素的状况。而且，在相当程度上，这三大因素既是发展中国家经济成功发展的必要条件，还是充分条件。即：只要发展中国家能够充分消除与发达国家在这三大因素方面的差距，其经济发展水平就没有任何理由会落后于发达国家。或者，发达国家的生产者能够以什么效率从事什么经济活动，发展中国家的生产者也能够以相当的效率从事类似的经济活动，其生活水平或经济发展水平就没有什么理由会低于发达国家。反过来，只要发展中国家

---

① 有关西方经济学这种历史局限性的系统研究，可参见袁葵荪的《经济学理论的批判与重建》（经济科学出版社 2009 年版），尤其是其中第三章。

② 参见本书第四章第一节。

在这三大因素方面存在与发达国家的明显差距，无论其 GDP 及其增长状况与经济结构状况等怎么样，其经济发展状况必然与发达国家存在相应的差距①。

以信息社会经济学关于经济发展及其决定因素的上述研究成果为基础，本文拟概括性判定产业政策对经济发展的意义，为结束现代西方经济学框架内的无聊之争盖棺论定。

从信息社会经济学角度看，既然经济发展应该归结为知识增长，既然人的能力、国际经济联系与社会规范体系，构成了经济发展的三大具有充分必要性的决定因素，那么，产业政策对经济发展影响的好坏，就完全取决于其对这三大决定因素影响的好坏。有鉴于此，信息社会经济学对产业政策利弊的评判，也将完全以其是否有助于推动知识增长，或者是否有助于改善知识增长三大决定因素为标准。

以这样的标准衡量，可以发现，无论是从主观动因看，还是从客观影响看，产业政策对上述三大决定因素并没有明显的、不可或缺的积极影响；甚至，相对于不存在产业政策时，产业政策对三大因素不仅不会有额外的有利影响，反而有明显的不利影响。据此，可以判断，产业政策不是有利于经济发展的好政策，应该予以抛弃。

首先，容易看到，产业政策的制定，直接希望达到的目标或主观动因，不是试图直接改善经济发展的三大决定因素，更不是直接致力于促进整体的经济发展，而是试图通过产业政策提供的优惠，设法降低某些产业产品的成本，增加其产品的市场竞争力，促成这部分产业的扩张，以优化产业结构或提高资源配置效率等。因此，对于经济发展而言，产业政策至少具有盲目性，不会必然有利于三大因素的改善，最多使经济发展处于自发的盲目状态。

比如：产业政策对提高人的能力没有直接影响。产业政策明显不是专门针对人的能力提高的。虽然通过激励某些产业的扩张，可能有助于该产业因"干中学"机会的增加，使相关生产者有能力提高，但这样的影响并非刻意而为，其效果也不确切。尤其是，就整体的人的能力提高而言，没有理由认为会比没有产业政策时更有效。甚至，由于其将社会追求的努力重点，聚焦

---

① 信息社会经济学对经济发展及其决定因素的相关研究，可参见袁葵荪：《经济发展的基本模式——经济学的现代基础》，中国人民大学出版社 2009 年版。

于提升人的能力以外的事务，难免相对和绝对弱化对能力提升的重视与关注，有理由认为其会妨碍能力的提升。

又如，产业政策对国际经济联系的影响弊大于利。产业政策关心的是希望扶持的国内特定产业的市场竞争力，并不关心是否有助于全面的知识传播。其对国际经济联系的影响类似于进、出口替代的影响。虽然可能有利于某些领域的国际经济联系规模扩大，但总的来说，它意味着国际经济联系的障碍增加，更容易导致国际经济联系的弱化，尤其可能扭曲国际经济联系的机制，削弱其最为重要的知识传播渠道功能。

再如，产业政策对社会规范体系的影响基本不利。有助于改善发展中国家社会规范体系的政策，应该尽可能缩小在促进知识增长方面与发达国家的差距。但产业政策在这方面基本上没有值得称道的有利影响。其试图达到的目标，更多是人为鼓励某些产业的规模扩张，而不是知识增长。而且，如人们从实践经验中容易认识到的那样，产业政策的歧视性质等，更可能扩展寻租等不利于知识增长的活动的空间，基本上只会增加社会规范体系抑制知识增长的成分，对经济发展的影响主要是负面的。

总之，即使产业政策也可能包含一些鼓励 R&D 的措施，且不论这些鼓励措施或方式是否合理，成效如何，对 R&D 的鼓励至少不是其本意或直接目标，并不构成产业政策的核心内容与标志，无法认定其与经济发展密切相关。因此，至少可以认定，对经济发展而言，产业政策具有很大盲目性。

其次，从产业政策可能产生的客观现实影响看，即使产业政策的制定具有盲目性，运气好的话，也可能歪打正着，产生这样或那样一些对知识增长的积极影响。但从产业政策的实践结果看，迄今为止，几乎所有产业政策的实践都是失败的，基本上没有无可争辩的成功案例。就产业政策得到采用的规模而言，这样的大样本实证结果应该是不容忽视的。

不仅如此，其对经济发展的不利影响，却相当明显。比如，由于产业政策提供了行政权力介入广泛具体经济活动的空间，也提供了不容忽视的寻租机会，事实上使经济秩序处于扭曲状况，不利于追求知识增长的努力。既然产业政策的作用，主要体现在使现有特定产品的生产者降低成本、享有充分市场，能够在市场竞争中确保很好生存，此时，相关企业依靠受到产业政策庇护的现有产品，就能很好活下去，企业就可能更乐于通过钻营，获得成本降低的好处，其创新的动力难免减弱。而在缺乏产业政策提供的寻租机会时，虽然很多生产者可能活不下去，但能够活下去的生产者，就必须将努力更多地用于创新。考虑到任何生产者都会想方设法利用自己的能力及其他条件活下去，因此，没有产业政策，总体上创新的可能性会增加，经济发展效果也会更好。

产业政策与经济发展的无关性，与其产生的现实原因和理论依据有关。

从现实中制定产业政策的理由看，人们或者是根据对经济发展的各种不严谨理解，或者是考虑到与经济发展水火不相容的资源配置的要求。这样的理由看似出于推动经济发展的目标，却是在不知道经济发展为何物的背景下产生的，均不符合合理的经济发展的要求。

比如，一种有很大影响的支持理由认为，某些产业或许是经济发展的主导产业，其发展或许更能带动经济更有效的发展，推动这些主导产业发展，似乎会有利于经济发展。这样的观点无疑是一种典型的想象或幻觉。因为从现有的任何经济学基础理论，都不可能推导出所谓主导产业的发展，是经济发展决定因素的结论。

此外，另一种有很大影响的观点，则认为自发的市场力量存在缺陷，使经济资源不能得到充分利用，需要政府这一"看得见的手"以产业政策来加以弥补调节，才能使资源得到更充分的利用。

但是，前者无疑不了解经济发展的性质与决定因素，后者则更是将目标对准了与经济发展水火不相容的资源合理配置，或资源配置效率提升。依据这样一些理由制定出来的产业政策，自然与经济发展不相干，也容易是背道而驰的。

不仅如此，从产业政策的性质看，产业政策在实践中的广泛失败，除了其具有天生的盲目性，还存在着更为深层次的、人们迄今无法认识到的原因。即：只要产业政策不能使经济发展的三大决定因素得到有效改善，使其与发达国家的差距充分缩小或消除，发展中国家与发达国家整体的经济发展差距也不会有相应缩小，就表明产业政策无助于经济发展，进而也达不到改善经济结构、优化资源配置等想象的目标。这自然意味着，产业政策彻底失败。

这是因为，在现代社会，一国能够从事什么产业的生产活动，根本上取决于该国生产者获取的知识状况。而且，各个产业均相互联系，相辅相成。为了保障与发达国家并驾齐驱，某一产业的有效发展，还离不开其他产业的先进知识与其他各方面条件的配合支持，仅仅依靠单一产业的先进知识，也很难达到发达国家的发展水平。

既然产业政策仅限于降低成本，保护市场，并不着眼于知识增长，在产业政策的扶持下，某一产业或许能够达到一定知识状况下希望的规模扩张，却难以有真正的发展，甚至希望的规模扩张也难以实现。这是因为，没有相应的知识增长，即使某些产业依靠优惠政策的扶持，有时看似取得了这样或那样的"成功"，从经济发展的角度看，这种所谓的成功也不是依靠知识增长实现的，是集多方之力人为扶持的结果，更多只是拔苗助长式的规模扩张，不是真正的经济发展，反而可能意味着相应领域经济发展的停滞。

这种缺乏先进知识增长支撑的规模扩张，不仅对知识增长难有贡献，即使有凤毛麟角的"成功"，如果不能及时跟上知识增长的步伐，已有的知识可能面临淘汰，维持其利用规模也会越来越困难。假以时日，将因为缺乏坚实的经济发展基础支撑，导致无力扶持或扶持失效。

因此，就其对知识增长的影响而言，产业政策即使偶然存在一些有利经济发展三大决定因素的附带影响，但这样的影响既不确切，也缺乏保证，难以达到可确认的程度，不足以使其成为推动知识增长或经济发展的有效政策，其最终失败也在所难免。

综上所述，无论从主观目标看，还是从客观影响看，产业政策既不能保证充分消除知识增长三大决定因素的差距，也不能保证有效缩小这类差距，甚至没有确切的、无可替代或不可或缺的有利影响，基本上有弊无利。对这样一类乏善可陈的政策，理所当然应该予以抛弃。

参考文献

袁葵荪:《经济发展的基本模式——经济学的现代基础》,北京:中国人民大学出版社,2009。

袁葵荪:《经济学理论的批判与重建》,北京:经济科学出版社,2009。

丹尼尔·贝尔等:《经济理论的危机》,陈彪如等译,上海:上海译文出版社,1985。

特伦斯·W. 哈奇森:《经济学的革命与发展》,李小弥等译,北京:北京大学出版社,1992。

托马斯·库恩:《科学革命的结构》,金吾伦等译,北京:北京大学出版社,2003。

伊姆雷·拉卡托斯:《批判与知识的增长》,周寄中译,北京:华夏出版社,1987。

王宪钧:《数理逻辑引论》,北京:北京大学出版社,1982。

莫绍揆:《数理逻辑初步》,上海:上海人民出版社,1980。

H. 伊乌斯:《数学史菁华》,江嘉禾译,成都:四川教育出版社,1988。

小罗伯特·B. 埃克伦德等:《经济理论和方法史》,扬玉生等译,北京:中国人民大学出版社,2001。

米尔顿·弗里德曼:《实证经济学论文集》,北京:商务印书馆,2014。

詹姆斯·M. 布坎南:《经济学家应该做什么》,罗根基等译,成都:西南财经大学出版社,1988。

约瑟夫·熊彼特:《经济发展理论》,何畏等译,北京:商务印书馆,2000。

庞卓恒:《唯物史观与历史科学》,北京:高等教育出版社,1999。

马克思：《资本论（第一卷）》，中译本，北京：人民出版社，1975。

亚当·斯密：《国民财富的性质和原因的研究》，郭大力、王亚南译，北京：商务印书馆，1997。

马歇尔：《经济学原理》，朱志泰译，北京：商务印书馆，1997。

凯恩斯：《就业利息和货币通论》，徐毓枬译，北京：商务印书馆，1988。

萨谬尔森、诺德豪斯：《经济学（第19版）》，萧琛主译，北京：商务印书馆，2013。

N. 格里高利·曼昆：《宏观经济学（第五版）》，张帆、梁晓钟译，北京：中国人民大学出版社，2005。

德布鲁：《价值理论》，刘勇、梁日杰译，北京：北京经济学院出版社，1988。

G. J. 施蒂格勒：《产业组织和政府管制》，潘振民译，上海：上海人民出版社、上海三联书店，1989。

肯尼思·阿罗：《信息经济学》，何宝玉等译，北京：北京经济学院出版社，1989。

布莱恩·摩根：《货币学派与凯恩斯学派》，薛蕃康译，北京：商务印书馆，1984。

布莱恩·斯诺登、霍华德·R. 文：《现代宏观经济学：起源、发展和现状》，佘江涛、魏威、张风雷译，南京：江苏人民出版社，2009。

K. F. 齐默尔曼：《经济学前沿问题》，申其辉等译，北京：中国发展出版社，2004。

托宾：《宏观经济过程中的货币与金融》，载王宏昌等编译《诺贝尔经济学奖金获得者讲演集》，北京：中国社会科学出版社，1997。

谭承台：《发展经济学的新发展》，武汉：武汉大学出版社，1999。

罗伊·哈罗德：《动态经济学》，黄范章译，北京：商务印书馆，1983。

罗伯特·M. 索洛：《增长论》，任峻山等译，北京：经济科学出版社，1988。

金德伯格、赫里克：《经济发展》，张欣译，上海：上海译文出版社，1986。

戴维·沃尔什：《知识与国家财富——经济学说探索的历程》，曹蓓等译，北京：中国人民大学出版社，2010。

洛伦佐·费尔拉蒙蒂:《GDP 究竟是个什么玩意儿:GDP 的历史及其背后的政治利益》,刘路、赵蔚群译,北京:台海出版社,2015。

本杰明·M. 弗里德曼:《经济增长的道德意义》,李天有译,北京:中国人民大学出版社,2008。

堺屋太一:《知识价值革命——工业社会的终结和知识价值社会的开始》,金泰相译,北京:东方出版社,1986。

阿玛蒂亚·森:《贫困与饥荒》,王宇、王文玉译,北京:商务印书馆,2001。

张五常:《经济解释》,易宪容、张卫东译,北京:商务印书馆,2002。

赛义德·尤素福、约瑟夫·斯蒂格利茨:《发展问题:已解决的问题和未解决的问题》,载杰拉尔德·迈耶、约瑟夫·斯蒂格利茨主编《发展经济学前沿:未来展望》,本书翻译组译,北京:中国财政经济出版社,2003,第162~191页。

詹姆斯·A. 道等:《发展经济学的革命》,黄祖辉等译,上海:上海三联书店、上海人民出版社,2000。

马克斯·韦伯:《新教伦理与资本主义精神》,黄晓京等译,成都:四川人民出版社,1986。

道格拉斯·C. 诺思等:《西方世界的兴起》,厉以平等译,北京:华夏出版社,1989。

道格拉斯·C. 诺思:《制度、制度演变与经济绩效》,刘守英译,上海:上海三联书店,1994。

道格拉斯·C. 诺思:《经济史中的结构与演变》,陈郁等译,上海:上海三联书店、上海人民出版社,1995。

道格拉斯·C. 诺思:《理解经济变迁过程》,钟正生等译,北京:中国人民大学出版社,2008。

罗夫·艾登姆等:《经济体制》,王逸舟译,北京:生活·读书·新知三联书店,1987。

保罗·格雷戈里等:《比较经济体制学》,林志军等译,上海:上海三联书店,1988。

马尔科姆·卢瑟福：《经济学中的制度——老制度主义和新制度主义》，陈建波、郁仲莉译，北京：中国社会科学出版社，1999。

德隆·阿西莫格鲁、詹姆斯·A. 罗宾逊：《国家为什么会失败》，李增刚译，长沙：湖南科学技术出版社，2015。

哈耶克：《货币的非国家化》，姚中秋译，北京：新星出版社，2007。

托马斯·皮凯蒂：《21 世纪资本论》，巴曙松等译，北京：中信出版社，2015。

吴易风：《当前金融危机和经济危机背景下西方经济思潮的新动向》，北京：中国经济出版社，2010。

郭熙保：《经济发展：理论与政策》，北京：中国社会科学出版社，2002。

马春文等：《发展经济学（第二版）》，北京：高等教育出版社，2005。

任博德：《人文学的历史：被遗忘的科学》，徐德林译，北京：北京大学出版社，2017。

袁葵荪：《科学技术的发展与经济学》，载《四川大学学报（哲学社会科学版）》1993 年第 2 期，第 19～26 页。

李翀：《两种国际经济比较方法缺陷性差异的分析》，载《中国经济问题》2005 年第 3 期，第 19～25 页。

赵鼎新：《社会科学研究的困境：从与自然科学的区别谈起》，载《社会学评论》2015 年第 4 期，第 3～18 页。

钱颖一：《理解现代经济学》，载《经济社会体制比较》2002 年第 2 期，第 1～12 页。

田国强：《现代经济学的基本分析框架与研究方法》，载《经济研究》2005 年第 2 期，第 113～125 页。

侯耀文、沈江平：《历史唯物主义与"空间转向"问题——兼论人文社会科学研究范式的差异性》，载《人文杂志》2021 年第 3 期，第 59～65 页。